Hubertus Becker

Globale Nomaden
Westen

3. Auflage 2023
RHEIN-MOSEL-VERLAG
Zell/Mosel
Brandenburg 17, D-56856 Zell/Mosel
Tel 06542/5151 Fax 06542/61158

ISBN 978-3-89801-430-4
Lektorat: Gabriele Korn-Steinmetz
Korrektorat: Melanie Oster-Daum
Ausstattung: Stefanie Thur
Autorenportrait: Arne Houben
Umschlaggestaltung: Stefanie Thur unter Verwendung
eines Gemäldes von Lynn Jaye
»Golden Gate Sunset« 48" x 60", oil on canvas
www.lynnjaye.com

Hubertus Becker

GLOBALE NOMADEN

WESTEN

AUFBRUCH
ZU NEUEN UFERN

Rhein-Mosel-Verlag

Aber es tut gut, wenn das Gewissen breite Wunden bekommt, denn dadurch wird es empfindlicher für jeden Biss. Ich glaube, man sollte überhaupt nur noch solche Bücher lesen, die einen beißen und stechen. Wenn das Buch, das wir lesen, uns nicht mit einem Faustschlag auf den Schädel weckt, wozu lesen wir dann das Buch? ... Wir brauchen aber die Bücher, die auf uns wirken wie ein Unglück, das uns sehr schmerzt, wie der Tod eines, den wir lieber hatten als uns, wie wenn wir in Wälder vorstoßen würden, von allen Menschen weg, wie ein Selbstmord, ein Buch muss die Axt sein für das gefrorene Meer in uns.

Franz Kafka: Brief an Oskar Pollack

Erstaunlich seid ihr Reisenden! Und welche erhabenen Geschichten lesen wir in euren Augen, die wie die Meere tief sind! Eröffnet uns die Schätze eurer reichen Gedächtnisse, zeigt uns jene wunderbaren Kleinodien aus Sternenglanz und Himmelsklarheit.

Wir wollen ohne Dampf und ohne Segel auf Reisen gehen! Lasst doch, unsres Kerkers Langeweile zu erheitern, über unsern Geist, gleich einer ausgespannten Leinwand, eure Erinnerungen gleiten, von ihren Horizonten eingefasst.

Sagt, was habt ihr gesehn?

Charles Baudelaire: Die Blumen des Bösen

Für Mirabell
und alle Nomaden,
und im Gedenken an Fasia Jansen
sowie Christoph Schlingensief

Vorbemerkung

Vier Jahre waren inzwischen vergangen, seit ich meinen vorgezeichneten Lebensweg verlassen und mich als Kurierfahrer für einen illegalen Transport von Haschisch hatte anheuern lassen. Es dauerte nicht lange, bis ich Vollmitglied einer internationalen Bande von Drogenschmugglern war. Als solche verstießen wir praktisch in einem fort gegen die Gesetze der Länder in die wir einreisten (Einfuhr illegaler Drogen), die wir durchquerten (Besitz) und in denen wir die heiße Ware verkauften (Handel). Unsere Art des Reisens unterschied sich vom touristischen Reisen erheblich, denn wir hatten es mit Zöllnern und Polizisten, mit Zivilfahndern und Spitzeln zu tun, die danach trachteten, uns das Handwerk zu legen, uns Handschellen anzulegen und uns in Gefängnisse zu sperren. Um uns gegen diese Übermacht staatlicher Agenten langfristig zu behaupten, bedurfte es der Phantasie und des technischen Geschicks beim Verstecken der Drogen, der logistischen Weitsicht bei der Planung der Reiserouten, sowie psychologischer Fähigkeiten beim Täuschen des Gegners. Gerade Letzteres ist nicht jedermanns Sache, erforderte es doch eine gute Portion Mut und Kaltschnäuzigkeit. Unser Einsatz war unsere Freiheit und, um es mit Camus zu sagen, unsere »mutige Forderung nach Glück«.

Nach der Entlassung aus dem Gefängnis von Palma de Mallorca bat meine Frau Lisa mich eindringlich, aus dem Drogenhandel auszusteigen und eine legale Karriere anzustreben. Begeistert war ich von ihrem Vorschlag nicht gerade, aber ich überdachte ihn immerhin.

Die in Erwägung gezogene Abkehr von den Geschäften mit Drogen resultierte nicht etwa aus der Erkenntnis, dass es sich dabei um etwas Unmoralisches handele – auf der Erde geschehen wahrlich üblere Schiebereien – sondern auf der Wahrscheinlichkeit, dass ein derartiges Risikoverhalten mich früher oder später erneut in ein Gefängnis führen würde, dann wahrscheinlich für länger als bloß vier Monate.

Lisa, unser kleiner Sohn und ich lebten seit Beginn des Jahres 1978 wieder in der Nähe von München. Wir wollten erst den anstehenden Auslieferungsprozess in Madrid abwarten, ehe wir nach Spanien zurückkehrten.

Vorgreifend: Mein Prozess fand am 8. Mai 1978 vor dem obersten Gerichtshof in Madrid statt, einem Montag. Es war der Tag, an dem vor 33 Jahren in Europa der Zweite Weltkrieg zu Ende ging, und es war der Tag, an dem Reinhold Messner und Peter Habeler den Mount Everest ohne zusätzlichen Sauerstoff erklommen. Ich folgte der Anweisung meines Anwaltes Juan Matas und bestieg ein Flugzeug nach Spanien. Aus großer Höhe blickte ich auf das schöne Frankreich, wo ich auf der Fahndungsliste stand, und wo man mich vor Gericht stellen wollte.

Die Verhandlung in Madrid verlief so günstig, dass schon der Staatsanwalt ein Plädoyer für mich hielt. Der Mann verlas zunächst den von den Franzosen gestellten Auslieferungsantrag. Dort wurde der Verdacht gegen mich so begründet: Ich sollte etwa ein Dutzend der in dieser Sache in Frankreich inhaftierten Drogenhändler persönlich kennen. Zweitens: Ich unterhielte angeblich zusammen mit der ebenfalls Beschuldigten Christina von Opel in Ibiza ein Postfach. Beide Feststellungen, so sie denn der Wahrheit entsprächen, klassifizierte der spanische Staatsanwalt als Indizien. Aber aufgrund von Indizien werde in Spanien niemand ausgeliefert, da müssten schon Beweise vorgetragen werden. Er beantragte dementsprechend, das französische Gesuch auf Auslieferung abzulehnen. Juan, mein Verteidiger wurde fast verlegen, denn er wusste gar nicht, was er diesen Worten noch hinzufügen sollte. Ich wurde freigesprochen, und die Kaution wurde mir zurückgezahlt.

Im Jahr darauf fand dann auch in Frankreich der Prozess gegen die Haschrebellen von Saint-Tropez statt. Rabia wurde zu zwölf, Michael zu sechzehn und Putzi von Opel zu zehn Jahren Gefängnis verurteilt, die übrigen Komplizen, die ich nicht einmal alle kannte, wanderten für fünf bis zwölf Jahre in den Knast. Soziologische oder gar psychologische Gesichtspunkte spielten vor Gericht keine Rolle: Die Menge machte es. Nach dem Motto »Viel Hasch – viel Knast«, zerstörte die Justiz einem Dutzend junger Leute das Leben.

Frau von Opel hatte Glück im Unglück: Im Mai 1981 wurde François Mitterrand französischer Präsident und Putzi von Opels Anwalt Robert Badinter dessen Justizminister. Pflichtbewusst war eine seiner ersten Amtshandlungen die Begnadigung seiner ehemaligen Mandantin. Die übrigen Verurteilten saßen ihre Strafen mindestens zur Hälfte ab, ehe sie in ihre Heimatländer Libanon, England und Deutschland abgeschoben wurden. Sie hatten sich an Putzi und Michael geheftet, in der Hoffnung, sich irgendwie bereichern zu können oder sich ein wenig in dem matten Glanz zu spiegeln, der den Reichen der Côte d'Azur noch wie die Patina längst vergangener Zeiten anhaftete, aber sie hatten viel verloren. Und das alles wegen ein paar Zentnern Haschisch, welches noch nicht einmal von guter Qualität war. Am Ende war es der am unprofessionellsten organisierte Schmuggel, an dem ich, wenngleich nur am Rande, jemals beteiligt war. Hätte ich im Vorfeld gewusst, in welche Kalamität und in welchen Abgrund von Verrat mich die fälschlicherweise so genannte »Opel-Affäre« Jahre danach noch führen sollte, ich hätte mich nie darauf eingelassen. Immerhin war es mir gelungen, durch Vorsicht und eine Menge Glück, den Klauen der französischen Justiz zu entkommen.

2.1 Santos

Zu Jahresbeginn hatten Lisa und ich also diese Wohnung in Gräfelfing bei München gemietet. Das Haus lag in der Malmannstraße, ein wenig von der Straße abgesetzt, von einem parkähnlichen Garten umgeben. Die drei Zimmer waren bald möbliert: Wir holten Lisas Möbel aus Würzburg, das Bett zimmerte ich selbst, Christine schenkte uns einen antiken Schreibtisch, die Küche kauften wir neu. Im Wohnzimmer schraubten wir ein Regal aus alten Eichenbalken an die Wand, und im Kinderzimmer kam die Wickelkommode zum Einsatz, auf der ich als Kind schon gestrampelt hatte.

Die Hauptmieter, die im Erdgeschoss des Hauses wohnten, ein Ehepaar Murr, empfingen uns freundlich, und man lud sich gegenseitig zu einem geselligen Abend ein. Wir richteten uns also ganz bürgerlich ein, und was noch schlimmer ist, wir verfielen auch einem bourgeoisen Lebensstil. Es kam mir plötzlich so vor, als sei unser spanisches Leben mit den Hippies als Irrtum erkannt und werde hier in Gräfelfing einer Korrektur unterzogen. Zumindest ich empfand Unbehagen bei so viel militanter Sesshaftigkeit.

Hinter dem Haus dehnte sich ein für urbane Verhältnisse großer Garten aus, dessen hinterer Teil von Tannen bewachsen war, ein kleines Wäldchen sozusagen. Unter den Bäumen duckte sich ein bescheidenes Holzhaus mit Veranda, ein Kleinod im Grünen, das wir restaurierten und schon im Frühjahr als Gästehaus in Betrieb nahmen. Wie sich herausstellte, benötigten wir dringend Platz für unsere Besucher aus Spanien, die immer zahlreicher auftauchten.

Mein letztes profitables Drogengeschäft lag schon ein halbes Jahr zurück, und langsam herrschte Ebbe in der Kasse. Ich überlegte, wie ich das ändern könnte. Ein Ergebnis meines Gefängnisaufenthaltes war, dass ich dort Hunter James kennengelernt hatte, der mir dieses lukrative Angebot gemacht hatte: Für ein Kilo Heroin wollte er mir 250.000 Dollar bezahlen. Der Gedanke daran ließ mich seither nicht mehr los. Zumal es mich davon befreite, mir Kunden in München oder Ibiza zu suchen, wo man immer Gefahr lief, von Spitzeln enttarnt und von Fahndern des Rauschgiftdezernates geschnappt zu werden.

Schon auf der letzten Reise war ich umsichtig vorgegangen: Als Deutscher, der seinen Wohnsitz in Spanien hatte, kaufte ich den Stoff in Thailand von Chinesen, schmuggelte ihn nach Griechenland, wo ich ihn schließlich verkaufte. Auf diese Weise war es für die Münchener Drogenfahnder schwierig, mich im Auge zu behalten, meine Wege nachzuvollziehen und mich zu überführen. Das wurde umso wichtiger, weil seit der Untersuchungshaft in Mallorca mein Name polizeibekannt war. Interpol hatte Fingerabdrücke und Fotos von mir, sowohl in München als auch auf Ibiza wussten die in der Drogenbekämpfung tätigen Polizisten, wer ich war. Daher hörte ich auf, in München und auf Ibiza Geschäfte mit Drogen zu machen. Um ganz auszusteigen, so befand ich, war jetzt nicht der rechte Augenblick. Wenigstens ein Geschäft mit Hunter wollte ich noch machen.

Mit Santos Gonzalo, von seinen Freunden Santi gerufen, den ich Anfang November, kurz nachdem ich aus dem Knast entlassen worden war, auf Can Tieta in Ibiza besuchte, hatte ich eine Reise nach Thailand vereinbart. Santi gehörte wie Geoffrey und Angel zu Pacos ehemaligem Team von Tauchern, er war zusammen mit Geoffrey und Paco in Thailand gewesen, und er hatte auch an unserer ersten gemeinsamen Operation in Marokko teilgenommen. Ich schätzte ihn wegen seines Charakters: Er war cool! Will heißen, Santi war ein verschwiegener Genießer, das Gegenteil eines Wichtigtuers, team- und kompromissfähig, ausgeglichen und seine Möglichkeiten im Leben realistisch einschätzend. Einerseits war er bescheiden, ein Hippie durch und durch, andererseits sagte er couragiert seine Meinung, sobald er merkte, die anderen kriegten etwas nicht auf die Reihe. Im Übrigen war Santi Gonzalo Fatalist, einer, der Dinge, die er nicht ändern konnte, klaglos hinnahm. Bei alledem war er zuverlässig, auf sein Wort war Verlass. Zu seiner Freundin Mercedes pflegte er ein gleichberechtigtes Verhältnis, die beiden respektierten sich mit dem gleichen Ernst, mit dem sie sich liebten. Wenn er von ihr sprach, setzte er jedes Mal den Artikel vor ihren Namen: »la Merce«, was dann so klang wie »die Firma« oder »die Kirche«, wie eine Institution jedenfalls.

Im November also, kurz nach der Haftentlassung in Palma de Mallorca, ehe ich zu Lisa nach Deutschland flog, hatten Santi und ich diese Asienreise geplant.

Eines Tages stand er in Gräfelfing vor der Tür. Er hatte Wort gehalten und wollte mich in den Fernen Osten begleiten. Insbesondere freute er sich auf Bombay, denn er hatte den Verdacht, dass wir von den Indern etwas lernen könnten, was unser Leben bereichern würde. Er überredete mich zu einem längeren Aufenthalt, denn er hatte vor, mindestens eine Woche in Goa zu verbringen, wo er zwei Jahre zuvor mit Paco und Geoffrey schon einmal Station gemacht hatte. Dagegen hatte ich nichts einzuwenden, auch ich hatte Goa in bester Erinnerung behalten. Wir besprachen den Plan, ich setzte Lisa in Kenntnis, und zwei Tage darauf saß mein Freund im Fernbus nach Athen. Meine Frau war nicht eben begeistert, aber ich versprach ihr, in weniger als vier Wochen zurück zu sein. Zumal es jetzt finanzielle Verpflichtungen in Deutschland gab, anders als auf Ibiza, wo die Familie zur Not mit zehntausend Peseten im Monat leben konnte.

Für Ende Januar hatten Santi und ich uns in einem Hotel in Kolonaki* verabredet. Misstrauisch, wie ich inzwischen dem Staat und seinen Organen gegenüber war, wollte ich in Deutschland keinen Flug nach Thailand buchen. Stattdessen bestieg ich einen Zug nach Athen, wo mein Reisegefährte schon auf mich wartete. In Piräus kauften wir die Flugtickets, und weil es immer einen Grund gab, in Kairo zwischenzulanden, buchten wir drei Tage Ägypten, zwei Wochen Indien und eine Woche Thailand.

Der Nil lud zu einer mehrstündigen Bootsfahrt ein, die Stadt Kairo erkundeten wir zu Fuß. Als wir das Hotel verließen, um ein paar Erinnerungsfotos zu knipsen, stellte ich fest, dass ich die Ersatzfilme vergessen hatte. Wir gingen noch einmal nach oben und überraschten zwei Hotelangestellte, die gerade dabei waren, unser Gepäck zu durchwühlen. Peinlich für die beiden, denn ihre Ausrede war allzu doof: Angeblich hätten sie uns frisches Trinkwasser bringen wollen. Auf der Stelle kündigten wir das Zimmer und zogen aus.

* Künstlerviertel in Athen

In positiver Erinnerung behielt ich die Gemüsesäfte, allen voran den Saft, der aus den Karotten gepresst wird, die im Niltal zu erstaunlicher Größe gedeihen. An jeder zweiten Straßenecke stand eine Bude, in der eine Saftpresse betrieben wurde. Ein halber Liter Karottensaft kostete lediglich ein paar Piaster, Ägypten war für Karottensaftjunkies ein Schlaraffenland. Dann naschten wir an arabischem Gebäck, dessen Süße allerdings für meinen Geschmack grenzwertig war. Der Höhepunkt unseres Kurzbesuchs am Nil waren die Pyramiden von Gizeh, vor denen wir einen heißen Nachmittag verbrachten. Busladung um Busladung wurden Touristen herangekarrt, die sich Vorträge über die technischen Daten und die astrologische Bedeutung der Bauwerke anhören mussten. Die Ägypter schienen ihr angeschlagenes Selbstvertrauen mit der Geschichte zu kompensieren: In Ägypten ist jeder stolz auf die eigene Antike, auf die Pharaonen, deren Grabmale und die Kunst. Es kam mir so vor, als versammle sich ein ganzes Volk um Jahrtausende alte Grabsteine und habe darüber vergessen, sich für die Zukunft zu wappnen. Glücklicherweise trafen wir bei einer Bauchtanzveranstaltung in einem Beduinenzelt ein einheimisches Ehepaar, das uns dermaßen charmant und großzügig bewirtete, dass alle aufkeimenden Vorurteile sofort überschattet wurden. Die Leute nahmen uns am Tag darauf mit ins Ägyptische Museum, wo unter anderem Tutanchamun zu sehen war, der dort seit 1922 liegt und dessen Totenmaske schweigt. Faszinierend fand ich die Papyrus-Malereien, auf denen die alten Gottheiten abgebildet waren: Der schakalköpfige Anubis, der Sonnengott Re und Hathor, die Göttin der Liebe. Als wir Ägypten nach drei Tagen verließen, hatten wir allerdings mehr Fragen im Gepäck als Antworten.

Im Flugzeug, wieder eine Boeing 707 der *Egypt Air* und mehr als halb leer, waren mir zwei junge Frauen aufgefallen, die zwei oder drei Reihen vor uns saßen. Genauer gesagt, sie lagen quer über den Sitzen und hatten es sich für den Nachtflug bequem gemacht. Dazu hatten sie auf den freien Sesseln ein halbes Dutzend der kleinen Kissen gesammelt, mit denen sie dann die Mechaniken der Sicherheitsgurte polsterten, die das Schlafen in Flugzeugen sonst zu einer Tortur für den Rücken werden ließen. Da auch Santi und ich genügend Platz hatten, taten wir es ihnen gleich und es gelang uns, mehrere Stunden lang ausgestreckt liegend zu schlafen. Als in der Früh die Kabinenbeleuchtung eingeschaltet wurde und die Flugbegleiterinnen begannen, das Frühstück zu servieren, begegnete ich den Mädchen vor den Toiletten im Heck, wo einige Passagiere anstanden, um sich zu erfrischen. Unauffällig betrachtete ich die beiden und stellte fest, dass sie hübsch waren. Gut gelaunt, da ausgeruht, unterhielten sie sich, wobei ich mitbekam, dass sie aus Hamburg stammten. Die Kleinere der beiden erinnerte mich zudem an ein Mädchen, das ich kannte, allein, mir wollte nicht einfallen, woher. Die junge Dame anzusprechen, dazu fehlte mir die Courage, aber je länger ich sie betrachtete, umso sicherer wurde ich, dieses Gesicht mit den Rehaugen, eingerahmt von langen braunen Haaren, schon einmal gesehen zu haben. Obwohl mir bewusst war, dass nur wenige Dinge auf junge Männer mehr Eindruck machen als der Duft und das Erscheinungsbild schöner Frauen, ließ mich meine Erinnerung im Stich.

Als wir in Bombay gelandet waren, hatte ich noch immer nicht herausgefunden, woher ich das Mädchen kannte, respektive an wen sie mich erinnerte. Da meine Neugier geweckt war, nicht jedoch mein Mut, sie einfach anzusprechen, reihte ich mich in der Schlange vor der Passkontrolle hinter ihr ein, und kurz bevor sie an der Reihe war, zeigte sie ihrer Begleiterin das Passfoto, was mir Gelegenheit gab, den Namen zu erhaschen: Andrea Weiß! Schlagartig war ich im Bilde: Andrea Weiß war vor zehn Jahren meine Klassenkameradin auf dem Gymnasium gewesen, wir saßen sogar ein Schuljahr lang Seite an Seite.

Ich teilte Santi meine Entdeckung mit und wir beschlossen, die beiden anzusprechen, sobald wir durch den Zoll wären. Bei der Gepäckausgabe hoben sie Trekkingrucksäcke vom Band, voll bepackt und vermutlich schwer. Ganz Kavaliere alter Schule boten wir uns an, ihnen das Gepäck auf den Kofferkuli zu legen, was auch geduldet wurde. Dabei grinste ich und fand endlich den Mut zu sprechen.

»Ich finde es durchaus erstaunlich, dass wir uns hier in Indien begegnen, allerdings frage ich mich, wieso du einen alten Schulfreund nicht begrüßt, Andrea?«

»Ich weiß, dass wir uns kennen, aber nicht, woher«, sagte sie und zeigte die Grübchen, die ihrem Gesicht schon damals den besonderen Reiz gegeben hatten. »Hilf mir mal auf die Sprünge!«

Der Einfachheit halber wies ich mich mit dem frisch gestempelten Reisepass aus.

»Gestatten, Schulfreund Harry. Wir teilten in der Untersekunda die Schulbank. Erinnerst du dich?«

»Klar!« Sie lachte und drückte mir ein Küsschen auf die Wange. »Du hast dich aber verändert!«

»Findest du?«

»Deine Haare. Du trugst die Haare früher kurz.«

»Stimmt. Und du warst schüchterner, jedenfalls kann ich mich nicht daran erinnern, dass du mir damals je einen Kuss gegeben hättest«, stellte ich fest.

Dann stellten wir gegenseitig unsere Begleiter vor, Birgit und Santos. Wir versprachen, nach der Zollkontrolle in der Ankunftshalle aufeinander zu warten. Dort beschlossen wir, uns später, nachdem wir im Hotel angekommen wären, zum Essen zu verabreden. Andrea und Birgit wussten, wo sie unterkommen wollten. Sie zogen einen Reiseführer aus dem Rucksack und zeigten uns den Namen einer Herberge in Colaba, die dort empfohlen wurde.

Da Santi und ich noch keinen Plan hatten, wo wir wohnen wollten, schlossen wir uns den beiden kurzerhand an. In separaten Taxis und bei indischer Hitze machten wir uns auf den Weg.

Die in dem Reiseführer genannte Pension lag unweit des Taj Mahal Hotels, einer der feinsten Herbergen Indiens. Nachdem wir unser Zimmer bezogen hatten, eine sparsam möblierte Kammer mit Deckenventilator, traten wir hinaus auf die Straße. Bei einem der vielen Schneider, die ihre Ateliers an der Bordsteinkante aufgeschlagen hatten, gaben wir bequeme Baumwollhosen in Auftrag und kauften anschließend die landesüblichen Ledersandalen, ehe wir an der historischen Uferpromenade zum Gateway of India spazierten. Von Straßenhändlern und Bettlerinnen verfolgt, suchten wir nach einer Strategie, wie wir reagieren sollten: Unmöglich, jedem jungen Mann in Zeitungspapier gewickelte gekochte Erdnüsse abzukaufen, unmöglich, jedem Bettler ein Almosen zu geben, dazu waren es zu viele. Am Ende zogen wir uns so aus der

Affäre, dass wir, ehe wir das Haus verließen, eine Handvoll Münzen einsteckten, die wir »statistisch« verteilten: Jeder dritte Bettler kriegte ein paar *Paisa*, die anderen gingen leer aus.

So hockten wir im Schatten hoher Bäume, umringt von Bettlerinnen mit Kindern, die ihr hinduistisches Schicksal der sozialen Minderwertigkeit offenbar gleichmütig akzeptiert hatten. Es gab zwar auch in Europa ein Proletariat, Menschen, die für den Bürger »unberührbar« waren, die unterbezahlt und ausgegrenzt waren, deren Würde missachtet wurde, aber hier in Indien war die Minderwertigkeit institutionalisiert, und das würde sich so schnell auch nicht ändern. Revolutionäres Aufbegehren war seitens der Parias nicht zu erwarten, denn sie glaubten wohl selbst an ihr Stigma.

Andrea und Birgit begleiteten uns nur am ersten Tag. Wir wärmten alte Geschichten von der Schule auf und erkundigten uns, wie es uns in der Zwischenzeit ergangen sei. Es versteht sich von selbst, dass ich die Frauen nicht über den wahren Zweck unserer Reise ins Bild setzte. Dafür erzählte Andrea freimütig, wie lange sie und ihre Gefährtin in Indien zu bleiben gedachten. Ich erfuhr, dass sie in einem Hamburger Krankenhaus als Krankenschwester arbeitete und dass sie noch ledig war. Kurz vor Antritt der Reise hatte sie eine mehrjährige Beziehung beendet, weil es »hinten und vorne« nicht klappte. Zu allem Überfluss stellte sich heraus, dass der Freund kürzlich damit angefangen hatte, Drogen zu konsumieren.

»Was für Drogen denn?«, erkundigte ich mich.

»Hasch«, sagte sie mit Empörung im Unterton. »Das konnte ich nicht akzeptieren. Da sind die Probleme doch schon vorprogrammiert. Ich will keine Kinder von einem Kiffbruder!«

»Kann man nachvollziehen«, hörte ich mich sagen und beschloss im selben Moment, die Episode mit Birgit und Andrea in Bombay zu beenden. Fast hätten Santi und ich die beiden noch zu einem Besuch in der Opiumhöhle eingeladen. Aber wer seinen langjährigen Freund vor die Tür setzt, weil er kifft, der wird sich gewiss beim Opiumrauchen nicht erwärmen. Also verabschiedeten wir uns von den Krankenschwestern und gingen fortan wieder eigene Wege. Zwar tauschten wir noch die Adressen in Deutschland aus, wiedergesehen haben Andrea und ich uns danach allerdings nicht mehr. Was blieb, war die Erfahrung, dass derart zufällige

Begegnungen in der Ferne einen besonderen Reiz haben. Leicht mag man darin eine Schicksalsfügung sehen, mehr als ein statistisch notwendiges Ereignis. Aber mehr als Zufall sollte da nicht hinein gelesen werden.

Gleich um die Ecke der Pension, in einer von hohen Akazien beschatteten Seitenstraße lag *Dipty's*, ein kleiner Saftladen, dessen Inhaber angeblich 101 verschiedene Fruchtsäfte mixte. Die wenigen Mischungen, die Santi und ich dort probierten, hatten genügt, um uns zu Stammkunden werden zu lassen. Bei *Dipty's* lernte ich den Geschmack reifer Mangos schätzen, Früchte, die seinerzeit in Europa nur schwer zu finden waren. Da das Lokal nur über vier Sitzplätze verfügte, hockten die meisten Gäste draußen auf dem Trottoir, jeder mit einem großen Glas Saft in der Hand. Darunter fanden sich Hippies, die auf dem Weg von Kaschmir nach Goa waren, Freaks, die in der Stadt hängen geblieben waren und die jetzt kein Geld mehr hatten, um aus Indien fortzukommen.

Auf alle Fälle wurde in Colaba kommuniziert, konsumiert und in einem Fall sogar gestorben. Eines Tages lag nämlich ein toter Europäer in einem Hauseingang. Zwei Tage lang hatten die Leute ihn für schlafend gehalten, waren über die Leiche gestiegen, bis die Hitze in ihr gärte und sich übler Geruch verbreitete. Am Nachmittag wurde der Unbekannte dann geholt und fortgekarrt, von zwei aus der Dom-Kaste stammenden Unberührbaren, die für die Beseitigung von Leichen sowie für deren Verbrennung zuständig waren. Bei *Dipty's* sprach man anschließend ein paar Tage über den Vorfall, so als wollten sich die Leute, indem sie von dem Toten sprachen, vergewissern, dass sie selbst noch am Leben waren.

Mit Santi sprach ich Spanisch, denn inzwischen beherrschte ich die Sprache immer besser, die knapp vier Monate im Gefängnis von Palma hatten mich sprachlich ein gutes Stück voran gebracht. Ich war jetzt in der Lage, die alltägliche Kommunikation zu bewältigen, erste Sätze zu bilden, an denen grammatikalisch wenig auszusetzen war, und täglich lernte ich hinzu. Santi und ich kamen gut miteinander klar, wir passten gegenseitig auf uns auf, wir nutzten die wechselnden Situationen und Anforderungen der Reise durch Indien, uns besser kennenzulernen und uns zu vertrauen.

Während der ersten Indienreise hatte Dennis mich in die an der berüchtigten Shuklaji-Street gelegene Cashmere-Chandu-Den mitgenommen. Die Abende verbrachten Santi und ich vorzugsweise dort. Rashid, der Inhaber, überredete mich zu einer Pokerrunde, doch ehe ich mich versehen hatte, war ich um tausend Dollar leichter. Immerhin war Rashid so nobel, mir den Beschiss lachend zu beichten. Daraufhin hatte er mir angeboten, »bis ans Ende meiner Tage« zum Nulltarif Opium bei ihm zu rauchen. Damit fingen Santi und ich gleich an, und wir verließen das Lokal erst, als wir das Gefühl hatten, dass die Welt um uns herum aus Watte bestand.

Nach einer Woche Bombay machten wir uns auf den Weg nach Goa, wo ich zwei Jahre zuvor schon einmal ein paar Tage mit Dennis verbracht hatte. Die Hauptstadt Panaji ließen wir rasch hinter uns, wir wollten an den Strand von Calangute. Im Taxi ging es über schmale Straßen durch ausgedehnte Kokoshaine, mit der Fähre setzten wir über einen Fluss, in dem Kinder badeten. Als wir in Calangute ankamen, quartierten wir uns im Strandhotel Sousa Lobo ein, eine saubere und preiswerte Herberge, deren Name an die Zeit der portugiesischen Kolonisatoren erinnerte. Die Anlage bestand aus einem Dutzend Bungalows. Lediglich die sanitären Einrichtungen wiesen eine gewöhnungsbedürftige Besonderheit auf: Die Toiletten waren in einem frei stehenden, an den Schweinekoben angrenzenden Holzhaus untergebracht, das die Größe von drei in Reihe stehenden Dixie-Klos hatte. Jede Kabine hatte eine Sitzbank mit ausgesägtem Loch, und die Ausscheidungen rutschten über eine Schräge in den Trog, aus dem die Hausschweine sich ernährten. Praktisch sah das so aus: Sobald man die Toilette betrat, eilten die schwarzgefleckten Säue herbei, um hinter den Ärschen zu lauern, bis es was zu Fressen gab. Hier ging es nicht von der Hand in den Mund, sondern sozusagen direkt vom Darm ins Maul.

Es fügte sich, dass im Bungalow nebenan eine gut aussehende Engländerin lebte, bei der ich gleich am ersten Abend im Restaurant längsseits gegangen war, die aber Vorurteile gegen »Nazis« hatte. Dass Deutsche im Ausland zuweilen als Nazis angesehen wurden, kam seinerzeit häufiger vor, und je nachdem, wer dieses

Klischee bemühte, war man klug beraten, es zu ignorieren. Wer wollte sich als junger Mensch im Ausland schon in Schuld-Debatten über Hitler, Krieg und Holocaust verstricken? Weil Alice dem Schmusen mit einem Nazi nichts abgewinnen konnte, hatte sie mir also einen Korb gegeben. Insofern machte ich mir Gedanken darüber, wie man dieser Esoterik-Tussi den Weg zur Erleuchtung ein wenig verlegen könne.

Gleich am ersten Tag hatte ich gesehen, dass sie in ihrem Garten Yoga praktizierte. Der Inder an der Rezeption erzählte, dass Alice sich ausschließlich von Reis, Gemüse und grünem Tee ernähre, dass sie bei sphärischer Musik von Kitaro morgens meditiere und dergleichen mehr. Mir war aufgefallen, dass sie abends mit den Hühnern schlafen ging, und ihre letzte Handlung des Tages war ein Gang zur Toilette. Hier fand ich eine Möglichkeit, wie man der vorurteilsbehafteten Dame beikommen könnte. Um zu verhindern, dass die Schweine allzu dicht an die Ausscheidungsorgane der Toilettenbenutzer herankämen, hatte man über dem Trog eine Latte angebracht. Nun, diese Latte, ein von den Säuen unappetitlich angekautes Stück Holz, brach ich ab, kurz bevor unsere englische Yogini zum abendlichen Pipimachen ihren Bungalow verließ. Der Rest ist schnell erzählt: Kaum, dass sie sich mit ihrer Kerze in das private Örtchen zurückgezogen hatte, spürte sie ein feuchtes Schnäuzchen unten hinten. Erst ertönte ein panischer Schrei und dann sahen wir Alice mit wehendem Sarong aus dem Klo stürzen. Courage hatte die junge Dame auch noch: Als sie mich am nächsten Morgen sah, unterstellte sie mir die böse Tat, ohne dafür allerdings einen Beweis zu erbringen. Ich gestand den Frevel am Achtfachen Pfad, und zu meiner Entschuldigung sagte ich: »Was kann man von einem bösen Nazi sonst erwarten?«

Am Strand trafen wir George, einen blinden Amerikaner, der seit Jahren mit seiner mexikanischen Freundin Laura in der ganzen Welt unterwegs war. Im März eines jeden Jahres tauchten die beiden in Ibiza auf, wo sie das Frühjahr über blieben. Mit Beginn der Hauptsaison schlossen sie ihre Finca bei San Juan ab und flogen nach Kalifornien, wo sie den restlichen Schmuck verkauften, den sie auf dem Hippiemarkt in Es Cana nicht losgeworden waren.

Im Herbst sah man sie auf Bali, kurz vor Weihnachten kamen sie nach Goa, wo sie sich mit Schmuckstücken aus dem Himalaja eindeckten, die sie dann mit nach Ibiza nahmen. Als wir Blind George am Strand begegneten, war er allein. Ohne Stock wanderte er über den Sand, und als er auf zwanzig Meter herangekommen war, rief Santi seinen Namen. Er hielt inne und fragte: »Wer ruft da?«

»Erkennst du die Stimmen deiner Freunde nicht mehr?«

Das hatte George genügt.

»Santos Gonzalo, alter Gauner!«, rief er, kam herbei und wir umarmten uns. Das letzte Mal, dass ich George gesehen hatte, war auf einer Fete in Talamanca gewesen, bei der ich mit seinem Täubchen in der Kiste gelandet war. George hatte das damals ebenso treffsicher »gerochen« wie er auch alles andere wahrnahm, was um ihn herum geschah. Zum Glück gehörte er zu den aufgeklärteren Zeitgenossen, die Seitensprünge nicht überbewerteten. Als ich mich nach Laura erkundigte, lachte er vieldeutig und teilte uns ihre Adresse in Anjuna mit. George und Laura lebten in einem Haus am Strand. Santi und ich statteten ihnen tags darauf einen Besuch ab.

Die beiden hatten vor, noch zwei Wochen in Goa zu bleiben, ehe sie dann vollbepackt mit achtzig Kilo Bali- und Nepal-Schmuck nach Spanien fliegen wollten. Ich bewunderte George, der sich ohne Augen orientieren musste, und der dennoch die Welt bereiste und sein Leben auf die Reihe kriegte, sozial, wirtschaftlich und kulturell. Zudem wurde er von einer schönen Mexikanerin geliebt, die mich an Carmen erinnerte.

Was uns am Leben in Goa gefiel, waren die von den Portugiesen mit dem Christentum infizierten Inder, deren liberale Haltung zu Drogen, sowie das internationale Publikum. Dann waren da noch die langen weißen Strände, an denen jeden Abend, von tausend Augen begleitet, die Sonne im Meer versank.

Goa war bis in die Siebzigerjahre hinein eine der Hippie-Enklaven, wo man mit wenig Geld unbeschwert leben konnte. Ähnliche Orte waren Stinson-Beach bei San Francisco, Greenwich Village in New York, Amsterdam, Ibiza und Formentera, Bali und Mykonos, Negril auf Jamaica und Hikkaduwa auf Sri Lanka. Das bedeutete, man fand dort vegetarische Restaurants, man lebte in einem toleranten und kreativen Umfeld, man traf Menschen aus aller Welt, die eine Kultur zu leben versuchten, in der Drogenkonsum ebenso toleriert wurde wie völlige Abstinenz.

Leider folgt den Hippies nach einigen Jahren der Massentourismus. Eines Tages landet der erste Flieger mit Sandalen-Touristen, die an den Stränden nackte Hippiemädchen fotografieren und dann, wieder daheim, Verwandte und Arbeitskollegen scharfmachen. Bald tauchen importierte Huren am Strand auf. Den Huren folgen Zuhälter und dubiose Geschäftemacher, und wo es um Geld und Sex geht, da mischt sich auch bald der Staat ein: Spätestens als die Polizei den Befehl bekam, gegen Drogenkonsumenten vorzugehen, war es mit der Beschaulichkeit vorbei. Ich selbst habe diesen Wandel auf Ibiza und auf Bali erlebt. Innerhalb weniger Jahre wurden aus Hippie-Paradiesen Touristenhochburgen, aus Gegenkultur wurde Hochkonjunktur.

Eine Episode, die man kaum erfinden kann, weil sie so unglaublich skurril ist, soll noch geschildert werden. Santi und ich spazierten am Strand entlang, als uns ein junger Inder in Bürokleidung entgegenkam. Er hatte ein in Folie verschweißtes Dokument dabei, und während er uns sein Anliegen erklärte, drückte er mir das Papier in die Hand. Es handelte sich um die Bestätigung eines Arztes, der beglaubigte, der Überbringer dieses Dokumentes sei ein ausgewiesener *earcleaner* der die Anatomie des menschlichen Ohres kenne, der eine ruhige Hand habe, also ein Fachmann im Reinigen verschmutzter Ohren. Korrekterweise zeigte er mir noch seine Preisliste, auf der vermerkt war, dass für die Ohrengrundhygiene fünf Rupien zu entrichten seien. Zusätzlich klärte uns der Mann darüber auf, dass viele Leute ihre Ohren zu selten und niemals gründlich reinigten, was zu verstopften Gehörgängen führe und somit die Hörleistung verringere. Zum ersten Mal hörte ich etwas vom »Ohrenstein« und da ich über die Existenz des hässlichen Zahnsteins Bescheid wusste, erschien mir die Geschichte vom Ohrenstein, der einen beim Hören, insbesondere was Hochfrequenztöne betrifft, behindere, gar nicht so abwegig. Ich hörte interessiert zu, während Santi skeptisch blieb. Ich würde mich wundern, wie klar die Musik nach einer professionellen Ohrenreinigung erklänge, versicherte der junge Mann mir lachend.

»*What kind of music do you listen to, Sir?*«, wollte er wissen. Dann breitete er ein Tuch aus, entnahm seiner Umhängetasche die notwendigen Utensilien und bedeutete mir, mich entspannt in den Sand zu setzen. Schließlich willigte ich in die Ohrenuntersuchung ein, was sollte schon groß passieren? Santi beschloss, die Operation zu verfolgen. Ein Blick des Experten in mein linkes Ohr offenbarte Handlungsbedarf.

»Oje, oje«, sagte er. »Mich wundert geradezu, dass sie auf diesem Ohr überhaupt noch etwas gehört haben.«

Und tatsächlich wunderte auch ich mich, dass ich urplötzlich auf dem linken Ohr nichts mehr hörte.

»Ich glaube, der hat dir gerade ein Kügelchen ins Ohr gestopft«, hörte ich Santis gedämpfte Stimme.

»Das glaube ich nicht bloß, sondern so ist es. Auf einmal höre ich auf dem linken Ohr kaum noch was.«

Gleichzeitig konnte ich mich nicht bewegen, denn mein Ohrenputzer hantierte mit einem spitzen Instrument im Gehörgang herum.

»Oje, oje«, sagte er erneut. »Habe ich es mir doch gleich gedacht. In Ihrem Ohr sitzt ein fetter Ohrenstein!«

»Den hast du da reinbugsiert«, protestierte ich. »Mein Kumpel hat's gesehen.«

»Wie bitte?«, empörte sich der kleine Gauner. »Reinbugsiert! Bitte unterstellen Sie mir nicht so etwas! Auf jeden Fall hole ich Ihnen den Stein jetzt da raus. Das kostet allerdings 35 Rupien.«

Ich konnte protestieren, so viel ich wollte, der Schelm bestand auf Vorkasse. Was hätte ich tun sollen, halb nackt am Strand mit einem verstopften Ohr und einem Reisegefährten, der sich vor Lachen kaum halten konnte. Ich handelte ihn auf zwanzig herunter und zahlte. Mit einer Pinzette holte er ein graues Wachsklümpchen aus dem Gehörgang und alles war vorbei. Immerhin desinfizierte der mobile Ohrenputzer anschließend beide Ohren mit einer speziellen Flüssigkeit, und bedankte sich grinsend, dass ich so blöd war, mich im wahrsten Sinne des Wortes von ihm übers Ohr hauen zu lassen.

Solche Erlebnisse fördern nicht gerade das Vertrauen in den Mitmenschen, eine Tugend, die ich immer geschätzt habe, und die aufzugeben, ich mich hartnäckig weigerte. Trotzdem machten mich derartige Erfahrungen im Laufe der Reisen in fernen Ländern vorsichtiger, was aber nie verhinderte, dass ich immer wieder Opfer kleiner Gauner wurde. Offenbar sahen sie mir die Vertrauensseligkeit an, und das nutzten sie aus. Letztlich konnte ich darüber schmunzeln, denn man betrog mich nie um große Werte und, was noch wichtiger ist, man verletzte mich nie. Die Verletzungen, die ich im Leben erfuhr, kamen von der eigenen Familie, von einem Priester und später von Polizisten, niemals hingegen von Junkies, Dealern oder Ganoven.

Auf dem Hippie-Markt unter den Kokospalmen von Anjuna traf Santi zwei Chicas aus Ibiza, Freundinnen von La Merce. Sie luden uns zum Kiffen in ihre Hütte ein, und weil es so heiß war an dem Tag, legten sie ihre Sarongs ab, und weil es sich so ergab, entledigten auch wir Kerle uns der Klamotten, und dann wurde es unübersichtlich. Als Nachspiel spendierten wir den Mädchen ein Kügelchen Opium, das zwar einen unangenehmen Geschmack im Mund hinterließ, sich aber eine Stunde später warm und wohlig vom Bauch her im ganzen Körper ausbreitete.

Santi und ich genossen die Tage an den Stränden von Goa, und ich beschloss, irgendwann zusammen mit Lisa und unserem Kind wiederzukommen und länger zu bleiben. Mitte des Monats flogen wir zurück nach Bombay, und nach einem Abschiedsbesuch bei Rashid weiter nach Osten.

In Bangkok quartierten wir uns in einem kleinen Hotel abseits der Sukhumvit ein, einer großen Ausfallstraße nach Süden. Die meisten Besucher der Stadt waren Sextouristen aus Arabien und Europa, die die viel gerühmte Freundlichkeit der Thais so wahrnahmen, dass man sich von ihren Frauen für wenig Geld einen blasen lassen konnte, dass man mit Transvestiten einen »*walk on the wild side*« riskieren konnte, dass man in den Massagesalons allerhand »Ferkeleien« ausprobieren konnte, ganz allgemein, dass man Sex jenseits von Bibel und Koran entdecken konnte. Das Angenehme für uns Schmuggler war, dass auch wir als Sextouristen eingeschätzt wurden. Wir brauchten uns bloß so zu benehmen: In einschlägigen Hotels wie dem Grace oder dem Nana absteigen, ab und zu gemeinsam mit einer geschminkten Braut in einem der deutschen Biergärten auftauchen, und schon war man bei den Spitzeln, die sich im Auftrag von DEA und BKA auf der Bangkoker Szene herumtrieben, vom Schirm. Diese Vermischung von Sex und Drugs machte es den Drogenfahndern gewiss nicht einfach. Überdies hatten es die Thais nicht eilig, ihre Knäste mit ausländischen Drogenkurieren zu füllen, denn allzu viele im Land profitierten von dem Geschäft, nicht zuletzt die oberen Chargen von Polizei und Militär. Mit ein paar geschulten Psychologen und Spürhunden hätte man den Schmuggel über den Don-Muang-Flughafen weitgehend unter Kontrolle bringen können, aber das war scheinbar nicht gewollt: In den sieben Jahren, die wir dort geschäftlich aktiv waren, wurde ich nicht ein einziges Mal gründlich durchsucht. So fühlten wir uns bei der Vorbereitung des Schmuggels, bei der Warenbeschaffung und bei der Abreise relativ sicher. »Bangkok Hilton«, das unmenschliche Gefängnis, in dem Tausende von Menschen dahinvegetierten, empfanden wir damals nicht als Bedrohung, zumal Schmiergeld gemäß der Tradition der Thais noch immer einen hohen Stellenwert besaß. Wo immer ich also unterwegs war, in meinem Gürtel steckten ein paar Tausender, mit denen man notfalls einen kleinen Beamten aus dem Spielfeld nehmen konnte.

Bei einem Straßenbummel trafen wir Ming, ein Mädchen mit Bubikopf, weißer Bluse und langem rotem Baumwollkleid, sehr ungewöhnlich für die Zeit und ihre Moden. Um sich erotisch in Szene zu setzen, trug das im Sextourismus tätige Thaigirl das Haar lang und glatt, ein den Busen betonendes Top, einen Minirock oder hautenge Jeans. Ming bildete da eine Ausnahme, weshalb ich mich für sie interessierte. Sie trug ein weites rotes Baumwollkleid, keinen BH und Sandalen. Für Bangkok ein mehr als ungewöhnliches Outfit. Dem Namen nach dürfte sie Chinesin gewesen sein. Sie zeigte uns den Zoo, wo mir einige schöne Aufnahmen von ihr gelangen, viel mehr weiß ich nicht mehr von ihr: Wir verbrachten eine Nacht zusammen, aber als ich sie am Morgen bezahlen wollte, da fing sie an zu weinen und lief einfach fort.

Irritiert bestiegen Santi und ich den Bus nach Pattaya, wo wir ein paar Tage verbringen wollten. Außerdem liegt Chonburi auf dem Weg, die Stadt, in der die chinesische Familie lebte, von der wir das Heroin bezogen. So legten wir dort einen Zwischenstopp ein, besuchten die Chinesen und vereinbarten den Deal, das heißt, die Kaufmenge, den Ort und den Zeitpunkt der Übergabe.

Seit ich Pukky in Pattaya kennengelernt hatte, das Mädchen, das behauptet hatte, ein Junge zu sein, waren zwei Jahre vergangen. Die Möglichkeiten, sie wiederzufinden, waren längst ausgeschöpft, dennoch hielt ich die Augen offen, ob sie mir nicht doch noch einmal über den Weg liefe. Sie wollte mir einfach nicht aus dem Herzen gehen. Erstaunt stellte ich fest, wie viele neue Hotels in der Zwischenzeit dort hochgezogen worden waren, riesige Betonburgen mit zehn Stockwerken oder mehr. Zum Glück existierte die kleine Siedlung am Ende der Strandpromenade noch, wo ich seinerzeit mit Geoffrey logiert hatte, wo die Friseure uns mit Pukky bekannt gemacht hatten. Dort mieteten wir einen Bungalow mit zwei Betten. Unter einem Bungalow versteht man im Fernen Osten eine kleine Hütte, vielfach noch aus Holz und strohgedeckt, zuweilen schon aus Stein mit Wellblechdächern, mit einem Zimmer, einem Bad und einer Veranda. Ein Telefon gab es nicht. Der kleine Bungalow kostete acht Dollar am Tag, insgesamt bestand das Hotel aus zehn solcher Häuschen, großzügig in einen Park gestreut, wo Palmen Schatten spendeten und blühende Büsche Vögeln und Schmetterlingen Schutz boten. Ich hatte mir angewöhnt, ein wenig Atmosphäre in den Zimmern zu schaffen: In Indien hatte ich eine bunt bestickte Decke gekauft, die ich über das Bett drapierte, mit einem farbigen Seidentuch deckte ich die Leselampe ab, auf dem Nachttisch installierte ich einen Kassettenrekorder, den ich auf Reisen immer dabei hatte. Und da ich fast täglich kleine Kunst und großen Kitsch kaufte (Geschenke für Freunde und Familie), füllten sich Tisch und Wände der Hotelzimmer rasch.

Die Rezeptionistin, die uns vor zwei Jahren gleich nach dem Einchecken ihre Pflaume präsentiert hatte, war inzwischen zur Managerin aufgestiegen. Sie hatte also Karriere gemacht. Zunächst war mir ihr beruflicher Aufstieg einen Witz wert, aber dann fand ich es doch beruhigend, dass man mit ehrlicher erotischer Handarbeit so weit kommen konnte. Zum Glück erinnerte sie sich nicht mehr an mich, und ich tat so, als sei ich zum ersten Mal Gast in der Golden Lodge zu Pattaya.

Nachdem wir unser Gepäck abgelegt und eine Dusche uns erfrischt hatte, spazierten wir durch den Ort. An der Straße sahen wir einer Frau dabei zu, wie sie Tee aufbrühte und zu dem guten Chai mischte, den die Asiaten so schätzen. Integriert in ihren Handkarren brannte eine Holzkohlenglut, eine offene Feuerstelle, auf der ein Topf mit zehn Litern Wasser kochte. Sie stopfte ein halbes Pfund Tee in einen Nylonstrumpf und tunkte diesen immer wieder in die wallende Flüssigkeit. Wenn sie den Strumpf ganz heraushob, troff eine rotschwarze Brühe heraus, deren Potenz man schon erahnte. Schließlich legte sie ihn beiseite, schlug mit dem Löffel einen Zuckerhut in Stücke, gab diese in den Tee und kippte am Ende zwei Liter Milch hinzu. Das immer noch heiße Getränk füllte sie in große mit zerstoßenem Eis gefüllte Gläser, und fertig war der Eistee. Einen besseren habe ich nie getrunken, nicht in Indien, und auch später nicht in China.

Eine besondere Qualität gaben wir unserem Tee, indem wir ein Glas der heißen Variante mit den letzten Opiumkügelchen herunter spülten, die wir noch hatten. Anschließend beschlossen wir, in einem Fischlokal zu Abend zu essen. Fischlokale gab es in großer Auswahl, wir wählten ein altes, auf Stelzen ins Meer hinein gebautes Haus mit traditioneller Thai-Küche. Der Fisch schmeckte lecker, die Suppe scharf, und das Bier der Marke Singha war kühl.

Irgendetwas an dieser Kombination muss unverträglich oder verdorben gewesen sein, denn als wir danach zum Strand hinunter gingen und uns in den warmen Sand hockten, dauerte es keine halbe Stunde, ehe sich ein heftiger Stuhldrang bei mir bemerkbar machte. Zu unserem Bungalow war es nicht weit, also ließ ich Santi allein und machte mich auf den Weg zur Toilette. Kaum dort angekommen, musste ich mich als Erstes übergeben: Explosionsartig entleerten sich mir Darm und Magen, innerhalb weniger Minuten fühlte ich mich hundeelend. Mir war, als nähere sich der Tod von allen Seiten gleichzeitig.

Ich hatte mich gerade unter Stöhnen von der Kloschüssel erhoben und zum Bett geschleppt, als die Tür aufging und Santi ins

Bad stürzte. Ihm erging es nicht anders. Ganz offensichtlich hatten wir uns die Mägen verdorben, wahrscheinlich an den Austern.

Stöhnend lagen wir auf dem Bett, zu entkräftet, um Hilfe zu holen. Alle halbe Stunde krochen wir auf allen vieren zur Toilette und wechselten uns ab, bis wir unter Krämpfen und Koliken nichts als grünen Schleim absonderten. Dabei dehydrierten wir rapide.

So vergingen der Abend und eine Nacht, ohne dass Besserung erkennbar wurde. Wir tranken Leitungswasser, dessen Qualität fragwürdig war. Mir war so übel, dass ich nicht mehr in der Lage war, mit Santi zu sprechen. Jeder von uns lag apathisch auf seinem Bett und klammerte sich an den Rest Leben, der noch in ihm war.

Gegen Mittag klopfte endlich jemand an, doch wir waren zu schwach, um zu antworten. Da öffnete die Zimmerfrau die Tür und blickte hinein: Alles was sie sehen konnte, waren unsere Füße, denn der größte Teil der Betten war durch die Wand des Badezimmers verdeckt. Diskret zog sich die Frau zurück. Dasselbe geschah zwei Stunden später erneut, es wiederholte sich am darauffolgenden Morgen ... Mit letzter Kraft schleppte ich mich gegen Mittag nach draußen, wo mich kurz darauf ein Gärtner auf dem Rasen liegend entdeckte. Man holte eine Trage und brachte mich zu einem chinesischen Apotheker. Der sah mich an, maß Puls und Blutdruck und hängte mich an den Tropf. Dann träufelte seine Frau mir eine chinesische Medizin ein, die mich erstaunlicherweise innerhalb von Minuten wieder zu Kräften kommen ließ. Am Ende schickte ich sie zum Bungalow, um auch meinen Freund Santi zu erlösen.

Bis heute weiß ich nicht genau, woran wir damals fast krepiert wären, den Symptomen nach dürfte es sich um eine Amöbenruhr gehandelt haben, eine für die tropischen Länder nicht ungewöhnliche Erkrankung. Nie werde ich erfahren, woran es gelegen hat: Am unsauberen Trinkwasser, am Opium (eher nicht), an ungewaschenem Obst oder an den Austern. Mir war es eine Lehre, zu erleben, wie schnell einen der eigene Körper matt setzen kann. Abgesehen vom Heroinentzug war dies die schlimmste Krankheit, die ich bis heute überstanden habe. Unser Leben war jedem von uns hundert Dollar wert, die wir der Apothekerfamilie und dem Gärtner gaben.

Nach ein paar Tagen fühlten wir uns wieder gesund. Zum Essen gingen wir fortan zu Otto, einem Schweizer, der zwischen Strand und Straße eine offene Bierbar betrieb. Schräg gegenüber lag das Polizeirevier von Pattaya, und an Ottos runder Theke hockten immer ein paar Beamte in engen savannenbeigen Uniformen und riesigen Revolvern am Gürtel. Die kamen sich sehr wichtig vor, und in der Tat waren sie wichtig für die Touristen, die sich für minderjähriges Fleisch interessierten: Otto verwies die Interessenten an die Bullen, die Bullen vermittelten sie gegen Gage an die Zuhälter, und diese brachten die Kinder. So war das. Santis kritische Bemerkungen zu dieser kranken Szene wurden von Otto unterbunden. Wir Europäer seien gut beraten, uns um unsere eigenen Probleme zu kümmern.

»Das mit dem Babysex hat in Thailand Tradition. Oder glaubt ihr, die Polizei würde sonst tatenlos danebensitzen?«

»Andere Länder, andere Sitten«, kommentierte ich sarkastisch.

»So ist es. Und in die mischt man sich nicht ein. Das hat was mit dem Respekt vor der fremden Kultur zu tun.«

»*Está loco!*«, kommentierte Santi. »Der hat sie doch nicht alle!«

Dabei beließen wir es allerdings. Das Thema sollte mich später noch einmal beschäftigen. Wir hatten genug von Pattaya und bestiegen am Tag darauf den Bus nach Bangkok.

Auf der Sukhumvit hörten wir plötzlich, wie jemand Santis Namen rief. Es waren Mariano und Gordo, zwei Kumpels aus Valencia, die ebenfalls nach Thailand gekommen waren, um Heroin zu kaufen. Und da sie nicht wussten, woher sie das Zeug hätten beziehen können, waren sie froh, als Santi ihnen unsere Hilfe anbot. Ich mietete einen Wagen und fuhr zu den Chinesen nach Chonburi, um die Bestellung zu erhöhen. Das erwies sich als problemlos, und wir verabredeten uns für den folgenden Tag. Um die Sicherheit zu erhöhen (die Übernahme im Ort war unkalkulierbar, hinter jedem Rikschafahrer konnte ein Spitzel stecken), vereinbarten wir, die Übergabe außerhalb der Stadt durchzuführen.

Zurück in Bangkok besprach ich mit den Jungs, wie der nächste Tag geplant sei. Gemeinsam würden wir im Auto nach Chonburi fahren, ich würde sie in einem Straßenrestaurant absetzen und dann den Stoff übernehmen. Anschließend käme ich sie holen, im Auto würde jeder sein Paket erhalten, und dann würde ich sie an der Bushaltestelle absetzen. Die heiße Ware sollten sie im Linienbus nach Bangkok bringen, das erschien mir sicherer, als das Zeug mit dem Auto zu transportieren. In Thailand gab es nämlich Straßensperren durch die Polizei, und dieses Risiko wollte ich nicht eingehen. Busse hingegen wurden selten durchsucht. Schon der kleine Altar vorn neben dem Fahrer auf dem Armaturenbrett und die vielen Blumenkränze, die unter dem Rückspiegel baumelten, machten quasi eine buddhistische Pilgerreise aus jeder Busfahrt, und da mischten sich die Bullen nicht gerne ein. In jedem Bus hing ein Bild des Königs Bumibol, in jedem Bus gab es so einen kleinen Altar. Das erlaubte es den Fahrern, mit atemberaubender Geschwindigkeit über die Landstraßen zu brettern, Wasserbüffeln auszuweichen, unter Dauerhupen durch kleine Weiler zu heizen und sich mit ohrenbetäubendem Geschrei der drei Beifahrer auf den Trittbrettern jeder Haltestelle anzukündigen. Gewiss kam es dabei zu Unfällen, aber zum Glück nie, wenn ich im Bus saß. Im Übrigen wurden solche Ereignisse mit buddhistischer Gelassenheit hingenommen: Gestorben wurde schließlich überall, warum also nicht auch auf der Straße! Ich vermute, die statistische Wahrscheinlichkeit, in Thailand bei einem Verkehrsunfall ums Leben zu kommen lag höher als die, an einer Überdosis Heroin zugrunde zu gehen.

Die Übergabe war für den späten Nachmittag verabredet. Zusammen mit den Spaniern machte ich mich auf den Weg nach Chonburi, das etwa 150 Kilometer von der Hauptstadt entfernt liegt. Auf der vierspurigen Ausfallstraße setzte ich gerade an, einen Jeep zu überholen, als mich ein lautes Hupen erschreckte. Spontan riss ich das Steuer nach links (in Thailand herrscht Linksverkehr), wurde aber zu scharfem Abbremsen gezwungen, denn vor uns gab es einen Stau. So kam es, dass ich den vor mir fahrenden Jeep rammte und ihm das Rücklicht eindrückte. Es gab Scherben an beiden Fahrzeugen, und es gab Ärger. Dem Jeep entstieg nämlich ein Polizeibeamter in Uniform, zum Glück unbewaffnet. Er trat an das Fenster unseres Toyota heran.

»*You are drunk!*«, schrie mich der Mann an. Ich schätzte ihn auf Mitte fünfzig, einer, mit dem offenbar nicht gut Mangoschälen war. Hoch und heilig versicherte ich, nicht betrunken zu sein, ich entschuldigte mich, es habe am ungewohnten Linksverkehr gelegen. Verärgert blickte der Polizist in unser Auto, und wäre er ein wenig heller gewesen, er hätte erkennen müssen, dass meine drei Passagiere voll zugedröhnt waren. So maulte er noch eine Weile herum, ehe er auf den Schaden zu sprechen kam. Er hob das kaputte Glas von der Straße auf, sah dabei, was für einen Stau wir verursachten und befand, die Sache müsse auf dem Polizeirevier geklärt werden. Wir sollten ihm folgen.

Mit gemischten Gefühlen fuhr ich hinter ihm her. Sorgen machte ich mir wegen der drei komatösen Spanier, die verdächtig schräg in den Sitzen hingen. Bei aller Toleranz und Gelassenheit: Ich fand es völlig bescheuert, wie sich die drei Kerle selbst ins Abseits gestellt hatten, zumal wir ja auf dem Weg zu einer Drogenübernahme waren. Vor der Polizeistation stellte ich den Wagen an der Straße ab, gleich hinter dem Jeep des Beamten. Er unterhielt sich kurz mit ein paar Typen, die auf der Straße herumlungerten, und sofort machten zwei von ihnen sich daran, den Schaden an dem Dienstfahrzeug zu reparieren. Der Polizist forderte mich auf, ihn ins Haus zu begleiten. Die spanische Drogenszene blieb derweil im Auto liegen.

Der Polizeibeamte war, wie sich herausstellte, ein hoher Charge aus der berüchtigten Lumphini-Police-Station und dort ausgerechnet im Rauschgiftdezernat tätig. Ich erkundigte mich, ob Rauschgift für die thailändische Polizei ein Problem darstellte. Er meinte, im Gegenteil, das sichere die Arbeitsplätze der Polizisten; und das Geld, das auf diese Weise ins Land fließe, täte doch der Wirtschaft gut. Das, so dachte ich, trifft auch auf uns Schmuggler zu: Die Dollars, die in unsere Tasche flossen, taten auch unserer Wirtschaft gut, aber ich hütete mich, den Scherz auszusprechen. *Bref:* Der Kommissar und ich (er war tatsächlich Kommissar) kamen uns näher; er machte einen Scherz, ich lachte, er fragte nach dem Oktoberfest, ich erklärte, eine alter Wiesenfan zu sein, und schon waren wir »Freunde«.

Dann erschienen die beiden Straßenmechaniker mit dem Kostenvoranschlag: Das Ausbeulen des Kotflügels und der Ersatz des Rücklichts sollten zusammen 400 Baht kosten, also etwa zwölf US-Dollar. Erleichtert nahmen sie zur Kenntnis, dass ich damit einverstanden war. Ich zahlte sofort. Dann holte der Beamte eine Flasche Thai-Whiskey aus dem Schreibtisch und wir stießen an. Schließlich übergab er mir zum Abschied seine Visitenkarte. Sollte ich einmal in Thailand in Schwierigkeiten geraten, so möge ich ihn anrufen, sagte er verschmitzt. In was für Schwierigkeiten, fragte ich, und er sagte, naja, wenn sie mal wieder einen Unfall bauen und ein Toter auf der Straße liegt. Gott bewahre, lachte ich dünn und machte, dass ich fort kam. Als ich in den Wagen stieg, hatte Gordo den Rücksitz vollgekotzt und Santi, der kaum noch aus den Augen schauen konnte, fragte: »*Que pasa*?«

Die Fahrt nach Chonburi dauerte zwei Stunden. Zum Glück waren die Chinesen ob unserer Verspätung nicht beunruhigt. Es handelte sich übrigens um eine junge Familie: Der Vater hieß Fong Lin, die Mutter Sudah. Sudah und Fong Lin hatten eine zwölfjährige Tochter und einen Jungen von vielleicht zehn. Die Leute waren sozial wie wirtschaftlich in die Stadt integriert, sie beteten im Wat (ein sehr schöner Buddhisten-Tempel mit blauen und orangen Dachpfännchen und mit einem mit goldenen Mosaiksteinchen verzierten Giebel), und ihre Kinder gingen morgens zur Schule und übten nachmittags Thaiboxen in einem öffentlichen Ring, der ganz in der Nähe ihres Hauses lag. Aufgrund ihrer Familienangehörigkeit waren sie einer Triade angeschlossen, und weil die chinesische Diaspora weltweit verstreut ist, sind chinesische Triaden global vernetzt. Der Älteste dieser Familie saß in Hongkong, ihn sollte ich zwei Jahre später noch kennenlernen.

Als ich in Chonburi eintraf, war alles vorbereitet. Santi und die Jungs aus Valencia waren im Stadtzentrum ausgestiegen, ich fuhr allein zu den Chinesen. Fong Lin fuhr in seinem Lieferwagen vor, ich sollte ihm folgen. Als wir außerhalb der Stadt waren, inmitten ausgedehnter Reisfelder, hielten wir an. Er übergab mir die zwei Pakete mit dem Pulver, ich reichte ihm den Umschlag mit dem Geld. Dann verabschiedeten wir uns, und jeder fuhr seines Weges.

Vor einem Straßenrestaurant im Zentrum gabelte ich die Spanier wieder auf, und unterwegs zur Bushaltestelle übergab ich ihnen den Stoff. Mariano übernahm 200 Gramm, Santi 250: 100 für sich und 150 Gramm für mich. Dann ließ ich sie aussteigen, wünschte viel Glück und machte mich auf den Weg zurück nach Bangkok.

Eine Stunde nach mir kam Santi im Sheraton an. Die Busfahrt war ohne Zwischenfall verlaufen, die Freunde aus Valencia waren ebenfalls gut in ihrer Pension eingetroffen. Ehe wir Bangkok verlassen hatten, waren wir aus dem kleinen Hotel ausgezogen, in dem wir bisher gewohnt hatten. Die letzte Nacht war entscheidend, was unsere Sicherheit anging: Ein kleiner Fehler und die Bullen konnten uns auf die Spur kommen. Jetzt wussten nicht einmal die Jungs aus Valencia, wo wir waren. Das hielt ich übrigens immer so: Ehe ich mich auf den Weg zu den Chinesen machte, brach ich in der Stadt alle Brücken ab, jedem, der mich kannte, sagte ich, dass ich abreise, und das Hotel, welches ich bis dahin bewohnt hatte, wechselte ich. Ich ließ mich dann mit dem Taxi zum Flughafen oder zum Bahnhof fahren, trank dort einen Kaffee, ehe ich mit einem weiteren Taxi zum neuen Hotel aufbrach.

Als wir in Athen landeten, waren wir exakt drei Wochen unterwegs gewesen. Wir stiegen in demselben Hotel an der Plaka ab, wo ich im Jahr zuvor Maro kennengelernt hatte. Kaum dass wir uns auf der Dachterrasse sehen ließen, erfuhren wir, dass es am Vortag eine Razzia gegeben habe, bei der drei Gäste und der Manager verhaftet worden seien.

Derart beunruhigt beschloss Santi, so bald als möglich abzureisen. Er verabschiedete sich, nahm ein Taxi nach Piräus, ging am nächsten Tag an Bord eines Schiffes nach Barcelona und schaffte es, dort seine hundert Gramm durch den Zoll zu schmuggeln. Santi war einer der abgebrühtesten Schmuggler, die ich kannte. Im Gespräch mit den Zöllnern war ihm äußerlich nichts anzumerken, denn die Aura der Höflichkeit und der Verbindlichkeit, die ihn umgab, schützte ihn wie eine gläserne Glocke.

Wir verabredeten, dass er, nachdem er sein Zeug in Spanien verkauft haben würde, nach München kommen sollte, denn wir hatten eine weitere Fernostreise geplant. Ich verpackte meinen Stoff in drei wattierte Briefe, die Prospekte von Luxusyachten enthielten. Auf diese Weise gelangte das Heroin zum ersten Mal nach San Francisco, wo Hunter seit seiner Entlassung aus dem spanischen Gefängnis lebte. Ich blieb ein paar Tage in Athen und traf Maro wieder. Durch sie lernte ich den Rembetiko kennen, eine Musik, die wir in einer Taverne im oberen Teil der Plaka hörten, damals noch eines der heruntergekommensten Viertel der Stadt. Eine Art griechischer Blues, anarchistische Musik, die in den Dreißigern verboten war, und allein diese Tatsache, dass der Staat die Musiker mit Gefängnis bestrafte, wenn man sie dabei erwischte, wie sie spielten und sangen, was sie auf dem Herzen hatten, machte mir den Rembetiko sympathisch. Ihre Instrumente waren die Bouzouki und die Baglamas, die ihre Besitzer in den Augen des Bürgertums in die Nähe von Kriminellen rückten. Zudem handeln die Texte von schwierigen Beziehungen in der Subkultur, vom Leben im Gefängnis, von illegalen Drogen und von den Utopien der kleinen Leute. Ich war begeistert und kaufte am nächsten Tag Platten von Roza Eskenazy und Vasilis Tsitsanis und noch ein paar mehr.

Als ich in München ankam, lag dort schon die Nachricht von Hunter, dass die Prospekte angekommen seien, und wenige Tage später meldete die Sparkasse, dass eine Überweisung aus San Francisco auf unserem Konto verbucht war. So lief das damals, ohne Geschäftsvertrag, ohne Unterschrift, ohne Notar. Die bürokratische Größe, auf die wir uns verließen, war das Ehrenwort, und das funktionierte. Für 150 Gramm weißes Heroin aus dem Goldenen Dreieck überwies mir Hunter 37.500 Dollar, was damals etwa 120.000 Mark entsprach. Bei diesen finanziellen Möglichkeiten vergaß ich den mühseligen Haschischhandel mit Marokko schnell. Santi und ich hatten eine wunderbare Reise hinter uns (mal abgesehen, dass uns die Amöbenruhr fast umgebracht hatte), und an deren Ende stand auch noch dieser unglaubliche Profit. Als ich Santi davon berichtete, bedauerte er sehr, seinen Anteil nicht ebenfalls an Hunter geschickt zu haben. In Barcelona hatte er für die hundert Gramm gerade einmal 600.000 Peseten bekommen, was damals in etwa 20.000 Mark entsprach.

2.2 Gräfelfing

Unterdessen in Gräfelfing hatte Lisa unsere Nachbarn kennengelernt. Sie wusste, wo das Postamt lag, sie kannte die Verkäuferin im Supermarkt und den Leiter der Sparkasse, und sie wusste, hinter welchem Gartentor ein bissiger Hund lauerte. Die Wohnung hatte sie geschmackvoll eingerichtet, denn sie hatte nicht bloß Sinn für Ästhetik, sondern ebenso viel eigenes kreatives Potenzial: Sie malte schöne Aquarelle, sie nähte Kleider, Hosen und Hemden, sie komponierte Blumensträuße und sie kochte mit kulinarisch inspirierter Begeisterung. Solange Lisa und Santiago allein in der neuen Wohnung lebten, blieb das Nachbarschaftsverhältnis zum Ehepaar Murr intakt. Es sollte aber bald, nachdem ich von der Asienreise mit Santos zurück war, kompliziert werden.

Die Altmieter, er ein gescheiterter Metzger, sie eine frühverrentete Stripperin, kommunizierten in einem breiten bayerischen Dialekt. Beide verließen das Haus früh am Morgen, bei uns wurde bis tief in die Nacht geredet und Musik gehört, zuweilen auch laut geschmust. All das störte die Murrs, und so wundert es nicht, dass wir bald mit ihnen in Streit gerieten. Das Haus war hellhörig, ein Koitus gewissermaßen ein soziales Ereignis. Wenn dem kinderlosen Ehepaar unter uns die Schlafzimmergeräusche zu viel wurden, schlug der Max mit dem Besen gegen die Decke und schrie: »A Ruah is!«

Mit solchen Leuten konnte eine Hausgemeinschaft auf so engem Raum nicht lange gut gehen. Vorerst hielten wir uns an einen fragilen Waffenstillstand. Aber Max, der Bayer, mochte keinen geheuchelten Frieden. Noch im Sommer sollte die Sache eskalieren.

Es war die Zeit, als ich Mauricio Lieberman kennenlernte, und es war die Zeit, als mir der Konsum von harten Drogen schleichend aus der Hand glitt. Auf der Reise mit Santi hatte ich die Erfahrung gemacht, dass Opium und Heroin meiner Seele guttaten. Die neurotischen Verhaltensweisen, mit denen ich mich aufgrund meiner narzisstischen Störung herumplagte, wurden durch die Drogen in angenehmer Weise kompensiert. Die Hyperaktivität, die mich seit meiner Kindheit unter Stress setzte, verschwand. Mein Bedürfnis, mich in Gesellschaft anderer Menschen in den Mittelpunkt zu drängen und jedes bisschen Liebe, das von irgendwem vergeben wurde, zu ergattern, ließ nach. Eine Kugel Opium, eine Prise Heroin und schon näherte ich mich dem Zustand innerer Ruhe und Gelassenheit. *Papaver somniferum* war wie geschaffen für einen Getriebenen wie mich, der Tag für Tag einen Schmerz spürt, ohne zu wissen, woher er stammt, der daran leidet, dass ihm der Zugang zur Liebe versperrt ist, der intuitiv spürt, dass seine Seele beschädigt ist, der sich aber nicht an das Unglück erinnert, das dazu geführt hat. Hinzu kam, dass der Narzissmus seit den sechziger Jahren gesellschaftlich salonfähig wurde (Stichworte: Hedonismus, Ellenbogenmentalität, Autonomie), dass narzisstische Anteile für eine Karriere im Showbiz, in der Finanzwelt, den Medien, dem Sport, den Chefetagen der Wirtschaft und nicht zuletzt in der Politik scheinbar förderlich waren. In den USA gab es neuerdings sogar eine soziologische Untersuchung, die unter dem Titel »*The Culture of Narcissism*« als Buch erschienen war. Narzissmus als Modeerscheinung des ausgehenden Jahrhunderts. Was an diese Beobachtungen zur eigenen psychischen Befindlichkeit anzuhängen ist: Ich hatte davon seinerzeit keinen blassen Schimmer. Das Thema Narzissmus tauchte erstmals auf, als ich eine Suchttherapie anstrebte, aber da hatte ich zwei Drittel meines Lebens schon hinter mir. Fest steht, dass die narzisstische Störung in der frühen Kindheit entsteht, vermutlich aufgrund einer gestörten Beziehung zur Mutter. Der sexuelle Missbrauch durch den katholischen Priester im Internat dürfte meine Psyche weiter unter Druck gesetzt haben. Genaues wusste ich damals noch nicht.

Hätte ich zu dieser Zeit einen Menschen gehabt, der mich aufgeklärt hätte, hätte ich mich damals mehr für Psychologie als für Esoterik interessiert, möglicherweise hätte ich mir viel Leid erspart. Ich dachte damals, mein Heroinkonsum sei Ausdruck des Widerstands gegen die bürgerliche Gesellschaft, bestenfalls entspräche er einem aufgrund einer freien Willensentscheidung getroffenen Entschluss, durch die Droge mehr Lust zu erleben, sprich: dem Glück auf der Fährte zu sein. Ich begann damals, mich zu verrennen. Die halbherzigen Warnungen vereinzelter Freunde (die meisten wussten nicht viel über meinen Drogenkonsum) ignorierte ich.

Wenn Lisa davon anfing, reagierte ich abwiegelnd und aggressiv. Hinzu kam, dass einige meiner besten Freunde ebenfalls Heroin konsumierten, Wacki etwa und Richie, der zu der Zeit allerdings noch im Knast von Landsberg saß. Etwa zur selben Zeit wie ich hatten auch Roman und seine Freundin Edith angefangen, Heroin zu schnupfen.

Die diesbezüglich unvorteilhafteste Verbindung sollte meine Freundschaft zu Mauricio Lieberman werden. Was unsere Konsumgewohnheiten anging, so waren wir kompatibel. Wir bestärkten uns gegenseitig, wir sprangen auf denselben Karren, der uns gemeinsam umso schneller in den Abgrund führte.

Irgendwer musste Mauricio erzählt haben, ich könne ihm alle möglichen Drogen in guter Qualität besorgen. Und da Mauricio für eine Konzertagentur arbeitete, wo er den Job eines »Road-Managers« inne hatte, kam es immer wieder vor, dass ihm von den Musikern und der Entourage der großen Bands gewisse Wünsche vorgetragen wurden. Unter anderem standen Drogen auf den Wunschzetteln. Mauricio bemühte sich, den Musikern alles zu besorgen, was sie begehrten. Wer hätte sich den Stones, Santana oder Freddy Mercury widersetzt, wenn sie ein wenig von diesem Pulver oder eine Unze von jenem Shit bestellten? Immer gern genommen: Kokain von guter Qualität, Zero-Zero aus Marokko, China-White aus dem Goldenen Dreieck. Mauricio und ich waren gleich alt, wir hörten die gleiche Musik und wir litten unter ähnlichen Schmerzen, denn sonst hätten wir den betäubenden Drogen nicht so hemmungslos zugesprochen.

Mauricio entstammte einer jüdischen Familie. Erst später begriff ich, dass aufgrund der ungeheuerlichen Verbrechen vieles bei diesen Menschen durcheinandergeraten war, Überlebende machten sich Vorwürfe, die Toten nicht gerettet zu haben, geflüchtet zu sein, anstatt Widerstand geleistet zu haben. Man musste nicht unbedingt Psychologie studiert haben, um zu verstehen, dass sich in einem posttraumatischen sozialen Klima Verwirrung und Trübsal manifestieren. Was meinen Freund Mauricio und seinen Seelenschmerz angeht, so bin ich auf Spekulationen angewiesen. Seinerzeit war das kein Thema unter Männern. Wir waren Kerle, wir kannten keinen

Schmerz und wir weinten keine Tränen! Wenn seine Agentur in München ein Konzert veranstaltete, drückte Mauricio mir zuweilen einen Zettel in die Hand, auf dem »*Frontmans Little Helpers*« notiert waren. Und weil Mauricio kein Dealer war, seine Auftraggeber gut zahlende Künstler, machten wir ungestörte Geschäfte. Unwahrscheinlich, dass sich unter den Roadies der Stones ein Spitzel von Scotland Yard befand. Meine Bekanntschaft zu Mauricio ermöglichte Lisa und mir den Besuch einiger guter Rockkonzerte, von Supertramp etwa, Bob Dylan, Aphrodite's Child, Pink Floyd und Elton John. Als Georges Moustaki im Zirkus Krone auftrat, verschaffte mir Mauricio gar eine Exklusivgenehmigung, auf und hinter der Bühne zu fotografieren. Die Musiker schätzten die diskrete Art Mauricios, nicht zuletzt weil er ihnen zuweilen Groupies vorstellte, die es sich in den Kopf gesetzt hatten, mit ihren Idolen eine Nacht in Bayerischen Hof zu verbringen. Ich erinnere mich an Traudl, die die Nacht mit Bryan Ferry ihr Leben lang nicht vergessen haben dürfte. Mir genügte die Musik von Roxy Music, einer der großen Bands dieser Jahre. Mauricio kannte sie alle, sofern sie mit seiner Agentur auf Tournee gingen. Und das waren damals einige der Besten.

Unser Haus in Gräfelfing entwickelte sich zu einem gastfreundlichen Treffpunkt, nicht zuletzt dank Lisas Kochkünsten und dem Ambiente, welches sie schuf. Aber auch unsere Gäste trugen zur guten Stimmung bei, allen voran unsere Besucher aus Spanien und unsere Freunde aus München, sofern sie nicht gerade im Knast saßen.

Anfang April hatte Santi seinen Stoff in Barcelona verhökert und er setzte sich in einen Bus nach München. Mit von der Partie: Enrique Domingo, ein weiteres Mitglied der alten Taucherclique von Ibiza. Enrique war einer von Santis Kunden. Er war mir schon in Ibiza aufgefallen, weil er den Drahtseilakt zu schaffen schien, einerseits der Filialleiter einer Versicherungsgesellschaft zu sein, eine Frau und fünf kleine Kinder zu ernähren und nebenbei einem riskanten Hobby zu frönen: Er injizierte sich gerne eine Mischung aus Kokain und Heroin, sofern guter Stoff auf dem Markt war. Gab es einmal keinen guten Stoff, so ließ er sich von einem Arzt mit irgendwelchen Schmerzmitteln substituieren. Dabei sah er aus wie der zweite Bürgermeister von Ibiza, immer tadellos gekleidet, ein Versicherungsfritze mit starker Tendenz zu Chaos und Anarchie. Bei alledem blieb er im Umgang mit den Leuten stets korrekt und verbindlich. Enrique machte auf mich den Eindruck eines typischen Mittelständlers: Höflich, wach nach Möglichkeiten ausschauend, um sich in der im Umbruch befindlichen spanischen Gesellschaft ein Stück des Kuchens zu sichern. Ein wenig der katalanische Spießer war er wohl auch, sofern man einem Junkie dieses Attribut überhaupt anhängen kann. Enrique war klein, auf seinem Haupt spross ein voller dunkler Schopf, und er rasierte sich zweimal am Tag. Er vergaß auch nie das Rasierwasser, welches ihn als Spanier auswies, eine Art Kölnisch Wasser aus Barcelona, dessen Name mir in Erinnerung geblieben ist: Aqua Velva. Mir schien, als sei damals jede zweite spanische Ehefrau olfaktorisch damit kontaminiert. Santi und Enrique riefen vom Münchener Hauptbahnhof an, wo ich sie abholte.

Noch während ich die anstehende Thailand-Reise organisierte, brach in unserem Garten in Gräfelfing der Frühling aus. Lisa erhielt einen Anruf von Tuulikki, die zwei Jahre zuvor mit uns in Talamanca gelebt hatte und die inzwischen in Beirut bei der Großfamilie ihres Mannes Rabia untergekommen war. Obwohl der Bürgerkrieg noch nicht vorbei war, schlug Tuulikki vor, Lisa möge sie mit dem Kind besuchen kommen, das Risiko sei vertretbar. So brachen wir zu fünft nach Athen auf. Dort buchten wir die weiteren Tickets: Lisa und der Kleine flogen mit der MEA in den Libanon, meine spanischen Komplizen und ich buchten einen Flug nach Fernost. In zwei Wochen wollten wir uns wieder in der griechischen Hauptstadt treffen.

Die obligatorische Woche in Thailand verbrachten wir in Bangkok, wo wir uns Odt Thongyod anvertrauten, dem Studenten, den ich auf einer früheren Reise kennengelernt hatte. Odt stellte uns ein touristisches Programm zusammen. Wir machten Bootsfahren auf den letzten verbliebenen Klongs, besuchten den Floating Market, aßen Eis auf der Terrasse des Mandarin Hotels, und wir besuchten den Nachtmarkt von Pratunam. Odt nahm Enrique mit in den größten Massagesalon an der New Petchburi Road, alle zusammen zogen wir einen Abend durch die Soi Cowboy, wo die verruchtesten Sex-Shows alles in den Schatten stellten, was ein unter dem General Franco in Spanien aufgewachsener Katholik sich je hätte träumen lassen. Enrique war beeindruckt, als eine kecke Stripperin sich erst eine geschälte Banane in die Röhre schob, um sie anschließend in zwei Teilen ins Publikum zu katapultieren. Es gab Mädchen, die sich Zigarren zwischen die Schamlippen klemmten und sie am Qualmen hielten; andere, die mit der Muschi verschlossene Colaflaschen öffneten und anschließend die halbe Cola »austranken«, erotische Kunststückchen, die uns Europäer und noch mehr die anwesenden Araber staunen und bezahlen ließen. Bemerkenswert, auch das ein Beispiel für die Unberechenbarkeit von Erinnerungen*: Als wir am Tag durch die Soi Cowboy spazierten und uns die Gasse im abgeschminkten Zustand ansahen, hörte ich über den Außenlautsprecher eines erotischen Friseursalons (»schneiden, legen, blasen«) zum ersten Mal Musik von Billie Joel: dort erklang ausgerechnet sein Lied »*Honesty*« … Dann machten wir einen Ausflug in den Rosegarden, ein speziell für Touristen mit Attraktionen angereicherten Park, wo man sich eine Würgeschlange um den Hals hängen und zu Fotozwecken auf einen Elefanten klettern konnte; wo sich einem Papageien auf die Schulter setzten und wo eine Tanzgruppe historische Tänze aufführte, das komplette unehrliche Programm, das den Touristen authentische Kultur vorgaukeln sollte, bei dem es aber ausschließlich darum ging, den fremden Deppen die Kohle abzugreifen.

Zum Schluss zeigte uns Odt noch den Palast von Königin Sirikit und König Bhumibol und den angrenzenden Tempel Wat Mahathat, dessen Architektur und Anlage uns gut gefielen, über dessen Bedeutung für die Buddhisten wir allerdings wenig erfuhren. Immerhin, wir hatten alles gesehen, und das Herz mit Bildern aufgefüllt. Enrique, für den wir diese Führung in erster Linie veranstalteten, schien es zu gefallen.

---

* Die Erinnerung ist ein Hund, der sich hinlegt, wo er will. (Cees Noteboom)

Der Schmuggel war zur Routine geworden. Enrique erklärte sich bereit, fünf Beutel von je hundert Gramm am Körper zu transportieren, verborgen unter einem Nierengürtel.

Die Ausreise aus Thailand ging wie üblich komplikationslos vonstatten, wenngleich die Wartezeit auf dem Don Muang Flughafen immer eine nervenaufreibende Sache war: Während wir auf den Aufruf zum Flug der Egypt-Air nach Kairo warteten, konnte immer noch ein Drogenfahnder seine Hand auf deine Schulter legen und sagen: »Sir, es gibt da ein Problem mit Ihrem Gepäck. Ich muss Sie bitten, mitzukommen!«

Entspannt waren wir erst, wenn der Flieger abgehoben hatte, sich in den tropischen Wolkenhimmel bohrte, und sich die Stadt Bangkok langsam in das Land Siam verwandelte mit seinen Kanälen, Reisfeldern und kleinen Dörfern, auf deren Straßen Menschen neben Büffeln einhergingen. Reisen ist ein fortwährender Lernprozess, im wahren Sinne des Wortes ein Bildungs-Weg, und wer sich auf Reisen nicht als Missionar begreift, wer den Menschen nicht wie ein Militär oder ein Reporter gegenüber tritt, der kann dabei zuweilen der Liebe, dem Rausch und dem Glück begegnen.

Nur wenige Minuten, nachdem die Maschine in Athen gelandet war, setzte auch die MEA aus Beirut auf. Wir trafen Lisa mit dem Kind am Gepäckkarussell und gingen anschließend gemeinsam durch die Zollkontrolle.

Während Enrique, Lisa und Santiago am nächsten Tag nach München weiterflogen, nahmen Santi und ich den Zug. Wir versteckten die Beutel mit dem Stoff im Waschraum hinter der Seitenverkleidung und genossen die zweitägige Zugreise durch Jugoslawien. Erst nachdem wir München hinter uns gelassen hatten, stiegen wir aus. Auf dem Münchener Hauptbahnhof trieben sich nämlich zwielichtige Gestalten herum, denen es tunlichst aus dem Weg zu gehen galt. Also blieben wir bis Augsburg im Zug sitzen und ließen uns dort von Enrique abholen. Wieder daheim in Gräfelfing schickte ich den mitgebrachten Stoff an Hunter nach Kalifornien. In Sachen Nachbarschaftsstreit hatte ich bald wieder Gelegenheit, Öl ins Feuer zu gießen. Die Vermieterin hatte uns nämlich in Aussicht gestellt, das ganze Haus zu übernehmen, sofern es uns gelänge, die unbeliebten Murrs hinaus zu mobben. Max Murr machte es uns leicht: Eines Morgens passte er Santi und Enrique auf dem Weg zur Gartenlaube ab, und stellte sie zur Rede. Aber das Einzige, was die beiden verstanden, war der aggressive Tonfall des Bayern. Und weil Herr Murr sicherstellen wollte, dass »das Ausländer-Geschwerl« ihn auch verstanden hätte, holte er sein Luftgewehr aus der Garage und fuchtelte damit vor Enriques großer Nase herum. Meine Freunde beschwerten sich bei mir, ich leitete die Sache an die Hausbesitzerin weiter, und die beauftragte einen Anwalt, die Kündigung gegen das Ehepaar Murr zu betreiben. Aber der Mieter Murr war Mitglied beim Mieterschutzbund, der ihm ebenfalls einen Anwalt stellte. Alles sah nach einer Hängepartie aus. Es sollte noch dauern, bis der Möbelwagen endlich vorfuhr.

Die Freunde aus Spanien mussten ein paar Tage warten, bis die erste Überweisung aus Amerika kam. Dann rechneten wir ab, und sie verabschiedeten sich nach Ibiza, wo Kinder, Frauen und Freunde auf sie warteten, und wo Enrique sein Doppelleben wieder aufnahm.

2.3 La Mujer 79

Nachdem die Herren Gonzalo und Domingo abgereist waren, sprachen Mauricio und ich, Walter und Roman ausgiebig der »Teufelsdroge« zu. Letztere spaltete den Freundeskreis bis zu einem gewissen Grad. Es gab nämlich Kiffer, die hielten den Konsum und Vertrieb von Heroin für unmoralisch. Was Koks anging, existierten ebenfalls Fraktionen: Die einen tolerierten diese Droge, andere lehnten sie strikt ab. Selten traf man aufgeklärte Leute, die das generelle Recht erwachsener Menschen vertraten, sich mit dem Stoff zu berauschen, der ihnen persönlich behagte. Quer durch die Gesellschaft verlief eine unlogische Bruchlinie, die die Menschen einteilte, in solche, die gute Drogen, und solche, die böse Drogen konsumierten. Wobei die Grenzziehung individuell verschieden war. Der eine rechnete Marihuana zu den harmlosen Stoffen, für den anderen war jeder »Haschbruder« ein Kranker, wenn nicht gar ein Krimineller. Ich vertrat die Position, dass es den Staat generell nichts anginge, mit welchen chemischen Substanzen ich mich in Stimmung versetzte. Ich war (und bin) davon überzeugt, dass es ein Menschenrecht auf Rausch gibt.

»Und wenn du am Ende voll drauf bist und Hilfe brauchst, dann soll die Gesellschaft dafür gerade stehen, oder wie stellst du dir das vor?«

So oder so ähnlich lautet die suggestive Frage, mit der die Befürworter des Rausches immer wieder konfrontiert werden. Was mich aber nicht daran hindert, sie mit einem klaren Ja zu beantworten. Jeder hat das Recht, mit Drogen zu experimentieren. Jeder hat die Pflicht, negative Erfahrungen zu kommunizieren. Die Gesellschaft ist verpflichtet, Rehabilitationsprogramme einzurichten, um denen, die in Abhängigkeit geraten sind, einen Weg zurück zu ermöglichen. Etwa so, wie mit Alkoholkranken umgegangen wird. Das Grundrecht auf freie Entfaltung der Persönlichkeit beinhaltet das Recht, sich zu berauschen. Das Elend fing in dem Moment an, virulent zu werden, als in Amerika der Alkoholkonsum verboten wurde.

Der Erste unter uns, der erkannte, dass der eigene Karren im Heroinsumpf steckte, war Mauricio. Von langer Hand plante er seinen Absprung: Als sein Arbeitgeber ihn mit nach Los Angeles nahm, um Michael Jackson eine Europatournee schmackhaft zu machen, flog Mauricio weiter nach Hawaii. Auf der Insel Maui ließ er sich nieder und begann unter Zuhilfenahme von Schmerzmedikamenten, die amerikanische Ärzte ihren Suchtpatienten ohne weitere Dokumentation verschrieben, einen Entzug. Nach einer Woche war der körperliche Schmerz vorbei, und es folgte die weitaus schwierigere Phase, nämlich eine Monate andauernde quasidepressive Phase der Lust- und Antriebslosigkeit. Die gelingt den meisten Opiat-Abhängigen nur mit der Unterstützung von Therapeuten, Freunden oder Familie. Nach drei Monaten kam der erste Brief aus Hawaii: Mauricio war auf einem guten Weg. Er war clean, und er wollte es bleiben. Lisa und ich freuten uns, und ich nahm mir vor, demnächst seinem Beispiel zu folgen.

Vorerst war aber ein Sommer auf Ibiza geplant. Im Mai fand in Madrid die Verhandlung vor dem obersten Gerichtshof statt, über die ich vorgreifend schon berichtet habe. Ich hatte einen Freispruch erster Klasse erhalten, die Auslieferung nach Frankreich war abgelehnt worden. Ich konnte mich wieder unbehelligt in Spanien bewegen. Blieb noch, die Asservate bei der Polizei abzuholen, die sie bei der Hausdurchsuchung im vergangenen Sommer mitgenommen hatte.

Anfang Mai flogen Lisa und Santiago nach Ibiza. Ich hatte vor, zwei neue Federkernmatratzen mitzunehmen und kaum, dass ich meine Reisepläne im Freundeskreis bekannt gemacht hatte, meldeten sich diverse Interessenten, die gerne mitfahren wollten. Geoffrey und seine Freundin Martina hatten vor, den Sommer auf der Insel zu verbringen. Dann entschloss sich Daniel S., ein guter Bekannter aus Schwabing, gegen Benzingeldbeteiligung mitzufahren, und last not least hatte ich meinem Freund und Gitarrenlehrer Glen Moray einen Platz im Bully versprochen.

Erleichtert standen die Murrs hinter dem Küchenfenstervorhang und beobachteten, wie wir die Matratzen auf den Bus packten und eines schönen Morgens abreisten.

Die Stimmung war ausgelassen. Wir entschieden uns, über die Schwäbische Alb und den Schwarzwald zu fahren, von Ulm aus in direkter Linie nach Freiburg. Es war die Zeit, in der jeder kleine Dorfpolizist davon träumte, einen Terroristen zu fangen. Also rotteten sie sich hin und wieder zusammen und gingen auf Jagd. Mitten auf der Alb gerieten wir in eine Straßenkontrolle. Ein halbes Dutzend Uniformierte hielt uns an und verlangte Auskunft. Jedes Mitglied der verdächtig nach Staatsfeinden riechenden Reisegesellschaft musste sich ausweisen. Dann stellten sie Fragen: Wohin wir wollten? Warum wir nicht, wie anständige Touristen, mit einer Reisegesellschaft reisten? Ob Martinas Eltern wüssten, dass sie mit vier Kerlen unterwegs war? Letztere waren den Polizisten umso suspekter, weil Geoffrey US-Amerikaner war, Glen Inder, Daniel Holländer und ich Deutscher. Für die Schwabenbullen roch unsere Truppe förmlich nach Unmoral und kriminellen Umtrieben. Wir mussten aussteigen und ihrem Hund das Innere des Wagens überlassen. Der beschnüffelte alles, bellte auch ab und zu, aber das Stück Hasch, welches wir dabei hatten, fand er nicht. Da nach einer halben Stunde noch immer kein Straftatbestand protokolliert werden konnte, ließen sie uns wohl oder übel ziehen. Als wir davonfuhren, standen sie an der Straße und schnitten Grimassen, ganz so, als hätten sie gerade vom Innenminister die Kündigung erhalten. Nie davor und nie danach wurde mir bewusster, dass diese Männer in den schlecht sitzenden grünen Uniformen und der Ratlosigkeit gegenüber uns Vertretern einer neuen Zeit unsere Feinde waren. In ihren Herzen waren das noch Adolf Hitlers Männer.

Nach der überstandenen Kontrolle drehte Daniel einen Joint, und bald wurde wieder gelacht im Bus. Die Fahrt durch den Schwarzwald entschädigte uns für den Schrecken, den uns die Polizisten eingejagt hatten, aber so richtig ausgelassen wurde die Stimmung erst wieder, als wir den Rhein überquert hatten.

Die Straße führte vorbei an Belfort, durch das Tal des Doubs nach Besançon, von dort hinein in die Bresse und weiter nach Süden in Richtung Lyon. Irgendwo unterwegs, in der Nähe von Marboz gab der Motor unseres Wagens den Geist auf. Geoffrey, der gerade am Steuer saß, ließ ihn bis zu einer Tankstelle rollen. Da standen wir also, mitten in der Nacht mit einem kapitalen Motorschaden. Als es hell wurde, kam der Tankstellenpächter aus dem Haus, um sich zu erkundigen. Unterdessen hatten wir festgestellt, dass der Motor festgefahren war, es sah nach einem Kolbenfresser aus, einem Schaden, der seinerzeit noch recht häufig vorkam. Wir benötigten also einen Ersatzmotor. Der Patron der Tankstelle riet uns, die Austauschmaschine in Deutschland zu besorgen, das dauere nicht so lange, zudem sei es billiger. Das klang einleuchtend. Geoffrey und ich fuhren im Taxi nach Bourg-en-Bresse, mieteten dort einen Kombi, fuhren zurück über die deutsche Grenze und kauften bei einem Autoverwerter in der Nähe von Freiburg für 200 Mark einen gebrauchten VW-Motor. Am Nachmittag waren wir zurück. Daniel, der ein guter Mechaniker war, hatte den alten schon ausgebaut, gemeinsam machten wir uns daran, den neuen Motor in den Bully zu montieren. Und noch ehe es dunkel war, konnten wir unsere Reise fortsetzen. Der Tankwart staunte nicht schlecht, wie wir ohne seine Hilfe in Anspruch zu nehmen, die Reparatur durchführten, und weil er so freundlich gewesen war, uns sein Werkzeug zur Verfügung zu stellen, gaben wir ihm ein Trinkgeld.

Wir erreichten Lyon bei Einbruch der Nacht, durchquerten die Stadt ohne anzuhalten, denn am nächsten Abend wollten wir in Barcelona auf die Fähre rollen. In der Nähe von Narbonne kündigte sich plötzlich ein weiterer Schaden am Auto an: Das linke hintere Radlager war trocken gelaufen und spuckte nach und nach die Kugeln aus. Der Typ vom Abschleppdienst brachte uns zu einer Werkstatt, wo man sich den Schaden näher besah. Schlechte Nachrichten: Die Reparaturkosten würden den Zeitwert des Fahrzeugs übersteigen, mit einer Weiterfahrt sei frühestens in drei Tagen zu rechnen … Zwei kapitale Schäden innerhalb von zwei Tagen, das war zu viel. Ich beschloss, dem Bus die Solidarität aufzukündigen. Wir verrechneten den Restwert mit den Abschleppkosten und luden alles in einen Kastenwagen, den Daniel bei Avis besorgt hatte. So erreichten wir Barcelona. Vor dem Hafengebäude luden wir unseren Krempel aus, allem voran die Federkernmatratzen. Wir schafften alles in die Wartehalle, suchten uns eine freie Ecke und machten es uns bequem. Geoffrey und Martina brachen zum

Büro der Schifffahrtsgesellschaft Aucona auf, welches komischerweise nicht am Hafen lag. Nach einer Stunde waren sie mit langen Gesichtern zurück: Obwohl noch keine Hochsaison, waren die Schiffe für die nächsten beiden Tage schon ausgebucht. Déjà vu! An einen Flug war nicht zu denken, dazu war insbesondere mein Gepäck zu umfangreich. Wir besprachen die Sache untereinander, kamen aber zu keiner Lösung. Nur so viel stand fest, wir hatten keine Lust, zwei Tage auf unserem Matratzenlager im Hafengebäude zu lungern. Daniel schlug vor, wir sollten uns trennen, zumindest er wollte zum Flughafen, um zu sehen, ob es noch Flüge gebe. Schließlich habe er um Mitfahrgelegenheit bis Barcelona gebeten und nicht etwa um Teilnahme an einer Odyssee … Geoffrey und Martina hatten es sich auf den Matratzen bequem gemacht, Glen saß auf der Kante und spielte Songs von Cat Stevens und Neil Young. Er hatte eine einprägsame Stimme, und es dauerte nicht lange, bis sich ein paar Dutzend Reisende um ihn und seine Gitarre versammelt hatten. Ganz in meiner Nähe hatte sich, ohne um Erlaubnis zu fragen, ein Typ auf unsere Matratzen gehockt, der dabei war, spanisches Gebäck zu essen und dazu San Miguel zu trinken. Gerade wollte ich ihn ansprechen, als eine junge Frau erschien und sich neben ihn setzte.

»Und? Was hat der Typ rausgerückt?«

»'nen Tausender«, sagte sie.

»Wie viel?!«, fragte der Kerl empört.

»Tausend Peseten. Das sind etwas mehr als dreißig Mark. Für 'ne schnelle Nummer ist das ok«, sagte das Mädchen.

»Dreißig Mark? Haste'se noch alle!«

Dem Dialekt nach zu urteilen stammten die beiden aus Berlin, und dem Zusammenhang war zu entnehmen, dass sie auf den Strich ging, und er ihr Strizzi war.

»Besser dreißig als gar nix«, sagte sie trotzig. »Von dir hab ich noch nie so viel bekommen.«

Unauffällig sah ich mir das Berliner Täubchen an, sie war blond, etwa zwanzig Jahre alt, und hatte ein hübsches Gesicht. Für meinen Geschmack ein wenig zu fleischig, aber dafür hatte sie einen trockenen Humor.

»Hast du inzwischen Tickets für die Fähre?«, wollte sie von ihrem Begleiter wissen.

»Woher denn. Sieht aus, als müssten wir bis Donnerstag warten.«

»Wem gehören denn die Matratzen?«

»Keine Ahnung. Vielleicht dem Kanaken mit der Klampfe da.«

»Der Kanake mit der Klampfe ist zufälligerweise ein Freund von mir«, sagte Geoffrey, der genug Deutsch verstand, um mitbekommen zu haben, dass wir es mit einem Armleuchter zu tun hatten.

»Noch so ein dummer Spruch, und du schiebst deinen Arsch von der Matratze.«

Der Zuhälter mit dem Berliner Akzent versuchte mit einem raschen Blick seine Chancen abzuschätzen, gab aber klein bei, als er sah, dass sowohl Daniel als auch ich den Konflikt zwischen Geoffrey und ihm aufmerksam folgten. Das Paar war dabei, den Platz zu verlassen, als ich sie ansprach.

»Hör mal«, begann ich. »Ich habe gerade mitbekommen, dass ihr keine Tickets für die Fähre habt. Ich hätte da eine Idee …«

Fünf Minuten darauf war ich mit der Blonden unterwegs zum Büro der Aucona.

»Wie heißt du denn?«, fragte sie mich.

»Harry. Und du?«

»Gina. Wie Gina Lollobrigida.«

Ich erklärte Gina meinen Plan, und sie war einverstanden.

Im Stadtbüro der Schifffahrtsgesellschaft waren vier Kundenschalter geöffnet: Drei für den regulären Ticketverkauf, einer, über dem ein Schild mit der Aufschrift »*Reclamaciones*« hing. Vor den drei Ticketschaltern warteten lange Schlangen, am Reklamationsschalter stand keiner. Dort stellten wir uns an, aber da auch hinter dem Schalter niemand saß, machte ich mich durch Räuspern bemerkbar. Nach einer Weile erschien ein junger Mann: Anzug, Brille, Aqua Velva.

»Was kann ich für Sie tun?«

»Ich brauche sieben Tickets auf der Abendfähre nach Ibiza, egal welche Klasse, von mir aus können es auch Plätze an Deck sein«, erklärte ich.

»Moment mal«, erwiderte der Angestellte. »Hier ist der Reklamationsschalter.«

»Ich weiß. Hier geht es um einen Sonderfall, eine Art Reklamation«, sagte ich.

»Ein Sonderfall?«

»So ist es. Vorausgesetzt, Sie können die Tickets besorgen und die Sache mit Diskretion behandeln, biete ich Ihnen ein intimes Rendezvous mit dieser jungen Dame hier an.«

Ich gab Gina einen Wink, sich vor der Schalterluke zu zeigen. Der Angestellte war ein wenig überrascht. Unentschlossen warf er einen Blick auf das Mädchen.

»Wenn Sie wollen, können Sie die Mittagspause mit ihr verbringen«, ergänzte ich.

»Einen Moment bitte«, stotterte der Mann. »Ich muss erst einmal nachsehen, ob überhaupt noch Tickets verfügbar sind.«

Bingo. Ich wusste, dass auf einem so großen Schiff immer noch ein Dutzend Tickets verfügbar waren. Oft wird überbucht, und in solchen Fällen ist man bei den Plätzen an Deck flexibel. Niemand läuft während des Ablegens über das Oberdeck, um die Hippies zu zählen ... Nach einer Weile ging die Luke wieder auf.

»Das mit den Tickets geht in Ordnung. Sie sagten sieben?«

»Si, Señor.«

»Aber wann und wo kann ich die junge Dame denn treffen?«

Wir verabredeten uns in einer halben Stunde im Hotel Oriente an der Rambla. Gina und ich saßen im Foyer, als er auftauchte. Wie verabredet, nahm er ein Zimmer, ging die Treppe hinauf, und Gina folgte ihm. Ich lehnte mich in den Sessel und blätterte in der Tageszeitung, die ein Gast hatte liegen lassen. Es dauerte keine halbe Stunde, ehe Gina zurück war.

»Das war total unkompliziert«, grinste sie.

»Hast du die Tickets?«

Sie nahm sie aus der Handtasche und überreichte sie mir. Sieben Stück, das Datum stimmte, Oberdeck. Ich gab ihr zwei zurück.

»Und wo ist der Kerl?«

»Ich glaube, der macht Siesta. Als ich aus der Dusche kam, lag er auf dem Bett und schnarchte.«

Unterwegs zum Hafen kaufte ich Gina noch ein Eis. Während wir dahingingen, fragte ich sie, ob sie nicht finde, dass es für sie besser wäre, wenn sie sich selbstständig machte. Man könne sich doch was Besseres vorstellen, als immerfort so einen Faulenzer und Schmarotzer durchzuziehen.

Sie hörte mir eine Weile zu, dann sagte sie: »Das Dumme ist, ich liebe ihn!«

Zurück am Hafen war die Freude groß. Ginas Strizzi hatte sogar einen Schulterklopfer für mich übrig.

Am Abend schafften wir unser Gepäck an Bord, inklusive der beiden inzwischen ein wenig mitgenommenen Matratzen. Gegen zehn Uhr verließ das Schiff den Hafen von Barcelona, um am nächsten Morgen in aller Frühe im Hafen von Ibiza anzulegen.

Auf der Insel traf ich neben Lisa und Santiago auch meine Reisegefährten Enrique und Santi wieder. Geoffrey und Martina lebten auf ihrer Finca in Santa Gertrudis, Daniel hatte einen Kumpel, der ihn auf seinem Segelschiff wohnen ließ, und Glen nahm die Einladung an, mit uns nach Cana Ventura zu kommen. Dort hatten sich allerdings schon ein paar Leute einquartiert, allen voran Werinher, der Fotograf, der gerade dabei war, einen Schönheitswettbewerb zu organisieren. Da ich Werinher schon des Öfteren bei Foto-Shootings assistiert hatte, nahm ich sein Angebot an, ihn bei der Veranstaltung zu unterstützen. Einen Titel hatte er auch schon gefunden: La Mujer 79.

Doch noch ehe ich mich voll auf das neue Projekt konzentrieren konnte, kam Enrique mit interessanten Nachrichten zu Besuch. Er teilte mir mit, dass er in der Versicherungskartei die Privatadresse vom Bullen-Paquito gefunden habe, mit dem ich noch eine Rechnung offen hatte. Außerdem machte er mich mit Pepe Tovar und Tito Robredo bekannt, Kumpels von Santi, die ebenfalls noch ein Hühnchen mit dem sadistischen Polizisten zu rupfen hatten. Pepe hasste den kleinen Scheißkerl ganz besonders, seit er herausgefunden hatte, dass der einige seiner in der Gemarkung San José wachsenden Graspflanzen vernichtet hatte. Unter Ausnutzung des Umstandes, dass Pepe an dem Tag auf dem Festland weilte und mit dem Versprechen, auf eine Anzeige zu verzichten, hatte Paquito sich anschließend von Pepes Freundin einen blasen lassen. Tito war kürzlich im Zuge von Ermittlungen auf dem Kommissariat von Paquito geschlagen worden.

Als Generalvertreter einer der größten Versicherungen auf der Insel brauchte Enrique bloß in den Karteikasten zu schauen: Mehr als sechzig Prozent aller Ibizencos waren dort vertreten. Datenschutz war damals noch kein Thema, für das die Leute ein Unrechtsbewusstsein entwickelt hatten. *Bref*: Enrique wurde fündig, und bald stand das Haus des Drogenfahnders unter Observation. Dabei hatte Pepe herausgefunden, dass der Beamte, dessen Spezialität es war, Kifferinnen zu »verhören«, nach der Arbeit gerne die Bar »El Mono« aufsuchte.

Wir lauerten ihm auf dem Weg von der Bar zu seinem Seat auf. Pepe hatte seiner Freundin Nylonstrümpfe geklaut, und derart vermummt hockten wir im Schatten einer Mauer und warteten auf das Opfer und die Chance zur Rache: Pepe, Tito und ich. Es war schon spät, hinter den Fenstern der Vorstadt-Siedlung flimmerte nur noch vereinzelt ein Fernseher, als Paquito endlich auftauchte. In dem Moment, als er seinen Wagen aufschließen wollte, fielen wir über ihn her. Pepe versetzte ihm einen Hieb, dass er auf der Stelle in die Knie ging. Tito hob seinen Kopf an und gab ihm zwei saftige Ohrfeigen. Obwohl wir ihm gerne gesagt hätten, wem er diese Abrechnung zu verdanken hatte, ging bis auf ein *»hijo de puta«* alles lautlos vonstatten. Bloß Paquito schrie, bis im zweiten Stock eines Hauses das Licht anging. Zu meiner Schande muss ich gestehen, dass ich plötzlich wie gelähmt war, als es galt, dem Drecksack wenigstens einen Fußtritt zu verpassen.

»Dale!«, forderte Tito mich auf, aber mein Folterer lag längst am Boden und bat um Gnade.

Wir verdufteten ebenso schnell, wie wir aufgetaucht waren. Niemand hatte uns gesehen, geschweige denn erkannt. Zumindest glaubten wir das.

Ein paar Tage später ging ich zum Polizeirevier, um die im vergangenen Jahr in meinem Haus beschlagnahmten Asservate abzuholen. Der diensthabende Polizist machte sich Notizen, er müsse in der Asservatenkammer nachsehen, aus dem Stegreif könne er nichts sagen, aber möglicherweise wisse sein Kollege Paquito etwas, der sei leider im Moment krank. Das sei aber bedauerlich, sagte ich, was er denn habe? Einen kleinen Unfall habe der Kollege erlitten, nichts Gravierendes, nächste Woche sei er wohl wieder fit. Mit einem Triumph im Herzen verließ ich das Revier, um mich erneut der Kunst zuzuwenden.

Mit Gino, einem Italiener, dem die Druckerei »Hay Tiempo« gehörte, hatte Werinher einen Partner für den Schönheitswettbewerb gefunden. Sie hatten vor, aus La Mujer 79 eine große Nummer zu machen. Pico Risto, ein talentierter Nachwuchsfotograf, knipste ein schönes Foto von Fatja Belle, der schönsten Algerierin auf der Insel, Gino verwandelte das Foto zu einem Siebdruck, Werinhers Fotoagentur »Eye Light Productions« firmierte als Veranstalter, und ich finanzierte das Projekt. Das Plakat, welches in hundertfacher Ausfertigung, jedes einzelne ein originaler Siebdruck, auf Kirchenwänden, Strandkiosken und Kneipentüren aufgehängt wurde, warb um junge Frauen, die sich ihre Schönheit von einer internationalen Jury bestätigen lassen wollten. Als Hauptpreis, auch das stand auf dem Plakat, war eine Rolle in einem Hollywoodfilm ausgeschrieben. Die Filmrolle hatte Chris Nebe beigesteuert, ein Münchener Filmproduzent, der ab und zu eine Hollywoodproduktion finanzierte. Jedenfalls hatte es einen solchen Beauty-Contest auf Ibiza bis dahin noch nicht gegeben. Die Sache wurde hysterisch, und es dauerte nicht lange, bis auch Iñigo Morales, der Chefreporter des Diario de Ibiza in unserem Büro in der Calle de la Virgen auftauchte. Und weil er mich gerade antraf, stellte er mir ein paar Fragen, knipste ein Foto von mir, und am nächsten Tag war mein Konterfei auf der ersten Seite: »Deutscher Fotograf macht sich um den Tourismus auf den Balearen verdient«, so lautete die Schlagzeile. Mit einem Interview auf Seite drei. Das Ganze hätte eine nette Werbemaßnahme sein können, hätte es nicht Dutzende von Leuten auf der Insel gegeben, die mich kannten, die wussten, dass ich zur Drogenszene gehörte, und dass ich im Jahr davor in Palma im Knast gesessen hatte, denen jedenfalls klar war, dass mir die Entwicklung des Tourismus auf den Balearen völlig schnuppe war. Des Weiteren hatte der umtriebige Reporter mit Werinher vereinbart, eine eigene Rubrik in der Zeitung einzurichten, in der jeden Tag das Porträt einer Bewerberin veröffentlicht werden sollte. Die Fotos steuerten Pico und Werinher bei. Die Sache wurde zusätzlich von höchster lokaler Ebene befürwortet: Abel Matutes, ehemaliger Bürgermeister der Stadt Ibiza und späterer Außenminister von Spanien, genannt »Der Pate von Ibiza«, unterstützte das Projekt, in dem die Schönheit der Frauen gewürdigt werden sollte. Die Manager des »Charly Max« boten an, die Veranstaltung in ihrer Großdisco auszurichten, und der eben gegründete spanische Ableger des Playboy war an der exklusiven Berichterstattung interessiert. Smilja Mihailovic, die umtriebige Prinzessin, die bei der einheimischen Mode-Vereinigung »Ad lib« die Fäden zog, war mit von der Partie. Ohne ihre Unterstützung, so jedenfalls erschien es mir, wäre es mühseliger gewesen, eine solche Fete zu organisieren. Wer mich mit Smilja bekannt machte, kann ich nach all den Jahren nicht mehr sagen, möglicherweise war es Faye, die Redakteurin der englischen Inselzeitung, die mich ihr vorstellte. Smilja Mihailovic stammte aus Belgrad, wo sie vor dem Krieg als Journalistin bei einer der größten Tageszeitungen volontierte. Ihr Vater war ein orthodoxer Priester, tauchte allerdings später als Oberhaupt einer vielköpfigen Familie und als Lehrer wieder auf, was immer den Bruch in seiner Biographie verursachte, Smilja hat es mir gewiss einmal erzählt, aber ich habe es vergessen. Auch wenn sie mehr als doppelt so alt war wie ich, (sie war gegen Ende des ersten Weltkrieges geboren) freundeten wir uns an, und ich verbrachte manchen Abend bei ihr, wobei mir ihr Appartement in Ibiza wie ein Tempel des gehobenen Kitsches vorkam. Allein ihre beiden Zwergpinscher fand ich dekadent, aber was können Pinscher dafür, dass sie wie Pinscher aussehen? Als ich sie einmal fragte, woher sie eigentlich ihren Adelstitel habe, denn soweit ich wusste, war Jugoslawien unter Tito kommunistisch, erzählte sie mir eine abenteuerliche Geschichte.

Als junge Journalistin hatte sie mit der kommunistischen Partei in Belgrad sympathisiert, das hieß, 1941, nach dem Einmarsch der Deutschen war sie gezwungen, ins Exil zu gehen. Dass ihr ausgerechnet ein deutscher SS-Kommandant dabei behilflich war, nach Griechenland zu fliehen, dürfte an ihrem Charme gelegen haben. In Griechenland lernte sie eine Sekretärin des Königs von Jugoslawien kennen, die sie dem Monarchen im Exil vorstellte. Peter der Zweite Karadjordjevic war damals ein attraktiver junger Mann, und so dauerte es nicht lange, bis Smilja und der junge König in eine Romanze eintauchten. Die Kriegsereignisse erforderten es, dass der König und sein Gefolge weiter nach Palästina, und bald darauf nach Kairo zogen. Smilja blieb in Athen zurück. 1942 lernte sie dort einen italienischen Geschäftsmann kennen, der sie mit nach Neapel nahm. Zuvor hatte sie Kontakte zum britischen Geheimdienst geknüpft, dem sie Informationen über Truppenbewegungen der Achsenmächte zuspielte. In der Toskana geriet sie 1943 in eine Razzia und wurde bis zur Klärung ihrer Identität in einem Konzentrationslager bei Florenz interniert. Von dort entkam sie nach ein paar Monaten mit Hilfe der Mafia, zu der die Familie ihres italienischen Galans offenbar gute Beziehungen unterhielt. Sie verließ Italien mit einem Schiff nach Bristol. Hier traf sie schließlich ihren König wieder, der zwischenzeitlich in England Exil gefunden hatte. Peter der Zweite stellte Smilja als Sekretärin ein und verlieh ihr den Adelstitel Prinzessin. Böse Zungen behaupteten, den Titel habe sie sich im Bett des jungen Königs verdient. Mag sein, aber wen kümmert es? Der Titel war jedenfalls echt, was mich allerdings wenig beeindruckte. Mitte der Fünfzigerjahre begleitete sie den König ohne Land mehrmals nach Spanien, wo Franco als Sieger aus dem Bürgerkrieg hervorgegangen war. Offenbar hat es ihr dort gefallen, auf diese Weise kam sie 1956 erstmals nach Ibiza, die Insel, die später ihre Heimat werden sollte. Verheiratet war sie übrigens auch, mit einem serbischen Diplomaten in Paris, von dem sie ihren Nachnamen Mihailovic behielt. In den Fünfzigerjahren lebte sie teils in England, in Frankreich, und in Deutschland. Anfang der Sechziger kam sie mit ihrem Ehemann nach Ibiza, um zu bleiben. Geblieben ist letzten Endes bloß sie, denn schon bald trennte sie sich von ihrem Gatten.

Solange ich Smilja kannte, lebte sie allein. Ihr haftete stets etwas Aristokratisches an, das kann man so sagen. Da sie schon recht lange auf Ibiza lebte, kannte sie lokale Politiker, ging bei der Familie Matutes ein und aus, der die größte Bank auf der Insel gehört. Ich hatte den Eindruck, dass Smilja Mihailovic das perfekte soziale Netz auf der Insel geknüpft hatte, wer immer auf Ibiza ankam, der berührte einen ihrer Fäden und rief sie damit auf den Plan. Sie war die Spinne im Netz.

Als wir uns zum ersten Mal begegneten, 1978 dürfte das gewesen sein, ging sie auf die Sechzig zu, war nach wie vor eine attraktive Dame, immer modisch gekleidet und von einer Duftnote umgeben, die ihren Ursprung im Hause Guerlain gehabt haben dürfte. Ähnlich dem Münchener Komiker Mooshammer, der nie das Haus ohne seinen Hund »Daisy« verließ, hatte Smilja ihre stets frisch gebadeten Zwergpinscher an der Leine, wenn man sie in der Stadt traf. Gespräche mit ihr waren interessant, sie sprach hervorragend Englisch, Französisch und Spanisch, außerdem beherrschte sie Italienisch, Russisch und gewiss Serbokroatisch, bloß ihr Deutsch war ein wenig holprig. Dabei war sie belesen, und sie liebte die Romane von James Michener.

Smilja fand unsere Idee, einen Schönheitswettbewerb zu organisieren, fabelhaft, und sie unterstützte uns nach Kräften. Mit ihr an der Seite war La Mujer 79 ein Selbstläufer.

Täglich gingen im Büro in der Calle de la Virgen Anmeldungen ein, täglich erschienen Portraits der Mädchen in der Tageszeitung. Zu Zeiten, als Schönheitswettbewerbe in Spanien noch unbekannt waren, als man die Leute mit Stierkämpfen aus dem Haus lockte, war eine Veranstaltung, bei der es um Erotik und Eitelkeit ging, exakt die katholische Nummer, die den Leuten taugte, sowohl den Touristen als auch den Einheimischen. Überall hingen unsere Plakate, jeder, der glaubte, modern und cool zu sein, bemühte sich um einen Platz an der Sonne. Mitten in die Vorbereitungen hinein fiel ein Konzert, welches Bob Marley, der auf seiner ersten Spanien-Tour unterwegs war, in der Stierkampfarena gab. Als eine der Verantwortlichen des Schönheitswettbewerbs brachte Smilja mir zwei Tickets ins Büro. Es wurde zu einem der besten Konzerte des Jahres. Die Rastas von Ibiza waren begeistert.

Zu meinem persönlichen Höhepunkt wurde eine Einladung zum Start des Playboy in Barcelona, die im Frühsommer im Hotel Ritz zelebriert wurde. Smilja hatte sie mir verschafft, und hätte mich die Welt von Glamour und Girls interessiert, hier hatte man mir ein Sprungbrett aufgestellt. Zu der Veranstaltung war der Stellvertreter von Hugh Hefner aus Chicago angereist, aber der Mann des Abends war José Ilario, der Verleger, der beschlossen hatte, den

Spaniern ganz legal *tetas y nalgas** zu zeigen. Smilja stellte mich als Fotograf vor, wir unterhielten uns mit Stierkämpfern und allen Frauen, die Mut hatten, im Spanien nach Franco neue Dinge auszuprobieren.

Am Ende des Tages hatte ich eine Einladung in die spanische Playboy-Redaktion. Dort übergab man mir tags drauf ein Empfehlungsschreiben für die Schwesterredaktion in München: Ich wurde als Kommunikator empfohlen, da im Büro in Barcelona niemand Deutsch sprach und in München keiner Spanisch. In dem Schreiben bezeichnete mich Herr Ilario als Fotograf, was zu dementieren ich keinen Anlass hatte. Erstens fotografierte ich tatsächlich (inzwischen hatte ich eine Nikon mit komplettem Zubehör), und zweitens konnte ich den Leuten ja schlecht erzählen, ich verdiente mein Geld mit dem Schmuggel illegaler Drogen. Davon hatte Smilja übrigens auch keine Ahnung, zumindest glaube ich das. Aber man soll sich nicht täuschen, sie war nicht dumm, und sie hatte eine Menge guter Beziehungen. Es wäre ihr ein Leichtes gewesen, sich beim Sekretär des Gerichts nach mir zu erkundigen.

Zwischen den Redaktionen des Playboy ging es in erster Linie um Zweitverwertungen. Die Spanier waren an fertig produzierten Fotostrecken interessiert, die sie mehr oder weniger eins zu eins übernehmen konnten. Ich traute mir den Job zu, und versprach, mich mit der Redaktion in München in Verbindung zu setzen. Was mein Spanisch anging, so hatte ich im Knast und auf den Reisen mit Santi viel dazu gelernt. Ich war zwar immer noch nicht grammatikfest, aber den Alltagsdialog beherrschte ich inzwischen recht gut.

Zurück auf Ibiza im Büro von »Eye Light Productions« tauchten Santi und Tito eines Tages auf. Santi hatte ein Projekt, wozu er ein wenig Geld benötigte. Die beiden schlugen mir vor, eine weitere Fernostreise mit ihnen zu unternehmen. Ein ähnliches Ansinnen hatte auch Hunter während eines kürzlich geführten Telefonates geäußert. Unterdessen hatte ich mich aber in das Projekt mit der Schönheit verliebt, ich glaubte, mein bisher zu kurz gekommenes Organisationstalent entfalten zu sollen. Im Übrigen war in Talamanca so etwas wie häusliches Leben entstanden: Der kleine Santiago krabbelte draußen vor dem Haus herum und erkundete

* Titten und Ärsche

die Welt mit der Zunge. Lisa war eine zufriedene Mama, der man ansah, wie froh sie war, endlich einmal als ganze Familie zusammenzuleben. Auch mir gefiel das Ibiza-Idyll, und so entschloss ich mich, zu bleiben. Aber Santi und Tito drängten auf die Reise, sie wollten Geld verdienen, und dazu brauchten sie meine Verbindungen. Also brachte ich Santi und Hunter am Telefon zusammen und bat sie, die Sache in eigener Regie durchzuziehen. Santi kannte die Chinesen, und Hunter wusste, wem der Stoff in Kalifornien zu verkaufen wäre.

Hunter, Santi und Tito verabredeten sich für Ende Juli in Bombay. Die beiden Spanier machten sich frühzeitig auf den Weg, denn Santi hatte sich in den Kopf gesetzt, die Reise über Land mit dem Bus anzutreten. Mitte Juni waren sie endlich unterwegs. Hunter buchte einen Flug nach Bombay, beide versprachen, sich einmal pro Woche im Versicherungsbüro bei Enrique zu melden, der sich längst wieder in der Tretmühle des Assekuranzgeschäfts wund gelaufen hatte. Vorerst fehlte ihm aber die Courage, es wie Paco zu machen und einfach aus dem ganzen Scheiß auszusteigen. Stattdessen hockte er in seinem kleinen Chefbüro und verwaltete die Versicherungsdaten der Angsthasen von Ibiza.

Etwa um diese Zeit tauchte ein Kolumbianer auf der Insel auf, der eine ansehnliche Menge guten Kokains dabei hatte. Sein Name war Nestor, und er war leicht zu erkennen, denn er trug einen Schopf voller feuerroter Haare. Geoffrey hatte ihn kennengelernt (wer sonst!) und mir vorgestellt. Ich kaufte Nestor ein wenig von seinem leckeren Koks ab und mobilisierte auf diese Weise zusätzliche Energie für die geplante Veranstaltung. Werinher war dauernd mit irgendwelchen Mädels zu Fototerminen unterwegs, am Ende hatte er vierzehn junge Damen abgelichtet und zwölf davon vernascht. Ich saß im Agenturbüro in der Calle de la Virgen in der Altstadt und empfing alle möglichen Leute, die in irgendeiner Weise an der großen Party teilhaben wollten: Das spanische Fernsehen zeigte Interesse an einer Aufzeichnung, ein Ballonflieger wollte die Teilnehmerinnen aus der Luft zum Veranstaltungsort einfliegen, sogar ein Rechtsanwalt bot sich an, dafür zu sorgen, dass alles mit rechten Dingen zugehe. Er wollte Verträge aufsetzen. Ich schickte ihn fort. Verträge schlossen wir grundsätzlich per Handschlag, von Papierkram wollten weder Gino noch Werinher noch ich etwas wissen. Mit der Zeit entwickelte sich unser Büro in eine Stehkneipe, Gino schaffte einen großen Kühlschrank an, möblierte den Raum zusätzlich mit Korbstühlen und am Ende ließen wir sogar ein Telefon installieren. Als Santi zum ersten Mal anrief, waren Tito und er gerade in Istanbul. Die Nummer unseres Büros hatten sie von Enrique.

Eines Tages tauchte Pepe Tovar bei uns auf und teilte mir mit, dass er den Rechtsanwalt Molina getroffen habe. Der sei nach Büroschluss immer in der »Bar El Pulpo« anzutreffen. Sollte ich nach wie vor daran interessiert sein, ihn wegen der im Vorjahr ergaunerten Kohle zur Rechenschaft zu ziehen, er hätte da Jungs aus Valencia an der Hand. Molina ja, Valencia nein. Ich brauchte niemanden vom Festland, um mit diesem Scheißkerl abzurechnen.

Ein paar Tage nach Pepes Hinweis suchte ich die Bar auf. Schwadronierend stand Molina am Tresen und erklärte den Fischern und Arbeitern mit großer Geste, dass jetzt, da Spanien eine Demokratie sei, dem Recht auf allen Ebenen zum Durchbruch verholfen würde, und er, Molina, werde dafür sorgen, dass es mit der Bestechung der Gerichte auf der Insel ein Ende nehme … Dass ausgerechnet ich Zeuge dieses militanten Geschwafels seitens eines Betrügers wurde, war der Gipfel der Ironie. Ich drängte mich neben ihn und bestellte einen »Veterano«. Arbeitercognac. Als Molina mich erkannte, grinste er breit und begrüßte mich.

»*Caramba, Berger, que tal?*«

Der Lump, der mich vor knapp einem Jahr um eine halbe Million Peseten betrogen hatte, besaß die Chuzpe, mir ins Gesicht zu sehen und so zu tun, als seien wir die besten Freunde. Ich war allerdings nicht gekommen, um mich mit ihm auszusöhnen. Anders als im Falle des kleinen Folterers wollte ich auch keine Rache: Alles, was ich wollte, war, mir die Kohle zurückzuholen, und zwar so viel wie möglich.

Auf dem Tresen lag sein Schlüsselbund. Ich legte meine Hand darauf, und blickte Molina an. Er war fast einen Kopf kleiner als ich und zum ersten Mal sah ich so etwas wie Verunsicherung in seinen Augen. Ich kippte den Cognac hinunter, warf einen Blick in die

Runde der Männer, nickte ihnen verbindlich zu und forderte Molina auf, mit mir nach draußen zu gehen. Um sein Gesicht nicht zu verlieren, folgte er mir. Sein Wagen, ein laubfroschgrüner Renault R6, den er sich von meinem Geld gekauft hatte, stand nicht weit von der Kneipe quer auf dem Bürgersteig. Ich verspürte Lust, ihm ins Gesicht zu schlagen, aber erstens hatte ich noch nie jemanden ins Gesicht geschlagen, und zweitens hatte ich mir ja vorgenommen, von Molina Wiedergutmachung zu fordern. Täter-Opfer-Ausgleich hieß das Programm. Ich machte ihm also klar, dass ich den Renault haben wollte und zusätzlich noch eine Summe Bargeld, die mir innerhalb seiner Möglichkeiten erschien. Angst im Herzen spürend überlegte er, welche Maßnahmen ihm ansonsten drohen könnten. Wahrscheinlich fiel ihm ein, dass es sich damals um einen tonnenschweren Haschisch-Schmuggel gehandelt hatte, weshalb ich einsaß. Wahrscheinlich hielt er mich für einen brutalen Gangster, jedenfalls knickte er ein. Ich begleitete ihn zu seinem Büro, ließ mir einen Kaufvertrag über den Kleinwagen unterschreiben und nahm die 40.000 Peseten aus seinem Tresor mit. Im Hinausgehen entdeckte ich noch eine Golftasche, aber als ich mich anschickte, sie zu schultern, wurde der Rechtsanwalt hysterisch.

Im Nachhinein habe ich mich gefragt, wieso Molina, der einheimische Anwalt, mich damals nicht angezeigt hat. Entweder hatte er Angst, oder er las die Zeitung. Dass ich den *concurso de belleza* organisierte, an dessen Peripherie sich fast alle Honoratioren der Stadt drängten, dürfte Molina nicht entgangen sein. Wahrscheinlich überschätzte er mich und meine Beziehungen. In einem Punkt unterschätzte er mich gewiss: In meiner Entschlossenheit, mir wenigstens etwas von dem zurückzuholen, was er mir im Jahr zuvor gestohlen hatte. In dem Renault fühlte ich mich von Anfang an nicht wohl. Deshalb vermittelte mir Enrique, der Versicherungsagent, einen Käufer, der ihn nach dem Urlaub mit aufs Festland nahm.

Ende Juli erhielt ich einen Anruf von Santis Freundin Merce. Sie sei in Bombay, sie sei im achten Monat schwanger, ihr Mann Santos und dessen Reisegefährte Tito säßen in Pakistan im Knast. Drogenbesitz. Ob ich ihr Geld nach Bombay schicken könne? Ob ich

Santi und Tito über die spanische Botschaft in Islamabad Geld schicken könne? Denn gegen eine Strafe von je tausend Dollar würde man sie freilassen. Wie gewonnen, so zerronnen: Die Kohle, die ich für den Renault bekommen hatte, war nun auf dem Weg nach Pakistan und Indien. Kurz darauf rief Hunter an, der inzwischen in Bombay eingetroffen war und dort auf die beiden Spanier wartete. Er war mehr als beunruhigt, als ich ihm sagte, dass Santi und Tito in Peschawar im Knast säßen. Er drängte mich, sofort nach Indien zu kommen, um die gefährdete Operation zu retten. Die Sache war verfahren: Einerseits hatte ich viel Spaß in dem Büro in der Calle de la Virgen, wo Werinher und ich dabei waren, den ersten Schönheitswettbewerb auf Ibiza zu organisieren; andererseits war Solidarität gefordert: Ich konnte Hunter unmöglich in Bombay hängen lassen, zumal überhaupt nicht klar war, wann Tito und Santi aus dem pakistanischen Kerker entlassen würden. Bei der anstehenden Entscheidung zwischen einem legalen Event und einem illegalen Drogenschmuggel hörte ich auf mein Gefühl, und das sagte mir, auf nach Bombay! Ich klärte Lisa über die Änderung meiner Pläne auf, überging ihre Einwände und versprach, in zwei Wochen zurück zu sein. Dann übergab ich das Büro an Werinher und erklärte ihm, was er wissen musste. Zwei Tage später saß ich im Flieger nach Indien.

Hunter fiel ein Stein vom Herzen, als er mich in Bombay am Flughafen abholte. Wir fanden Merce in einer heruntergekommenen Pension in Colaba. Als sie mir erklärte, dass sie mit der Pensionswirtin gesprochen habe, die sich bereit erklärt habe, bei der anstehenden Geburt als Hebamme zur Stelle zu sein, hatte ich zunächst Bedenken. Aber Merce lachte bloß. Ich kannte sie bis dahin nur aus Erzählungen Santis, merkte aber sofort, dass sie etwas Liebenswertes ausstrahlte. Ihre Stimme war von der Entschlossenheit der neuerdings emanzipierten spanischen Frauen unterlegt, auf Anhieb spürte man, La Merce hatte Courage.

»Mach dir keine Sorgen um mich. Das wird schon klappen, die Inder kriegen doch auch Kinder. Die wissen schon, wie man eine Geburt organisiert.«

»Wenn du meinst ...«

»Wichtig wäre mir, dass Santi bis dahin bei mir ist.«

(Vorgreifend: Santi und Tito kamen recht bald frei. Im August 1978 brachte Merce in Bombay einen Jungen zur Welt, den sie Yassir taufte.)

Hunter und ich flogen nach ein paar Tagen weiter nach Bangkok, wo der ansonsten treue Ehemann endlich einmal Gelegenheit hatte, seiner Frau untreu zu werden. Ich sehe ihn noch im Lotusmassagesalon vor dem Schaufenster stehen, hinter dem die jungen Damen saßen und sich Mühe gaben, dem amerikanischen Kunden zu gefallen.

»*Not bad*«, kommentierte er nachher.

»Wärest du als GI in Vietnam gewesen, hättest du Bangkok schon früher kennengelernt.«

Bangkok diente während des Krieges als Erholungsort der amerikanischen Vietnam-Kämpfer. Dort setzten die GIs den Krieg gegen die *gooks** in den Hurenhotels und Massagepuffs fort, was anlässlich meiner ersten Thailandreise mit Geoffrey schon beschrieben wurde.

Hunter und ich hielten uns nicht lange in Thailand auf. Wir wickelten das Geschäft ab, stopften nach bewährter Methode vierhundert Gramm China White in ein Stativ und flogen zurück nach Europa. Meinen Vorschlag, mit dem Stativ unter dem Arm direkt von Bangkok über Tokyo nach Frisco zu fliegen, wies Hunter energisch von sich. Der US-Zoll sei unberechenbar, denen sollte man tunlichst aus dem Weg gehen, meinte er. So flogen wir wieder bis Athen und bestiegen, ohne uns in der Stadt aufzuhalten, einen Zug nach München. Unterwegs machte ich Fotos von dem vor dem Fenster vorbeiziehenden Jugoslawien und hielt Ausschau nach den beiden netten Jugos, die mir auf einer der letzten Reisen Werinhers Nikon geklaut hatten. Den Stoff hatte ich, wie schon zuvor erprobt, hinter der Seitenverkleidung eines Waschraumes versteckt. Die nötigen Werkzeuge dazu verwahrte ich in der ledernen Kameratasche.

Unterwegs unterhielten Hunter und ich uns über Filme. Ein Thema, bei dem er sich auskannte, schließlich war er ja Filmemacher. Die Grenze von Jugoslawien nach Österreich überquerten wir im Schlaf, erst in Salzburg wurde es ernst, denn hier stieg der deut-

* Abschätzige Bezeichnung für die Vietnamesen

sche Zoll zu. Was kein Problem bedeutet hätte, unsere Konterbande war schließlich gut versteckt. Doch dann machte uns die Technik einen Strich durch die Rechnung. Während wir im Bahnhof standen und auf die Abfahrt warteten, kam ein Schaffner durch den Wagen, öffnete die Abteiltüren und forderte alle Reisenden auf, auszusteigen. Die Bremse an dem Kurswagen, in dem wir saßen, war heiß gelaufen, der Waggon musste abgehängt und durch einen anderen ersetzt werden. Da war keine Zeit zu verlieren. Ich forderte Hunter auf, mit unserem Gepäck auszusteigen und draußen auf mich zu warten. Mit dem Fotokoffer verschwand ich im Waschraum, und begann hektisch die Wand abzuschrauben und die Rohre des Stativs zu bergen. Ruckartige Bewegungen des Waggons machten mir klar, dass gerade abgekoppelt wurde. Mehrmals klopfte ein Zugbegleiter an die Tür und forderte mich lautstark auf, herauszukommen und auszusteigen. Buchstäblich im letzten Moment sprang ich auf den Bahnsteig: Direkt vor die Nase eines Zollspürhundes, den ein Zöllner an der Leine führte.

»Das war aber knapp«, sagte ich zu dem überraschten Mann. »Fast hätte ich verschlafen.«

Und noch ehe der Zöllner auf die Idee kommen konnte, weitere Erkundigungen einzuholen oder gar seinen Schäferhund für meine Kameratasche zu interessieren, machte ich mich aus dem Staub. Hunter stand auf dem Perron und wartete auf den Austauschwaggon. Plötzlich sah ich überall deutsche Zollbeamte auf den Bahnsteigen, allein in unseren Zug stiegen vier Uniformierte und zwei Hunde ein. Zum Glück stand auf der gegenüber liegenden Seite des Bahnsteigs ein auslaufbereiter Zug nach Innsbruck. Ohne lange zu überlegen, stieg ich ein. Verdutzt blickte Hunter hinter mir her, dann setzte sich sein D-Zug nach München in Bewegung, und ich war erleichtert. Der Bahnhof von Salzburg ist ein geschmackloser Bau, kein guter Ort, um sich verhaften zu lassen.

Die Reise von Salzburg nach Innsbruck war eine inländische, kein Zollbeamter erfreute die Fahrgäste mit seinen freundlichen Erkundigungen. In Innsbruck kaufte ich mir ein Ticket nach Augsburg, im Zug versteckte ich die mit Heroin gefüllten Alustangen erneut auf bewährte Manier. Die Grenzkontrolle war diesmal lax, erst als wir München hinter uns gelassen hatten, holte ich die Stangen aus dem Versteck und stieg in Augsburg aus. Hunter traf ich in Gräfelfing an. Er war mehr als erleichtert, als ich gesund und grinsend an der Haustür stand.

Wir packten den Stoff zur Hälfte in ein Päckchen mit Kunstdrucken und schickten es per Express nach San Francisco. Den Rest deponierte ich in einer luftdicht verschlossenen Kaffeedose und versteckte diese unter einer wilden Müllhalde im Wald von Germering. Hunter setzte sich noch am selben Tag in ein Flugzeug. Die Sache klappte. Und weil sie klappte, beschlossen wir, beim nächsten Mal eine größere Menge zu schmuggeln. Ich schickte ein Telegramm an die Universität von Santa Marta in Kolumbien, wo Paco Carrillo, der Europa vor zwei Jahren Hals über Kopf hatte verlassen müssen, zwischenzeitlich als Dozent für Unterwassertechnik arbeitete. In Ibiza hatte ich erfahren, dass das Ermittlungsverfahren gegen ihn inzwischen eingestellt worden war, seiner Rückkehr nach Spanien stand also nichts mehr im Wege. Das teilte ich Paco mit und bat ihn, sobald wie möglich nach Lohr am Main zu Enrico zu kommen, wo der für die Mitglieder seiner Band Los Hermanos eine WG unterhielt.

Nachdem Hunter in die USA abgereist war, hatte ich Zeit, mich um die Familie Murr zu kümmern. Um ihren Auszug aus der Malmanstraße zu beschleunigen, provozierte ich sie mit Hard Rock und Free Jazz im oberen Lautstärkebereich. Zweimal rief Herr Murr die Polizei, aber in beiden Fällen konnte die nicht bestätigen, dass es zu laut gewesen sei. Als die Beamten aus Planegg zum zweiten Mal vor der Tür standen, und Max Murr mich auf der Straße beschuldigte, ein verdammter Lügner zu sein, bog plötzlich der cremefarbene Käfer der Hausbesitzerin um die Ecke. Ihr Auto stand kaum auf dem Bürgersteig, da war sie auch schon heraus, schritt empört auf die Beamten zu und zeigte noch im Laufen mit dem Finger auf den dicken Max. »Glauben Sie diesem Kerl kein Wort!«, richtete sie sich an die Polizisten. »Was diese Leute mir schon alles angetan haben! Jeden Mieter haben sie mir binnen eines halben Jahres hinausgeekelt. Schreckliche Leute sind das, diese Murrs.«

Die Beamten gingen daraufhin zum Bürger Murr auf Distanz und warnten ihn, bloß nicht noch einmal anzurufen, anderenfalls werde man ihm die Kosten des Einsatzes in Rechnung stellen. Zwei Wochen später stand der Möbelwagen vor dem Haus, und Max und Lise Murr trugen mies gelaunt Umzugskisten zum Umzugslaster.

Innerhalb von drei Tagen hatte ich neue Untermieter gefunden: Jenny Hermann und Jorge Geisler, progressive junge Leute, die der CSU kritisch gegenüber standen, die kifften und die gegen nächtliche Feiern nichts einzuwenden hatten. Ehe ich mich auf den Rückweg nach Ibiza machte, kaufte ich einen neuen Wagen, einen Alfa Romeo Giulia Super. Wie immer gebraucht, aber gut erhalten. Dann luden mich Jorge und Jenny zu einem Open Air Konzert in Nürnberg ein, welches ausgerechnet auf dem Zeppelinfeld stattfand, auf dem Hitler seinerzeit die Reichsparteitage abgehalten hatte. Doch diesmal standen Leute wie Bob Dylan, Eric Clapton und Supertramp im Mittelpunkt, und als ich die Tribüne hinaufgestiegen war, bis zu dem Balkon, von dem aus damals der Verführer zu den Verführten gesprochen hatte, da konnte ich über die Ironie der Geschichte bloß noch grinsen. Während dreihundert Meter entfernt die Bands spielten, während Zigtausende auf dem Gelände lagerten, auf dem früher junge Deutsche im Stechschritt marschiert waren, mischten Jorge und ich uns auf der Balustrade einen Speedball: Coke und Scag* gemischt. Ein paar Amerikaner, Dylan-Fans, trauten sich herbei und ließen sich auf einen Hit einladen. So wurde das Konzert zu einem angetörnten Erlebnis und die ehemalige NSDAP-Tribüne neu eingeweiht. Wenn das der Führer geahnt hätte!

Auf unserem Konto bei der Sparkasse war inzwischen die erste Überweisung aus den Staaten verbucht. Der Filialleiter fragte, ob er uns einen Dispokredit einrichten dürfe. Durfte er. Um den Rest des illegalen Schmerzmittels zu Hunter auf den Weg zu bringen, fuhr ich hinaus in den Wald von Germering, zu der wilden Müllkippe, unter der ich vor einer Woche die Dose mit dem Heroin versteckt hatte. Als ich auf dem Waldparkplatz ausstieg, stellte ich fest, dass ausgerechnet in der Tannenschonung, in der die Frevler ihren Müll abgeladen hatten, Forstarbeiten durchgeführt wurden: Jeder

---

* In den USA gebräuchliche Bezeichnung für Heroin

zweite Baum lag auf der Erde, eine Orientierung war kaum noch möglich. In der Nähe hörte ich Motorsägen. Ich hoffte, dass sich meine Kaffeedose noch nicht gefunden hätte. Eine leichte Panik überkam mich, als ich schließlich den Müllhaufen entdeckte, zerwühlt, in der Gegend verstreut, aber die Dose war nirgends zu sehen. Ich suchte das ganze Waldstück ab, hob abgehackte Äste hoch, schaute unter Baumspitzen nach. Immer auf der Hut, den Waldarbeitern nicht aufzufallen. Aber die Dose fand sich nicht. Was war hier los? Die Sache gefiel mir ganz und gar nicht. Sollten die Holzfäller mein Heroinversteck gefunden und die Polizei informiert haben? Sollten die Arbeiter gar verkleidete Bullen sein, die bloß darauf warteten, dass ich auftauchte? Ich gehöre nicht zu den Zeitgenossen, die leicht in Paranoia geraten, aber diese Sache war mehr als dubios. Wo war bloß diese Dose abgeblieben? Ich beschloss, mich zurückzuziehen und die Suche vorerst abzubrechen. Später, wenn die Waldarbeiten eingestellt wären, würde ich noch einmal gründlich nachsehen. Immerhin war das Zeug 50.000 Dollar wert. Wie würde ich Hunter den Verlust erklären?

Ebenso vorsichtig wie beunruhigt, zog ich mich tiefer in den Wald zurück. Da stolperte ich plötzlich über die Kaffeedose, die etwa fünfzig Meter vom ursprünglichen Versteck entfernt lag. Ich hielt kurz inne, vermied es aber, mich zu bücken oder sie gar aufzuheben. Stattdessen merkte ich mir die Stelle und setzte meinen Weg fort. Schließlich konnte es sich um eine Falle handeln. Vielleicht war der Wald ja von Kameras überwacht. Wahrscheinlich warteten die Bullen bloß darauf, dass ich die Dose an mich nahm, um dann aus dem Gebüsch zu springen und mit ihren beliebten Ritualen zu beginnen: Prügel, Handschellen, Demütigungen. Mit klopfendem Herzen entfernte ich mich, wie ein Falke nach Anzeichen spähend, ob irgendetwas in dem Wald nach Gefahr aussah. Indes, ich konnte nichts entdecken: Keine Kamera, keine Agenten. Einen Bogen schlagend lief ich zurück zum Parkplatz, wo neben meinem roten Alfa ein Liebespaar im Cabrio saß und schmuste.

Mich konnten sie indes nicht täuschen, knutschende Bullen waren beliebte Komparsen, um ausgeschlafene Ganoven zu täuschen, alles schon da gewesen. Ich startete den Motor und machte, dass ich fortkam.

Bei Einbruch der Dämmerung fuhr ich erneut in den Germeringer Forst, diesmal mit dem Fahrrad. Das Liebespaar war fort, die Waldarbeiter ebenfalls. Bloß meine Heroindose lag noch da, wo ich sie zuletzt gesehen hatte. Nach wie vor wusste ich nicht, was ich von der Sache halten sollte. Ich streifte umher, suchte nach Anzeichen von Gefahr, konnte aber nichts finden, das meinem Argwohn neue Nahrung gegeben hätte. Irgendwann kommt der Augenblick, da man ein Risiko eingehen muss. Ohne Risikobereitschaft kann man in diesem Geschäft ohnehin nichts werden. Um es mit unserem Freund Dick Nixon zu sagen: »*You know, there comes a time, when you either got to shit – or get off the pot!*« Ich hob also die Kaffeedose vom Waldboden auf, und entfernte mich. Sollten tatsächlich Fahnder im Spiel sein, dann würden sie ihre Deckung jetzt aufgeben. Doch es geschah nichts: Unbehelligt versteckte ich den illegalen Schatz an einer anderen Stelle und fuhr nach Hause. Aber auch dort schien alles in Ordnung zu sein. Allmählich war ich überzeugt, dass, entgegen meiner Befürchtung, keine unmittelbare Gefahr drohte. Wie die Dose allerdings fünfzig Meter weit wandern konnte, blieb mir ein Rätsel. Am darauf folgenden Tag packte ich das Zeug in ein Päckchen und schickte es auf die bewährte Weise nach San Francisco, wo es schon bald den Schmerz vieler unglücklichen Menschen betäuben sollte, zumindest vorübergehend.

Dann setzte ich mich in mein italienisches Auto und machte mich auf den Weg nach Spanien, wo Lisa, Santiago und La Mujer 79 auf mich warteten.

Seit einiger Zeit hatte ich mir angewöhnt, wenn ich allein auf langen Strecken mit dem Auto unterwegs war, eine psychoaktive Substanz einzunehmen, als Muntermacher sozusagen. Bei angemessener Dosierung schärfte das meine Aufmerksamkeit im Straßenverkehr und außerdem hielten mich insbesondere Kokain und Psilocybin zuverlässig wach. Psilocybin, auch unter dem netten Namen »*Magic Mushrooms*« bekannt, war sehr gut zu dosieren und bewirkte in meinem Kopf erfahrungsgemäß eine milde Verstärkung der Sinneseindrücke: Hupte jemand, so hörte ich Posaunen, überholte mich ein anderes Fahrzeug, kam es mir vor, als schwebe ein Zeppelin vorbei.

Im Elsass hielt ich an, betrat ein Fernfahrer-Restaurant und bat die Kellnerin, mir ein Omelett mit den eigenen Pilzen zuzubereiten. Auf ihre Nachfrage, was es denn mit diesen getrockneten Pilzen auf sich habe, sagte ich ihr die Wahrheit.

»*Didonc*!«, staunte sie und verschwand mit dem Beutel in der Küche.

Das Omelett war lecker, dazu trank ich Kamillentee und als ich das Lokal gestärkt und in hoffnungsfroher Erwartung verließ, gestand mir die Dame, dass der Koch zwei Omeletts gebacken habe und sie um meine Erlaubnis nachsuche, eines davon selbst zu essen. Ich wünschte guten Appetit und machte mich auf die Reise. Nach einer Stunde merkte ich, wie die Rücklichter der Autos intensiver zu leuchten anfingen, wie die Autobahn zur Landebahn wurde und wie das Innere der Giulia die Akustik eines Konzertsaales bekam. Ich hörte Musik von Aphrodite's Child und von Aphrodite's Child und von Aphrodite's Child, die mich offenbar immer wieder aufs Neue begeisterte: *Infinity*!

Ich war schon viele Stunden nach Süden gefahren, befand mich geografisch in der Nähe von Nîmes, aber in Gedanken hangelte ich am Horizont meines bisherigen Lebens entlang, als ich auf eine rot blinkende Diode im Tachometer aufmerksam wurde. Charakteristisch für den psychedelischen Rausch: Vom Zeitpunkt der optischen Wahrnehmung bis zur logischen Verarbeitung kann es eine Weile dauern. Zunächst erfreute ich mich an dem freundlichen Blinklicht, mit dem meine Alfa Giulia offenbar Kontakt zu mir aufnehmen wollte, bis es mir allmählich dämmerte, was sie mir mitteilen wollte: Der Benzinstand war niedrig, ich sollte alsbald eine Tankstelle anlaufen. Und ganz, als ob ein Dramaturg meine Reise steuerte, tauchte wenige Kilometer weiter eine Tanke auf. Ich nahm die Ausfahrt und kam punktgenau vor der Zapfsäule zu stehen. Es war mitten in der Nacht.

Als ich den Motor abstellte, brach auch die Musik ab, und eine völlig neue Geräuschkulisse erregte mit einem Mal meine Aufmerksamkeit. Der Mistral wehte, und die Fahne der Firma »Total« flatterte heftig im Wind, zusätzlich klopfte das Seil einen Rhythmus gegen den Flaggenmast. Die Tankstelle hatte nichts mit einem Rasthof späterer Tage gemeinsam: Es gab vier Zapfsäulen und ein verglastes Kabuff, in dem der Wart mit der Kasse saß. Nachdem ich keine Anstalten machte, den Wagen zu verlassen (allzu spannend empfand ich die mich umklingenden Geräusche), kam der Tankwart heraus und trat an mein Fenster. Der Mann dürfte um die Fünfzig gewesen sein, ein Franzose von mediterranem Gemüt, vorsichtig, man weiß ja nie, mit wem man es nachts an der Autobahn zu tun hat.

»Volltanken?«, fragte er.

Ich nickte. Er ging nach hinten, bloß um festzustellen, dass der Tankdeckel verschlossen war. Dann tauchte er wieder neben mir auf und bat um den Schlüssel.

Damit öffnete er den Deckel, nahm den Zapfhahn aus der Halterung und steckte ihn in den Einfüllstutzen. Aus meiner Warte ertönte ein Gurgeln und Glucksen, wie es mir bis dahin nie aufgefallen war. Noch nie hatte ich mir Gedanken darüber gemacht, welche akustischen Phänomene mit dem Fallstrom einer Flüssigkeit durch ein gebogenes Rohr einhergehen; auch das gedämpfte Plätschern im Tank faszinierte mich. Als der Mann fertig war, brachte er mir den Schlüsselbund zurück.

»Das macht 84 Francs, Monsieur«, sagte er.

Ich blickte ihn an und schickte die Information zur weiteren Verarbeitung in mein Großhirn. Während der rechte Schläfenlappen mit dem Scheitellappen korrespondierte, um herauszufinden, was mit der Zahl 84 gemeint sein könnte, blieb der Tankwart neben mir stehen und wartete. Da ich nicht gleich reagierte, wiederholte er seine Forderung. Jetzt kam die Rückmeldung. Ich zog meinen Geldbeutel hervor, aber weil mir das Kopfrechnen in der fremden Währung im Augenblick zu viel Konzentration abverlangte, drückte ich ihm das schwarze Portemonnaie in die Hand. Den Augen des Mannes sah ich an, dass er mich für verhaltensgestört, wenn nicht gar für verrückt hielt. Er entnahm einen Hundert-Franc-Schein, wedelte mir damit vor der Nase herum und gab mir den Geldbeutel zurück. Dann ging er in sein Kabäuschen, wo die Kasse stand. Kurz darauf war er zurück und zählte mir das Wechselgeld in die Hand. Ich vergaß sogar, ihm ein Trinkgeld zu geben.

»*Bonne route!*«

Dann zog er sich wieder in sein Glashaus zurück. Eine ganze Weile saß ich da, die Münzen in der Faust und versuchte, mir über den nächsten Schritt klar zu werden, aber das nahm seine Zeit in Anspruch. Die psychedelische Zeit hat ihre eigene Ausdehnung, sie lässt sich nicht schinden.

Als ich nach zwei oder drei Minuten noch immer keine Anstalten machte, weiterzufahren, wurde der Mann im Glaskasten unruhig. Sonst war niemand da, kein Kollege, kein anderer Tankkunde. Wir waren allein mit dem Wind und der Nacht über dem Languedoc. Endlich erinnerte ich mich, welches der nächste Schritt wäre, um im Leben voranzukommen: Ich musste den Schlüssel ins Zündschloss stecken und den Motor starten. Doch da fiel mir plötzlich ein, dass zwischen der Giulia und mir eine gewisse Gerechtigkeit hergestellt werden sollte. Sie hatte ihren Durst gelöscht, dasselbe stünde dann auch mir zu. Seit Stunden hatte ich nichts getrunken. Ich überlegte noch, wie ich an Wasser kommen könnte, als der Franzose wieder herauskam und mich fragte, ob mit mir alles in Ordnung sei. Bisher hatte ich so gut wie gar nicht verbal mit ihm kommuniziert. Unter Aufwendung großer Konzentration formulierte ich eine Frage: »Kann man hier einen Kaffee bekommen?«

Meine Frage wirkte entspannend auf den Mann, fast euphorisierend. Er deutete mit der Hand nach vorn, wo ein gelber Container stand, hell erleuchtet, die Front verglast, und er sagte den philosophischen Satz: »*La bas il-y-a tout ce qu'il fault.*«

Ich blickte zu dem Container-Kiosk (wieso war er mir zuvor nicht aufgefallen, in seiner ganzen erleuchteten Herrlichkeit?), dann zu dem Philosophen und wieder zurück zum Ziel meiner Wünsche, zum Ziel meines Lebens, zum ultimativen Ort der Erleuchtung: Da hinten finden sie alles was sie brauchen! Das hatte er mir gerade gesagt, und ich hatte keinen Grund, daran zu zweifeln.

Zum ersten Mal, seit ich von dem Parkplatz im Elsass losgefahren war, öffnete ich die Wagentür und stieg aus. Zielstrebig ging ich die dreißig Schritte zum Kiosk. Als ich eintrat, empfing mich eine Kakofonie elektronischer Geräusche. Die Hütte stand voller Automaten, also Selbstbedienung. Die Kaffeemaschine summte dezent, der Geldwechsler ließ alle paar Sekunden ein metallisches Klicken hören, die Eismaschine brummte, und ein halbes Dutzend weitere Automaten steuerte eigene Knirsch-, Schnauf- und Zischlaute bei. All das zusammen erklang in meinen Ohren wie ein futuristisches Orchester. Zutiefst beeindruckt ließ ich mich auf einem der roten Hartschalensitze im Parkett nieder und genoss das Konzert. Darüber vergaß ich, dass ich ja eigentlich gekommen war, um etwas zu trinken.

Ich mag wohl eine Viertelstunde dort gesessen haben, die Gedanken philosophisch schweifend, als der Tankwart unruhig wurde. Er kam herbei und erkundigte sich erneut, ob alles in Ordnung sei. Ich sagte Ja, und er fragte, ob der Kaffee geschmeckt habe. Ich bejahte wieder, und spätestens da wusste der Franzose, dass er es mit einem Kerl zu tun hatte, der ganz offensichtlich nicht mehr alle Tassen im Schrank hatte. Nachts allein mit einem Verrückten im ansonsten menschenleeren Kiosk einer Autobahntankstelle, das ist nicht jedermanns Sache. Mein tapferer französischer Bruder, *mon frère*, verspürte Unbehagen.

»Ihr Wagen steht noch an der Zapfsäule«, sagte er, ehe er mich allein ließ. Zu seiner Erleichterung fuhr endlich ein weiterer Kunde vor. Ich sah die beiden Männer beisammen stehen, sie blickten in meine Richtung, und der Tankwart berichtete ihm von dem Kiosk, wo es alles gab, was der Mensch im Leben braucht: *tout ce-qu'il fault* … Dann fiel mir doch noch mein Durst ein, und ich kaufte einem der Automaten ein Mineralwasser ab. Schließlich gestatteten die Pilze meinem Hirn einen lichten Moment, den ich nutzte, zur Giulia hinüberzugehen und meine Reise fortzusetzen. Als ich den Wagen startete und losfuhr, standen meine gallischen Brüder im Wind und blickten mir ebenso ratlos wie erleichtert nach.

Das Auto ließ ich im Parkhaus des Flughafens von Barcelona und nahm eine Maschine der Iberia. Meine Vorfreude darauf, wieder im »Chefsessel« unseres Büros in der Calle da la Virgen Platz zu nehmen und auf Ibiza den großen Zampano zu mimen, wich der Peinlichkeit: In den Wochen meiner Abwesenheit hatte Werinher sich die Zügel aus der Hand nehmen lassen. Er hatte einen Vertrag mit einer Modelagentur geschlossen, der unsere Firma Eye Light

Productions praktisch entmündigt hatte. Charly Max war ebenso abgesprungen wie der *Playboy,* sie wurden durch die zweite Garnitur ersetzt: *Amnesia* und *Lui*. Erstere eine neue Großdisco, Letzteres das Magazin mit den kleineren Titten. An den Einnahmen waren wir gar nicht mehr beteiligt, uns blieb die Publicity, denn die credits in der Presse gingen an unsre Agentur. Immerhin hatte Werinher das exklusive Recht, am Abend der Veranstaltung Fotos zu schießen, die später in *LUI-España* veröffentlicht wurden. Als Mitglied der Jury (ein Trostposten für mich) kriegte ich zu allem Überfluss auch noch mit, dass schon im Vorfeld gekungelt worden war: Ein einheimisches Mädchen aus Ibiza sollte den Preis gewinnen, *una virgen ibicenca,* wenn das mal kein Omen war! Wir hätten uns die siebenköpfige Jury sparen können, denn im Vorfeld hatte Smilja Mihailovic entschieden, wer am Ende gekürt würde. Hätte Werinher sich während meiner Abwesenheit enger an Smilja gehalten, hätte uns so leicht niemand die Butter vom Brot geholt, aber er ließ die Dinge treiben. Er war eben kein Geschäftsmann.

Sozial wurde La Mujer 79 für uns ein Erfolg, denn danach kannten wir fast jede Frau und jeden Mann, die auf der Insel etwas zu sagen hatten. Wirtschaftlich war die Veranstaltung eine Pleite, die ich zum Glück durch den Drogenhandel ausgleichen konnte. Hätte Werinher sich nicht ausbooten lassen, und wäre uns am Ende des Tages ein Profit in der Kasse geblieben, möglicherweise hätte ich legal in der Tourismusbranche auf Ibiza weitergearbeitet, was mit Smiljas Unterstützung ein Leichtes gewesen wäre. So aber lernten wir bloß eines: Die leichteste Kohle war immer noch im Schmuggel zu verdienen. Abgesehen davon, dass Schönheitswettbewerbe nicht unbedingt die Speerspitze der Hochkultur darstellen. Letzten Endes hatten sich Geier und Betrüger der Sache bemächtigt, und wir hatten ihnen das Feld kampflos überlassen.

Ein Mann von Bedeutung, den ich während der Vorbereitungen kennengelernt hatte, war Pierre Vignau, der Mitinitiator des Pacha, der Gründer des Mono Desnudo und damalige Besitzer der Bar Chocolate. Pierre war ein Anarchist, hatte im Pariser Mai einen Flic vertrimmt, und das allein machte ihn mir schon sympathisch. Außerdem war er heroinsüchtig, und das machte ihn mir verwandt. Wir verstanden uns auf Anhieb. Meine Stammkneipe wurde die Bar Chocolate. Im Büro des Chefs wurde so mancher Joint geraucht und so manche Linie weißes Pulver auf dem Schreibtisch gezogen. Pierre gehörte zu den talentierten Menschen, die ihre Lebensenergie mit heißer und heller Flamme abbrennen. Ein Jahr später war er tot: Gestorben an einer Überdosis Heroin.

Die zeitlich näher liegende Überdosis setzte sich Nestor, der rothaarige Kolumbianer. Es passierte in Enriques Versicherungsbüro. Zunächst musste ich lachen, als Enrique aufgeregt in Talamanca auftauchte und mir die Geschichte erzählte: Nestor hatte ihn am Nachmittag im Büro besucht. Dazu musste er das Großraumbüro durchqueren, in dem ein Dutzend Señoritas an Schreibtischen arbeiteten. Denen dürften Nestors häufige Besuche bei ihrem Chef nicht entgangen sein. Am Unglückstag bereitete er sich und Enrique einen Speedball*, drückte sich das Zeug in die Vene, während Enrique telefonierte, und noch ehe der mit dem Kunden handelseinig war, kippte der Kolumbianer vom Stuhl. Laut Enrique gab es keine Rettung mehr, trotz sofortiger Reanimationsversuche blieb Nestor stumm. Je mehr Zeit verstrich, umso klarer erkannte Enrique, dass der Kolumbianer tot war. Jetzt wäre die Auszahlung der Lebensversicherung fällig gewesen, hätte Nestor zuvor bloß eine solche abgeschlossen gehabt. Aber derart zynische Gedanken verboten sich selbst dem fleißigsten Versicherungsagenten. Es erübrigt sich, zu erwähnen, dass Enrique anschließend auf seinen Speedball verzichtete. Stattdessen überlegte er, wie er mit der Leiche im Büro verfahren sollte. Auf jeden Fall musste Schaden von der Versicherung abgewendet werden. Was für ein Skandal, sollte die Öffentlichkeit …

»Und?«, fragte ich. »Wo sind die sterblichen Überreste Nestors derzeit aufgebahrt?«

»Wo sollen sie sein, immer noch im Büro«, gestand Enrique.

»Und deine Tippsen?«

»Ich habe sie alle heimgeschickt. Das Büro ist seit einer halben Stunde geschlossen.«

»Und jetzt? Was hast du mit ihm vor?«

---

* Heroin-Kokain-Gemisch

»Keine Ahnung. Deshalb bin ich hier. Vielleicht fällt dir ja was ein.«

Ratlos sah er mich an.

»Hat Nestor Angehörige hier auf Ibiza?«

»Nein, der ist allein. Er hat ein Zimmer im El Corsario.«

»Wusste jemand, dass er zu dir wollte?«

»Woher soll ich das wissen. Warum fragst du? Ich hab ihn doch nicht umgebracht.«

»Eben deshalb. Weil du ihn nicht umgebracht hast. Meldest du den Fall bei den Bullen, stellen sie dein Büro auf den Kopf, die Mordkommission taucht auf, was meinst du, was dann hier los ist. Enrique, je mehr ich darüber nachdenke: Du solltest den Mann diskret und ehrenvoll beerdigen. Die Frage ist, wie kriegst du ihn ohne Aufsehen zu erregen aus deinem Büro?«

»Darüber habe ich mir schon Gedanken gemacht. Wir könnten ihn in eine Plane wickeln und heute Nacht aus dem Büro in meinen Lieferwagen tragen.«

»Wer wir?«

»Pepe, du und ich.«

Und so wurde es gemacht. Pepe Tovar war der Mann für alle Fälle. Enrique holte eine Plane aus seinem Boot im Hafen, und nach Mitternacht waren wir zu dritt damit beschäftigt, den steifen Nestor einzuschnüren, aus dem Büro zu tragen und ihn in den Lieferwagen zu schieben. Die Idee mit der letzten Ruhestätte kam von Pepe, der als Taucher eine Steilküste kannte, wo es unter Wasser mehr als hundert Meter in die Tiefe ging. Es war dieselbe Stelle, an der ich vor Jahren mit Richie von den Klippen gesprungen war. Auf einer Baustelle, die Enrique kannte, klauten wir einen kurzen Stahlträger, an den wir den verschnürten Toten festbanden. Als wir ihn schließlich über die Klippe schoben, dämmerte im Osten schon der Tag. Das letzte Geräusch, das der unglückliche Nestor in der Welt hinterließ, war der Aufschlag im Wasser, dem eine meterhohe Fontäne folgte. Dann deckten die Wellen alles zu und Nestor sank in die stumme Welt der Fische hinab.

Soweit ich mich erinnere, war der Einzige auf der Insel, der Nestor vermisste, der Besitzer des »El Corsario«, weil Nestor noch Mietrückstände hatte und man ihn seit Wochen nicht gesehen hatte. Pepe, Enrique und ich taten gut daran, Stillschweigen über das Verschwinden des Kolumbianers zu wahren. Die Schlagzeile »Goldener Schuss im Versicherungsbüro« wollte niemand von uns in der Zeitung lesen.

Paco, dem ich die Geschichte später im Hotelzimmer in Singapur einmal erzählte, meinte dazu bloß: »Ich kenne die Stelle, an der ihr ihn versenkt habt, Cala Aubarca. Dort geht es sehr tief hinab, dort ruht er gut.«

Nachdem das schönste Mädchen von Ibiza, La mujer 79, gekürt war, machte ich erst das Büro in der Calle de la Virgen dicht, und ein paar Tage danach verließen Lisa, Santi und ich die Insel. In Barcelona holten wir den roten Alfa aus dem Parkhaus und fuhren nach München. Wie ich von Enrico erfahren hatte, wollte Paco am 20. Oktober in Frankfurt ankommen.

In Gräfelfing begrüßten wir unsere Untermieter Jenny und Jorge, die während unserer Abwesenheit auf Haus und Garten achtgegeben hatten. Seit die Murrs ausgezogen waren, herrschte in der Malmanstraße ein pazifistischer Geist. Ich schaffte neue Lautsprecher für die Stereoanlage an, Lisa nähte Gardinen, und der kleine Santiago erfreute sich des Lebens. Dauernd hatten wir Besuch: Von Tito und Santos, die inzwischen aus dem Kerker in Islamabad entlassen waren, von Martina, die inzwischen von Geoffrey getrennt lebte, sowie von den Freunden aus München, sofern sie noch nicht im Knast saßen: Christine, Walter, Wacki, Roman, Norbert, TomTom, Pit, Heinz und all die anderen, deren Namen mir gerade nicht einfallen.

Als Paco im April 1976 in die USA geflohen war, hatte er sich nach einem Kurzaufenthalt in New York nach Kalifornien begeben. Er wollte Lara in San Francisco besuchen, mit der er zuvor auf Ibiza zusammengelebt hatte. Durch Laras Vermittlung gelang es ihm, einen Forschungsauftrag an der Universität Berkeley an Land zu ziehen, bei dem es um Sardinen-Wanderungen im Ostpazifik ging. Paco hatte vorgeschlagen, dazu einen Film zu drehen. Aber vorerst verdiente er seinen Lebensunterhalt bei einem Italiener, in dessen Restaurant in San Francisco er sich nützlich machte, indem er Gemüse putzte. Es hätte die klassische Tellerwäscher-Karriere werden können, wäre Paco nicht entschlossen gewesen, in Länder zu reisen, in denen man seine Sprache spricht. Nach einem halben Jahr in Kalifornien, sobald er das Filmprojekt unter Dach und Fach hatte, setzte er sich in einen Überlandbus nach Süden. Er durchquerte Mexiko, Guatemala, El Salvador, und Honduras, dann Nicaragua, Costa Rica und Panama. Kurz hinter Panama-City endet die Transamericana, sodass er gezwungen war, von dort nach Cartagena in Kolumbien zu fliegen. In Santa Marta ließ er sich nieder und nahm einen Job im Unterwasserbaugewerbe an, wo recht gute Löhne bezahlt wurden. Nachdem er sich eingelebt hatte, schrieb er seinem Freund Enrico einen Brief. Er kündigte an, im Oktober 1978 nach Europa zu kommen. Zunächst wollte er die immer noch in Spanien anhängige Geschichte mit seinem Lieferwagen klären, in dem zwei Jahre zuvor Ruben verhaftet und etwa hundert Kilo Haschisch beschlagnahmt worden waren.

In Madrid beauftragte er einen Anwalt, der beim Zoll vorsprach. Dabei wurde der Verdacht, Paco habe mit dem seinerzeitigen Schmuggel etwas zu tun gehabt, ausgeräumt. Mit ein wenig »Handgeld« konnte man damals in Spanien vieles erledigen. Nachdem Paco erst seiner Mutter Josefina in Madrid einen Besuch abgestattet hatte, kam er nach Deutschland. Wir verabredeten uns in Lohr. Enrico lebte dort seit einiger Zeit mit Rainbow zusammen, einer ebenso exotischen wie polyglotten Künstlerin, die Enrico und der Band gut bekam. Seine Beziehung zu Nora hatte nicht lange gehalten, denn Nora war wild, eifersüchtig und für den braven Doktor nicht bei der Stange zu halten. Etwa zu der Zeit, als ich mit Angel nach Marokko aufgebrochen war, muss die Liebe zwischen ihr und Enrico zerbrochen sein. Was im Einzelnen vorgefallen ist, weiß ich nicht. Jedenfalls lebte Nora seit Ende 1976 wieder in Brooklyn, woher sie stammte. Wir sollten uns später in New York begegnen. In Lohr hatte jetzt also Rainbow das Sagen, eine Frau, die Paco mir am Telefon so beschrieb: »*La Rainbow es una leona!*«* Sie stammte aus Haiti und lebte jetzt mit Enrico zusammen.

Lohr liegt am Rande des Spessarts, wo tiefe Laubwälder zu langen Spaziergängen einladen. Paco erzählte von Kolumbien, seiner neuen Heimat, von seiner Freundin Elsa, von seinem Freund Osi-

---

* Rainbow ist eine Löwin

ris und von den lukrativen Geschäften, die dort mit Kokain und Marihuana zu machen seien. Alles, was ihm fehlte, war ein kleines Startkapital. Nach einigen Kilometern auf laubverwehten Waldwegen, wobei wir oft Halt machten und Heidelbeeren pflückten, zeichnete sich ein Plan ab, wie an ein solches Startkapital zu kommen wäre. Wir einigten uns auf eine Schmuggelreise von Fernost nach Kalifornien, die mit einem Startkapitälchen zu organisieren wäre und einen schönen Gewinn abwerfen würde. Von meinen bisherigen Thailandreisen hatte ich den Kontakt zu dieser chinesischen Familie, die uns bisher immer gute Ware geliefert hatte. Und seit ich Hunter, den amerikanischen Filmemacher kennengelernt hatte, der inzwischen wieder in Kalifornien lebte, gab es dort für weißes Heroin eine gute Absatzmöglichkeit. Mein Part bei dem geplanten Deal sollte die Finanzierung, der Einkauf in Thailand und der Verkauf in den USA sein. Paco kümmerte sich um den Transport, was zweifellos der riskantere Teil des Unternehmens war. Wir planten, in Thailand zwei Kilo China White einzukaufen und den Stoff über Japan nach Hawaii zu schmuggeln. Letzteres war eine Unwägbarkeit, da weder Paco noch ich bis dahin Erfahrungen mit dem amerikanischen Zoll gemacht hatten. Honolulu, das klang zwar nach Hula und Ukulelen-Romantik, aber das musste ja nicht unbedingt den Zoll betreffen. Der Plan stand, aber das Risiko war schwer zu kalkulieren.

Wir genossen die Lohrer Gastfreundschaft noch eine Weile, dann fuhren Paco und ich nach Gräfelfing, wo ich mit Lisa und unserem Sohn Santiago wenigstens für ein paar Tage das Familienleben wieder aufnahm.

Die geplante Reise stellte mich vor bis dahin ungekannte logistische Herausforderungen. Das eigentliche Ziel der Reise war Hawaii, wo Mauricio seit einigen Monaten lebte.

Unsere Freunde Martina und Dennis hatten zu der Zeit beide gescheiterte Beziehungen hinter sich: Martina hatte sich vor Kurzem von Geoffrey getrennt, und Dennis hatte sich seiner italienischen Freundin entfremdet. Mit dem Hintergedanken, dass sie vielleicht zusammenpassen könnten, hatten Lisa und ich sie zu der Reise nach Hawaii eingeladen. Geplant war, dass Lisa, Martina und Dennis von Frankfurt aus über New York nach Honolulu fliegen würden, während Paco und ich über Bangkok und Tokyo anreisen wollten. Unser Söhnchen würden wir während der Zeit den Großeltern anvertrauen.

Wir hatten vor, uns am 20. November in Honolulu zu treffen. Die Weltreise, etwas anderes war es wohl nicht, die Paco und ich Ende Oktober 1978 antraten, sollte vorerst in Hawaii enden. Dort wollten wir die Freunde wiedersehen und anschließend Mauricio suchen. Wir planten, über Weihnachten zu bleiben. Voraussetzung war, dass bei der Einreise alles glattgehen würde, aber Scheitern auf Hawaii gehörte nicht zu den Szenarien, die Paco und ich durchgespielt hatten.

Schon am nächsten Tag machte Paco sich an die Arbeit. Seine Idee war, eine Tauchflasche so zu präparieren, dass ein Versteck für zwei Kilo Pulver entstünde. Er kaufte eine Tauchausrüstung. In der Garage sägte er den Boden der Alu-Flasche ab, dann bat er mich um mein Auto und verschwand für ein paar Stunden. Als er gegen Abend wieder auftauchte, hatte er bei einer Dreherei in die Flasche ein Innen- und auf den Deckel ein Außengewinde schneiden lassen. Die beiden Teile passten nahtlos zusammen. Auf dem Bodendeckel zentriert hatte er ein verchromtes Edelstahlrohr befestigt. Nachdem die Flasche montiert war, konnte man in die Öffnung, in die das Manometer verschraubt wird, hineinleuchten, und alles, was man im Inneren sah, war blitzendes Chrom. Dass zwischen Innenrohr und Flaschenwand ein Hohlraum existierte, war nicht zu erkennen.

Tauchflaschen dürfen nur leer und ohne Innendruck im Flugzeug transportiert werden, also mit abgeschraubten Armaturen. Das macht es scheinbar leicht, sie zu kontrollieren. Dennoch, ein Restrisiko blieb. Die große Unbekannte blieb der amerikanische Zoll. Als Pluspunkt zu unseren Gunsten zählte ich die Tatsache, dass Paco sich als Professor für submarines Bauwesen ausweisen konnte, außerdem trug er eine Visitenkarte mit dem Logo der Universität Berkeley bei sich. Im Übrigen machte er nicht den Eindruck, ein Schmuggler zu sein, wenn er in seinem altmodischen Dreiteiler und der spießigen Krawatte beim Zoll auftauchte. Aber die wichtigste Eigenschaft, die ein Schmuggler haben sollte, ist Courage, und davon besaß Paco eine ganze Menge.

Während er mit den technischen Vorbereitungen der Reise beschäftigt war, stattete ich der Playboy-Redaktion in München einen Besuch ab. Ich meldete mich an und übergab dem Empfangsbunny das Empfehlungsschreiben, das Herr Ilario mir vor ein paar Tagen in Barcelona in die Hand gedrückt hatte. Ich wurde sogleich vorgelassen, und wurde von Chefredakteur Wörtmann begrüßt.

»Dann übersetzen Sie mal, was mein Kollege aus Barcelona da geschrieben hat«, begann er das Gespräch ein wenig amüsiert. Ich las vor, dass ich ein bekannter Fotograf sei (!), dass ich hervorragend Spanisch spreche (!), dass ich mich um den Tourismus auf den Balearen verdient gemacht hätte (!) und dass er mich als freien Mitarbeiter empfehle, die Kommunikation zwischen den Redaktionen in München und in Barcelona zu koordinieren. Der Spanier war an Zweitverwertungen von Bildstrecken interessiert, das senke die Betriebskosten. Die Sache war mir ein wenig peinlich, denn ich hielt nichts von Hochstapelei. Für mich war ein Mensch ein Mensch, dessen natürliches Kapital seine Bildung und seine Lebenserfahrung waren.

»Na, dann zeigen Sie mir mal Ihre Fotomappe«, forderte Herr Wörtmann mich auf, nachdem ich mit der Übersetzung des Schreibens fertig war.

»Tut mir leid«, sagte ich. »Ich bin nicht hier, um mich um einen Job zu bewerben. Ehrlich gesagt, habe ich alle Hände voll zu tun und kann derzeit keinen Job gebrauchen.«

»Wer spricht denn von einem Job? Ich bin bloß neugierig. Fotografie ist unser Geschäft, und wenn mir ein Fotograf vorgestellt wird, dann will ich auch seine Arbeit kennenlernen.«

»Beim nächsten Mal zeige ich Ihnen meine Mappe. Heute bin ich lediglich als Emissär des Herrn Ilario hier. Was soll ich ihm nun in puncto Zusammenarbeit ausrichten? Haben Sie ihm etwas anzubieten?«

Herr Wörtmann rief seine Sekretärin herein und beauftragte sie, einige Pictorials herauszusuchen, die den Spaniern gefallen könnten.

»Sie können die Sachen dann nächste Woche mit nach Barcelona nehmen«, schlug er vor. »Ich gebe Ihnen dazu ein Schreiben für den Herrn Ilario mit.«

»Ich befürchte, ich muss Sie enttäuschen. Nächste Woche geht nicht. Ich fliege für sechs Wochen mit meiner Frau nach Hawaii«, sagte ich. »Sozusagen unsere Hochzeitsreise. Da muss der Herr Ilario leider warten. Im Übrigen erwartet er mich erst wieder im neuen Jahr in Barcelona.«

»Was Sie nicht sagen! Hawaii!«, rief er aus. »Das trifft sich ja hervorragend. Wir planen nämlich für das kommende Frühjahr eine Bildreportage über die Girls von Hawaii. Da könnten Sie einiges für uns vorbereiten. Mädchen, Locations, Hotels ...«

Bref: Ich verließ die Redaktion mit einem Legitimationsbrief, in dem ich beauftragt wurde, im Auftrag von »Playboy Deutschland« auf Hawaii schöne Frauen zu fotografieren. Als ich das Papier beim amerikanischen Konsulat vorlegte, stellte man mir ein Visum aus, das mich berechtigte, in den Staaten zu arbeiten.

Zwei Tage später hatte Paco die technischen Vorbereitungen abgeschlossen. Vor unserer Garage führte er mir die manipulierte Tauchflasche vor. Wir packten unsere Sachen. Paco hatte eine umfangreiche Tauchausrüstung zu verstauen, mir genügten eine Reisetasche und der Kamerakoffer nebst Stativ. Dann verabschiedeten wir uns von Lisa und Santiago, der gerade anfing zu laufen.

»Also dann: in drei Wochen in Honolulu.«

Ein Kuss, ein Kuss und noch ein Kuss und dann Adios!

2.4 Eine unbekannte Insel

Wir flogen mit der Egypt-Air, weil dort der Flug immer noch am billigsten war. Niemand brachte europäische Reisende für weniger Geld nach Fernost. Wenn ich mich recht entsinne, kostete das einfache Ticket nach Tokyo 1.400 Mark. Den Rest der Strecke von Japan über Honolulu nach San Francisco hatten wir bei China Airlines gebucht, einer Fluglinie, bei der ebenfalls hart kalkuliert wurde. Paco rümpfte die Nase, als ich ihm die Route erläuterte.

»Mit Chinesen fliegen?«

»Nichts gegen die Chinesen«, versuchte ich einen Witz. »Wer den langen Marsch geschafft hat, der wird wohl auch den langen Flug hinkriegen. Im Übrigen fliegen wir mit den Chinesen aus Taiwan und nicht mit denen vom Festland!«

In der Süddeutschen Zeitung, die eine Stewardess mir freundlich lächelnd überließ, las ich auf der ersten Seite, dass der Punker und Vorzeigejunkie Sid Vicious verhaftet worden sei. Der Bassist der Punkband Sex Pistols, die seinerzeit in aller Munde war, hatte seine Freundin im Chelsea Hotel in New York im Heroinrausch abgemurkst. Solche Nachrichten waren nicht geeignet, Drogen im Allgemeinen und dem Heroin im Besonderen ein besseres Image zu geben. Ebenso wenig der sich gerade als Kunst etablierenden Bewegung des Punk, der wir Hippies allerdings skeptisch gegenüberstanden.

»Was soll man dazu sagen«, sagte Paco, nachdem ich ihm den Inhalt des Artikels übersetzt hatte.

»Dass sie ihn verhaftet haben, löst seine Probleme sicher nicht. Wer weiß schon, weshalb ein Musiker sein Instrument auf die Seite legt und zur Waffe greift. Irgendwann wird man herausfinden, dass die Sex Pistols etwas Wichtiges zu sagen hatten, und dass der Tod dieses Mädchens Teil einer großen Performance war. Wir werden es noch erleben.«

Wegen derartig kühner Analysen liebte ich Paco, und was die Tragödie von Sid Vicious anging, so dachte ich: *Shit happens*.

Das ägyptische Flugzeug war eine betagte Boeing 707, deren Tragflächen weit in den Weltraum ragten, und die bei Turbulenzen beeindruckend in Schwingungen geraten konnten. Also kein Flieger für Schisser, die mit der Statik moderner Passagierjets nicht vertraut waren. In Kairo und Abu Dhabi landeten wir zwischen, in Bombay stiegen wir aus. Wir quartierten uns in einem billigen Hotel ein, baten die beiden Etagenkellner, die schmutzige Bettwäsche zu wechseln und legten uns zur akut erforderlichen Abkühlung in den Luftstrom des Deckenventilators, der genau über den Betten an einem verrosteten Haken baumelte. Ohne mich dagegen wehren zu können, spekulierte ich, welche Verwundungen wir womöglich davontrügen, sollte der Krampen sich aus dem Deckenverputz lösen und der Propeller mit 130 Umdrehungen pro Minute auf uns niedergehen. Zum Glück erlöste uns der Jetlag von derart beunruhigenden Vorstellungen und wir schliefen ein.

Schon vor unserem Abflug hatte ich Paco von Rashid und dessen Angebot erzählt, zum Nulltarif Opium bei ihm zu rauchen. Noch am Tag unserer Ankunft gaben wir ihm die Gelegenheit, seine versprochene Gastfreundschaft unter Beweis zu stellen. Kaum aus dem Schlaf erwacht, erfrischten wir uns mit dem lauwarmen Leitungswasser und machten uns auf den Weg in die Shuklaji-Street.

Rashid und seine Belegschaft empfingen uns, wie man alte Freunde empfängt. Sie boten uns den luftigen Platz vor dem Balkon an, breiteten einen sauberen Teppich für uns aus, und Bangali mengte frisches Opium für uns an. Wir machten es uns bequem, rauchten einige tiefe Züge an der dargebotenen Pfeife und entspannten. Nach einer Weile setzte sich Rashid dazu und legte ein spanisches Buch in die Mitte. Ich griff danach und las: Alberto Durero: *Megaestrella.*

»Was ist denn das?«

Ich reichte Paco das Buch. Der nahm es, und während er blätterte und ich die Abbildungen sah, verstand ich. Es handelte sich um eine Monografie über einen mir bis dahin noch nicht bekannten Maler mit langen Locken und gestutztem Bart.

»Ein spanischer Maler?«, wollte ich von ihm wissen.

»Wie bitte? Alberto Durero, ein Spanier?«

»Pardon, aber ich kenne ihn nicht«, gab ich zu. Was mich irritierte, war der Beiname Superstar, *Megaestrella*. Jetzt zeigte mir Paco den Hasen, und mir fielen die Schuppen von den Augen. Hier hatten wir es mit Albrecht Dürer zu tun, dem Nürnberger Supermaler der Renaissance. Was noch immer nicht erklärte, wie es dieses gebundene Werk in die Bombayer Opiumhöhle geschafft hatte.

»Woher hast du dieses Buch?«, fragte ich Rashid.

»Ein gutes Buch«, sagte er. »Leider kenne ich die Sprache nicht. Englisch ist es jedenfalls nicht.«

»Nein, Englisch ist es nicht«, sagte Paco. »Das ist meine Sprache, Spanisch!«

»Tatsächlich?« Rashid nahm Paco das Buch aus der Hand und fing irgendwo zu lesen an. »Das ist also Spanisch.«

Rashid streichelte den Einband mit seiner weichen Hand, ehe er weiter in dem Buch blätterte. Neben dem biografischen Text waren dort die bekanntesten Werke Dürers abgebildet: *Las manos rezando*, die betenden Hände. Hasen. Eichhörnchen. Karl der Große …

»Woher will denn der Dürer gewusst haben, wie Karl der Große ausgesehen hat?«

Ich deutete auf das Gemälde.

»Is this the king of Spain?«, fragte Rashid dazwischen.

»Wo hast du das Buch denn her?«, fragte ich ihn erneut. Von allen Fragen, die bisher beantwortet werden wollten, empfand ich die meine als die dringlichste. Also, wie kam das Buch in dieses Opium-Etablissement?

»*A very good book*!«, stellte Rashid klar, der nach wie vor Karl den Großen mit dem spanischen König verwechselte. »*Your friend from Austria forgot it last year*?«

Wahrscheinlich meinte er Roman, der ebenfalls in Rashids Höhle verkehrte und der, wie ich mich erinnerte, ein Bewunderer Dürers war. Paco musste lachen und holte uns in die Realität zurück.

»Ich habe in meinem Haus auf Ibiza ein Manuskript liegen, besser gesagt, einen angefangenen Roman über die Renaissance«, begann er zu erzählen. »In meiner Geschichte treffen sich die Herren Copérnico, Durero und Colón im Jahre 1502 in einem Wirtshaus in Bremen. Gemeinsam sind sie auf der Suche nach Moby Dick, dem weißen Wal, den Colón, oder Kolumbus, wie er in Deutschland genannt wird, zuvor in der Biscaya gesehen haben wollte. Das war lange bevor Käpt'n Ahab ihn in der Südsee gejagt hat«, ergänzte Paco zum besseren Verständnis.

Rashid schwieg. In den wenigen Worten, die Paco gesprochen hatte, waren zu viele Namen und Begriffe, die in der Koranschule, die der Inder besucht hatte, nicht vorgekommen waren. Also wartete er ab. Da auch mir nicht sofort klar war, worauf Paco hinaus wollte, sah ich ihn fragend an.

»Wäre es denn historisch überhaupt möglich gewesen, dass sich die drei Großgeister oder Superstars, wie man heute sagen würde, in einer Bremer Kneipe getroffen haben?«, wollte ich schließlich wissen.

Paco blickte in die Runde, ehe er selbst die Antwort gab.

»Der Älteste war Kolumbus, der am 12. Februar 1451 in Genua zur Welt kam, dann kam 1473 Kopernikus in Thorn auf die Welt, und ein paar Jahre danach wurde in Nürnberg Dürer geboren. Kopernikus hieß eigentlich Niklas Koppernigk, wir Spanier nennen ihn Copérnico.«

»Und wie kommst du darauf, dass sich die Herrschaften getroffen haben? Ist das historisch verbrieft?«, fragte ich Paco. Immerhin war das ein interessanter Ansatz, drei für die weitere kulturelle Entwicklung der Menschheit so bedeutende Männer treffen sich in Bremen und sind hinter dem berühmtesten Wal der Literaturgeschichte her.

»Weit bin ich noch nicht, aber wir können demnächst mal drüber reden. Vielleicht fällt mir im Gespräch mit dir ja ein, wie ich die Handlung fortführen kann«, sagte Paco. »Auf jeden Fall könnte man sich ein wunderbares Gespräch unter den Dreien ausmalen, vielleicht planten sie ein gemeinsames Projekt?«

»Eine Nord-Süd-Umsegelung der Erde ...?«, schlug ich grinsend vor. Dann wandte sich Paco dem jungen Punjabi zu, der ihm die Opiumpfeife reichte. Während Paco rauchte und tief inhalierte, nahm Rashid das Buch wieder an sich und erhob sich.

»*This is the best book that I have*«, sagte er und zog sich in seine Ecke zurück.

Wahrscheinlich war es auch das einzige, welches er besaß, war ich ihm zu unterstellen versucht. Aber das wäre respektlos gewesen, und so unterließ ich es. Stattdessen nahm auch ich die Pfeife und tat einen tiefen Zug, dann schlossen sich die Lider und ließen nur mehr Träume zu, vielleicht Träume von Dürers Hasen, Kolumbus' Schiffen, Kopernikus' Fernrohr und von Moby Dick …

Nach einer Weile holte mich Pacos Stimme in die Wirklichkeit zurück. Ich öffnete die Augen und sah ihn im Gespräch mit dem Jungen, der uns jetzt das Opium zubereitete. Wenngleich mein Freund fast ein Jahr in den USA gelebt hatte, war sein Englisch nach wie vor rudimentär.

Zeitlebens sollte es ihm nicht gelingen, seinen spanischen Akzent aus der amerikanischen Sprache herauszuhalten. Paco konnte sich zwar auf Portugiesisch, Italienisch, Französisch, Deutsch und Englisch verständigen, beherrschte aber keine dieser Sprachen gut. Aber er traute sich, sie anzuwenden und so gelang ihm immer die Basiskommunikation. Seine Muttersprache handhabte er dagegen mit literarischer Güte. Was ich im Laufe der Jahre, die ich mit ihm unterwegs war, an Spanisch gelernt habe, stammt zum größten Teil von Paco. Er entpuppte sich als geduldiger Lehrer, der nie aufhörte, mich zu korrigieren. Das heißt, wir sprachen ausschließlich Spanisch miteinander.

»*You smoke opium?*«, hörte ich ihn den Inder fragen. Der verstand das als Einladung, und so hatte Paco es auch gemeint. Bei Bangali, dem Buchhalter, bestellte er für jeden von uns ein weiteres Pfännchen, also je zwei Pfeifen. Auf die Idee, dass unser persönlicher chef de pipe auch gerne Opium rauchte (anders ausgedrückt, dass er opiumsüchtig war) war ich bis dahin noch gar nicht gekommen. Die Männer, die Rashid in seinem Laden beschäftigte, waren alle von der Droge abhängig, daran bestand bei näherem Hinsehen kein Zweifel. Die meisten von ihnen waren junge Burschen, die auf Stundenbasis arbeiteten. Sie präparierten die Opiumpfeifen für die Gäste, und wenn die Kundschaft träumte, wurden sie hinunter auf die Straße geschickt, um Chai zu holen. Sie brachten dem Chef das Essen, und sie besorgten Betelnüsse für die überwiegend einheimischen Stammgäste. Und wenn sie Zeit hatten, massierten sie den Kunden Füße und Beine. Alles mit dem Hintergedanken, sich durch besonders zuvorkommenden Service ein kleines Trinkgeld zu verdienen. Diese spätkoloniale Attitüde wurde von keiner Seite hinterfragt: Der indische Paria kannte keine andere Haltung als die der Demut und Unterwürfigkeit, der europäische Tourist richtete sich, ohne lange nachzudenken, in der Rolle des Sahibs ein. Wir unterließen es, uns in Rashids Geschäfte einzumischen. Wenn die Burschen dort für einen Dollar am Tag und ein paar Pfeifen Opium arbeiteten, dann war das eben so. In der Teppichknüpferei einen Stock tiefer waren die Löhne auch nicht besser. Wir befanden uns in Indien, und Indien war damals und ist wohl bis heute kein Schlaraffenland. Mit einem kleinen Trinkgeld konnten wir Rashids Angestellten wenigstens eine Freude machen.

Zuweilen wurde die Cashmere-Chandu-Den von Reisenden aus den Bergen im Norden aufgesucht, von Männern aus Afghanistan, Paschtunen mit Säbeln in verzierter Scheide; von Kämpfern aus Kaschmir, die auf Fronturlaub waren, nachdem sie zwei Jahre lang den Pakistanern die indischen Zähne gezeigt hatten. Das Opium schaffte es, innerhalb einer halben Stunde aus grimmigen Kriegern friedlich grinsende Ziegenhirten zu machen. Die Art und Weise, wie diese Männer sich selbst die Pfeife präparierten und wie sie sie handhabten, verriet, dass es sich um erfahrene Raucher handelte.

Hin und wieder fand eine Pokerrunde zusammen, wobei die druckfrischen Kartenspiele in einem seltsamen Kontrast zum eher schmuddeligen Ambiente des Etablissements standen. Ich hütete mich allerdings, mitzuspielen, die Lehre, die Rashid mir beim letzten Mal erteilt hatte, genügte. Er hielt immer ein Auge auf den Betrieb und stellte sicher, dass es friedlich zuging. Wir rauchten, wir träumten und wir redeten bis tief in die Nacht, bis wir merkten, dass wir die letzten Gäste waren. Dann verabschiedeten wir uns beim Boss und seinem Buchhalter und tasteten uns die Treppe hinunter in die Bombayer Nacht. Dem ruhigen Puls entsprechend ließen wir uns von einer Pferdedroschke zum Hotel nach Colaba bringen.

Nach ein paar Tagen Bombay flogen wir weiter nach Bangkok. Dort waren wir mit Vicente verabredet, einem Taucher, der früher für Paco gearbeitet hatte. Vicente stammte aus Valencia, ein athletischer Mann Mitte zwanzig, einer, um den sich normalerweise die Rekrutierer von Militär und Polizei bemühten. Aber sein Aufenthalt auf Ibiza, der Insel der Sünde, hatte Vicente für eine derartige

Karriere versaut. Er hatte sich, kaum dass er seinen Job als Industrietaucher verloren hatte, mit Gelegenheitsjobs durchgeschlagen. Jetzt gehörte er zu den jungen Spaniern, die sich nach Francos Tod neu orientierten, die Gefallen an vorehelichem Sex und am Fühlen und Denken unter Drogeneinfluss gefunden hatten. Mit Paco hatte er vereinbart, dass wir ihm in Thailand Heroin beschaffen würden, welches er in Valencia mit gutem Profit verkaufen konnte. Den Stoff zu finden, war in Bangkok zwar kein Problem, aber gerade dort trieben sich auch jede Menge zwielichtiger Gestalten herum, Spitzel aller Herren Länder, insbesondere solche, die von der US-Drogenbehörde geführt wurden. Die Ausländer, die im Knast von Bangkok in Untersuchungshaft saßen, bereuten es wahrscheinlich, je nach Thailand zum Heroinkauf gekommen zu sein. Fehler sollten also tunlichst vermieden werden. In Thailand Heroin einzukaufen, war demnach nicht ganz ungefährlich.

In Bangkok quartierten wir uns wieder im »White Inn« ein, dem kleinen Hotel im englischen Landhausstil, das in der damals noch ruhigen Nebenstraße No. 3 der Sukhumvit Road gelegen war. Mr. Tang, der Rezeptionist, war schwul und verbreitete eine Atmosphäre guter Laune im Haus. Ein Tuk-Tuk-Fahrer besorgte uns »Thai-Sticks«, und nachdem wir den ersten Grasjoint geraucht hatten, ließen wir uns neben dem Pool unter Palmen das Frühstück servieren: Spiegeleier mit Toast, Papaya mit Zitrone, Grapefruitsaft und Bohnenkaffee. In den Palmwipfeln lärmten Vögel im Wind, und gegen zehn Uhr kletterte das Thermometer Richtung dreißig Grad. Noch während wir frühstückten, tauchten am Pool drei Mädchen auf. Umständlich drapierten sie ihre Badetücher auf den Liegestühlen, ehe sie kreischend ins Wasser sprangen und uns bespritzten. Vicentes Aufmerksamkeit war in dem Augenblick geweckt, als sie auftauchten. Nach fünf Minuten saßen die Nixen bei uns am Tisch, nach zwanzig Minuten waren wir auf unserem Zimmer und kifften, und nach einer halben Stunde verschwand Vicente mit einem der Mädchen auf seine Bude. Paco und ich hatten ein Doppelzimmer. Von dem guten Buddha-Gras inspiriert, erzählte Paco Geschichten aus Kolumbien.

Wir saßen also im White Inn auf dem Zimmer, rauchten Gras und lachten laut. Noi und Lek, die Mädchen vom Pool, lümmelten gelangweilt auf den Betten. Noi lag hinter mir, das Gesicht zur Wand. An Sex schien sie kein Interesse zu haben, denn nach kurzer Zeit war sie eingeschlafen. Lek hingegen kniete hinter Paco und massierte ihm den Nacken, während er erzählte. Ich war von dem Gras angetörnt und hörte ihm grinsend zu. Aus dem Nebenzimmer kamen Geräusche, die vermuten ließen, Vicente habe das Geheimnis des Landes des Lächelns gelüftet. Irgendwann ließ Lek von Paco ab und verschwand im Bad. Ich streckte mich auf dem Bett neben Noi aus, die ruhig hinter mir atmete. Nach einer Weile kam Pacos Mädchen zurück und schlüpfte verschämt unter das Laken. Sie bedeutete Paco, es ihr gleich zu tun und sich zu ihr zu legen.

»Wollen wir uns um die Chicas kümmern?«, schlug Paco vor.

»*Adelante*«, sagte ich. »Lass dich nicht aufhalten.«

»Und du?«

»Mein Schätzchen schläft. Außerdem kriege ich keinen mehr hoch«, grinste ich.

Ich lag seitlich auf dem Bett und sah zu meinem Freund hinüber, der dabei war, sich seiner Klamotten zu entledigen. Dann verschwand auch er im Bad, und ich hörte zwei Minuten lang die Brause. Zurück im kühlen Zimmer – der Raum war mit einer viel zu niedrig eingestellten Klimaanlage ausgestattet – schlüpfte er zu seinem Schmetterling unter die Decke. Paco begann, sie zu streicheln.

»Die Titten von diesen Thaimädchen sind unübertroffen«, sagte er nach einer Weile.

»Findest du?«

Nach wie vor lag ich seitlich auf dem Bett, bekifft, den Kopf in die Hand gestützt, meine Augen ruhten amüsiert auf dem Paar unter der Decke.

»Warum sagst du deiner Maus nicht, sie solle duschen gehen«, forderte Paco mich nach einer Weile auf. »Meine kann sich nämlich schlecht entspannen, wenn du so zu uns herüberschaust«.

»Jetzt zier dich nicht so! Es liegt ja wohl ganz an dir, sie zu entspannen. Mein Mädchen schläft, da will ich sie nicht aufwecken. Zudem hab ich vergessen wie sie heißt.«

»Wie bitte?«

Ich amüsierte mich und grinste Paco bekifft an. Die Situation klemmte. Paco und Lek kamen nicht in die Gänge, solange ich ihnen dabei zusah. Irgendwann drehte ich mich um und schmiegte mich an Noi, und ehe auch ich einschlief, kriegte ich noch mit, wie im Bett nebenan gearbeitet wurde.

Bangkok war seinerzeit eine aufstrebende Stadt, Wachstum hieß die Devise. Die alten Kanäle, die Verkehrsadern früherer Jahre, wurden nach und nach zugeschüttet, große Flächen wurden zubetoniert, entlang der Sukhumvit- und der New Petchburi-Road entstanden unter dem Deckmantel moderner Touristenhotels eine Reihe von Bordellen und Massagesalons, allen voran das Nana-, das Rajah- und das Grace-Hotel. Sex war in den meisten Bars und Kneipen im Angebot, die Mehrzahl der Bangkok-Touristen kamen in die Stadt, um mit den Huren »Schweinereien« auszuprobieren, die sie ihren Frauen in Europa und Amerika nicht zumuten wollten. Die Mädchen kamen meist aus dem Osten und dem Norden des Landes, wo die Leute arm sind, und wo die Jugend ihrer Töchter das wertvollste Kapital einer Familie ist. Die Freudenmädchen von Bangkok unterschieden sich sehr von denen in Europa oder Amerika. Einen Straßenstrich kannte man dort damals nicht. Die Frauen tanzten in Go-Go-Bars, sie befriedigten ihre Kunden in Massagesalons, sie strippten als *table-dancers*, sie boten sich den Männern in einschlägigen Coffeeshops an, von wo aus man zwecks intimeren Kennenlernens ins Hotel ging.

Paco, Vicente und ich waren zwar nicht nach Thailand gekommen, weil wir uns von den Frauen verwöhnen lassen wollten, aber ignorieren konnten wir die Prinzessinnen auch nicht. So verbrachten wir ein paar Tage in der »Stadt der Engel«, wie Bangkok auch genannt wird. Wir rauchten Gras, wir genossen die Massagen, und wir berauschten uns an den festen Körpern mit der seidigen Haut, und an der Entschlossenheit beim Sex, sofern die Chemie stimmte, und man sich gegenseitig in Fahrt brachte.

Der Sextourismus wurde in Thailand kaum hinterfragt, er war ein großes Geschäft, die meisten Touristen kamen nicht wegen der Kultur, sondern wegen der Mädchen.

Unsere Kriterien bezüglich der Begleiterinnen waren klar definiert: Wir bevorzugten Kifferinnen, sie sollten Englisch sprechen, und sie sollten gesund sein. Erotisch waren sie irgendwie alle. Aids war seinerzeit noch kein Thema, aber es gab andere unangenehme Infektionen. Von Sex mit Kondomen hielten wir nichts. Um das Ansteckungsrisiko zu reduzieren, verbrachten wir die Tage mit denselben Mädchen. Zuweilen nahmen sie uns mit in die Armenviertel, aus denen sie stammten, wo sich meist eine Mama oder eine ältere Schwester um ein Kind kümmerte, nicht selten kleine Mischlinge, denen man den weißen Vater ansah. Wir begleiteten die Mädchen auf den Markt nach Pratunam, kauften Gemüse und Fisch, und am Nachmittag saßen wir zusammen mit der Familie beim Tee. Wir lachten viel, unternahmen Klongfahrten und besuchten die Tempel zu Ehren Buddhas. Die Mädchen begleiteten uns zum Königlichen Palast und auf die schwimmenden Märkte. Im Gegenzug luden wir sie zum Eis essen ins Oriental Hotel ein. Zuweilen, wenn der Tag des Abschieds gekommen war, flossen sogar Tränen.

Feministische Kritik von wegen sexueller Ausbeutung, Machtausübung und dergleichen Unterstellungen mehr fochten uns nicht an. Unsere Freundschaften in Bangkok hinterließen keine Gewissensbisse. Sicher machten nicht alle Frauen in Thailand positive Erfahrungen mit ihren Freiern aus der Fremde, aber was Paco, Vicente und mich angeht, so verlangten wir nichts, was die Mädchen nicht im Angebot hatten. Wir bezahlten sie über Tarif und wir stellten sicher, dass sie zufrieden waren. Wenn man seinen Mitmenschen auf Augenhöhe begegnet, dann bleibt kein fader Geschmack zurück. So jedenfalls sahen wir das, und so war es wohl auch.

Nach ein paar Tagen in Bangkok machte Paco den Vorschlag, Phuket zu besuchen, eine dem Festland vorgelagerte Insel im Indischen Ozean, die wir noch nicht kannten. Aus Kostengründen nahmen wir den Zug bis nach Surat Thani, den Istmus überquerten wir dann im Bus.

»In Phuket kannst du dann endlich den überfälligen Entzug machen«, sagte Paco unterwegs und packte damit ein unbequemes Thema an. »So kann es jedenfalls nicht weitergehen.«

»Das weiß ich selber«, entgegnete ich verstimmt. »Irgendwann werde ich schon aufhören, aber jetzt nicht. Du stellst dir das offenbar sehr einfach vor.«

»Was ich mir vorstelle, kann ich dir sagen: Du bist jetzt seit fast einem Jahr drauf. Ohne *caballo** kommst du morgens gar nicht mehr in die Gänge.«

»So ein Quatsch. In Ibiza war ich clean«, protestierte ich. Aber mein Freund hatte natürlich recht.

»Unter clean verstehe ich was anderes. Vielleicht hast du ein paar Wochen aufgehört, weil es nichts gab, dafür hast du gekokst und gekifft wie ein Weltmeister. Mir kannst du doch nichts vormachen!«

»Das habe ich auch gar nicht vor. Aber ehrlich, hermano, jetzt ist nicht der geeignete Moment, um mich mit so einem Stress zu belasten. Als ich mit Santi unterwegs war, hab ich einen Entzug versucht, es war die reinste Katastrophe. Ohne Medikamente schaff ich das nicht.«

»Das redest du dir bloß ein. Wenn du wirklich willst, dann schaffst du's auch. Ich werde dir dabei helfen. Sobald wir in Phuket ankommen, schmeißt du den Rest von deinem Zeug ins Meer. Wir gehen jeden Morgen schwimmen, und anschließend machen wir eine lange Strandwanderung. Auf die Weise wirst du schnell wieder fit.«

»Wie stellst du dir das vor? Das geht so nicht.«

»Ich weiß, dass es nicht einfach ist, hab's bei Angel und Santi mehrmals miterlebt. Ein paar Tage geht's dir schlecht, aber dann erholst du dich. Es ist eine Frage von Disziplin und Willensstärke, das ist alles.«

Ich schwieg. Paco hatte noch nie einen deftigen Entzug am eigenen Leib erlebt, er hatte gut reden. Er war vierzehn Jahre älter als ich und hatte sich, was den Drogenkonsum anging, besser im Griff. Er nahm zwar (fast) alle Drogen, aber mit Augenmaß. Nie wäre er auf die Idee gekommen, länger als zwei Tage nacheinander Heroin zu schnupfen. Er gehörte offensichtlich zu den Menschen, deren genetische Grundausstattung dafür sorgt, dass sie mit suchterzeugenden Drogen keine Risiken eingehen. Das bewahrte ihn zeitlebens vor dem Horror, den Geoffrey, Wacki, Mauricio,

---

* Spanisch: Pferd; als Metapher für Heroin verwendet

Richie, Roman, Angel und ich immer wieder durchmachten, wenn uns der Stoff ausging oder wir ohne Substitution einen kalten Entzug versuchten. Paco war übrigens nicht der Einzige unter meinen Freunden und Bekannten, der mit den harten Drogen umgehen konnte, auch Christine, TomTom, Hansi, Walter, Werinher, Dennis und Lisa gehörten zu den Gelegenheitskonsumenten, die einen ausreichenden Sicherheitsabstand einhielten, um irgendwann ganz auszusteigen. Zur Ausbildung einer Drogenabhängigkeit gehört ein Risiko-Gen, dessen Epiphänomen die Willensschwäche ist, welche die Betroffenen zur leichten Beute der Droge werden lässt. Dass der Kampf gegen die eigenen Gene keine einfache Sache ist, kann man nachvollziehen. Vermutlich unterliegen weitere riskante Verhaltensweisen dieser oder einer ähnlichen genetischen Disposition: Der Rausch der Geschwindigkeit, bestimmte sexuelle Manien und die Spielsucht zum Beispiel. Die genetische Disposition, die heute in der Suchtforschung als gesicherte Tatsache gilt, war damals noch Spekulation. Weder ich noch Paco hatten uns mit dem Phänomen Sucht näher beschäftigt, wir tappten naturwissenschaftlich im Dunkeln.

Paco glaubte also, die Therapie einer Suchterkrankung fuße auf der Willensstärke. Ich ahnte immerhin, dass der gute Wille allein diese Fessel nicht zu lösen vermag, welche weiteren Agenzien dazu nötig wären, das entzog sich allerdings meiner Kenntnis. Indes, Paco ließ nicht locker, als Freund fühlte er sich verpflichtet, mich aus den Krallen des Tigers zu befreien. Schließlich willigte ich ein, die fünf Gramm, die ich noch in der Tasche hatte, zu entsorgen, sobald wir am Ziel angekommen seien. Paco nahm dieses Zugeständnis erfreut zur Kenntnis.

Über die Busreise ist zu berichten, dass der Fahrer, ermutigt von einer beeindruckenden Sammlung an Reliquien, Blumengebinden und Buddha-Medaillen, die vorn über dem Armaturenbrett hingen, ein halsbrecherisches Tempo vorlegte. Da es sich um einen Überlandbus handelte, der nur in den größeren Ortschaften anhielt, bretterte er mit kaum reduzierter Geschwindigkeit durch Weiler und Marktflecken, wobei er Mensch und Tier mit der Fanfare von der Fahrbahn scheuchte, während die beiden Busbegleiter auf den Trittbrettern standen und die Signalhörner mit ihrem

Geschrei noch übertönten. Was immer sie den Anwohnern im Näherkommen zuriefen, es war ihre Show und die Jungs genossen sie. Meine Begleiter und ich waren froh, als wir bei der Stadt Chumphon endlich abbogen und den Isthmus überquerten. Der steile Anstieg in die Berge sorgte dafür, dass unser Fahrer in die kleineren Gänge schalten musste. Die Straße wand sich auf die vom Urwald überwucherte Bergkette, die das Chinesische Meer vom Indischen Ozean trennt, und der Bus kroch mühsam die Serpentinen hinauf. Die Fahrtbegleiter hatten aufgehört in den Wald hinein zu brüllen und Dörfer, die man mit der Fanfare hätte aufschrecken können, fanden sich im Gebirge ebenfalls kaum mehr.

In Phuket angekommen, erkundigten wir uns nach einer Bungalow-Anlage in Strandnähe und landeten in Patong-Beach, dem einzigen Strand, der damals über eine touristische Infrastruktur verfügte. Der Bungalow, den wir mieteten, lag direkt am Meer, ein Neubau mit Terrasse, zwei großen Zimmern und einem Bad mit Dusche und Toilette. Phuket wurde zu der Zeit gerade touristisch erschlossen. Wenige Wochen zuvor war der Flughafen Ranong eröffnet worden. Da es weder Hochhäuser noch Bettenburgen gab, waren Feriengäste noch Mangelware. Ebenso wenig hatten sich dort Coffee-Shops und Diskotheken etabliert, insofern war Phuket für die Dienerinnen der Liebe damals noch kein ergiebiges Revier. Was sich aber sehr bald ändern sollte.

Vor Pacos Augen kippte ich den Rest des Heroins ins Waschbecken. Ich erspare uns eine detaillierte Schilderung des Zustandes, in dem ich am ersten Morgen aufwachte, nicht etwa aus dem Schlaf, sondern aus dem nächtlichen Horror. Paco schickte mich mit Vicente ins Meer, aber ich brachte keine Kraft zum Schwimmen auf und wäre fast in den anrollenden Wellen ertrunken, hätte Vicente mich nicht herausgezogen. Beim Strandwandern, dem Paco so hohen therapeutischen Wert beigemessen hatte, taumelte ich hinter den beiden her wie ein Betrunkener. *Bref*: Paco jagte mich während der Tage in Phuket über einen wahren Folterparcours. Es ist nicht viel, an das ich mich aus den ersten Tagen erinnere: Auf der Rückfahrt von einem Restaurant zum Bungalow mit einem Pick-up-Taxi legte ich mich flach auf die Pritsche und wäre um ein Haar durch das Rütteln des Wagens auf der schlechten Straße von der

Ladefläche gerutscht und auf die Fahrbahn gefallen, hätte Vicente, der mit Paco vorn im Führerhaus saß, das Unglück im Rückspiegel nicht kommen sehen. Am dritten Tag buchten wir eine Bootsfahrt für Touristen zu einem Felsen im Meer, der einmal in einem James-Bond-Film eine Rolle gespielt hat. Daher der fantasievolle Name: James-Bond-Island. In einer Höhle, in die das Meer einen Durchbruch gewaschen hatte, rutschte ich aus und wäre fast zehn Meter tief gestürzt, hätte ein magerer Japaner mich nicht im letzten Moment beim Kragen gepackt und festgehalten. So wurden die ersten Tage in Phuket für mich zu einer einzigen Tortur. Doch ich hielt durch. Am vierten Tag ging es bergauf, ich begann mich tatsächlich zu erholen. Wir schwammen viel, wir wanderten auf Dschungelpfaden, wir faulenzten im warmen Sand.

Als ich mich nach einer Woche endlich besser fühlte, ließen wir uns auf eine Bootstour zu den vorgelagerten Inseln ein. Mit von der Partie waren außer dem einheimischen Kapitän und seinem Schiffsjungen ein Engländer namens Andy, zwei Franzosen und ihre aus Bangkok mitgebrachten Freundinnen. Starker Wind und hohe Wellen hielten uns davon ab, zu dem ursprünglich geplanten Eiland zu fahren. Mit jeder größeren Welle spritzte Wasser über den Bug und bald waren wir durchnässt. Der Kapitän schlug vor, in den Windschatten einer näher gelegenen Insel zu kommen und dort vor Anker zu gehen. Die Insel, die er nun ansteuerte, schien nicht bewohnt zu sein. Wir ankerten mitten in einer kleinen Bucht. Zum Strand hatten wir hundert Meter zu schwimmen, und da Vicente als Berufstaucher im Wasser der Fitteste von uns war, wickelte ich meine Kamera in eine Plastiktüte und bat ihn, sie an Land zu bringen. Der Kapitän kündigte an, in zwei Stunden das Essen fertig zu haben, zuvor müsse er allerdings noch die Fische fangen. Der Schiffsjunge warf die Angeln aus, während wir Gäste ins Wasser sprangen und zum Strand hinüber schwammen. Ausgerüstet mit Schnorchel, Brille und Flossen sah ich, dass unter uns, in fünf bis zehn Metern Tiefe, ein faszinierender Korallengarten lag. Ich beschloss, ihn später näher zu betrachten. Zunächst wollten wir die Insel erkunden.

Vom Boot aus hatte ich gesehen, dass sie etwa einen Kilometer lang und der Inselkamm etwa dreißig Meter hoch war, tropisch bewachsen und dass es diesseits zwei Strände gab. Um zu erkunden, wie das Inselchen auf der dem Wind zugewandten Seite aussah, kletterte ich den steilen Hang hinauf. Oben angekommen war es nicht einfach, zwischen all den Blättern und dem Geäst freie Sicht zu finden. Schließlich entdeckte ich einen Felsen, von dem aus man etwas sehen konnte: Vor mir breitete sich ein langer gelber Strand aus. Am jenseitigen Ende lagen zwei Einbäume im Sand, und unter den Palmen erkannte ich eine Hütte. Die Insel war also, entgegen der Vermutung unseres Kapitäns, doch bewohnt. Ich überlegte gerade, ob ich der Hütte einen Besuch abstatten sollte, als plötzlich direkt vor mir das Gebüsch in Bewegung geriet, und ein mageres Männchen vor mir stand. In der Hand hielt der alte Mann eine Machete. Da zunächst keiner von uns wusste, was er von dem anderen zu halten hatte, hob ich die Hände und faltete sie zu dem Gruß des Friedens, den ich bei den Buddhisten in Thailand beobachtet hatte. Damit wollte ich zum Ausdruck bringen: Ich bin zwar ein weißer Mann, aber nicht als Eroberer gekommen. Tatsächlich entspannte sich die Miene des Alten, und sein anfängliches Misstrauen wich einem freundlichen Grinsen. Er war barfuß. Als einziges Kleidungsstück trug er einen Sarong. Zur Sicherheit, um den Mann wissen zu lassen, dass ich nicht alleine sei, rief ich zum Strand hinunter, dass ich jemanden getroffen hätte.

»Frag ihn, ob er was zu kiffen dabei hat!«, war Pacos spontane Antwort. Ich leitete die Frage weiter. Durch Gesten machte ich dem Inselbewohner unser Anliegen verständlich, und er verstand. Er lachte und nickte und kam zu mir heran. Er ergriff meinen Arm und deutete auf die Uhr. In zwanzig Minuten wollte er zurück sein. Ich sollte ihn am Strand erwarten. Seine Worte verstand ich zwar nicht, aber sie klangen nach Gastfreundschaft und Kiffersolidarität. Dann drehte er sich um, und genauso schnell, wie er aufgetaucht war, verschwand er im Dschungel.

Als ich wieder bei den Gefährten am Strand war, saßen sie im Schatten der Palmen und unterhielten sich über die Mädchen der beiden Franzosen. Vicente bedauerte, dass er es nicht so arrangiert hatte wie sie, dass er nicht auf die Idee gekommen war, ein Mädchen nach Phuket mitzunehmen.

Nach etwa einer halben Stunde tauchten drei Jugendliche am Strand auf. Der Fischer hatte seine beiden Söhne und seine Tochter geschickt, die im Alter zwischen 14 und 17 gewesen sein dürften. Dass die Insel Besuch von Fremden erhielt, kam sicher nicht alle Tage vor, und so waren die Kinder ebenso neugierig wie aufgeregt. Leider konnten wir uns sprachlich nicht verständigen, denn der Dialekt, den sie sprachen, unterschied sich von dem Thailändischen, den die Mädchen der Franzosen sprachen. Die jungen Leute hatten eine Stofftasche dabei, in der sich ein Beil, ein Bong, ein Beutel mit Marihuana und eine Schachtel Zündhölzer befanden. Auf einem von den Wellen angeschwemmten Brettchen reinigte einer der Jungs das Gras, und als alle Samenkörner entfernt waren, zerkleinerte er mit der scharfen Schneide des Beils die Blüten und Blätter zu Feinschnitt. Dann hockten wir uns in einen Kreis und rauchten das Zeug in tiefen Zügen durch das wassergekühlte Bambusrohr. Wir kannten uns zwar nicht, aber alle hatten das Gefühl, eine Friedenspfeife zu schmauchen. Hier saßen wir also unter Palmen, auf einer namenlosen Insel im Indischen Ozean, zusammen mit drei jungen Menschen, deren Namen wir nicht kannten und mit denen wir uns sprachlich nicht verständigen konnten. Dennoch gelang es dem Mädchen – das übrigens ein scharlachrotes Kleid trug und damit der Tupfer Farbe am hellgelben Strand war – Paco klarzumachen, dass er ihr völlig bekifft vorkam. Erst deutete sie auf Pacos Kopf, dann hinauf zu den Kokosnüssen in den Palmwipfeln: Du bist so high wie die Nüsse im Wind! Alle hatten begriffen, und wir lachten vor Vergnügen über diese gelungene Kommunikation. Zur verabredeten Stunde rief der Kapitän per Megafon zum Essen. Unsere Inselfreunde verabschiedeten sich und machten sich gut gelaunt auf den Weg in ihr weiteres Leben. Auch wenn wir über die Insel und ihre Bewohner nicht viel in Erfahrung gebracht hatten, blieb mir diese Begegnung bis heute im Gedächtnis haften.

»Siehst du«, grinste Paco, nachdem die Kinder fort waren, »wären die Spanier seinerzeit mit solchen Bongs und gutem Gras in Südamerika an Land gegangen, statt mit Musketen und Schwertern, dann wären die Indianer heute unsere Brüder.« Und nach einer Weile fügte er hinzu: »Die Kraft der Friedenspfeife wird unterschätzt. Würden der Carter und der Breschnew ab und zu mal einen Joint durchziehen, dann wären wir in Sachen Abrüstung sicher schon weiter.«

Vicente, unser schwimmendes Taxi, brachte die Kamera wieder trocken an Bord. Ich hatte einen ganzen bekifften Film verknipst, immer das gleiche Motiv: Palmwipfel vor blauem Himmel... Paco reichte mir Taucherbrille und Schnorchel und wir stiegen ins Wasser. Es war tropisch warm. Der Wind war abgeflaut, das Meer in der Bucht kräuselte, und die Sonne blickte bis auf den Meeresboden hinab. Kaum war ich im Wasser und bewegte mich mit Flossenschlägen voran, erwartete mich ein beeindruckendes Naturerlebnis: Ich schwebte über Korallengärten, wie man sie sich bunter und artenreicher kaum vorstellen kann. Staunend trieben wir über diesem submarinen Garten Eden, blickten auf Fächerkorallen und Gewächse, die aussahen wie meterbreite Pizzateller. Andere erinnerten an Trompetenpilze aus Kalk, wieder andere an Farnwedel. In allen erdenklichen Farben leuchteten Schwämme und Astkorallen, Seesterne und Scheibenanemonen. Dazwischen trieben dicke faule Fische, während kleine braune Hin und Her flitzten, und aus Höhlen blickten hungrige Augen. Mit diamantenen Fingern griffen die Strahlen der Sonne in die Tiefe und brachten jede Kreatur zum Leuchten. Unter dem Einfluss der Droge, welche die Sinne sensibilisierte, wollte mir das alles unwirklich vorkommen. Mir war, als hätte ich so viel Anmut und Harmonie weder in der Natur, noch in der Kunst je beobachtet: Ein fast mystisches Erleben der Schöpfung. Als Paco und ich uns endlich sattgesehen hatten, kletterten wir an Bord.

»Hast du es gesehen?«, fragte er mich.

»Unbeschreiblich!«

»Jetzt verstehst du, weshalb ich Taucher wurde!«

Ich verstand.

Der geröstete Fisch schmeckte frisch, der Gemüsereis war scharf und lecker. Nach dem Mahl sprang ich ins Wasser und genoss noch einmal den Anblick der Korallen. Dann lichteten Vicente und der Schiffsjunge den Anker, und wir machten uns auf den Rückweg. Gegen Abend legte unser Boot am Landesteg in Phuket an. Am nächsten Tag fuhren wir im Taxi zum Flughafen, und wenig später saßen wir mit den Bildern des Korallengartens im Herzen im Flieger nach Bangkok. Innerhalb von fünf Tagen hatte ich das Gift ausgeschieden.

Das Geschäft mit den Chinesen wurde wieder professionell abgewickelt. Ich kaufte zwei Kilo für uns und ein halbes für Vicente, die größte Menge, die ich bis dahin je geordert hatte. Im Leihwagen transportierte ich den Stoff von Chonburi nach Bangkok. Hätte man mich mit diesem Paket unterwegs erwischt, wäre an dieser Stelle ein langes Kapitel »Bangkok Hilton« einzufügen. Erwähnenswert ist noch der Umstand, dass ich, um die Ware zu bezahlen, fast mein ganzes Geld hinblättern musste. Hätten mich die Bullen unterwegs angehalten, ich hätte ihnen nicht einmal ein Bakschisch zustecken können.

Zum Glück erübrigte sich das, denn alles verlief nach Plan. Wie sich herausstellte, hatte Paco das Versteck in der Tauchflasche optimal dimensioniert: Die zwei Kilo Pulver passten genau hinein. Jetzt galt es, keine Zeit mehr zu verlieren. Von dem Augenblick an, da wir den Stoff übernommen hatten, waren wir in Gefahr. Wir hatten also allen Grund, vorsichtig zu sein und so schnell wie möglich aus Thailand zu verschwinden. Unser Flieger sollte am nächsten Morgen abheben.

Vicente setzte sich in eine Maschine nach Europa. Er schaffte es, in Barcelona durch den Zoll zu kommen. Von seinem Profit kaufte er sich in Mallorca in eine Tauchschule ein, und, so wurde mir berichtet, arbeitete fortan als Tauchlehrer. Die Drogenexperimente gab er auf. Von den Thaimädchen träumte er sicher noch lange. Begegnet sind wir uns danach nicht mehr.

2.5 Hawaii

Auch unsere Ausreise über den Don Muang Airport verlief ohne Zwischenfall. Die Egypt-Air war pünktlich, und wir atmeten auf, als wir endlich über den Wolken waren. Der erste Stopp auf unserem Weg nach Tokyo hieß Manila. Beim Landeanflug blickte mein Freund nachdenklich aus dem Fenster. Im Stile eines Immobilienmaklers, der einen zufriedenen Blick auf kürzlich erworbenes Bauland wirft, deutete er nach draußen und sagte: »*Nuestra tierra*!« Unser Land ... Damit wollte er sagen, dass die Philippinen einmal spanische Kolonie gewesen waren, von Magellan 1520 entdeckt und für den Papst und König Carlos I. in Besitz genommen, bis die Amis die Spanier gegen Ende des 19. Jahrhunderts im Zuge des amerikanisch-spanischen Krieges von dort verjagten. Ich grinste, ob so viel postkolonialer Sentimentalität, vermied es aber, dazu einen Kommentar abzugeben. Im Laufe der Zeit stellte ich fest, dass Paco in seiner nationalen Tradition stärker verwurzelt war als ich in meiner. Er schätzte die spanische Kultur, die Sprache, die Musik. Dennoch träfe ich den Kern des Francisco »Paco« Carrillo nicht, würde ich ihn intellektuell durch die national getrübte Brille blicken lassen. Paco war zu klug und zu belesen, um sich von nationalistischen Visionen blenden zu lassen. Was seinen Geist am stärksten kennzeichnete, war sein skeptischer Blick in die Zukunft.

In Manila blieben wir im Flugzeug sitzen, denn der Aufenthalt dauerte nicht lange. Wir ließen uns von der Stewardess ein paar Gläser Cognac bringen und stießen mit »*Viva España*« an. Einen weiteren Zwischenstopp legten wir in Taipeh ein, ehe wir gen Japan abhoben.

Die Egypt-Air hatte damals nicht gerade den besten Ruf unter all den Fluglinien, die von Europa nach Fernost flogen, aber sie war eben die günstigste. Was die Innenausstattung der Maschinen anging, so hätte ihnen eine Generalüberholung nicht geschadet. Auch war die Verpflegung an Bord nicht mit der von Swissair oder Air France zu vergleichen. Die Stewardessen bemühten sich, sie waren freundlich. Die meisten Passagiere waren in Bangkok ausgestiegen, in der Mehrzahl allein reisende Männer, die für zwei

Wochen der Trostlosigkeit ihrer Ehebetten zu entkommen trachteten. So kam es, dass der Flieger auf dem letzten Teilstück der Reise nach Japan fast leer war.

Paco bat den Steward um einen Koran. Er hatte sich in die Suren vertieft, und als er aufblickte und mich amüsiert grinsen sah, meinte er: »Es könnte auch dir nicht schaden, wenn du mal nachlesen würdest, was Mohammed über Gott zu berichten weiß.«

Ich lachte und sagte: »Das hat Zeit bis zu unserer Reise nach Mekka.«

In Tokyo erlebten wir eine Überraschung. Sobald wir im Ankunftsgebäude dieses seinerzeit modernsten Flughafens der Welt unser Gepäck in Empfang genommen hatten, erfuhren wir, dass der Anschlussflug mit China Airlines nicht von Narita, sondern von Honeda aus in die USA ging. Und Honeda, das teilte uns eine freundliche Dame der Japan Airlines mit, sei der alte Flughafen und liege auf der anderen Seite der Stadt Tokyo. Mit dem Taxi benötigten wir, je nach Verkehrslage, eine bis anderthalb Stunden bis dorthin. Ein Blick auf die Uhr verriet, dass wir uns beeilen sollten. Ohne weitere Zeit zu verschwenden, passierten wir den Zoll (was nicht geplant war), verstauten unser umfangreiches Gepäck in ein Taxi und versuchten mit Gesten und aufdringlicher Zurede den des Englischen unkundigen Japaner zur Eile anzuhalten. Alles was ich verstand, war *»hai«*, und das bedeutet glaube ich »jawohl«, und nachdem er ein Dutzend Mal *»hai, hai«* gesagt hatte, tauchte er in ein Labyrinth aus Stadtautobahnen ein. Mal durchquerten wir einen Tunnel, mal ging es über eine Hochtrasse über ganze Wohnviertel hinweg. Wie ein Jockey sein Pferd, trieb ich den Fahrer zum Galopp an, flehte ihn an, das Letzte aus seinem Nissan herauszuholen, damit wir bloß diesen Flug nach Amerika nicht verpassten. Der Mann gab sein Bestes, aber Paco ließ sich nicht aus der Ruhe bringen. Mit touristischer Neugier schaute er aus dem Fenster, schließlich war auch er noch nie zuvor in Japan gewesen. Das Taxameter kletterte erschreckend schnell, gerade hatte es die 100.000 Yen-Marke überschritten.

»Wie viel sind eigentlich 100.000 Yen?«, wollte ich von Paco wissen.

»Woher soll ich das wissen? Bis vor einer Stunde hatte ich noch keine Ahnung, dass wir mit dem Taxi quer durch Tokyo müssten. Hast du überhaupt Yen?«

»Natürlich nicht, woher auch. Unsere Reisekasse ist ohnehin fast leer. Ich habe gerade noch 200 Dollar. Und sollten wir den Flug verpassen, sehen wir alt aus: Die nächste Maschine der China-Airlines nach Honolulu fliegt erst in drei Tagen«, erklärte ich ihm.

Wir hatten Glück, eine Menge Glück, um genau zu sein. Unser Chauffeur schaffte es, uns in etwas mehr als einer Stunde von Narita nach Honeda zu bringen. Zwanzig Minuten vor dem Abflug trafen wir ein. Ich sprang aus dem Wagen und spurtete in die Abflughalle, die leer und still war. Ganz am Ende der Halle lag der Bereich der China Airlines, wo zum Glück noch Licht brannte. Außer Atem erreichte ich den Schalter. In einem verglasten Büro sah ich, wie die Bodencrew entspannt plauderte, einige tranken Sekt. Schließlich kam eine freundliche Dame und fragte nach meinem Begehr. Ich drückte ihr unsere Tickets in die Hand. Gleichzeitig fixierte ich sie mit den Augen, als gelte es, die Frau zu hypnotisieren. Als sie sah, dass die Buchung den Jumbo betraf, dessen Check-in längst abgeschlossen war, und dass es sich bei uns um die Nachzügler handelte, die man zuvor dreimal ausgerufen hatte, lief sie zurück ins Büro, um den Chef zu fragen, ob sie uns noch abfertigen solle. Zum Glück war der Mann guter Laune, ein kurzer Blick zu mir herüber, und er forderte seine Truppe auf, an die Arbeit zu gehen. Unterdessen war Paco mit dem überladenen Gepäckwagen angekommen, was noch einmal eine kleine Diskussion unter den Chinesen auslöste. Aber dann packten alle mit an: Drei Männer etikettierten Reisetaschen und die Tauchflasche, die Dame am Schalter kümmerte sich um die Bordkarten, ich sauste zur Wechselstube, um die letzten Dollarscheine in Yen zu tauschen, denn unser Chauffeur wartete noch auf seine Gage. Eine Flughafen-Steuer war auch fällig. Das Taxi machte 160.000, die Airport-Tax je 20.000 Yen, und als wir schließlich im Laufschritt unterwegs zum Flugzeug waren, hatten wir zusammen noch fünfzig Dollar in der Tasche.

Kaum dass wir die Sicherheitskontrolle passiert hatten, wurden die Türen der 747 verriegelt. Wir nahmen auf den reservierten Sitzen in der Touristenklasse Platz, und während ich die Augen zu einer autogenen Entspannung geschlossen hielt, spürte ich, wie der Vogel aus der Parkposition geschleppt wurde. Kurz darauf rasten wir, vom gewaltigen Schub der vier Turbinen beschleunigt, in einem chinesischen Flugzeug mit Ziel Amerika die Startbahn entlang. Nach dem Take-Off lag Japan unter uns und vor uns der Pazifische Ozean.

Irgendwo auf dem Weg nach Hawaii überflogen wir die internationale Datumsgrenze, das heißt, wir fingen den Tag noch einmal von vorne an: Am 20. November abends waren wir in Tokyo abgeflogen, und am 20. November frühmorgens landeten wir auf dem Flughafen von Honolulu. Ein Landeanflug auf Honolulu bei gutem Wetter (das Wetter um Hawaii herum ist fast immer gut) gehört zu den unvergessenen Reiseerlebnissen: Im Hintergrund die Vulkane der großen Inseln Maui und Hawaii, Haleakala und der schneegekrönte Mauna Kea; im Mittelgrund die von Tälern zerfurchte Insel Oahu mit der Hauptstadt Honolulu und dem Diamond Head, einem erloschenen Vulkan, der sich gleich hinter dem Waikiki-Strand erhebt; unter uns der tiefblaue Ozean, der zum Strand hin ins Türkis wechselt und sich mit dem letzten Anschwellen der Dünung als schäumende Brandung auf die Insel stürzt. Es dürfte noch heute derselbe Anblick sein, den auch die japanischen Piloten bei ihrem legendären Angriff auf Pearl Harbor im Dezember 1941 hatten, denn der Honolulu International Airport liegt in direkter Nachbarschaft des Marinehafens. Die Landebahn lag auf einer Aufschüttung im Meer, man hatte den Eindruck, der riesige Vogel würde auf dem Wasser landen. Als wir über die Andockbrücke, von den chinesischen Stewardessen charmant verabschiedet, das Flughafengebäude betraten, wurden uns zu unserer Überraschung von jungen Hawaiianerinnen Blumengirlanden umgehängt. Das »Aloha«, mit dem sie uns begrüßten, sollten wir in den folgenden Wochen noch oft hören.

Hawaii also. Die Inselgruppe wurde irgendwann zwischen 200 und 800 n. Chr. von Polynesiern besiedelt. Der erste Europäer, der sie 1778 entdeckte war James Cook, der sich aber scheinbar nicht gentlemanlike benahm und daher von erbosten Hawaiianern erschlagen wurde. Im Jahr 1820 tauchten die ersten Walfänger und kurz darauf christliche Missionare auf den Inseln auf. 1898 annektierten die USA das Königreich Hawaii, nachdem sie ein paar Jahre zuvor die letzte Königin Liliuokalani gestürzt hatten. 1959 schließlich wurden die Inseln als 50. Bundesstaat in die Vereinigten Staaten von Amerika aufgenommen. Durch Zuwanderung von Asien, Europa und dem amerikanischen Festland waren die Einheimischen bald eine Minderheit. Wen die Geschichte Hawaiis interessiert, dem sei James A. Michener empfohlen, der in seinem Roman »Hawaii« anschaulich und spannend beschreibt, wie sich die Entwicklung von der Entstehung der Inseln bis zum Beitritt zu den USA vollzogen hat.

Heute gilt Hawaii als Traumziel amerikanischer Biedermänner, Mallorca im Pazifik. Honolulu, phonetisch ebenbürtig mit Maracaibo, Surabaya oder Sansibar. Aber Paco und ich waren keine Touristen, wir standen vor der vielleicht wichtigsten halben Stunde dieser Reise, in der es uns gelingen musste, die Tauchflasche mit dem Rauschgift am Zoll vorbei zu schmuggeln. Mit uns ergossen sich die übrigen 400 Passagiere, die mit China Airlines angekommen waren, in das Terminal, wo, einem Supermarkt ähnlich, an dreißig Abfertigungsbändern Zollbeamte auf die ankommenden Reisenden und ihr Gepäck warteten. Wir hatten vereinbart, dass wir von dem Moment an, da wir die Ankunftshalle betraten, nicht mehr miteinander sprechen wollten, und dass es, sollte es dennoch notwendig werden, diskret geschehen müsse. Der Schmuggel war Pacos Aufgabe, das Risiko lag jetzt für ein paar Minuten ganz bei ihm. Nicht auszudenken, wie unser beider Leben verliefe, sollte man Paco mit dem Heroin erwischen. Seine Zukunft würde sich in Gefängnissen abspielen, finanziell wären wir beide ruiniert, ich würde den besten Anwalt der Inseln finden müssen und unter erhöhtem Risiko dafür Sorge tragen, dass es irgendwie weiterginge. Ich hoffte, dass Plan B nicht bemüht werden müsste.

Ich schlenderte durch die Ankunftshalle, hielt mich im Hintergrund und beteiligte mich an der Einschätzung der zwei Dutzend Zöllnerinnen und Zöllner, die in ihren blauen Uniformen hinter den staatlichen Wühltischen standen, auf denen sie das Gepäck kontrollierten. Ich sah, dass das Gebäude von Kameras überwacht wurde, und vermutete einen Stab von psychologisch geschulten Zoll-Füchsen vor Monitoren, die die ankommenden Reisenden genau betrachteten, um ihren Kollegen in der Halle im Verdachtsfall Hinweise zu geben.

Paco und ich hatten wiederholt darüber nachgedacht, wie wir die Kontrolle beeinflussen könnten. Schließlich war dies nicht das erste Mal, dass einer von uns mit Drogen im Gegenwert einer zweistelligen Gefängnisstrafe im Gepäck dem Zollbeamten erklärte: »Nein, ich habe nichts zu verzollen.« Ein kleiner Vorteil lag darin, dass wir es uns selbst aussuchen konnten, bei welchem der Zöllner Paco sich in die Reihe stellte. Und da waren wir uns einig: Ein älterer, abgeklärter Zöllner war einem jungen, karrieregeilen vorzuziehen; ein Mann in jedem Fall einer Frau. Frauen, darin waren wir uns ebenfalls einig, schätzten wir in puncto Arbeitseifer und psychologischer Intelligenz als hohen Risikofaktor ein. Schließlich fanden wir, dass ein Schwarzer seinen Job gelassener anging als ein Weißer. Der Zöllner, auf den wir uns schließlich einigten, war ein beleibter älterer schwarzer Mann, bei dem sich Paco in die Schlange stellte. Ich reihte mich nebenan ein, zufällig bei einer unausgeschlafen aussehenden Frau mittleren Alters. Da ich nichts schmuggelte, hatte ich auch nichts zu befürchten. Notfalls, so hatte ich es mir ausgerechnet, könnte ich einen kleinen Skandal verursachen, indem ich mich etwa lautstark über das würdelose Eindringen des Staates in meine Privatsphäre beschwerte oder sonst einen Streit mit der Zöllnerin vom Zaun bräche, um so die allgemeine Aufmerksamkeit auf mich zu ziehen, was wiederum Pacos Chancen erhöhen sollte, unbehelligt durchzukommen. Paco schlug mir vor, es mit einem plumpen Flirt mit der Zöllnerin zu versuchen, was mir mit hoher Wahrscheinlichkeit deren Missmut einträge (»Sie sehen aber heute gut aus!«). Lehrsatz aus dem Kapitel psychologische Strategien.

Langsam rückten wir vor und näherten uns der Kontrolle. Mein Gepäck wurde erwartungsgemäß ein wenig gründlicher durchsucht. Unterdessen kriegte ich mit, wie sich am Nebentisch Paco mit dem Beamten über Vietnam unterhielt, das in der Biografie des Mannes offenbar einmal eine Rolle gespielt hatte, und da vermutete ich, ein Vietnamveteran, der sich an seinen Einsatz als *Marine* im Dschungel erinnert, konnte alles was danach kam, nicht mehr sonderlich ernst nehmen. Länger als üblich blieb Paco bei dem Mann stehen, sie lachten, und am Ende hieß ihn der Nachkomme von Sklaven, die womöglich gar auf einem spanischen Schiff nach Amerika verschleppt worden waren, herzlich und per Handschlag willkommen.

Wir trafen uns vor dem Terminal, immer noch vorsichtig im Umgang miteinander, denn den verschlagenen Charakter von Uncle Sam und seinen Spitzeln sollte man nie unterschätzen. Mehr als einmal waren Schmuggler vor dem Flughafen ertappt worden, nachdem sie den Zoll schon passiert hatten und sich in Sicherheit wähnten.

Es war warm, in den Kronen der Bäume tschilpten Vögel, und über dem Blattwerk lag ein wolkenloser Himmel, der zu sagen schien: Aloha auf Hawaii!

Ein Taxi fuhr vor, eine amerikanische Familienkutsche, außen goldfarben, innen weißes Kunstleder, der ein drahtiges altes Männlein entstieg. Als er uns nach dem Ziel fragte, waren wir dabei, unser verbliebenes Geld zu zählen. Es waren noch dreiundvierzig Dollar, nicht gerade viel für zwei Europäer bei der Ankunft in den USA. Weder Paco noch mir hatten die Banken daheim Kreditkarten anvertraut. Der Taxifahrer kannte ein billiges Hotel in der zweiten Häuserreihe hinter dem Strandboulevard von Honolulu, wo wir ein Doppelzimmer für vierzig Dollar fanden. Mehr als einen Tag konnten wir nicht bezahlen, und in der amerikanischen Gastronomie ist Vorkasse üblich. Die Lösung unserer akuten Geldknappheit lag bei Lisa, Martina und Dennis, die, sollte alles planmäßig verlaufen sein, am folgenden Morgen zu uns stoßen wollten. Vor einer Woche waren sie von Frankfurt aus nach New York geflogen, aber seither hatten wir keinen Kontakt mehr. Sollte sich auf ihrer Reise durch die USA etwas verzögert haben, wäre unser Improvisationstalent gefragt. Vorerst blieb uns nichts anderes übrig, als zu warten. Nachdem wir uns erfrischt hatten, machten wir einen Spaziergang hinunter zum berühmten Strand von Waikiki. Paco baggerte halbherzig an einer Puertoricanerin herum und leierte ihr immerhin einen Joint aus der Tasche. Dann hockten wir uns in den Sand und sahen den Surfern zu, die in den für hawaiianische Verhältnisse kleinen Wellen vor dem Strand eine Show für die Touristen gaben. Hinter uns lagen die Berge von Oahu und die Stadt Honolulu. Vor uns der Strand und das Meer. Über uns der Himmel und der Wind: Amerika fühlte sich gut an auf Hawaii.

Am nächsten Morgen legten wir die letzten Münzen zusammen und nahmen ein Taxi zum Flughafen, wo wir hofften, unsere Freunde zu treffen. Tatsächlich trafen sie pünktlich mit der ersten Maschine der United Airlines ein. Wir fielen uns in die Arme, wir küssten uns, und wir waren glücklich. Paco und ich waren von Europa aus nach Osten, Dennis, Martina und Lisa nach Westen geflogen. Und auf der anderen Seite der Erde, zwölf Zeitzonen von zuhause, sahen wir uns wieder. Eine reiselogistische Punktlandung, an deren Gelingen ich bis zuletzt leise Zweifel gehabt hatte. Wir waren wirklich beeindruckt!

Als sie in Honolulu eintrafen, waren unsere Freunde Martina und Dennis schon ineinander verliebt. Auf mich machten sie den Eindruck, als seien sie seit Jahren verheiratet. Am Nachmittag desselben Tages, es war der 21. November 1978, flogen wir weiter nach Maui. Die Fluggesellschaft nannte sich Aloha-Airlines, und als die Flugbegleiterin während des Zwanzig-Minuten-Fluges Eis am Stiel an die Passagiere verteilte, da fragte sie mit der unschuldigsten Miene: »*Nuts or bananas?*«*

Am Flugplatz von Maui mieteten wir einen Ami-Schlitten, in dem fünf Erwachsene und ein Dutzend Koffer, Reisetaschen und die Tauchausrüstung Platz fanden. Unser Ziel war La Haina, ein Ort, den Mauricio in seinen Briefen mehrmals erwähnt hatte. Wir quartierten uns im erstbesten Hotel ein, dann machte ich mich auf die Suche nach meinem Freund, der vor einigen Monaten Deutschland aus therapeutischen Gründen den Rücken gekehrt hatte. Er hatte früher als ich erkannt, dass er heroinabhängig war, und dass er besser heute als morgen mit dem Gegensteuern beginnen sollte. Daher hatte er sich im Frühjahr 1978 entschlossen, nach Hawaii zu

---

* im Amerikanischen mit den Doppelbedeutungen »verrückt« und »bekloppt«

fliegen, wo er sich von der Sucht zu befreien gedachte. Und das war ihm gelungen. Leider hatte er mir immer bloß ein Postfach als Adresse angegeben, wenn er aus Maui geschrieben hatte, sodass wir ihn auf der Insel erst finden mussten.

Zum Glück gab es in den Briefen ein paar Anhaltspunkte. Mauricio hatte geschrieben, dass er oft mit seinem Freund Eric auf dessen Segelboot zum Beobachten der Wale aufs Meer hinaus fahre. Seinen Lebensunterhalt verdiente er am Strand von Makena, wo er sich zusammen mit einer schönen Hawaiianerin unter die Touristen mischte. Insbesondere allein reisenden Männern drückte er seine Hula-Braut in die Arme, hängte ihnen eine Blumengirlande um den Hals und knipste die »Urlaubsverliebten« mit seiner Polaroidkamera. Für das Bild knöpfte er den Touristen fünf Dollar ab, und wenn er zwanzig Fotos geschossen hatte, war das Tagespensum geschafft, und er gab dem Mädchen seinen Lohn. Dann segelte er mit Eric hinaus.

Um Mauricio zu finden, steuerte ich also den nächsten Yachthafen an. Von La Haina herkommend war das Waimea. Dort sah ich einen Mann mit farbverschmierten Klamotten, der dabei war, ein Boot zu streichen. Ich fragte nach Eric, und er deutete auf ein Segelschiff ein paar Liegeplätze weiter. Tatsächlich traf ich einen Mann auf dem Schiff an, und es stellte sich heraus, dass er der Gesuchte war. Eric sagte mir, dass Mauricio am Abend bei ihm und seiner Frau Debbie zum Essen erwartet werde. Man mag sich das Gesicht meines Freundes vorstellen, als er die Küche betrat und mich dort erblickte. Eric und Mauricio halfen uns in den folgenden Tagen, eine Unterkunft zu finden. Sie stellten uns einer Menge Leuten vor, und es dauerte nicht lange, bis wir uns an die Insel und die Insulaner gewöhnt hatten. Wobei die Ur-Hawaiianer längst eine Minderheit darstellten: Fast die Hälfte der Einwohner waren Asiaten, ein Viertel weiße Amerikaner. Unser angemietetes »Studio« lag in Kula, auf einer Höhe von 600 Metern, was, wie sich herausstellte, einer der Vorteile von Hawaii war: Man konnte den Wohnort vom Strand bis hinauf zu einer Höhe von 2000 Meter auswählen, je nach individueller Verträglichkeit. Zur Fortbewegung mieteten wir zwei identische Käfer-Cabrios, mit denen wir die Insel erkundeten.

Mauricio war begeistert, als ich ihm von dem *Playboy*-Auftrag erzählte. Schöne Frauen zu umgarnen, war von jeher eine seiner Lieblingsbeschäftigungen, und ihm fielen auf Anhieb einige Mädchen ein, die seiner Ansicht nach eine gute Figur vor der Kamera abgäben. Ich bat ihn, mich mit diesen Damen bekannt zu machen, und nach weiteren zu suchen. Je größer die Auswahl, umso besser!

Sobald wir uns auf Maui eingenistet hatten, buchten Paco und ich den Weiterflug nach San Francisco, schließlich schleppten wir die heiße Ware die ganze Zeit mit uns herum. Lisa, Dennis und Martina blieben auf der Insel, und Mauricio erbot sich, ihnen alles Sehenswerte zu zeigen.

In San Francisco setzte ich meinen Fuß zum ersten Mal auf amerikanisches Festland. Man kann Nordamerika durch keine schönere Pforte betreten als durch die San Francisco Bay Area. Schon der Blick aus der Luft beim Landeanflug war gigantisch: Die Bucht von San Francisco, die von der Golden Gate Bridge überspannt wird; die Felseninsel Alcatraz mit dem berüchtigten Zuchthaus; die Städte Sausalito, San Rafael, Richmond, Berkeley, Oakland, San José und Palo Alto, die sich am Ufer der Bucht aufreihen. Jenseits der Golden Gate erhebt sich der Mount Tamalpais, der höchste Berg im angrenzenden Marin County, welches von vielen Amerikanern als das landschaftlich reizvollste in Kalifornien bezeichnet wird.

Ehe wir Hunter zu Hause besuchten, checkten wir in ein Hotel in der Market-Street ein. Schließlich hatten wir eine wertvolle Tauchflasche im Gepäck, die wir sicher deponieren wollten. Paco öffnete sie und entnahm ihr zwei 500-Gramm-Beutel. Den Rest ließen wir vorerst im Versteck. Die wieder verschlossene Flasche brachte ich zur Gepäckaufbewahrung an den Busbahnhof, wo sie so lange liegen sollte, bis unser Geschäftspartner die erste Hälfte des Stoffes würde verkauft haben.

Ich telefonierte mit Hunter und kündigte unseren Besuch an. Er lebte mit Frau und Tochter in einem Reihenhaus im Haight-Ashbury Distrikt. In der Gegend, in der vor elf Jahren der *Summer of Love* ausgerufen worden war, wo sich die Hippie-Bewegung zusammengefunden hatte, von wo aus Ken Kesey und die *Merry Pranksters* mit ihrem psychedelischen Hippie-Bus »Further« quer durch die

USA aufgebrochen waren. Von all dem war nichts mehr zu sehen, als wir dort eintrafen, aber es lag Zeitgeschichte in der Luft, was wir fühlten, was uns zuversichtlich machte.

Den Verkauf der Ware betreffend, rechnete Hunter mit einem Monat, er wollte uns allerdings schon in ein paar Tagen einen Abschlag zahlen. Wir waren also gezwungen, erst einmal in der Stadt zu bleiben, ehe wir zurück nach Maui fliegen konnten. Am Broadway entdeckten wir ein Plakat, welches für den Abend im Winterland ein Konzert von Jorge Santana ankündigte, den Paco während seines ersten Aufenthaltes in der Stadt kennengelernt hatte.

Wir gingen hin. Die Halle war zwar nicht ausverkauft, aber die Stimmung war ausgelassen. Nach der Zugabe schaffte Paco es irgendwie hinter die Bühne, und Jorge freute sich, ihn wiederzusehen. Wir verabredeten uns für den nächsten Tag zum Lunch in einem Restaurant an der Uferpromenade von Sausalito, wo er uns von den Schwierigkeiten erzählte, aus dem Schatten seines großen Bruders Carlos zu treten.

Später statteten wir dem Italiener einen Besuch ab, der Paco bei seiner ersten Reise einen Job gegeben hatte. Einige Abende verbrachten wir in der Bar »Henry Africa's« an der Van Ness Avenue, wo es ein Leichtes war, interessante Gespräche mit polyglotten Menschen zu führen.

Wir blieben in Frisco, bis Hunter die ersten Deals abgewickelt hatte, und er uns einen Abschlag von 40.000 Dollar zahlen konnte. Damit kehrten wir zurück nach Maui, wo wir einen Monat Urlaub machen wollten.

Finanziell ohne Sorgen begannen wir nun, die Insel zu erkunden. Inzwischen war auch die Liebesgeschichte zwischen Martina und Dennis in die Gänge gekommen, und die Stimmung war gut. Wir mieteten zwei Häuser: Eines in Makena am Meer, zu dem ein privater kleiner Strand gehörte; das andere lag in einem Ort namens Olinda, auf halber Höhe des Vulkans Haleakala, der 3000 Meter hoch in den Himmel ragt. Dort herrschen nachts, im Gegensatz zu dem Haus am Strand, angenehm kühle Temperaturen. In Makena hielten wir uns meist tagsüber auf, nach Olinda fuhren wir zum Schlafen. Eric brachte ein zehn Meter langes Fischnetz mit, welches wir in einer Tiefe von sechs Metern an einem Felsen befestigten und in der Mitte der Bucht an einen im Meeresboden verankerten Eisenstab knoteten. Jeden Morgen vor Sonnenaufgang musste einer von uns hinab tauchen und die über Nacht gefangene Beute einsammeln. Auf diese Weise hatten wir täglich frischen Fisch, *red snapper* und *king-cod,* um die zu nennen, die uns gegrillt am besten schmeckten. Nach und nach stellte uns Mauricio seine Freunde vor, unter denen neben Debbie und Eric vor allem Lisa Stone und ihr Sohn Kua, sowie Elsa Neff und Lila Sexton zu nennen sind. Und weil wir ja nicht so sehr auf den Dollar schauen mussten, und weil es auf Hawaii wunderschön gelegene Wasserfälle gibt, und weil auf der Wiese neben dem in der Nähe unseres Strandhauses gelegenen Luxushotels immer ein Helikopter auf Kunden wartete, ließen wir uns des Öfteren zu den schönen Orten fliegen, statt die Autos zu nehmen.

Während Paco und ich auf dem Festland gewesen waren, hatte Mauricio die Kunde verbreitet, dass ein Fotograf auf den Inseln sei, der im Auftrag des Playboy nach den schönsten Frauen von Hawaii Ausschau halte. Und welches Mädchen wollte da nicht dazugehören! Nachdem sich das herumgesprochen hatte, meldeten sich drei Dutzend junge Damen für Probeaufnahmen, von denen ich mit der Hälfte einen Termin vereinbarte. Wir luden sie zunächst zu uns nach Hause zum Essen ein, zuweilen dazu, einen Nachmittag mit uns am Strand zu verbringen. Ich wollte sie ein wenig kennenlernen, gegenseitiges Vertrauen schaffen, denn schließlich handelte es sich um einheimische Mädels, die noch nie nackt vor einer Kamera posiert hatten. Eine entspannte Atmosphäre konnte den Fotos nur guttun. So ließ ich mir Zeit, und es dauerte zwei Wochen, bis wir endlich mit den Aufnahmen begannen.

Bis dahin hatte Mauricio mir einige der besten Örtlichkeiten gezeigt: An Stränden mit weißem, rotem und schwarzem Sand, in Lavafeldern, vor Wasserfällen und im Bambuswald. Maui hatte eine Menge an Hintergrundmotiven zu bieten.

Wir genossen Hawaii in vollen Zügen. Ich hatte gehört, dass man das Surfen auf Wellenbrettern erlernen könne, aber als ich zum ersten Mal an der Küstenstraße oberhalb von Hokipa Beach anhielt, um den Surfern zuzusehen, erkannte ich gleich, dass ich dabei wohl die Rolle des Zuschauers behalten würde. Die Wellen waren höher als alles, was ich bis dahin in Agadir und Goa gesehen hatte, die Felsen, in denen sie sich brachen, bedrohlicher, und über den Appetit der Haie, die sich in den Gewässern um Hawaii tummeln, konnte man bloß spekulieren. Aber es gab erhöht gelegene Parkplätze an der Küste, von wo aus man die Surfer gut beobachten konnte, wo wir das Autoradio aufdrehten (auf Maui gab es eine hervorragende Radiostation) und mit dem Bewusstsein, es geschafft zu haben, einen Reefer rauchten. Das auf der Insel angebaute Marihuana (hawaiianisch: *pacalolo*, welch nobel klingender Name!) wurde unter dem Namen »Maui-Wowie« vermarktet, und es gehörte zu den potentesten Züchtungen seiner Zeit, lange bevor Biochemiker in Holland ihr Killergras gezüchtet hatten. Das beste Gras von Maui wuchs auf dem nördlich gelegenen Hochplateau des Vulkans in einer Höhe von 2000 Metern, wo Regen und tropische Sonne sich wachstumsbegünstigend abwechselten. Die Abenteurer, die es anpflanzten, hielten sich eine Koppel Labrador-Hunde, von denen jeder bis zu zehn Kilo Dünger auf den Berg tragen konnte. Außerdem wuchsen die Pflanzen einzeln, zwischen tropischen Farnen und Büschen versteckt, sodass es für die Pflanzer schwer war, sie überhaupt wiederzufinden. Aber auch das besorgten die Hunde. Mit ihren feinen Nasen spürten sie jeden Hanfbusch auf. Die Pflanzen wurden individuell gehegt und gedüngt, und nach der Ernte wurden sogar die Blütenstände manikürt. In manch einer Küche auf Maui saßen Frauen und Mädchen beisammen, den Tisch gehäuft mit Blüten, von denen sie mit kleinen Scheren die überflüssigen Blätter abzwackten. Ein gut entlohnter Nebenjob. Es duftete dort nach einer Mischung aus frischem Heu, Vanille und Minze. Ein *pacalolo-reefer* zum Frühstück, und der Tag war gelaufen. Mehr als einmal ließen Martina, Lisa und ich uns von Mauricio oder Paco zu einem solchen Maui-Breakfast überreden: Milchkaffee, Papaya mit Zitrone, Maui-Wowie. Danach wurden dann alle Pläne storniert, und für den Rest des Vormittags war man fahruntüchtig und zuweilen nicht einmal mehr in der Lage, ein Telefongespräch zu führen. Dafür erschien einem das Wasser eine Spur nasser und der Reggae von Bob Marley *really kinky*. Das

Zeug hatte psychedelische Qualität, erst recht, als Dennis auf die Idee kam, im Dschungel eine Bambusstange zu schlagen und daraus einen Bong zu bauen. Rauchte man das Hawaii-Gras mit dem wassergekühlten Bong, war man in dreißig Sekunden von null auf hundert. Was harmlos mit einem albernen Grinsen begann, endete zuweilen in einem Stupor, ein Zustand, in dem einem die Fähigkeit zur Kommunikation stundenlang abhandenkommen konnte. Aber wir lernten dazu. Schon bald kannte jeder die Dosis, die ihm zuträglich war, und fortan kifften wir mit Maß.

Nach einer Woche verabschiedete sich Paco für zehn Tage nach Europa. Er hatte bei seinem Freund Enrico in Lohr am Main Schulden, und bestand darauf, diese persönlich zu begleichen. Als er nach ein paar Tagen zurückkehrte, über die Polarroute via Island und Alaska, brachte er eisgekühlten Kaviar und Seelachs mit, den er Stunden zuvor im Duty-Free-Shop in Reykjavik gekauft hatte. Die Szene, die es zu beschreiben gilt: Zu sechst saßen wir unter Palmen am Gestade des Pazifischen Ozeans, Martina und Dennis, Lisa und ich, Paco und Mauricio, aßen Tost zu Kaviar und träufelten Limone auf frischen Lachs. Wie man sieht, war der Weg vom Hippie zum Bohémien oder gar zum Snob nicht weit. Die Frage: Hat ein kurzzeitig vom Schicksal begünstigter Mensch das Recht, sich in Hawaii den Bauch mit Luxusproteinen vollzuschlagen, während anderenorts Kinder sterben, weil sie zu wenig Hirsebrei bekommen? Dieses Problem musste vorerst auf Wiedervorlage gelegt werden. Paco meinte, es sei nun mal Fakt, dass die Schöpfung das gescheiterte Projekt eines Gottes sei, der am sechsten Tag, als er Adam und Eva erschuf, den Durchblick verloren habe. Immerhin waren wir uns einig, dass er am siebenten Tag, dem Tag der Ruhe, keinen Fehler gemacht hatte. Wir erklärten den Sonntag zum Bong-Tag und wandten uns wieder weltlichen Themen zu.

Irgendwann Anfang Dezember waren wir zu einer Party bei einer Freundin Mauricios eingeladen. Lisa Stone lebte mit ihrem damals fünfjährigen Sohn Kua in Kula, einem Ort am Westhang des Vulkans, bekannt für das gute Gemüse, das dort wächst, und mit dem praktisch die ganze Insel versorgt wurde. Auf Lisas Anwesen standen zwei Häuser, die auf etwa tausend Meter Höhe in sanft abfallenden Wiesen errichtet worden waren. Der Blick von da oben war spektakulär: Tief unten die von Zuckerrohr bewachsene Ebene von Puunene, dahinter die West Maui Mountains, und das alles umgeben vom tiefblauen Pazifik, in dem sich vor den Felsen des fast versunkenen Vulkans Molokini die Buckelwale wälzten. Vor dem Horizont, der in der Ferne mit dem Himmel verschmolz, ragten die Inseln Kaho'olawe und Lanai aus dem Meer, und am Abend während des Sonnenuntergangs gehörte die Terrasse des Hauses von Lisa Stone mit zu den schönsten Aussichtspunkten der Welt! Die Fete war in vollem Gange, als Paco und ich in einem ausgeleierten Sofa auf eben jener Terrasse Platz nahmen, um uns die untergehende Sonne anzusehen. Wir saßen noch nicht lange, da ging die Schiebetür auf, und zwei Dreikäsehoch kamen aus dem Haus. Beide trugen einen blonden Schopf, und sie besprachen gerade Dinge von metaphysischer Relevanz.

»Was? Du weißt nicht, was Ewigkeit bedeutet?«, hörte ich einen der Knirpse fragen. »Das kann ich dir sagen: *Eternity means forever and ever and ever …*«

Mit den letzten Worten waren sie die Treppe hinunter und im hohen Gras verschwunden. Paco und ich grinsten uns an. Als die westliche Sonne sich tiefrot gen Osten verneigt hatte und verschwand, gingen wir wieder ins Haus, um uns nach den kleinen Philosophen zu erkundigen. Der eine war Kua, der Sohn der Gastgeberin Lisa, sein Kamerad hieß Tom. Gleich nachdem Mauricio uns der Dame des Hauses vorgestellt hatte, knipste ich ein Foto von ihr: Lisa Stone, eine Frau von 30 Jahren, barfüßig im Schneidersitz auf dem Teppich, die Falten des weißen Velourskleides ihren schlanken Leib umfließend, der nach oben gerichtete Blick neugierig und fest, die rechte Hand am Saum des Kleides, gerade so viel sonnenbraunes Bein freigebend, dass es keinem Mann und erst recht nicht dem Fotografen verborgen bleiben konnte. Zuweilen begegnen Männer Frauen und Frauen Männern und vom ersten Blickkontakt an entsteht eine erotische Spannung. Lisa Stone war so ein Fall: Am liebsten hätte ich sie auf Händen hinaus ins hohe Gras getragen, sie geküsst, ihr das schöne Kleid abgestreift und sie liebkost, bis der Vulkan, auf dessen Flanke sich die Szene abspielte, zu rumoren begänne. Welche Anmut!

Unterdessen kosteten Dennis und Martina die Flitterwochen aus. Sie blieben viel unter sich. Paco und Mauricio flirteten mit den Fotomodellen, und in dem einen oder anderen Fall hatten sie auch Erfolg. Brenda, die ursprünglich aus Tahiti stammte, ließ sich am lichten Tag von Mauricio auf unserem Sofa verführen, während Paco bei Lila ein paar Tage benötigte, bis sie ihm erlaubte, zu ihr ins Baumhaus zu klettern.

Überhaupt, die Architektur: Es gab Häuser, die klebten wie Nester von Schwalben in den Felsen neben den Wasserfällen, andere ruhten wie Horste in den Astgabeln dicker Tropenbäume, wieder andere hatten Dächer aus Glas, sodass man im Bett liegend die Sterne betrachten konnte. Der Fantasie waren keine Grenzen gesetzt: Es gab Häuser wie Höhlen, bebaute Brücken über Bächen, von Rinnsalen gespeiste Badepools, Baumhütten, die nur über Strickleitern zu erreichen waren und geodätische Glaskugeln, in denen es praktisch keine Privatsphäre gab. Die meisten vom Festland nach Maui emigrierten Amerikaner lebten zurückgezogen. Verstreut lagen ihre Häuser auf den Hängen des Haleakala. Fast alle hatten in der Nähe der Häuser ein Jacuzzi oder eine Heißwasserwanne stehen. Den Begriff Baugenehmigung kannte man dort offenbar nicht, und ich bekam eine Ahnung davon, wie viel Kreativität einer fantasievollen Baufrau in Deutschland von den Bürokraten der Bauämter abgewürgt wird. Hawaii und Kalifornien, wie ich später noch sehen sollte, sind Paradiese für experimentierfreudige Hobby-Architekten.

Ab und zu machten Lisa und ich einen Ausflug, um die Insel zu erkunden: Im Helikopter eroberten wir den erloschenen Vulkan. Unvergesslich, wie wir die dreitausend Meter bis zum Kraterrand kletterten und anschließend über der Caldera des mehr als zwanzig Kilometer durchmessenden Kraters schwebten. Während ich »unvergesslich« schreibe, ahne ich, dass das meiste mit den Jahren dennoch verloren gegangen ist. Nur selten springt mir ein Funke von damals vor das innere Auge von heute, taucht die Ahnung eines Duftes oder eines Geschmacks aus der Erinnerung auf und verbürgt mir, wirklich dabei gewesen zu sein, das alles wirklich erlebt zu haben.

Einmal fuhren wir im Auto hinauf zum Observatorium auf dem Haleakala, wo eines der größten Teleskope Amerikas seine Fernrohre in den Weltraum richtet. Beeindruckend auch der Blick vom Kraterrand hinab in den Vulkan, den wir Tage zuvor überflogen hatten. Ein Phänomen, welches sich bei vielen tropischen Inseln findet: Durch die konstanten Winde kommen Wolken fast immer aus derselben Richtung. An den Bergen bleiben sie hängen und regnen ab. Das bedeutet, auf der Regenseite ist die Vegetation tropisch, auf der Gegenseite wachsen nur Kakteen und spärliches Gras. So findet man auf Maui fast alle Vegetationsformen, vom Dschungel an der Nordküste bis hin zur Lavawüste im Süden. Hinzu kommen die unterschiedlichen Höhenlagen, was bewirkt, dass es in der Gegend um Kula eine Landschaft gibt, die mich an das Allgäu erinnerte: Sattgrüne Wiesen, auf denen Holsteiner Kühe grasten, eingerahmt von Mischwäldern aus Tannen, Eukalyptus und Buchen. Die verbreitetsten Bäume waren Kokospalmen auf Meereshöhe und Eukalyptus in höheren Lagen. Holten sich am Strand von Kihei die Touristen einen Sonnenbrand, ritten wenige Kilometer entfernt und tausend Meter höher Cowboys hinter Rindern her. War die Ebene von Kahului mit einer riesigen Zuckerrohrplantage verschandelt, bauten US-Obst-Multis auf den flachen Hängen des Vulkans Ananas für den Export an. Es versteht sich von selbst, dass wir ab und zu anhielten und uns eine der mehrere Kilo schweren Früchte stibitzten. Nie habe ich saftigere Ananas gegessen als auf Maui. Dasselbe gilt für die kleinen Papayas, die dort angebaut werden. Wir halbierten sie, füllten sie mit Macadamia-Eis, und fertig war eine köstliche Erfrischung. Eine weitere Frucht, die auf Hawaii gut gedeiht, ist die Avocado.

Wir füllten sie mit frischen Krabben und würzten mit Zitrone, Pfeffer, Salz und Olivenöl. Davon ernährten wir uns auf Hawaii. Ansonsten grillten wir die im Netz gefangenen Fische. Das traditionelle Grundnahrungsmittel der Eingeborenen war Taro. Der aus den Wurzeln geriebene Brei, den man mir in einem Restaurant in Honolulu einmal servierte: Ein kalter, geschmackloser Schleim namens »Poi«. Das einzige, was noch fader schmeckte, war der fertig gebratene Truthahn, den Lisa vor Weihnachten bei Wal-Mart gekauft hatte: Der war trocken und schmeckte nach abgelagertem Pappkarton.

Meistens erkundeten wir die Insel im Auto, wobei die Fahrt rings um den Vulkan einen ganzen Tag beanspruchte. Den Besuch der »Seven Sacred Pools«, eine Kaskade von sieben Wasserfällen, nutzte ich, um Aufnahmen von Aimee und Brenda zu machen, Lila nahm ich in der Brandung am Red-Sands-Beach auf und Carrol, eine schöne Jüdin, im seichten Wasser bei untergehender Sonne. Auf dem Rundweg kamen wir am Grab von Charles Lindbergh vorbei, der die letzten Jahre seines Lebens auf Maui gelebt hatte, und der in Kipahulu begraben liegt; wir statteten der Ranch in Hana einen Besuch ab, wo ich die Tochter des Ranchers knipste, die partout darauf bestand, von einem *Playboy*-Fotografen nackt auf dem Rücken ihres Pferdes abgelichtet zu werden.

Auf der Rückfahrt von Hana überredete ich Dennis zu einem kleinen Autorennen. Wir fuhren beide einen VW-Käfer-Cabrio, und ich fand, wir sollten herausfinden, wer von uns der flottere Fahrer war. Dennis willigte halbherzig ein, hatte aber von Anfang an weder Interesse noch Ehrgeiz für derart pubertäre Spielchen. Folglich ließ er mich davonfahren und genoss entspannt die schöne Landschaft auf der Fahrt von Hana nach Kula. Ich hingegen war im Rallye-Modus. Unterwegs auf dem kurvenreichen Hana-Highway blickte ich mich immer wieder nach ihm um, und wäre um ein Haar frontal in einen Laster gekracht, aber in allerletzter Sekunde sah ich ihn um die Kurve kommen, und Lisas und mein Leben waren doch noch nicht zu Ende.

In La Haina besuchten wir eine alte Walfängerkneipe, die inzwischen offenbar von Bauernfängern betrieben wurde. Mit dem Angebot »*Each Drink One Dollar*« lockten sie Gäste in ihren Saloon, dann servierten sie uns aber statt des bestellten Rémy Martin einen billigen Weinbrand aus Kalifornien. Was Paco, unser Alkoholexperte, sogleich schmeckte. Es gab Streit, Mauricio nannte den Geschäftsführer einen Betrüger, und der rief die Polizei. Die stellte sich prompt auf die Seite des Schwindlers, und wir wurden des Hauses verwiesen.

Mit den Cops hatte ich auf Maui noch öfter zu tun: Einmal parkte ich vor dem Makawao-Country-Store und ließ den Motor laufen. Der Sheriff fuhr gerade vorbei und ermahnte mich, die Umwelt nicht unnötig zu verpesten. Als er mir das obligatorische 20-Dollar-Knöllchen ausschreiben wollte, protestierte ich. Ich sei Deutscher, sagte ich, und bei uns dürfe jeder den Wagen so lange laufen lassen, wie es ihm behage. Woher hätte ich denn wissen sollen, dass in den USA andere Gesetze gelten? Ich gelobte jedoch Besserung, und der Sheriff steckte seinen Block wieder ein.

Beim nächsten Mal lagen die Dinge komplizierter. Wir waren dabei, am Strand von Kanapali Fotos von zwei Hawaiianerinnen zu schießen, als ich plötzlich vom höher gelegenen Parkplatz aus per Megafon aufgefordert wurde, mich umgehend oben an der Straße bei der Polizei zu präsentieren. Was war geschehen? Während wir am Strand nackte Haut auf grauem Sand fotografierten, sammelten sich neugierige Touristen auf dem Parkplatz, und ein paar Kerle begafften die Brüste der wahines*. Und da es in dem prüden Land verboten ist, sich öffentlich zu entblößen, sah die zufällig vorbeifahrende Streife sich gefordert, einzugreifen. Erst schickten die Bullen die Gaffer fort, dann kümmerten sie sich um uns. Ich hatte ohnehin alles im Kasten, also baute ich Stativ und Reflektor ab, die Mädels zogen sich an, und dann kletterten wir hinauf zur Straße.

»*What's going on here?*«, so die Standardeinleitung jedes Polizeieinsatzes in den USA. »Können Sie mir erklären, was das da unten für eine Party war?«, begann einer der beiden Beamten.

»Ich bin Fotograf«, erklärte ich. »Wir haben Bademoden fotografiert.«

»Bademoden also. Von hier oben sah es aber so aus, als ob die Damen wenig Mode anhatten. Wie hast du die Sache gesehen, Jeff?«, wandte er sich an seinen Kollegen.

»*No clothes*«, erwiderte der sachlich.

»Na ja«, entgegnete ich. »Kann sein, dass sie beim Bikiniwechseln mal kurz den Busen entblößt haben, Officer. Aber ich versi-

---

* Hawaiianisch: Frauen

chere Ihnen, beide haben so schöne Busen, dass nicht einmal Billy Graham* sie dafür tadeln würde.«

Die beiden trugen obercoole Sonnenbrillen. Schwer zu sagen, wie mein Scherz bei ihnen angekommen war. Unterdessen trafen die Mädels mit dem restlichen Gepäck am Parkplatz ein. Ihre Charmeoffensive entwaffnete die Beamten im Handumdrehen.

»Schönen Tag noch«, verabschiedeten sie sich. »Und passen sie nächstes Mal beim Wechseln der Bikinis auf! Das Auge des Gesetzes sieht alles.«

Vor der Reise hatte ich mit dem Chefredakteur des *Playboy* in München vereinbart, dass wir uns am 10. Dezember in Los Angeles treffen wollten. Er war nämlich zur Erstaufführung der Hollywood-Produktion *Superman* eingeladen. Er schlug vor, uns in L.A. zu treffen, um die Fotos anzusehen, die ich bis dahin fertig hätte. Ich hatte damals zugestimmt, aber wenige Tage vor dem Termin, hatte ich erst fünf der zwanzig geplanten Sessions hinter mich gebracht, und ich fand, da lohne sich der Aufwand nicht. Dennoch flog ich nach Los Angeles. Im noblen Hotel Beverly Wilshire hatte *Playboy* mir ein Zimmer reserviert. Ich war noch keine halbe Stunde da, als Herr Wörtmann mich anrief und zu einem Cocktail in die Hotelbar einlud. Auf dem Weg nach unten begegnete ich im Aufzug einem korpulenten Herrn, der sich einer Dame gegenüber zu *Superman* äußerte.

»Es handelt sich wahrscheinlich um den dümmsten Film, bei dem ich je mitgewirkt habe. Und glaub mir, Nicole, ich hab schon bei einigen Scheißfilmen mitgemacht.«

Wie sich herausstellte, hieß der Dicke Marlon Brando, ebenfalls ein Gast des großen Fests, zu welchem die Warner-Brothers eingeladen hatten.

Herr Wörtmann, der schon einen Diaprojektor auf seiner Suite hatte installieren lassen, war empört, als er erfuhr, dass ich die Fotos nicht dabei hatte.

»Sie haben mir die Bilder versprochen«, schnauzte er mich an. »Eine derartige Unzuverlässigkeit! Was haben Sie sich dabei gedacht?«

* konservativer Fernsehprediger

»Jetzt regen sie sich mal ab. Versprochen hatte ich lediglich, den Job zu machen und Ihnen die Bilder im Januar in München zu geben. Mehr nicht. Ich bin halt noch nicht fertig mit der Arbeit, und halbe Sachen wollte ich Ihnen nicht vorlegen«, sagte ich fast entschuldigend.

Doch Herr Wörtmann litt an einem Mangel an Geduld. Als Chefredakteur war er es gewohnt, dass seine Fotografen ihm zu Diensten waren, schließlich vergab er die lukrativsten Aufträge, die auf dem Gebiet der erotischen Fotografie zu vergeben waren. Allein in München kannte ich ein halbes Dutzend Profis, die um die begehrten *Playboy*-Aufträge buhlten.

An den exakten Wortlaut der Wörtmannschen Tirade erinnere ich mich heute nicht mehr, aber es war ein arroganter und frecher Text, den ich da zu hören bekam. Ungerührt trank ich meine Margarita aus und verabschiedete mich.

»Wo wollen Sie hin?«, rief er, noch immer in der irrigen Annahme, er habe den Dialog unter Kontrolle.

»Ich habe es mir anders überlegt«, sagte ich. »Sie kriegen die Fotos nicht. Suchen Sie sich jemanden, der zu Ihren Bedingungen arbeitet, ich steige aus.«

Als der Mann erkannte, dass ich es ernst meinte, wurde er konziliant.

»Bleiben Sie bitte! Sie müssen doch nicht gleich beleidigt reagieren. So habe ich es doch nicht gemeint.«

»Wie haben Sie es dann gemeint?«

Statt zu antworten, fragte er: »Wann kann ich mit den Fotos rechnen?«

Das klang schon besser. Auf jeden Fall wollte ich, wie in allen geschäftlichen Belangen, zu gleichberechtigten Bedingungen arbeiten, auf Augenhöhe verhandeln. Wir einigten uns darauf, dass ich die Bilder im Januar in München abgeben würde, und dabei blieb es. Ich erklärte, auf ein Honorar verzichten zu wollen, und ließ den Mann ratlos zurück. Die Vorführung von *Superman* ließ ich ebenfalls sausen, nachdem schon Herr Brando festgestellt hatte, dass es sich um einen Scheißfilm handele, und der musste es ja wissen. Sollte ich die Hoffnung gehegt haben, Folgeaufträge zu erhalten, so hatten sich meine Aussichten nach diesem Streit arg verschlechtert. Aber an weiteren Fotojobs war ich nicht interessiert. Das Honorar, welches der *Playboy* seinerzeit zahlte, war ohnehin nicht zu vergleichen mit dem steuerfreien Verdienst, den Paco und ich gerade verbucht hatten. Die Arbeit mit den Mädchen vor der Kamera machte zwar Spaß, aber dahinter sah ich nichts als Kalkül und Abzocke.

Ich flog zurück nach Maui und begann konzentriert zu arbeiten. Den Ehrgeiz, die Bilder so gut wie möglich zu machen, hatte ich nach wie vor. Innerhalb von zehn Tagen fotografierte ich alle Mädchen, die ich sexy fand, wobei Lisa, Martina und Mauricio mich berieten. Die Schönste von allen war Lila Sexton, aber die hatte am Ende doch kein Interesse, sich nackt im *Playboy* zu sehen. Nachdem alle Fotos im Kasten und entwickelt waren, organisierten wir eine Abschlussfeier in Olinda, wo alle Frauen eingeladen wurden und wo sich jede ein Dutzend Abzüge aussuchen durfte. Die besten Aufnahmen schickte ich schließlich nach München. Die Bildgeschichte »Die Mädchen von Hawaii« erschien im Playboy-Heft vom Juni 1979, fotografiert von Starfotograf Michael Friedel. Meine Fotos waren offenbar bei der Art-Direktion in München durchgefallen. Was blieb, waren die Freundschaften und Erinnerungen an die wunderbaren Wochen auf Maui, aber damit hatte Playboy nichts zu schaffen.

Kurz vor Weihnachten flogen Dennis und Martina nach Oregon. Als Vietnamkriegsverweigerer, der acht Jahre im Ausland gelebt hatte (die fahnenflüchtigen US-Soldaten waren kürzlich amnestiert worden) wollte Dennis wieder Weihnachten mit der Familie feiern. Paco flog nach San Francisco, wo Hunter die erste Hälfte der Ware verkauft hatte und auf die Nachlieferung wartete. Danach verabschiedete er sich nach Bogota, denn er wollte die Feiertage mit seiner Freundin Elsa verbringen.

Zurück auf Maui. Ein Erlebnis, an das sich jeder, der dabei war, sein Leben lang erinnert, war der Sonnenuntergang am Heiligen Abend. Den ganzen Tag über war der Himmel bedeckt gewesen, kein Sonnenstrahl fand den Weg durch die Wolken. Lisa und ich waren bei einem Künstlerpaar zum Essen eingeladen. Gegen Abend machten wir uns im Auto auf den Weg. Unterwegs auf dem Kula-Highway wurden wir Zeugen eines seltenen Naturschauspiels: Kurz bevor die Sonne im Westen im Meer versank, warf sie ihr mildes Abendlicht unter die Wolkendecke. Innerhalb von Sekunden stand der zuvor graue Himmel über uns in Flammen. Wir fuhren rechts ran, ich holte Stativ und Kamera aus dem Auto und hielt fest, was sich uns bot. Die Intensität des Lichts war so stark, das Spektrum der Farben dermaßen weit, wie ich es nie zuvor und nie mehr danach erlebt habe. Jeder, der um diese Abendstunde auf der Straße unterwegs war, hielt an, um sich das Schauspiel anzusehen. Obwohl die Sonne nach wenigen Minuten verschwunden war, dauerte das Farbspektakel noch mehr als eine halbe Stunde. Ich kann mir vorstellen, dass gläubige Menschen diesen Heiligabendhimmel als Zeichen Gottes gedeutet haben.

Über Hawaii gibt es dicke Touristenführer, Romane und Bildbände. Ich will es bei der Feststellung belassen, dass Menschen, die ihr Leben auf den Hawaii-Inseln verbringen, vom Schicksal begünstigt werden. Charles Lindbergh hat Maui nicht ohne Grund zum Altersdomizil gewählt, und der hatte schließlich die ganze Welt bereist. Unsere Nachbarn in Olinda waren übrigens Fleetwood Mac. Und Walter Becker von Steely Dan, mit dem Lisa Stone befreundet war, lebte auch die meiste Zeit des Jahres auf der Insel.

An Silvester waren wir bei Cathy und Michael in Makawao eingeladen. Man hätte meinen können, wir gehörten dazu, so viele Leute kannten wir inzwischen. Das hatten wir Mauricio zu verdanken, der ja schon über ein halbes Jahr auf der Insel lebte, und der vom Grasanbauer bis zum Sheriff fast jeden kannte. Was ihn aber nicht davor bewahrte, eines Tages wegen zu schnellen Fahrens verhaftet zu werden. Ich musste nach Wailuku auf die Polizeiwache, um ihn gegen Kaution auszulösen.

Am Tag danach verabredeten wir uns zu einer privaten Rallye auf einer kurvigen Geländestraße. Mauricio fuhr einen gemieteten Dodge, ich den Käfer. Und weil er mir demonstrieren wollte, wie man so eine amerikanische Kutsche über einen Schotterweg jagt, überschätzte er sich oder den Dodge, jedenfalls krachten die beiden mit dem Heck gegen einen Felsen. Die Karre war ein Fall für den

Spengler. Das unerfreuliche Ende kam, als Mauricio den Wagen dem Vermieter zurückbrachte. Auf dem Vertrag stand zwar etwas von Vollkasko, aber der Gauner hatte die Prämie nicht weitergeleitet. Jetzt wollte er, dass wir für den Schaden aufkämen. Mauricio lehnte das entschieden ab – fast hätte er sich mit dem dicken Japaner geprügelt. Wir schieden im Unfrieden von dem Mann, hinterließen aber ansonsten überall auf der Insel einen guten Eindruck. Wir zahlten unsere Rechnungen, wir wussten uns gegenüber den Töchtern der Eingeborenen sittsam zu benehmen, und wir bemühten uns, nirgendwo als Touristen aus Deutschland aufzufallen.

Anfang Januar kehrte Paco für ein paar Tage aus Kolumbien zurück. Er kam in Begleitung von Elsa, seiner Verlobten. Wir verabschiedeten uns bei den Freunden, insbesondere bei Lisa Stone und Mauricios Freunden Debbie und Eric, dann brachen wir unsere Zelte auf Maui ab. Am 5. Januar verließen Paco, Elsa, Lisa und ich Hawaii mit Flugziel San Francisco. Dort trafen wir Dennis und Martina, die zusammen mit Lisa einen Tag später zurück nach Europa flogen. Paco und Elsa machten sich auf den Weg nach Kolumbien, wo wir uns in vierzehn Tagen treffen wollten. Paco hatte geplant, mit seinen kolumbianischen Freunden ein Kokaingeschäft in die Wege zu leiten.

Im Anschluss an die ereignisreichen Tage auf Maui fand ich mich mit einem Mal allein in San Francisco wieder. An diesem legendären Ort begegneten sich vor zwanzig Jahren die Beat-Poeten Kerouac und Ginsberg im City Lights Bookstore von Ferlinghetty, hier fuhr der Bus der Merry Pranksters mit Neal Cassady am Steuer zu den von Ken Kesey organisierten LSD-Parties, hierher strömten Mitte der Sechziger junge Leute aus ganz Amerika, weil sie dem American Dream misstrauten und nach etwas Neuem, Liebevollerem suchten. Als ich durch die Straßen von Frisco streifte, war der Ort längst zu einem Mythos verblasst, das Haight-Ashbury-Viertel zu einem heiligen Land.

Mein erster Besuch galt der Hugo Street, wo Hunter lebte, der noch immer etwas von dem Heroin übrig hatte, welches Paco und ich ihm übergeben hatten. Sein Verdienst reichte, um sich in dem nahe gelegenen Marin County ein Haus zu kaufen. Als wir über die Golden-Gate-Brücke fuhren, hinein nach »Marin«, wie das noble County von den Einheimischen genannt wird, kam ich in einer der interessantesten Gegenden der USA an. Hier herrscht ein ähnliches Klima wie in der Provence, und die Vegetation ist breit aufgestellt: Palmen wachsen neben Tannen, Lorbeer unter Mammutbäumen, Wacholder neben Japanischer Kirsche. Marin County, das sind Hügel und Täler, Buchten und Berge, Wälder und Wiesen. Irgendwie kam mir die Gegend wie ein großer Park vor. Hunters neues Haus lag in einem Ort namens Lagunitas, am Rande des Samuel-Taylor-State Parks, einem Naturschutzgebiet, in dem uralte Sequoias wachsen. Es handelte sich um ein Holzhaus mit separatem Gäste-Studio nebst einer finnischen Sauna. Als er mir das Anwesen zeigte, stellten wir fest, dass die Scheibe der Hintertür ein Einschussloch aufwies. Offenbar hatte jemand von außen auf jemanden im Inneren geschossen.

»Jetzt weiß ich auch, wieso der Typ hier so Hals über Kopf ausgezogen ist«, lachte Hunter. »Das war nämlich ein Italiener ...«

Draußen fanden wir weitere Einschusslöcher in den Wänden.

»Der hatte es eilig, von hier wegzukommen. Als ich ihm anbot, den Kaufpreis in bar zu bezahlen, fuhren wir gleich nach San Rafael zum Notar. Noch am selben Abend packte er seine Sachen und verschwand. Und jetzt gehört das Haus uns. Wie findest Du's?«

»Nicht übel. Ein Holzhaus mitten in der Natur, was will man mehr!«

Aber vorerst lebten sie noch in der Hugo Street in San Francisco, ganz in der Nähe des Golden Gate Parks. Zu Fuß durchwanderte ich die hügelige Stadt, lief die Kurven der Lombard Street ab, begaffte das laszive Treiben in der Castro Street wie ein Spießer das Plakat eines Schwulenfilms vor dem Bahnhofskino. Ich mischte mich auf der Fisherman's Wharf unter die Touristen und trank Eistee mit einem Arbeitslosen, der Verse auf der Rückseite von Kassenbons schmiedete, während wir über die Bucht auf die Gefängnisinsel Alcatraz blickten. Hunter nahm mich mit in den City Lights Bookstore, und ich registrierte zum ersten Mal bewusst, dass Amerikaner auch Bücher lesen. Nach wenigen Tagen kannte ich mich in der Stadt aus, denn die Straßen liegen wie ein Gitternetz zwischen den Häusern. Dann mietete ich mir einen Chevy und erkundete das Umland jenseits der Golden Gate Bridge: Einen Urwald namens Muir Woods, den Mount Tamalpais, die lang gezogene Tomales Bay, die Hippieorte Bolinas und Stinson Beach, die Kleinstädte Fairfax und Mill Valley, sowie das Gefängnis von San Quentin; Letzteres zweifelsohne der Ort der Schande in Marin County, denn hier wurden Todesstrafen vollstreckt. Im Klartext: hier ermordete der Staat Kalifornien Menschen.

Eines Tages, während einer Fahrt von Lagunitas nach Fairfax, sah ich einen jungen Kerl an der Straße entlanglaufen, der es offenbar eilig hatte. Ich hielt an und erbot mich, ihn ein Stück mitzunehmen. Kaum dass er im Auto saß, drehte er sich nervös um und forderte mich auf, schneller zu fahren.

»Wozu die Eile?«, fragte ich.

»Die sind hinter mir her«, entgegnete er.

Wen immer er mit »die« meinte, im Rückspiegel sah ich einen dunklen Schlitten, der rasch herankam, und weil mein Beifahrer in Panik geriet, gab ich Gas und erkundigte mich, was es mit den Verfolgern auf sich habe.

»Sie wollen mich umbringen«, schrie er. »Und sie werden auch dich umbringen, wenn du unsere Ärsche nicht in Sicherheit bringst.«

Andere Länder, andere Sitten. Was immer hier vorging – ich hatte keine Lust, umgebracht zu werden. Mit überhöhter Geschwindigkeit raste ich nach Fairfax hinein, driftete quer in ein Wohngebiet und nach drei bis vier Mal Abbiegen hatte ich den dunklen Wagen abgehängt.

»Bravo«, sagte mein Mitfahrer. »Bist 'n guter Fahrer.«

»Und jetzt raus mit dir«, forderte ich ihn auf, als wir im Zentrum angekommen waren. »Lass dir von den Bullen weiterhelfen.«

»Und du, pass gut auf dich auf. Schließlich kennen sie jetzt dein Auto. Die werden dich noch 'ne Weile jagen.«

Ich beherzigte den Rat und machte, dass ich aus Marin County verschwand. Erst als ich die Golden Gate Bridge überquert hatte, fühlte ich mich sicher. Vorsichtshalber fuhr ich zum Autovermieter und tauschte den Chevy gegen einen Buick.

Nachdem Hunter den Rest des Geldes bezahlt hatte, welches er Paco und mir für die zwei Kilo Heroin schuldete, hatte ich ein Problem. 200.000 Dollar waren entschieden zu viel, um sie cash mit mir herumzutragen oder um sie im Hotelzimmer aufzubewahren. Ich entschied mich, bei der Wells Fargo Bank ein Konto zu eröffnen. Der Leiter der Filiale Pacific Heights war ein Tennis-Bekannter von Hunters Frau Candace, und so wurden keine Fragen gestellt, als mein Partner und ich mit der Tasche voll Geld ins Vestibül der Bank traten. Hunter schenkte ihm ein Briefchen mit Kokain, der Manager bedankte sich, und die Angestellten fingen an zu zählen.

Nach zwei Wochen kamen Mauricio und Lila aus Maui nach San Francisco. Lila Sexton war eines der schönsten Mädchen, die ich fotografiert hatte. Sie folgte einer Einladung Pacos nach Kolumbien, und Mauricio hatte ihr versprochen, sie mitzunehmen. Paco hatte zwar eine feste Beziehung mit Elsa, der jungen Dame aus Bogotá, aber das hinderte ihn nicht daran, Lila einzuladen. Ich hatte zwar keine Ahnung, wie er das arrangieren wollte, aber Paco hatte Talent im Improvisieren.

Im Übrigen war Lila ein abgeklärtes Mädchen. Mit zweiundzwanzig war sie schon Mutter eines Fünfjährigen, und Stutenbissigkeit gehörte nicht zu ihrem Repertoire. Alles an ihr war sanft und weich und weiblich. Sie wusste, sowohl diese Reise in ein fremdes Land, als auch die Loveaffair mit Paco würden episodischen Charakter haben. Sie war eine junge Frau, die nach dem Sex nicht gleich ans Heiraten dachte. Das entsprach dem libertären Zeitgeist der Jahre nach Woodstock und des *Summer of Love*.

Wir blieben noch zwei Tage in der Bay Area, dann flogen wir zu dritt nach Los Angeles, wo Mauricio seinem Freund Danny F., einem Rechtsanwalt, einen Besuch abstatten wollte. In Venice Beach hatte Danny uns ein Appartement organisiert, unweit seines Büros. Letzteres lag in einem runden Penthouse mit Dachgarten, und als wir ihn dort besuchten, überraschte er uns mit einer besonderen Eintrittszeremonie: Gleich hinter der Tür stand eine Flasche Lachgas, und jeder, der zum ersten Mal seine Kanzlei betrat, wurde genötigt, eine Lunge voll zu nehmen. Das Lachen erfolgte unmittelbar, und Danny erklärte uns, dass seine Mandanten nach dieser Therapie die juristischen Probleme im milderen Licht betrachteten.

Später nahm uns der kapriziöse Jurist noch mit auf die Terrasse, wo er ein Teleskop aufgebaut hatte. Das war allerdings anstatt auf die Andromeda-Galaxie auf den Pool einer Villa in Hollywood gerichtet, und, so berichtete Danny gut gelaunt, wer sich täglich zur richtigen Stunde dort einlogge, der brauche anschließend nicht mehr im Playboy zu blättern.

Zwei Tage lang durchquerten wir die riesige Stadt mit dem Auto (Danny hatte Mauricio einen Wagen geliehen), und was mich am stärksten beeindruckte, waren die achtspurigen Freeways, die breite Schneisen durch die Stadt fräsen. Den vierzig Kilometer langen Sunset Boulevard, die faszinierendste Straße von L.A., fuhren wir von Anfang bis Ende ab. In Beverly Hills schleckten wir Eiscreme unter Palmen und hielten Ausschau nach Filmstars, die angeblich dort verkehrten, aber weder John Belushi, noch Meryl Streep, der gerade aufgehende Stern von Hollywood, waren beim Eisessen. Nach zwei Tagen hatten wir von Los Angeles genug gesehen.

2.6 Arhuacos

Mit Aerolinas Argentinas flogen wir via Mexico City nach Bogotá. Am Flughafen mit dem beziehungsreichen Namen El Dorado wurden wir von Paco und seinem Freund Osiris erwartet. Osiris war ein kleiner, drahtiger Mann um die Fünfzig, der mir auf den ersten Blick gefiel. Er hatte klare Augen, einen Kopf voller Löckchen und eine gewinnende Art, auf andere zuzugehen. Ethnologisch ging er zwar als Nachkomme von Spaniern durch, aber bei genauem Hinsehen sah man, dass in seiner Ahnenreihe sowohl indianische als auch afrikanische Vorfahren vertreten waren. Er war der Erste, den Paco kennengelernt hatte, nachdem er vor zwei Jahren bei der Ankunft in Cartagena aus dem Flieger und in den Bus gestiegen war. Kaum hatte Paco Platz genommen, machte Osiris ihn darauf aufmerksam, dass er sich gerade von einem Taschendieb die Geldbörse habe stehlen lassen. Der Dieb stand inzwischen vorne beim Fahrer und bat darum, aussteigen zu dürfen. Paco sah sich gezwungen, schnell zu handeln. Er drängte sich nach vorne und packte den Kerl beim Schlafittchen.

»Gib sofort den Geldbeutel her!«, zischte er ihm ins Ohr. Inzwischen war auch Osiris nach vorn gekommen, und regelte die Sache auf kolumbianische Art: »Gib ihm zurück, was du gestohlen hast! Sonst werde ich zusammen mit dir aussteigen!«

Der Mann besann sich und rückte das Portemonnaie raus, ehe er unter den missbilligenden Blicken der Passagiere am nächsten Haltepunkt den Bus verließ. So lernten sich Paco und Osiris kennen, und es war der Anfang einer lebenslangen Freundschaft. Auch ich schloss den charmanten Kolumbianer sofort ins Herz.

Eigentlich hatte ich erwartet, meinen vor zwei Jahren in Teneriffa gescheiterten Freund Angel wiederzusehen, aber der war im Auftrag Pacos in Peru unterwegs, wo er sich über den Ankauf von Kokainpaste schlau machen sollte. Paco berichtete, dass Angel ein paar Monate bei einem Indianerstamm gelebt habe, dort unter Aufsicht des Medizinmannes mit Drogen experimentiert, und so versucht habe, dem Sinn des Lebens auf die Spur zu kommen. Als Paco mir das erzählte, grinste er. Seiner Ironie lag eine Haltung zugrunde, die am ehesten mit Respekt vor dem Wahnsinn umschrieben wird. Für Paco war es ein aussichtsloses Unterfangen, wenn der Mensch sich auf die Suche nach dem Sinn des Lebens machte, sei es durch Denken, durch Gebete oder durch den Rausch. Wozu nach etwas suchen, das es seiner Ansicht nach nicht gab.

Paco hatte uns ein »*Taxi de Confianza*« reserviert, ein sogenanntes Vertrauenstaxi. Darunter verstand man in Bogotá ein Taxi, dessen Fahrer auf seine charakterliche Integrität hin überprüft worden war, denn nicht selten kam es vor, dass Touristen schon ausgeraubt waren, noch ehe sie im Hotel ankamen. Der Mann war sichtlich stolz auf seinen guten Ruf und brachte uns in den Stadtteil El Chicó, wo wir im Hotel Belvedere Zimmer reserviert hatten.

Der Umstand, dass Pacos Freundin Elsa dort als Rezeptionistin arbeitete, erleichterte einiges. Wir stellten unser Gepäck ab, dann begleitete ich Mauricio, um dessen Verwandte kennenzulernen.

Mauricio war Jude, und ein Teil seiner Familie war 1933, kurz nachdem sie gemerkt hatten, woher der Wind in Deutschland wehte, nach Kolumbien emigriert. Dort hatte sein Stiefvater Gustavo als Möbelschreiner in einer gemieteten Garage angefangen und innerhalb eines Jahrzehnts eines der größten Möbelhäuser von Bogotá aufgebaut. Mauricios Onkel Luis war als Automechaniker gekommen. Inzwischen gehörten ihm die Chrysler- und die Studebaker-Vertretung für ganz Kolumbien. Die Familie Levy hatte es also in der Ferne zu was gebracht, und ihre Kinder hatten in den USA studiert. Mauricio stellte mir zwei knackige Cousinen vor, eine Tante im Schmuckgewerbe, sowie einen Schwager, dem eine der größten Baufirmen des Landes gehörte. Onkel Luis war, nachdem Deutschland besiegt war, in Südamerika geblieben. Er wollte nicht zurückgehen in ein Land, in dem Dutzende seiner Verwandten in Konzentrationslagern ermordet worden waren. Gustavo hingegen hatte es vorgezogen, sein Möbelgeschäft in Bogotá zu verkaufen. Er lebte seit Langem wieder mit Mauricios Mutter in Ottobrunn bei München.

Im Hause Levy wurden wir herzlichst begrüßt. Lourdes und Veronica, Mauricios hübsche Cousinen, bewirteten uns mit café colombiano und Gebäck, und Mauricio erzählte der Tante und seinen übrigen Verwandten, wie es ihm während der letzten Jahre ergangen war, und wie es seinen Eltern in Deutschland erginge. Plötzlich und ohne Vorwarnung überfiel mich eine bleierne Müdigkeit: Ich kippte zur Seite und schlief auf dem Sofa der Levys ein. Die Leute nahmen mir das zum Glück nicht krumm, denn sie kannten die Ursache: Bogotá liegt 2.600 Meter hoch, und wer nicht akklimatisiert ist, der kann aus Mangel an Sauerstoff eine Art Höhen-Erschöpfung erleben.

Mauricio blieb bei seinen Verwandten, während ich, nachdem ich aufgewacht war, zurück zum Hotel fuhr, wo Paco, Osiris und Lila mich erwarteten. Auf dem Zimmer besprachen wir das geplante Kokain-Geschäft, und da es galt, keine Zeit zu verlieren, wollte Paco schon am nächsten Tag an die Küste fliegen. Dort wohnte der Mann, der versprochen hatte, den Stoff herzustellen. Paco hatte vor, die Rückkehr Angels abzuwarten und anschließend in Peru die Kokapaste zu kaufen. Die Herstellung des Kokains hatte er einem Chemiker aus Santa Marta übertragen.

Am nächsten Morgen verließen die drei Bogotá in Richtung Karibikküste. Mauricio und ich wollten noch ein paar Tage in der Stadt bleiben. Wir hatten vor, uns von Veronica und Lourdes die Hotspots der Stadt zeigen zu lassen. Zusammen besuchten wir das Museo del Oro, und anschließend aßen wir leckeren Kuchen im Café Oma. Dort standen zwei Damen in der Backstube, die aus Deutschland eingewandert waren, als sie noch keine Omas waren. Im Goldmuseum waren Kunstschätze früher indigener Kulturen zu sehen, die von den goldbesessenen spanischen Eroberern innerhalb zweier Jahrhunderte ausgelöscht worden waren. Offenbar hatten die Spanier einiges übersehen.

Da der Grundriss von Bogotá, ähnlich vielen Städten in den USA, nach dem Muster des Schachbrettes angelegt war (calles und carreras), findet man sich dort relativ leicht zurecht. In Erinnerung ist mir noch die Carrera 15, die die Innenstadt mit El Chicó verbindet; oder die Avenida Caracas, die am Fuß der Kordillere entlang läuft, welche die Stadt im Osten begrenzt. Vom Gipfelmonument des Monserrate, dem über 3000 Meter hohen Hausberg von Bogotá, bietet sich dem Betrachter das Panorama der Millionenstadt. Ich fragte mich, wie dieses gigantische Chaos aus Slums und Klöstern, Schulen und Museen, Kasernen und Kaufhäusern, Märkten und

Straßen, diese erschreckende Mischung aus bettelarm und superreich, aus Betrügern und Betrogenen, aus Straßenkindern und Polizisten, wie all das überhaupt funktionieren konnte?

Ein paar Tage, nachdem Paco, Lila und Osiris zur Küste abgereist waren, mietete Mauricio einen kleinen Jeep. Wir hatten geplant, meinen Schwager Ludwig zu besuchen. Padre Luis, wie er in Kolumbien genannt wurde, war der älteste Bruder meiner Frau. In einem Städtchen namens Puerto Lopez am Ufer des Rio Meta im Südosten des Landes leitete er seit Jahren eine Pfarrei. Von Bogotá aus dürften es etwa 200 Kilometer Landstraße gewesen sein, inklusive einer Fahrt über die östlichen Kordilleren.

Der erste Zwischenfall auf der Reise ereignete sich nach einer Passüberquerung. Die Straße führte in Serpentinen den Hang hinab, und unter uns sahen wir einen Lastwagen, der eine dichte Abgasschwade ausstieß, mit dem Berg kämpfen. Schließlich kam er näher, und als wir in einer engen Kurve aneinander vorbei fuhren, scherte der Fahrer plötzlich aus, sodass Mauricio dicht an den Rand des Abgrunds ausweichen musste, um eine Kollision zu vermeiden.

»*Hijo de puta*!«, brüllte er dem Fahrer zu, als wir uns vorbeiquetschten. Auch der Kolumbianer gab uns ein entsprechendes Kompliment mit auf den Weg, dann war die Gefahr vorbei. Bis zur nächsten Serpentine diskutierten wir, und Mauricio erklärte mir gerade, dass man in Kolumbien, ähnlich wie in Bayern, mit allem rechnen müsse, als plötzlich eine Kugel knapp an unserem Jeep vorbei flog. Ein Blick hinauf, und wir sahen, dass der Laster angehalten hatte und der Fahrer am Straßenrand stand und mit einem Gewehr auf uns zielte. Geistesgegenwärtig brachte Mauricio uns mit Vollgas aus der Gefahrenzone. Noch ehe ich mich richtig erschreckt hatte, waren wir in Sicherheit, das heißt: In relativer Sicherheit, denn wirklich sicher war man in Kolumbien nirgendwo.

Wir überlegten, uns eine Waffe zu besorgen, um beim nächsten Mal verteidigungsbereit am Krieg der Straße teilzunehmen. Tatsächlich musste ich einen Tag später in Puerto Lopez zur Kenntnis nehmen, dass sogar der Pfarrer einen Revolver in der Sakristei aufbewahrte ... Aber vorerst waren wir noch unterwegs. Etwa auf halber Strecke, an der Wasserscheide der Kordillere, kamen wir durch eine Stadt, deren Häuser sich auf dem Bergsattel drängten. Und weil wir an einer Apotheke vorbeikamen, beschloss Mauricio anzuhalten, um sich ein Medikament zu besorgen. Er hielt auf dem Marktplatz an, ich blieb beim Auto.

Nach ein paar Minuten entdeckte ich einen Laden, der Früchte in der Auslage hatte, die ich noch nicht kannte. Da lagen Chirimoya, Curuba, Babaco und Guayaba, und weil die aufgeschnittene Frucht, die mir der Händler unter die Nase hielt, stark duftete, nahm ich zwei Guayabas mit. Als ich zum Auto zurückkam und die Beifahrertür öffnete, ertönte der Alarm. Im Nu war der ganze Marktplatz vom Geheul unserer Sirene aufgeschreckt. Ich versuchte, den Schalter zu finden, um das Getöse abzustellen, fand ihn aber nicht. Außerdem hatte Mauricio den Autoschlüssel mitgenommen.

Die Leute blickten aus Fenstern und Türen, neugierig geworden, woher der Lärm der Sirene wohl käme. Während ich im Inneren des Wagens noch nach dem Schalter suchte, wurde ich plötzlich ins Kreuz gestoßen und aufgefordert, aus dem Auto zu kommen. Es war die Polizei. Als Autodieb verdächtigt, legten sie mir Handschellen an und führten mich ab. Da ich keine Ausweispapiere vorweisen konnte (die lagen im Handschuhfach) und weil die verwahrloste Truppe von Uniformierten mein Spanisch nicht verstand, war ich darauf angewiesen, dass mein Leumundszeuge Mauricio endlich auftauchte. Der kam dann auch, aber anstatt den Irrtum aufzuklären, drückte er jedem der Beamten einen Peso-Schein in die Hand. Das brachte die Augen der schnauzbärtigen Kerle zum Leuchten, sodass es für weitere Erklärungen keinen Grund mehr gab. Man nahm mir die Handschellen ab, entschuldigte sich, und der Chef persönlich begleitete uns zum Parkplatz, um sicherzustellen, dass wir, ohne belästigt zu werden, aus dem Ort kamen. Es hatten sich nämlich schon Gaffer versammelt, die dabei sein wollten, wenn zwei amerikanische Autodiebe dingfest gemacht würden. Unvermeidlich fielen mir Butch Cassidy und Sundance Kid nach ihrem misslungenen Überfall auf die Bank in Bolivien ein: »*Capitán*«, meldet der Botenjunge dem Hauptmann der Kaserne. »Die Gringos haben die Bank in der Stadt überfallen, und jetzt liefern sie sich eine Schießerei mit der Polizei. Sie sollen Verstärkung schicken!« – »Machen wir, mein Junge. Wie viele Gringos sind es denn?« – »*Dos hombres, capitán*!« – »Zwei Männer!?!«

Mit jedem Meter, den wir an Höhe verloren, wurde die Luft wärmer und der Wald tropischer. Wo zuvor Kiefern und Eukalyptus wuchsen, standen jetzt Bambus und Palmen abseits der Straße. Auf der Talsohle angekommen, folgten wir dem Verlauf eines Bergbachs bis nach Villavicencio, der Hauptstadt des Departements Meta, angeblich eine Hochburg im Rauschgifthandel. Ohne anzuhalten durchquerten wir die Stadt. Und weil man in Kolumbien auf dem Land jede Möglichkeit zum Tanken nutzen sollte, hielt Mauricio an der Tankstelle, hinter der die Straße nach Puerto Lopez von der Nationalstraße abzweigt. Wenn hier von der Straße nach Puerto Lopez die Rede ist, so handelte es sich um eine staubige, von Schlaglöchern übersäte Piste, auf der man sich während der Regenzeit nur von einem Schlammloch zum Nächsten bewegen konnte. Aber wir waren in der Trockenzeit unterwegs, und Mauricio gab sein Bestes, den tiefsten Löchern auszuweichen. Für die achtzig Kilometer durch das Flachland der Llanos benötigten wir mehr als zwei Stunden. Als wir schließlich vor dem Pfarrhaus von Puerto Lopez anhielten und wieder festen Boden unter den Füßen spürten, war mir, als sei ich eine Woche auf einem Schiff unterwegs gewesen.

Der Padre Luis, wie mein Schwager von den Leuten genannt wurde, war ebenso erstaunt wie überrascht ob des Besuches aus Europa. Schließlich kannten wir uns bis dahin noch nicht persönlich, zudem hatten wir uns nicht angekündigt. Wir blieben zwei Tage, während denen uns Ludwig zeigte, was er in den zehn Jahren, die er dort schon wirkte, aufgebaut hatte. Neben der Kirche, die anstatt einer Glocke einen Lautsprecher im Turm hängen hatte, einem Kindergarten, den sie *el kinder* nannten, einer Grundschule und einem Internat für Waisen, war er gerade dabei, eine Werkstatt einzurichten, wo junge Leute lernen konnten, wie man Autos repariert. Fast alle Fahrzeuge in den Llanos waren große Jeeps von Nissan oder Toyota. Was mein Schwager in Puerto Lopez aufgebaut hatte, verdiente Anerkennung, und ich musste meine skeptische Haltung zur katholischen Kirche und ihrem Wirken in der Dritten Welt relativieren.

Es wurde gut gegessen im Pfarrhaus, wobei mir auffiel, dass die jüngste der drei Monjas gegen einen gelegentlichen Flirt mit Mauricio nichts einzuwenden hatte. Gegen Abend trat sie sogar ohne das obligatorische Häubchen aus dem Haus und zeigte ihre schönen schwarzen Haare. Im Hof des Pfarrhauses, wo der Padre mit den Ordensschwestern lebte, standen Mangobäume, in deren Laub und Ästen Papageien turnten und dabei lauter schrien als der ganze *el kinder*. Zur Pfarrei gehörte noch eine Finca, ein kleines Gehöft, wo zwei Familien Obst und Gemüse anbauten. Und ein paar Rinder und Pferde fütterten sie auch. Der Pfarrer, so war zu erfahren, sei ein passabler Reiter.

Die Schießerei in der Kneipe ereignete sich am zweiten Tag unseres Aufenthaltes. Ein Mann verlor dabei sein Leben. Noch ehe die Polizei auf den Plan trat, kam die Frau des Erschossenen zum Pfarrhaus und bat den Padre, ihren Hernando zu beerdigen. Doch ehe Lisas Bruder zusagte, schickte er einen Jungen zur Ermittlung des Sachverhalts aus. Kurz darauf war klar, was geschehen war: Hernando war zusammen mit anderen Gauchos vom wochenlangen Viehtrieb zurückgekehrt, und in der Bar war es anschließend zum Streit über ein neues Mädchen gekommen. Jeder wollte der Erste bei ihr sein. Es flogen die Fäuste, dann die Kugeln. Und genau damit, so der Padre, wolle der Herrgott nichts zu schaffen haben: Mit besoffenen Ehebrechern habe Gott keinen Vertrag. Und Kerle, mit denen der Herrgott keinen Vertrag habe, die werde der Pfarrer auch nicht christlich beerdigen. Der ums Leben gekommene Gatte sei ein Saufbold und ein Hurenbock gewesen. Für solche sei auf dem Friedhof der rechtschaffenen Christen kein Platz. Sprach es und ließ die Frau stehen.

Ich versuchte zwar noch, im Sinne des Verstorbenen zu intervenieren, aber Ludwig gab nicht nach. Über den Gemeindelautsprecher verkündete er, dass Hernando Cabrón am Vormittag erschossen worden sei, und dass er am Nachmittag jenseits der Friedhofsmauer von seinen Freunden begraben werde. Dann zeigte er mir seinen Revolver, ein kleines Kaliber zwar, aber immerhin eine scharfe Waffe: »Meine Kinder brauchen mich. Ich habe keine Lust, eines Tages zwischen die Fronten zu geraten und mich nicht einmal verteidigen zu können.«

»Hast du die Knarre schon mal gebraucht?«, fragte Mauricio.

»Wenn du meinst, ob ich schon auf jemanden geschossen habe: nein. Aber klar, wenn man eine Waffe besitzt, und jeder in der Gemeinde weiß das, gebraucht man sie in gewisser Weise auch.«

Tatsächlich sah es im Zentrum von Puerto Lopez ein wenig aus wie in einer Stadt in New Mexico um 1890: Mit Balken vor der Bar, an denen die Pferde angebunden werden konnten. Am zentralen Stadtplatz gelegen: Die Kirche, die Bar, das Pfarrhaus und der Knast. Und da die Stadt am Ufer des Rio Meta liegt, einem Nebenfluss des Orinoco, der ein Einzugsgebiet entwässert, das größer ist als die Beneluxländer, gab es eine Anlegestelle für Schiffe, die bis nach Venezuela hinunter Handel trieben. Die Straßen waren staubig in der Trockenzeit und schlammig, wenn es geregnet hatte. Über den Fluss führte zwar eine Brücke, allerdings hörte einen Kilometer weiter in einem von einer Raupe zusammengeschobenen Erdhaufen die Straße auf. Ich knipste ein Bild von der Stelle, als Metapher für das Leben auf der Erde, das ähnlich der Straße, die einfach so im Dschungel endet, sich irgendwann aus dem Lauf der Zeit ausklinkt. Die Schwestern der Pfarrei bereiteten uns ein Abschiedsessen, Sancocho, eine Gemüsesuppe auf Kichererbsenbasis, dazu Arepas, gebackene Maisfladen. Beeindruckt von dem, was wir gesehen hatten, machten wir uns am nächsten Morgen auf den Rückweg nach Bogotá, wo wir schon erwartet wurden.

Mauricios Cousinen nahmen uns mit in die »Casa Colombiana«, ein Restaurant mit Live-Musik und Tanz. Lourdes gab sich Mühe, mir zur Salsa die dazugehörigen Bewegungen beizubringen, aber über die Grundschritte kamen wir an diesem Abend nicht hinaus. Für den nächsten Tag hatte uns Onkel Luis zu einem Grillfest auf seiner Hacienda eingeladen. Den Nachmittag verbrachten wir im Country-Club und übten uns im Golfspiel. Ich stellte fest, dass es sich gar nicht schlecht lebt in Bogotá, sofern man zu den Reichen gehört und einem das Elend der Straßenkinder keine schlaflosen Nächte bereitet. Auf der familieneigenen Hacienda wurden Pferde gezüchtet und Kartoffeln angepflanzt. Als es dunkelte, versammelte sich eine illustre Gesellschaft um den Grill vor dem Hauptgebäude: Don Luis, *el patrón*, seine Familie, ein halbes Dutzend Pferdezüchter, der Wirtschafter der Hacienda sowie weitere Nachbarn. Mauricio und ich waren beeindruckt von so viel Organisation, aber mehr noch von der Qualität des Rindfleischs, welches bergeweise von zwei Gauchos auf einem gusseisernen Bratrost gegrillt wurde. Zu den Fleischbrocken, saftig, zart und unübertroffen im Geschmack, gab es Tomatensalat und frisches Weißbrot. Für Fleischliebhaber ist Kolumbien ein Schlaraffenland. Saft und Fett trieften zwischen den Fingern, die Gaumen meldeten Hochgenuss. Nirgendwo habe ich so leckeres Grillfleisch gegessen wie dort auf der Sabana de Bogotá, wo Rinder gezüchtet werden, die den Vergleich mit den argentinischen gewiss nicht zu scheuen brauchen.

Am Tag darauf besuchten wir die Salzkathedrale von Zipaquirá, eine aus einer ehemaligen Salzmine herausgehauene Kirche von gigantischen Ausmaßen. Eine typische Sehenswürdigkeit für Touristen, dennoch beeindruckend. Am vorerst letzten Abend in Bogotá nahmen Mauricios Cousinen uns mit in eine Diskothek im Stadtteil El Chicó. Allzu gerne hätte ich Veronica anschließend ins Belvedere eingeladen, aber das Mädchen aus gutem Hause achtete auf züchtige Distanz: Mehr als ein Küsschen war nicht drin. Immerhin hatte sie mir das Salsatanzen beigebracht.

Als wir nach den abenteuerlichen Tagen endlich in den Flieger zur Karibikküste stiegen, war ich in das Land verliebt: Noch ehe wir uns überhaupt im Kokaingeschäft betätigt hatten, war schon auf uns geschossen worden, hatten wir die Llanos durchquert, war ich verhaftet worden, hatte an einem Asado teilgenommen und endlich meinen Schwager Ludwig kennengelernt. Kolumbien hatte im Handstreich mein Herz erobert. Selten habe ich auf ein Land und seine Menschen so positiv reagiert, wie auf die sympathischen Kolumbianer, die sich im Laufe der Jahrhunderte mit Indigenen, Europäern, Afrikanern und Arabern vermischt hatten. Der genetisch am vorteilhaftesten durchmischte aller Kolumbianer war Osiris Viloria de Castro, der Mann, der Pacos Portemonnaie gerettet hatte. Osiris, Paco und Lila standen am Flugplatz, als Mauricio und ich in Santa Marta aus dem Flieger kletterten.

An der Küste lernte ich eine ganz neue Facette des Landes kennen, auch die Menschen haben einen anderen Charakter: Die *costeños* sind emotionaler, lebensbejahender, frohgemuter als die aus den Hochebenen und Bergen stammenden *paisas*, wie sie sich nennen. Osiris war ein typischer *costeño*. Mit dem Taxi fuhren wir nach El Rodadero, einer touristisch geprägten Vorstadt von Santa Marta. Paco hatte für uns alle ein Appartement gemietet, im Edificio El Velero an der Strandpromenade gelegen.

Der Strand von El Rodadero ist mehrere Kilometer lang und verläuft sich an beiden Enden in Klippen. Der Bucht vorgelagert ragt ein größerer Felsen aus dem Meer, auf dem jemand ein neues Haus errichtet hatte. Paco erzählte mir, dass er gleich nach seiner ersten Ankunft den Auftrag erhalten hatte, über den Meeresboden die Anschlüsse für Trinkwasser und Strom zu legen; dass das Haus einem Marihuanaschmuggler gehöre, der nicht wisse, was er mit all den Dollars anfangen solle, die er in dem Geschäft verdiente.

Am ersten Abend an der Küste hatten Osiris und Paco Mauricio und mir zu Ehren eine Strandfete organisiert. Die Party fand bei Alvaro statt, einem Fischer, der am Ende des Strandes mit Frau und Tochter in einer einfachen Hütte lebte. Unter den Palmen hingen ein paar Hängematten, in den Hängematten rekelten sich zwei zugekokste Schlampen, die von der Fete Wind bekommen hatten und die darauf spekulierten, den beiden Gringos (damit waren Mauricio und ich wohl gemeint) die Pesos aus der Tasche zu holen. Auf meine Bitte hin und zu Mauricios Bedauern schickte Paco sie wieder fort. Er selbst war in Begleitung Lilas gekommen, und ich hatte den Eindruck, dass sie ihn mochte. Schließlich war er es ja gewesen, der sie eingeladen und ihr die Reise bezahlt hatte.

Aber auch Osiris hatte ein Auge auf das Mädchen aus Hawaii geworfen, die mit ihren langen blonden Haaren und der tadellosen Figur am Strand für verrenkte Halswirbel sorgte. Neben Lila hätte jeder Gockel gerne einmal gekräht. Als Osiris, der Schelm, erfuhr, dass ich sie auf Maui fotografiert hatte, wollte er die Bilder sehen. Aber die hatte ich bei Hunter in Frisco gelassen.

»Wenn du unbedingt Aktfotos von Lila sehen willst, müssen wir neue machen«, sagte ich. »Wenn du Laune hast, kannst du mir dabei ja assistieren.«

Laune hätte Osiris zwar gehabt, aber Lila konnte sich für die Idee nicht begeistern. Schließlich hatten wir in Hawaii mehrere Rollen Film verschossen, und die Fotos gefielen ihr.

Später am Abend lud Alvaro mich zu einem Glas Aguardiente ein, dem landestypischen Anisschnaps, den die Griechen Ouzo und die Türken Raki nennen. Aus einem Glas wurden zwei, dann drei und vier, am Ende zählte ich nicht mehr und war ziemlich betrunken.

Soweit ich mitbekam, amüsierten sich alle. Irgendwann brachen Paco und Lila auf, und Mauricio, dem es gelungen war, einem Franzosen die Mulata auszuspannen, hatte sich auch längst verdrückt. Als alle gegangen waren, kam Alvaro, mein Bruder im Suff, bei mir vorbei, um mir Gute Nacht zu wünschen. Anschließend zog er sich zu seiner Frau in die Hütte zurück.

Ich hatte es mir in einer Hängematte bequem gemacht und hatte nicht vor, diese vor Sonnenaufgang zu verlassen. Dann wurde es still, selbst das Meer schwappte nur mehr träge Wellen an Land. Die Hitze hatte ein wenig nachgelassen, aber schlafen konnte ich dennoch nicht. Plötzlich stand Alvaros Tochter neben mir und forderte mich auf, ihr Platz zu machen. Doch mir dröhnte der Schädel, schnapsbedingt war ich nicht mehr in der Lage, ihrem Wunsch nachzukommen. Stattdessen drehte ich mich zur Seite und spie einen Teil des Alkohols in den Sand. Dann der Blackout. Als ich am Morgen von Alvaro geweckt wurde, lag die Kleine zum Glück nicht neben mir. Wie ich anschließend von Osiris erfuhr, war Magdalena erst fünfzehn und ihr Vater ein über die Pforte der Jungfrau eifersüchtig wachender Dobermann. Es hieß, dass er im vergangenen Jahr zwei Männer erschossen habe, die ihm beim Fischen in die Quere gekommen waren ... Männern zu begegnen, die schon andere Männer getötet hatten, war nicht schwierig in Kolumbien, was mich anfangs ein wenig irritierte. Hieß das doch, dass man im täglichen Umgang mit den Leuten immer damit rechnen musste, sein Leben aufs Spiel zu setzen. Eine Beleidigung, eine Demütigung, ein Diebstahl, ein Verrat, jegliche Art von Verletzung, insbesondere das Erregen von Eifersucht konnten eine ernste Auseinandersetzung zur Folge haben. Da sei es nicht ratsam, so Osiris, sich von einem Mann wie Alvaro dabei ertappen zu lassen, wie man seiner minderjährigen Tochter mit dem Degen vor dem Pfläumchen fuchtele. Aber dazu war es zum Glück ja nicht gekommen.

Unser Feriendomizil gefiel mir. Wenn man auf den Balkon trat, blickte man auf eine von Palmen beschattete Strandpromenade. Dahinter lagen Restaurants und Gästehäuser, nicht allzu große Hotels und eine Rotlichtspelunke. Alles recht überschaubar. Am Strand boten die Leute ihre Dienste an, junge Burschen, die ihre Motorboote vermieteten, andere, die versprachen, einem Wasserski beizubringen (wobei ich blamabel scheiterte) und wieder andere, die allen möglichen Plunder verkauften, den keiner wirklich brauchte. Täglich wartete ich auf den Ruf des Austernverkäufers, der mit seinem Eimer den Strand auf und ab lief, und seine von Eis bedeckte Ware anpries. Pro Auster nahm er zehn Cent, geöffnet und wahlweise mit Tabasco, Zitrone oder beidem beträufelt, die man an Ort und Stelle schlürfte und dabei angeblich schlagartig seine Potenz, die Libido und was sonst noch aktiviere.

Paco und Osiris waren jedem in Rodadero ein Begriff, beide waren sie angesehene Männer, die sich in vielen Dingen auskannten, und die wiederum andere Männer kannten, die sich in noch mehr Dingen auskannten, über die man aber lieber nicht allzu viel wissen wollte.

Osiris war mit sieben Frauen liiert, mit denen er bis dahin schon vierzehn Kinder gezeugt hatte. Spaßeshalber fragte ich ihn nach den einundzwanzig Namen, die er mir dann auch alle nennen konnte, wenngleich er sich anstrengen musste. Zu seinen sieben Familien, die alle verstreut an der Küste und um die Sierra Nevada herum wohnten, hielt er Kontakt, ja bis zu einem gewissen Grad sorgte er für sie. Damals lebte er mit Marisa, Frau Nummer sieben, und drei Mädchen in Gaira, einem etwas verwahrlosten Dorf in der Nähe von El Rodadero, wo die beiden eine Pension mit Namen El Cisne (Der Schwan) betrieben.

Marisa war eine selbstbewusste junge Mutter, die ihren Haushalt ebenso souverän organisierte wie die Erziehung ihrer Kinder. Nie sah man sie im Müßiggang, immer war sie geschäftig in der Küche oder in der Waschküche oder auf dem Flachdach beim

Wäschetrocknen. Ob es daran lag, dass sie die Frau von Osiris war oder daran, dass sie dauernd arbeitete: Als erotisches Wesen trat Marisa kaum in Erscheinung. Dabei war sie eine schöne Frau, die ihre Gefühle durch sparsame Gesten und ihre Zufriedenheit mit einem anmutigen Lächeln zeigte.

Die Pension war ein ebenerdiges Gebäude an einer staubigen Dorfstraße, mit zwölf Zimmern, deren vergitterte Fenster mehr an Gefängniszellen erinnerten als an Fremdenzimmer. Durch die Mitte führte ein Flur, an dessen Ende ein ebenfalls vergittertes »Badezimmer« lag: Ein Becken mit einem Wasserhahn, ein Sitzklo und ein fast erblindeter Spiegel. In der Eingangshalle stand eine Kühltruhe, ein Geschenk Pacos, der es irgendwann leid gewesen war, solange auf ein kühles Bier zu warten, bis jemand es aus der Bar jenseits der Plaza geholt hatte. Die Kühltruhe war eine Anschaffung, die den Stellenwert der Pension deutlich erhöhte. Drei der zwölf Zimmer bewohnte die Familie Castro: Ganz vorne die Küche, dann das Kinderzimmer und im Anschluss daran das Zimmer von Marisa und Osiris.

Die im Wesentlichen von Marisa geführte Pension hatte fast nur Stammgäste: Eine vom *Altiplano** zugewanderte Familie Rivera, Vater, Mutter, zwei kleine Kinder; ein aus einer Nervenheilanstalt entsprungener Mann um die Vierzig, der betonte, lediglich ein Quartalsverrückter zu sein, der an 360 Tagen des Jahres ein ganz Lieber sei, aber an den übrigen fünf Tagen sollte man ihn besser nicht reizen. Osiris schien ihn aber auch an den Risikotagen unter Kontrolle zu halten.

Zwei weitere Zimmer waren langfristig vermietet, über den Mieter war nicht viel zu erfahren. Unter dem Siegel der Verschwiegenheit erzählte mir Osiris, die Räume seien luxuriös eingerichtet, aber der Mieter, ein Herr K. aus der Hauptstadt, habe sich in den drei Jahren noch nie blicken lassen, schicke aber pünktlich in der ersten Woche des Jahres einen Taxifahrer vorbei, der den Mietzins überbringe.

Schließlich lebten noch zwei Dirnen im El Cisne, jede in ihrem karg möblierten Zimmerchen. Alma war eine mollige Weiße, ein wenig in die Jahre gekommen, aber wie alt genau sie war, das konn-

---

* Hochebene

te einem keiner sagen. Paco bestand darauf, dass sie ihr Handwerk verstehe wie kaum eine andere. Und der hätte es wissen sollen, denn schließlich hatte er selbst monatelang in der Nachbarzelle der Señorita Alma gewohnt. Mit verzweifelter Freundlichkeit versuchte sie sich im Haus und in der Welt nützlich zu machen, sie war sogar in der Lage, amtliche Schreiben zu verfassen, was auf eine gewisse Schulbildung schließen ließ. So war es nur folgerichtig, dass Osiris sie zur Sekretärin der Pension befördert hatte.

Die andere hieß Nati, eine junge Mulata, auch keine Schönheit, aber von angenehmem Wesen. Sie half Marisa bei der Küchenarbeit, sie passte auf die Kinder auf und, so Osiris, sie lasse sich ausnahmslos von jedem Mann begatten, von pubertierenden Jungen, von Krüppeln und von Greisen, die es auf die alten Tage noch einmal wissen wollten, wobei sie mit ihren dicken Lippen schon so manches Väterchen erweckt habe. Noch nie habe sich ein Kunde beschwert, dass Nati ihm nicht gutgetan habe. Die meisten Männer von Gaira begrüßten es sehr, dass sie sich im El Cisne wahlweise für ein paar Pesos einen blasen oder runterholen lassen konnten.

Osiris versicherte mir, dass er von den Damen außer der normalen Monatsmiete kein Geld annehme, er sei schließlich kein Chulo! An den häufigen Verweisen zur Erotik ist zu erkennen, dass Kolumbien, insbesondere die karibische Küste ein von sexueller Energie aufgeladenes Land ist. Nirgendwo sonst auf meiner Reise lauerte die Sexualität so dicht hinter der Fassade christlicher Moral. Mir war, als ob parallel zum sozialen, ein ebenso enges erotisches Netz geknüpft war. Dem vom Klima oder der Natur übererregten Männchen boten sich viele Möglichkeiten der Triebabfuhr. Mädels wie Alma und Nati spielten dabei ihre Rolle. Jeder Mann, jede Frau habe das Grundrecht, einmal am Tag »geliebt« zu werden, und jede Partei, die den Kolumbianern das nicht zugestehen wolle, habe keine Chance beim Volk. Das war Osiris' Credo, und ich habe in Kolumbien niemanden kennengelernt, der dem widersprochen hätte.

Das Einkommen aus der Pension reichte nicht aus, um sieben Familien durchzubringen. Also war Osiris immer auf der Suche nach kleinen Jobs, mit denen er sich etwas hinzuverdienen konnte. In Gaira galt er als zuverlässiger Allrounder: Buschführer, Pensionsbetreiber, Schmuggler, Hahnenzüchter und Fischer. Zuweilen fuhr er mit Alvaro hinaus aufs Meer, an manchen Tagen war er an der Ausbeute eines Schleppnetzes beteiligt, das vormittags von Fischern vor der Küste ausgelegt und gegen Abend mit guter oder weniger guter Beute an Land gezogen wurde. Tagsüber saßen junge Männer im Ausguck, einer Plattform im Schatten eines Baumes und blickten aufs Meer hinaus.

Wenn sie draußen die Flossen von Haien entdeckten, wussten die Fischer, dass jetzt die kleinen Fische in Panik in die Bucht zu entkommen suchten, ins flache Wasser, wohin ihnen die Raubfische nicht folgten. Das war dann der Augenblick, an dem alle verfügbaren Männer das Netz einholten, was bei dessen Länge und Gewicht Schwerstarbeit bedeutete. Erst ganz zum Schluss, wenn der durchhängende Bauch des Schleppnetzes auf dem Strand lag, sahen sie, wie der Fang ausgefallen war. Dann teilten sie die Fische unter sich auf, und ein jeder machte sich auf den Weg zum Markt oder, wenn hungrige Mäuler daheim warteten, nach Hause zu Frau und Kindern.

Die am besten bezahlte Arbeit an der Küste waren Kurierdienste für die Großfamilien, die im Marimba- oder Kokahandel tätig waren, und es gab nicht viele Männer, die es sich leisten konnten, solche Jobs auszuschlagen.

Ein Nachbar von Osiris züchtete Kampfhähne. Im Zentrum von Gaira gab es eine Hahnenkampfarena, wo zweimal die Woche die Corrida des kleinen Mannes ausgetragen wurde. Mehrmals habe ich Osiris zu Hahnenkämpfen begleitet, zuweilen selbst auf einen Hahn gewettet. Ich empfand wie die Kolumbianer, das sei eine spannende Unterhaltung. Ihnen diese Kunst der Hahnenzucht und der Kämpfe aus Gründen des Tierschutzes verbieten zu wollen, stieß bei den Menschen der Karibik auf Unverständnis. Die Verbundenheit der Aficionados untereinander stiftet Solidarität und Freundschaft, was man von den Fernsehgeräten nicht behaupten kann, die man den Leuten als Alternative anbietet. Paco kommentierte die *peleas de gallos* mit mildem Lächeln, mit einer Mixtur aus spanischer Stierkampf-Arroganz und Desinteresse. Mich hingegen faszinierten die Vögel mit den langen Klingen an den Spornen, ihre Luftsprünge und Volten, ihr unübersehbarer Wille, den anderen zu besiegen, ihr Kampf auf Leben und Tod; und die erhitzten Köpfe der Männer, die auf den einen oder anderen Hahn gewettet hatten, die sich während der Kämpfe leidenschaftlich gebärdeten, die brüllten, als ginge es um ihr Leben. Für einen der Hähne endete die Geschichte fast immer mit dem Tod. Die Klingen sind scharf, und so ein Hahn verträgt nicht viel, meist reicht ein einziger Dolchstoß, um sein Schicksal zu besiegeln.

Wie überall auf der Welt hinterließen auch diese Kämpfe Gewinner und Verlierer. Solange wir in Gaira bei Osiris und Marisa wohnten, fühlten wir uns sicher, und solange wir dort waren, ermangelte es der Familie Castro materiell an nichts. Für Osiris und Marisa war es ganz sicher eine unbeschwerte Zeit.

Nach einer Woche machte Paco sich gemeinsam mit Toni auf den Weg nach Peru. Toni war der Chemiker, der das Kokain, das wir nach Europa schmuggeln wollten, herstellen sollte. Auch er wohnte mit seiner Familie in Gaira, ohne feste Arbeit, aber mit der Last, Essen für alle, Schulgeld für die Kinder und den Unterhalt der Alten zu organisieren. Krankenversicherungen, Rente, Sozialhilfe und dergleichen gab es damals in Kolumbien zumindest für die Unterschicht nicht, und ich bezweifle, dass es das heute flächendeckend gibt. Der Auftrag, den Paco ihm erteilt hatte, nämlich sechs Kilo Koks aus zwanzig Kilo Kokapaste zu synthetisieren, wofür er schon einen Vorschuss bekommen hatte, war für Toni und seine Familie Gold wert. Er dürfte Mitte vierzig gewesen sein, und seine Kenntnisse in Chemie sicherten ihm das Überleben in den schwierigen Zeiten, da der Staat und die Familie Escobar einen Krieg gegeneinander führten, bei dem der kleine Mann an der Peripherie leicht unter die Räder beziehungsweise in den Kugelhagel geraten konnte. Das galt natürlich auch für Paco und Osiris, wenn sie sich zu sehr exponierten. Die Escobars kontrollierten den Markt, sie hatten ihre eigenen Labore und Leute wie unser Toni waren schneller liquidiert als ihr Koks getrocknet. Paco und Toni flogen in einer einmotorigen Cessna – der Pilot war ein Fluglehrer aus Cali, den Paco einmal in Bogotá kennengelernt hatte. Der Flug nach Peru verlief ohne Zwischenfall. Um die Kokapaste an Bord zu nehmen, mussten sie auf einer in den Bergen versteckten Piste landen, wo man sie schon erwartete. Nach wenigen Minuten war die Ware geladen und bezahlt, und sie traten voll betankt den Rückflug an. Der erste, keinesfalls gefahrlose Teil, war somit geschafft. In den folgenden Tagen verwandelte sich das Wohnzimmer von Tonis Haus in Gaira in ein Chemielabor. Um von der Paste Base, und um von der Base Kokain herzustellen, sind mehrere chemische Schritte notwendig, die Toni, sobald er die Chemikalien hatte, beherrschte. Eines Tages stank es im Viertel so penetrant nach Äther, dass sich die Nachbarn beschwerten, und Paco jeden Anwohner mit einem Zwanzigdollarschein besänftigen musste. Aber am Ende hatte Toni sechs Kilo Kokainhydrochlorid synthetisiert, ein Stoff, der von Fachleuten als erstklassige Ware eingestuft wurde.

Noch während Toni im »Labor« beschäftigt war, bereitete Paco eine Expedition ins Land der Indios vor. In Gaira lebte eine Familie Aregocés, deren Mutter eine Indio vom Stamm der Arhuacos war. Alejandro, ihr Mann, war ein guter Kumpel von Osiris. Er erbot sich, uns in die Sierra Nevada de Santa Marta zum Stamm seiner Frau zu führen. Das klang spannend, und so wurde das Koksgeschäft vorerst hintangestellt. Zu siebt brachen wir von El Rodadero aus auf. Paco hatte sich bei einem Bekannten einen Landrover geliehen, mit dem wir den ersten Teil der Strecke von Gaira bis nach Valledupar zurücklegten. Das nahm einen ganzen Tag in Anspruch. Das Bergland war Sperrgebiet für Nichtindigene, also benötigten wir eine Sondererlaubnis seitens der Indiobehörde. Dort erfuhren wir am nächsten Morgen, dass in der Sierra Nevada Marihuana und Koka angebaut werden, dass es vergangenen Monat bei einer Schießerei zwischen Drogenpflanzern und Indigenen zwei Tote gegeben habe und dergleichen nicht gerade vertrauenerweckende Geschichten mehr. Sogar von Guerillakämpfern war die Rede, die große Teile des Bergmassivs kontrollierten und die zuweilen Leute entführten, die ihnen über den Weg liefen.

Wir hatten also vor, ein Krisengebiet zu durchqueren, und da war es ratsam, sich zuvor zu informieren. Ein Schmiergeld war für die Genehmigung und den Stempel ebenfalls fällig. Der Weg in das vom Dschungel bewachsene Tal, an dessen Ende wir das Indiodorf zu finden hofften, endete für den Jeep an einer Missionsstation. Dort wurden wir von einem französischen Pater misstrauisch beäugt und ausgefragt. Offenbar war es ihm nicht recht, dass ein Trupp von Freaks, wie wir es in seinen Augen wohl waren, sich auf den Weg zu »seinen« Indios machte. Wir waren die erste Multikulti-Gesellschaft, die vor seiner am Rande des Urwalds gelegenen Station auftauchte: Alejandro, der familiäre Bindungen zu dem Stamm hatte; Osiris, der selbst ein Viertel Indio war; Chiqui, eine Mulattin aus Santa Marta, die Alejandro eingeladen hatte; Paco, der Chef der Expedition; Lila, seine Begleiterin und last not least Mauricio und ich.

Ich hatte meine Kamera dabei und nahm mir vor, das Leben der Indigenen, die noch so lebten wie ihre Vorfahren, zu dokumentieren. Der Missionar sandte einen Burschen aus, der alsbald mit einem stabilen Maultier auftauchte, welches uns gegen eine Gebühr für den weiteren Weg überlassen wurde. Alejandro, der einzige halbwegs Ortskundige in unserer Truppe, war schon einmal bei den Indios gewesen, damals, als er seine Frau geholt hatte, aber das war lange her. Orientierungspunkt war der Eingang des Tales, an dessen Ende das Dorf der Arhuacos zu finden sein sollte.

Unser Einstieg in das Gebirgsmassiv lag etwa 200 Meter hoch, die Vegetation war tropisch, und der Franzose erzählte uns überflüssigerweise, dass wir mit Tigrillos rechnen müssten, die angeblich im Dschungel herumschlichen. Osiris erklärte mir, dass es sich dabei um Jaguare handelte. Über Jaguare hatte ich bislang noch nicht nachgedacht, und als ich den Fall Mauricio vortrug, der immerhin in dem Land geboren war, meinte der ganz cool: »Das sind genau die Dinge, gegen die es kein Rezept gibt. Solange wir keinem Jaguar begegnen, stellt sich das Problem nicht, und sollte doch mal einer auftauchen, dann entscheiden wir je nach Lage der Dinge, was zu tun ist.«

Beruhigend war das nicht gerade, ebenso wenig wie der Rat, den die esoterisch angehauchte Lila uns gab: »Der Jaguar ist ein Geschöpf Gottes, er tut uns Menschen nichts, sofern wir ihm nichts tun.« Bravo, fiel mir dazu bloß noch ein.

Immerhin beruhigte uns Osiris' Feststellung ein wenig, dass nämlich in der Sierra Nevada bloß eine kleinere Spezies vorkomme. Tiere, die, wie Lila schon festgestellt habe, in den seltensten Fällen Menschen angriffen. Überzeugt war ich zwar nicht ganz, aber wer damit kokettiert, ein Abenteurer zu sein, der muss sich der Gefahr ab und zu auch aussetzen.

Wir beluden das Maultier mit unserem persönlichen Gepäck. In meinem Fall war das ein Rucksack und der Kamerakoffer. Paco, der täglich ein Glas Wein oder Schnaps brauchte, stopfte eine Gallonenpulle Aguardiente in die Satteltasche. Dann verabschiedeten wir uns bei dem Missionar und machten uns auf den Weg.

Die Sierra Nevada von Santa Marta ist 5.775 Meter hoch, sie hat zwei schneebedeckte Gipfel, »Kolumbus« und »Bolivar«. Die Sierra gehört zu den am wenigsten infrastrukturell erschlossenen Gebieten Kolumbiens, man schätzt, dass noch 20.000 Indigene in den hochgelegenen Tälern leben, etwa zwei Drittel zum Stamm der Arhuacos gehörig. Als wir die Reise antraten, wussten wir so gut wie nichts über diese Menschen, die von den Chibcha abstammen sollen, einem Brudervolk der Inka. Die Goldkunst der Chibcha hatten wir in Bogotá im Museo del Oro schon bewundert. Der Aufstieg dauerte den ganzen Tag. Trotz des Schattens, den die Urwaldriesen spendeten, die auf dem Grund des Tales wuchsen, setzte uns die Hitze sehr zu. Immerhin war der Weg ebenso leicht zu erkennen wie zu beschreiten. Ab und zu mussten wir über einen breiten Bach, und weil das Muli sich weigerte, einen nach dem anderen hinüber zu tragen, blieb uns nichts anderes übrig, als die Stiefel auszuziehen, die Hosen hochzukrempeln und durch das kühle Wasser zu waten.

Um die Mittagsstunde durchquerten wir einen Talabschnitt, wo die alten Bäume gefällt waren und große Felsen den Pfad säumten oder versperrten, was uns jedes Mal zu kleinen Umwegen nötigte. Hinter einer Felsnase wurden wir plötzlich von zwei bewaffneten Männern angehalten. Alejandro gab Auskunft und hielt ihnen die von der Indiobehörde gestempelte Genehmigung unter die Nase. Dennoch entspannte sich die Lage nicht.

Wir standen in der Mittagssonne, und die beiden mit Maschinenpistolen bewaffneten Rebellen wollten uns nicht weiterziehen lassen. Sie wollten sehen, was wir in den Satteltaschen hatten. So wie sie unsere Frauen anglotzten, hatte ich den Eindruck, sie hätten auch gerne gesehen, was Lila und Chiqui unter ihren Blusen versteckt hatten. Schließlich fand Paco heraus, dass sie Analphabeten waren, nie im Leben eine Schule besucht hatten, also auch unseren Passierschein nicht lesen konnten. Die Sache konnte am Ende, wie so oft in diesem herrlichen Land, mit einigen tausend Pesos bereinigt werden, und wir setzten unseren Weg fort.

Immer tiefer drangen wir in die Berge ein. Der Pfad verlief entlang des Baches, der uns als Orientierung diente. Irgendwann begegnete uns der erste Indio. Der Mann hatte langes schwarzes Haar, bedeckt von der typischen Kopfbedeckung seines Stammes, einer Haube, aus der gleichen ungefärbten Wolle gefertigt wie der Rest seines Anzugs: Die Arhuacos kleideten sich in Leggins, Röcke, Ponchos und an den Füßen trugen sie Sandalen. Indigene, die westliche Kleidung anhatten, galten bei den »zivilisierten« Kolumbianern als dubiose Gestalten, von der Zivilisation versaute Wilde, denen man auf gar keinen Fall trauen solle. Das Paradox vom »hosentragenden Indianer«, der durch seine modische Anpassung an die kolumbianische Gesellschaft Verrat an der eigenen Kultur begehe und von daher als charakterlos eingeschätzt wurde, gehörte zu den Kuriosa, mit denen die Weißen gegenüber den Indigenen ihren Rassismus zeigten. Aber der Arhuaco, den wir unterwegs trafen, trug noch die weiße Tracht seines Volkes. Der Einzige aus unserer Gruppe, der wenigstens ein paar Worte seiner Sprache beherrschte, war Alejandro. Er unterzog den Indio einem »Verhör« und erfuhr auf diese Weise schon erste Neuigkeiten aus dem Dorf. Er fragte ihn, wie lange wir wohl noch bis zur Indiosiedlung benötigten, aber die von dem Indio bezifferten zwei Stunden entpuppten sich am Ende als sechs. Offenbar haben Menschen, bei denen die Zeit nicht die dominierende Rolle spielt wie in den industrialisierten Gesellschaften, eine andere Beziehung zu Stunden, Tagen und Jahren. Je kleiner unsere Quantifizierungen der Zeit, umso unerheblicher wird sie für die Indigenen. Sekunden und Minuten sind für sie vernachlässigbar, der große Bogen ihrer Existenz spannt sich weit, weshalb sie dem Vergehen der Tage mit tiefer Gelassenheit zusehen. Keiner der Indios im Dorf trug eine Uhr, unsere Armbanduhren betrachteten sie wie eine Marotte, wie eine Tätowierung etwa, und wenn sie unter sich waren, schmunzelten sie über den weißen Mann, diesen Sklaven seiner Zeit.

Wie elektrisiert war ich, als Alejandro uns erklärte, der Indio sei ein Medizinmann. Das rief alle möglichen Assoziationen hervor, und mein Respekt vor dem Mann stieg enorm. Zumindest so lange, bis er den Hals der Aguardienteflasche entdeckt hatte, der aus der Satteltasche herausragte. Durch eine Geste fragte er mich, der ich gerade das Muli führte, ob er einen Schluck ... Wie hätte ich dem Medizinmann einen Schluck Schnaps verwehren können! Also öffnete ich die Satteltasche und reichte dem Mann Pacos Alkoholreserve. Der schraubte sie auf, setzte sie an und trank in langen, gleichmäßigen Zügen. Ich staunte nicht schlecht, wie beherzt er das hochprozentige Zeug in seine Kehle laufen ließ, aber als er keine Anstalten machte, die Pulle abzusetzen, kamen mir Bedenken. Bis ich mir darüber im Klaren war, wie ich den Medizinmann wohl von der Flasche trennen könne, hatte er schon fast einen halben Liter intus. Da kam plötzlich Paco schreiend und gestikulierend herbeigelaufen und riss sie dem Mann vom Mund. Der grinste, leckte die Lippen und zeigte sich Pacos Aufregung gegenüber völlig unbeeindruckt.

»Bist du bekloppt?«, schnauzte er mich an. »Du kannst doch nicht einem Indianer Alkohol geben! Siehst du, was du angerichtet hast?«

»Woher soll denn ich wissen, dass er die halbe Flasche abpumpt?«, entgegnete ich entrüstet. »Damit war doch nicht zu rechnen.«

Osiris kam herbei und meinte lakonisch: »Der führt uns heute nicht mehr in sein Dorf.«

So überraschte es niemanden, dass der gute Medizinmann, der zu viel von der Medizin des weißen Mannes geschluckt hatte, sich ein lauschiges Plätzchen im Schatten eines Felsens suchte und sich hinlegte, um sich alsbald grunzend und schmatzend in einen tiefen Rausch zu verabschieden.

»Da haben wir den Salat«, sagte Paco, der ihn die ganze Zeit im Auge behalten hatte. »Was machen wir jetzt mit ihm?«

»Keine Ahnung«, entgegnete ich. »Aufs Muli schnallen.«

Inzwischen hatten sich alle Gefährten um den komatösen Medizinmann versammelt. Alejandro entspannte die Debatte schließlich: »Den lassen wir hier liegen, bis er seinen Rausch ausgeschlafen hat. Ihr werdet sehen, morgen taucht der im Dorf auf. Um den Indio müssen wir uns keine Sorgen machen.«

»Lasst ihm eine Flasche Wasser da«, schlug Mauricio vor.

Ich lief zum Bach hinunter, füllte eine leere Colaflasche und stellte sie in den Schatten.

»Und was ist, wenn jetzt ein Jaguar kommt?«, fragte ich in die Runde.

»Dann hat er ein Problem«, sagte Paco trocken und nahm mir die Zügel des Maultiers aus der Hand. Damit setzten wir unseren Weg talaufwärts fort.

Unterwegs musste ich mich der Vorwürfe Mauricios erwehren, sollte dem Indio etwas zustoßen, dann wäre es ganz allein meine Schuld. Schließlich wisse doch jeder, der schon mal einen Karl May gelesen habe, dass Indios mit Feuerwasser nicht umgehen können.

»Und sollte der Kerl an einer Alkoholvergiftung sterben, dann Gnade dir Manitou! Dann kommst du an den Marterpfahl«, frotzelte er.

Und die Moral von dem Bericht: Schnaps macht Indianer dicht!

Es war schon fast dunkel, als wir schließlich das Dorf erreichten. Geschätzte Höhe über dem Meer: 2.000 Meter. Gemessen an den fast 6.000 der beiden Gipfel, waren wir noch ziemlich weit unten. Dennoch hatte sich die Vegetation geändert, die Luft war kühler, was mich an Olinda auf Maui erinnerte. Aber im Gegensatz zu Hawaii, wo mir Stechmücken nicht zugesetzt hatten, gab es in der Sierra Nevada aggressive kleine Fliegen, die uns in Schwärmen umschwirrten und deren Stiche weder Schmerz noch Juckreiz auslösten, dafür aber die Haut anschwellen ließen. Alle Körperteile, die ich nicht abdecken konnte, wie Hände, Gesicht und Ohren, waren am nächsten Tag so geschwollen, dass ich sogar die Kamera nicht mehr bedienen konnte. Darauf waren wir nicht vorbereitet, aber erstaunlicherweise waren meine Gefährten von der Fliegenplage nicht so sehr betroffen. Zum Glück verstand sich eine der Indio-Frauen darauf, einen Wurzel-Kräutersud zu kochen, der die Schwellung ein wenig abklingen ließ.

Im Dorf, an dessen Namen ich mich nicht mehr erinnern kann, wurden wir freundlich, aber zurückhaltend empfangen. Es war ein kleines Dorf, in dem nur vier Familien lebten: vier Frauen, zwei Männer und ein Dutzend Kinder. Alte und Greise waren keine zu sehen. Das älteste Paar schätzte ich auf Mitte Fünfzig.

Die abwesenden Männer arbeiteten wochenlang auf einer mehrere Tagesmärsche entfernten Kokaplantage und kamen nur alle paar Monate für wenige Tage nach Hause. Ihre Frauen und Kinder erkannte man an den bunten Kleidern, die ihnen die Männer mitgebracht hatten. Die meisten Arhuacos trugen nämlich noch ihre traditionellen gewebten weißen Kleider. Während ihre Männer auf der Plantage für den lokalen Mafioso Kokablätter pflückten, kümmerten sich die Frauen um die kleinen Rotznasen. Das Dorf hatte eine zentrale Feuerstelle, um die herum vier fensterlose, mit Stroh gedeckte Lehmhütten standen. Der Boden war aus gestampftem Lehm, drinnen war es düster, und es wimmelte von Spinnen, Skorpionen, Mäusen und Eidechsen. Die Hütten waren unmöbliert, sofern man Hängematten nicht zu den Möbeln zählt.

Lediglich die erste Nacht verbrachte ich in einem der Häuser. Das Ungeziefer trieb mich nach draußen, und ich knüpfte mein »Bett« unter einem der Urwaldriesen auf, die in der Nähe des Baches am Rande der Siedlung wuchsen. Die Hängematten der Arhuacos gehörten in Größe und Qualität zum Besten, was ich bis dahin gesehen hatte. Die Ränder lappten weit über, sodass man sich damit zudecken konnte. Nach wenigen Tagen hatte ich mich ans Schlafen in der Hängematte gewöhnt. Das Hintergrundgeräusch, das uns die nächste Zeit begleiten sollte, war das Plätschern des Bergbachs, der jahrein-jahraus gleich viel Wasser führt. Wie der Name Sierra Nevada schon sagt, waren die beiden Gipfel ganzjährig mit Schnee bedeckt. Das Schmelzwasser war kalt, aber nicht zu kalt zum Schwimmen, sodass wir täglich darin badeten und uns wuschen. Hoch oben in den Baumkronen schwankten die Nester einer Webervogelkolonie im Wind.

Zwei Tage nach unserer Ankunft tauchte endlich auch der Medizinmann auf. Offensichtlich war er weder an einer Alkoholvergiftung zugrunde gegangen, noch von einem Jaguar verspeist worden. Er strahlte vor Freude, und erzählte jedem, der es hören wollte, was der Schnaps ihm doch für selige Stunden beschert habe. Ich sah ihn später von Hütte zu Hütte gehen, offensichtlich auf der Suche nach der Schnapsflasche, aber die hatte Paco im Wald versteckt.

Die meiste Zeit hielten wir uns im Dorf auf, schauten den Indiofrauen bei ihren alltäglichen Verrichtungen zu, scherzten mit den Kindern, begleiteten die Buben zum Fischen. Und weil keiner die Sprache des anderen verstand, wurde viel improvisiert: Wir kommunizierten durch Gesten und Mimik. Ein kurzer Satz ist mir heute noch in Erinnerung, und ich habe ihn wie ein Amulett durch die Jahrzehnte getragen: Che Nako (Gib mir Wasser!). Wasser aus dem Bach war alles, was es im Dorf zu trinken gab.

Einmal machte ich mich allein auf eine Erkundung. Ich folgte dem Bachlauf und gelangte nach einer Stunde an eine verlassene Kokapflanzung, mit einer halb zerfallenen Hütte darauf. Vor der Hütte stand ein Baum, an dem gelbe Früchte reiften, die ich noch nie gegessen hatte. Wenn ich mich nicht irre, waren es Guaven. Ich roch daran, hob eine vom Boden auf und kostete. Sie schmeckte aromatisch und war sehr saftig. Also pflückte ich ein paar und nahm sie mit ins Dorf. Die Frauen pressten einen Saft daraus, der allen schmeckte. So rüstete ich eine kleine Expedition aus, um mehr von den Früchten zu holen.

Diesmal folgten wir dem Pfad und erreichten die Stelle nach einer halben Stunde. Als Träger waren zwei zwölfjährige Buben dabei, Cesar und Marco. Außerdem begleitete mich Lila, die Vegetarierin und Obstkennerin aus Hawaii. Die kleinen Indios kletterten in den Baum und warfen uns die Früchte zu. Wir ernteten ungefähr dreißig Kilo, verteilten sie in Taschen und Körbe und machten uns auf den Weg zurück. Unterwegs geschah dann etwas, was wir zuvor schon geahnt hatten: Am hellen Tag sprang plötzlich ein Jaguar aus dem Dickicht und versperrte uns den Pfad. Er zeigte seine Zähne und knurrte leise. Von der Schönheit des Tieres überwältigt, blieben Lila und ich dicht beieinander stehen. Zum Glück wussten die Jungen, was zu tun war: Einer der beiden hob einen Ast auf und streckte ihn dem Tigrillo wie ein Dompteur entgegen. Dabei bewegte er sich ruhig auf die fauchende Raubkatze zu. Gebannt beobachteten Lila und ich das Szenario. Alle Beteiligten ließen sich Zeit. Ganz so, als wolle der Jaguar sein Gesicht wahren, setzte er erst nach einer quälend langen Minute seinen Weg fort. Wir blickten ihm nach, und durch das Dickicht sah ich noch, wie er durch den Bach watete, anstatt von Fels zu Fels hinüberzusetzen. Dann lobten wir unsere mutigen Begleiter und setzen den Weg zum Dorf fort. Schon von Weitem hatten uns die Hunde gehört und kamen uns bellend entgegen. Ein heruntergekommenes Rudel Mischlinge, bei denen der Hunger das Hauptproblem ihres Daseins war. Das machte sie bissig und gefährlich. Solange die Köter sich in meiner Nähe aufhielten, blieb ich wachsam. Weitere Tiere, die zum Dorf gehörten, waren eine angeleinte Kuh, ein Dutzend Bergziegen und ein paar verwahrloste Katzen.

Eines der wenigen Zugeständnisse an die sogenannte Zivilisation war ein kleines Radio in der Hütte des »Häuptlings«. Da keiner der Indios die spanische Sprache beherrschte, hörten sie vor allem Musikprogramme. In wie weit sie sich an die regionale Musik (das sogenannte »Vallenato«) gewöhnt hatten, lässt sich schwer sagen. Der Reggae Bob Marleys, den ich ihnen abends am Feuer mit dem Kassettenrekorder vorspielte, schien ihre Herzen stärker zu berühren. Dennoch hatte ich den Eindruck, dass sie vielen Dingen, die sie bei uns zum ersten Mal sahen, skeptisch gegenüberstanden. Unter anderem entdeckte ich in einer ihrer Hütten einen kleinen »Altar«, auf dem ein Marienbildnis, zwei Kerzen, ein Plastik-Rosenkranz und ein Kruzifix lagen. Gaben, die zweifelsohne von dem französischen Missionar stammten, und die wahrscheinlich nur zusammen mit einer religiösen Indoktrination verschenkt worden waren. Ich erkundigte mich bei Alejandro, ob die Indios christianisiert seien. Der fragte den Häuptling, aber aus der Dauer der Aussprache schloss ich, dass die Frage nicht so einfach zu beantworten war. Manchmal beteten sie zum Gott der Christen, ein andermal feierten sie Feste zu Ehren ihres traditionellen Gottes Bochica.

Leider konnten wir nicht herausbekommen, was genau es mit diesem Bochica auf sich hatte. Aber auch ohne die Natur der indianischen Gottheit zu kennen, traten Paco und ich zur Gegenmissionierung an. Es dauerte nicht lange, da landeten die Insignien, die der Franzose ihnen gegeben hatte, in einem Stoffbeutel. Das Kreuz und den Rosenkranz zu vernichten, das trauten sie sich nicht. Sie befürchteten, vom Missionar dafür bestraft zu werden.

»Bestraft?«, fragte ich Alejandro.

»Na ja, nicht direkt bestraft«, übersetzte er die Worte des Familienoberhaupts. »Aber sie fürchten, wenn sie die christlichen Symbole nicht mehr hätten, gäbe es beim nächsten Besuch des padre keinen Reis, keine Kerzen und keine Seife mehr.«

So funktionierte also die Nächstenliebe. Immerhin ließ der Alte das Marienbild verschwinden, wahrscheinlich wollte er uns damit eine Freude machen. Alles in allem war es für die Indigenen eine verwirrende Erfahrung, Bleichgesichtern zu begegnen, die die Religion der Weißen ablehnten, mehr noch, die behaupteten, die Götter der Indios hätten mehr Macht als der Gott des Missionars, der, verstörend genug, zudem noch am Kreuz hing. Ich gehe nicht davon aus, dass unsere antichristliche Intervention nachhaltig war, denn dazu waren die Kommunikationsmöglichkeiten zu begrenzt.

Von allen sogenannten Segnungen der Zivilisation, die wir hinauf in die Berge gebracht hatten, waren Frotteehandtücher die begehrtesten Objekte. In den zwei Wochen, die wir bei den Arhuacos zu Gast waren, hatten alle Besucher ihre Handtücher verschenkt oder, falls noch in Gebrauch, sie den Indios versprochen.

Was mir über das Verhalten der Indios positiv im Gedächtnis geblieben ist: Sie begegneten uns auf Augenhöhe. Ihr anerzogener Stolz, von den Chibcha, einer der großen Indio-Kulturen Südamerikas, abzustammen, verbat ihnen jegliche unterwürfige Attitüde. Auch wenn sie unsere Überlegenheit in Bildung und Weltläufigkeit nicht infrage stellten: Wenn es um Gleichheit und Würde ging, so standen wir auf derselben Erde. Ihre Gastfreundschaft gipfelte in einem geschlachteten Ziegenbock, der nach ihren Ritualen geschächtet wurde. Ihre Grundnahrungsmittel waren Mais und Maniok, in Südamerika Yuca genannt. Rund um ihr Dorf hatten sie kleine Gärten angelegt, in denen Kartoffeln, Gemüse und eben Yuca wuchsen. Sie kultivierten Papayas, Avocados und Coca-Sträucher. Wenngleich die Bewohner des Dorfes vor unseren Augen keine Kokablätter kauten, war dieser Brauch dennoch bei vielen Männern verbreitet. Täglich kamen kleine Gruppen von Indios vorbei, die weiter oben im Tal lebten, die meisten von ihnen Kokakauer. Sie trugen einen Beutel mit Kokablättern bei sich, sowie eine Kalabasse mit Muschelkalk, in dessen Öffnung ein Stäbchen steckte, mit dem von Zeit zu Zeit frischer Kalk zu dem Brei in den Mund gegeben werden musste. Der Kalk diente dazu, mit Speichel vermischt, das Kokain aus den Blättern herauszulösen. Weiße Linien von den Mundwinkeln bis zu den kokagefüllten Hamsterbacken wiesen die Betreffenden als Kokagenießer aus.

Begegneten sie sich unterwegs, dann war ein eigenwilliges Begrüßungsritual angesagt: Jeder nahm einige Blätter aus dem eigenen Vorrat und stopfte sie dem anderen in den Beutel. Unterdessen murmelten sie Wünsche zur gegenseitigen Gesundheit und zur ungetrübten Erektion. Dass Frauen Kokablätter kauten, habe ich nicht beobachtet, aber das will nichts heißen. In dem Dorf, das wir damals besuchten, lebten bloß vier Frauen, und die kümmerten sich den ganzen Tag um die Kinder, die Haustiere, das Kochen und den Haushalt. Wenn sie damit fertig waren, strickten sie die schönen weißen Gewänder, die den Arhuacos ihre würdevolle Eleganz verliehen.

Den weiteren Ereignissen vorgreifend kann ich sagen, dass mir auf dem Flug nach Frankfurt die Reisetasche mit mehr als der Hälfte der Filme und dem Tagebuch abhandenkam. So ging vieles, was ich fotografiert und aufgeschrieben hatte, für immer verloren.

Nachdem wir zwei Wochen im Dorf der Arhuacos zu Gast gewesen waren, nachdem Alejandro alle familiären Dinge mit dem Ältesten geklärt hatte (ich glaube, der Alte war sein Schwager), machten wir uns auf den Rückweg. Die Familie hatte mit dem Kolumbianer vereinbart, Cesar, den zwölfjährigen Indiojungen mitzunehmen und ihn in Gaira auf die Schule zu schicken. Die Sache ging mich nichts an, und ich hielt sie anfangs sogar für gut, aber je weiter wir uns von seinem Dorf entfernten, je tiefer wir in die sogenannte Zivilisation zurückkehrten, umso deutlicher erkannte ich, dass der kleine Indio besser im Tal bei seinen Leuten geblieben wäre. Ich sehe seine Augen noch vor mir, als wir bei Ciénaga auf das Meer stießen. Der kleine Cesar hatte noch nie im Leben Wasser gesehen, welches die Größe des Bergbachs übertraf, an dessen Ufer er aufgewachsen war. Und plötzlich lag da das Karibische Meer. Der Junge sperrte die Augen auf, und seine Gedanken wanderten weit hinaus. Ich bat Paco, zum Strand zu fahren und anzuhalten. Wir kletterten aus dem engen Jeep und vertraten uns die Füße. Lila nahm den Jungen an der Hand und »taufte« ihn mit Meerwasser.

Zurück in Rodadero, begrüßte Cesar seine Tante, die er viele Jahre nicht gesehen hatte, wenngleich die Entfernung zwischen dem Indiodorf und Gaira Luftlinie kaum mehr als fünfzig Kilometer betragen haben dürfte. Als es ihm am zweiten Tag gelang, einen Leguan zu fangen, lud uns Alejandro zum Abendessen am darauffolgenden Tag ein. Der Leguan gilt in Kolumbien als Delikatesse, und weil sein Fleisch ähnlich schmeckt, wie das der Hühner, nennt man ihn auch *el pollo verde*, das grüne Hühnchen.

Die folgenden Tage verbrachten wir hauptsächlich am Strand. Paco bereitete den Kokaintransport nach Europa vor. Ich wusste nicht, wo er Kunden für die sechs Kilo Koks finden wollte, und so fragte ich ihn. Zuversichtlich meinte er, Kunden würden sich gewiss finden.

»Da, wo's gutes Kokain gibt, finden sich auch willige Nasen.«

Ich war mir da nicht so sicher. Mein zähes Koksgeschäft mit Faye hatte ich noch gut in Erinnerung. Ich hatte keine Lust, monatelang Werbung zu machen, und erst recht nicht in München oder auf Ibiza. Paco und ich besprachen die Sache, und am Ende stieg ich aus. Finanziell war er in der Lage, die Sache alleine durchzuziehen.

Er kaufte Tickets für vier Personen. Außer Paco selbst waren dabei: Antonio, ein Spanier, der das Risiko des Schmuggels auf sich nehmen wollte; Toni, der Chemiker, der das Zeug hergestellt hatte; und Osiris, den ich eingeladen hatte, mich in Deutschland zu besuchen. Inzwischen waren wir gute Freunde geworden. Last not least wollte Paco selbst mitfliegen, um sicherzustellen, dass alles reibungslos über die Bühne ginge.

Die verbleibenden Tage vertrieb ich mir damit, einige Mädchen zu fotografieren, denen man ansah, dass sie ungeduldig darauf warteten, als Frauen mit erotischen Qualitäten anerkannt zu werden. Wir ließen uns zur ein wenig abgelegenen Playa Blanca bringen, wo ich von den Strandschmetterlingen Magalil, Bianca, Neris und Christina ansprechende Fotos schoss. Von schönen Frauen, so Karl Lagerfeld, kann man nur schöne Fotos machen.

Eines Abends, wir waren einer Einladung Pacos in eine Bar gefolgt, saßen Mauricio, Osiris, Lila, Chiqui und ich beisammen und tranken Champagner. Paco, der ja mit Lila eine Schmusenummer am Laufen hatte, trank an dem Abend ein Glas mehr, als ihm guttat. So vergaß er die hohe spanische Schule und ließ sich neben Lila sitzend von einer Dirne befummeln.

Nach einer Weile wurde es Lila zu doof, und sie bat mich, sie nach Hause zu begleiten. Was bleibt einem Kavalier in so einem Fall anderes übrig? Also verabschiedete ich mich von den Freunden und begleitete Lila zum Appartement zurück. Was sich in dieser Nacht noch entwickeln sollte, muss erzählt werden, wirft es doch ein bezeichnendes Licht auf die Rolle, die Sex und Erotik in unserer angeblich so entkrampften und aufgeklärten postachtundsechziger Gesellschaft spielten.

Die Bettenverteilung im Appartement war folgendermaßen geregelt: Mauricio hatte ein kleines Zimmer, Paco und Lila das große Schlafzimmer mit dem Doppelbett, ich schlief auf der breiten Couch im Wohnzimmer. Und da Lila die ganze Zeit über mit Paco gepennt hatte, legte sie sich auch an diesem Abend ins gemeinsame Bett. Die Möglichkeit, dass Letzterer später mit der Frau aus dem Club auftauchen könnte, zog sie nicht wirklich in Betracht. Was mich anging, so war ich mir da nicht so sicher. Man durfte Paco schon einiges zutrauen, wenn man allein die Tatsache betrachtet, dass Elsa, seine Verlobte, in Bogotá an der Rezeption arbeitete, während er hier an der Karibikküste dabei war, sich im Bett mit der schönen Lila seiner Jugend zu versichern. Was die sexuelle Freiheit anging, so hatte Paco, nachdem er einmal das Ehedilemma von Madrid beendet hatte, viele seiner libertären Vorbilder überholt. Mit einer an Selbstverständlichkeit kaum zu überbietenden Chuzpe, organisierte er sich seine Rendezvous nach Lust und Laune. Eifersüchtige Frauen verstand er überhaupt nicht. Die, so seine Überzeugung, seien selbstsüchtig und projizierten ihre eigenen Probleme auf andere. Ihn allerdings als Chauvi abzutun, wie es manche Frauen versuchten, wurde ihm nicht gerecht. Denn er bemühte sich ernsthaft um ein konfliktfreies und gleichberechtigtes Verhältnis untereinander. Es wäre ihm durchaus zuzutrauen gewesen, seine

Bar-Eroberung mit zu Lila ins Bett zu bringen, nach dem Motto, *a ver que pasa*! Mal sehen was geht.

Weil es schon spät war, als Lila und ich das Appartement betraten, legte auch ich mich schlafen. Ein paar Minuten hörte ich sie noch im Bad, dann erlosch das Licht, und Stille breitete sich aus.

Ich befand mich an der Schwelle zum ersten Traum, als ich die Haustür vernahm. Es blieb dunkel, aber ich spürte, dass jemand hinüber zu Pacos Zimmer schlich. Leise öffnete sich die Tür, ich hörte Lila murmeln, dann ging die Tür ebenso geräuschlos wieder zu. Ich überlegte, wer das wohl gewesen sein könnte, Paco? Er hätte mir sicher *buenas noches* gewünscht ... Mauricio? Der war mit Chiqui zusammen und wäre mit ihr im eigenen Zimmer verschwunden. Kurz darauf ging die Tür wieder auf. Im Dunkeln tastete sich Lila zur Couch vor und schlüpfte unter meine Decke.

»Darf ich bei dir schlafen?«

»Was für eine Frage!«, sagte ich. »Was'n los?«

»Osiris.«

Das Sofa stand unter dem Fenster, und Lila krabbelte hinüber zur Wand. Sie war nackt. Kaum dass sie sich an mich gekuschelt hatte, spürte ich plötzlich eine suchende Hand unter der Decke. Da es stockfinster war, konnte Osiris nicht genau erkennen, wer wo lag. Er tastete nach Lila, aber dabei musste er über mich hinweg greifen. Da hatte er plötzlich meinen Pimmel in der Hand.

»Entschuldige, Bruder!«, murmelte er.

»*Qué pasa?*«, entgegnete ich unwirsch. »Stehst du jetzt auf Kerle?«

Gerne hätte ich sein Gesicht gesehen. Es dauerte eine Weile, ehe ich Osiris klargemacht hatte, dass Lila zumindest heute keinen Bock auf ihn habe. Seufzend und niedergeschlagen schlich er fort. Es ist mir nicht leicht gefallen, Lila, die bei mir lediglich vor dem ungestümen Osiris Zuflucht gesucht hatte, in dieser Nacht nicht zu küssen. Zumal wir im Wohnzimmer lagen und jederzeit mit weiterem Publikum rechnen mussten. Aber weder Mauricio und Chiqui, noch Paco und sein halbgarer Truthahn kamen in dieser Nacht nach Hause.

Als Paco uns am nächsten Morgen mit frischen Brötchen in der Hand aufweckte, glaubte er natürlich, sein hawaiianisches Täubchen sei ihm fortgeflattert, aber er nahm es gelassen. Umso charmanter begrüßte er Lila anschließend, die nach der Morgentoilette wieder zu ihm ins Zimmer ging. Und als sie ihm die Geschichte mit Osiris erzählte, der uns aus der Bar gefolgt war, der abgewartet hatte, bis das Licht erloschen war, der sich leise in die Wohnung und dann zu ihr ans Bett geschlichen und sie dort bedrängte hatte, und wie sie bei mir Zuflucht gesucht hatte, da grinste Paco bloß und sagte: »So sind sie halt, die Kolumbianer!«

Was die Frauen angeht, so konnte ich mich davon selbst überzeugen, als ich mit Chiqui zum ersten Mal allein daheim war. Kaum hatte Mauricio, der schon ein paarmal mit ihr in der Kiste gewesen war, Rodadero ein paar Tage in Richtung Bogotá verlassen, stellte sie unverblümt klar: »Ich möchte, dass du ihn endlich mal bei mir reinsteckst. Wüsste nämlich allzu gerne, wer von euch Europäern die hellsten Funken bei mir schlägt ...«

Wenig später wälzten wir uns auf dem Paco-Lila-Bett, wo sie röchelte, als sei ich dabei, sie zu erwürgen. Aber das war bloß ihre eigenwillige Art, zu genießen. Chiqui war eine sogenannte *morena*, eine spanisch-afrikanische Mischbraut. Sie sprach leidlich Englisch und sie hatte offenbar einen Sponsor, denn sie kleidete sich modisch und der Schmuck, den sie trug, war elegant und echt. Osiris, der Chiqui gut kannte, sagte mir, einer ihrer Gönner sei ein neureicher Marimbero*. Als ein paar Tage später meine goldene Uhr verschwunden war, die ich die ganze Zeit im Seitenfach meiner Reisetasche aufbewahrt hatte (in einem Land wie Kolumbien tragen bloß Leute mit einem Bodyguard goldene Uhren am Arm), kam eigentlich nur Chiqui als Diebin infrage. Ich stellte sie zur Rede, aber sie wies meinen Verdacht empört zurück. Am nächsten Tag hatte Osiris in Erfahrung gebracht, dass eine goldene Junghans in Santa Marta auf dem Schwarzmarkt angeboten wurde. Die Indizien gegen Chiqui wurden immer erdrückender. Als ich von Paco verlangte, die Diebin des Appartements und des Freundeskreises zu verweisen, winkte der ab. Chiqui wisse zu viel über unseren geplanten Koks-Schmuggel, ich möge gute Miene zum bösen Spiel machen und die verbleibenden Tage durchhalten. Eine Weile ging es gut, aber als mich die kleine Diebin auch noch provozierte, verlor ich die Contenance und kündigte an, sie hinauszuwerfen, soll-

* Marihuana-Schmuggler

te sie nicht augenblicklich verschwinden. Sie konterte mit ihren Beziehungen zur Familie Escobar (vielleicht kannte sie tatsächlich einen ehemaligen Chauffeur), und drohte sogar, mich umbringen zu lassen. Osiris musste intervenieren, denn ich war stinksauer. Zumal ich inzwischen wusste, dass tatsächlich sie es war, die mir die Uhr gestohlen hatte. So war ich erleichtert, als Osiris sie bei dem Juwelier in Santa Marta für tausend Dollar zurückkaufen konnte. Dennoch fand ich es unerträglich, dass Chiqui mir auch noch frech ins Gesicht grinste.

»Vergiss sie«, sagte Paco später. »So sind die Weiber hier. Jede muss eben sehen, wo sie bleibt. Viel schlimmer wäre es gewesen, wenn sie dir den Orgasmus vorgetäuscht hätte, eine bei den hiesigen Frauen verbreitete Art, sich die Männer bei der Stange zu halten. Nach dem Motto: Je dicker die Brieftasche des Galans, umso lauter die Lustschreie.«

»Diese miese kleine Hure!«, war alles, was ich dazu noch sagen konnte.

»Aber wenigstens im Bett ist Chiqui authentisch. Sie hat es nicht nötig, den Kerlen was vorzuspielen, denn kaum dass man ihr da unten den Pelz gekrault hat, kriegt sie feuchte Augen.«

Chiqui blieb die einzige unerfreuliche Personalie während unseres Kolumbienaufenthaltes, sieht man einmal von dem Lastwagenfahrer ab, der auf Mauricio und mich geschossen hatte.

Da sich Paco in den folgenden Tagen um den bevorstehenden Kokain-Schmuggel kümmern musste, verabschiedeten Mauricio, Lila und ich uns nach Bogotá. Osiris, der bei Lila noch immer keinen Stich gemacht hatte, entschloss sich spontan, die letzte Chance zu nutzen und mitzukommen.

Ganz am Ende, als wir in Gaira auf das Taxi zum Flughafen warteten, sah ich César, den jungen Indio, in Alejandros blauem Pontiac sitzen, mit seinen wunderbaren blauschwarzen Haaren, den nie zu fassenden dunklen Augen, den Blick schwermütig auf das Meer gerichtet. Ich fotografierte ihn, und schoss damit das beste Bild der gesamten Reise (die meisten gingen ja später verloren). Und ich fragte mich, was wohl aus dem kleinen Arhuaco, der noch die Gene der Chibcha-Indios in sich trug, werden würde. Fallen, in die er in der geldgeilen und gewaltbereiten Gesellschaft an der Küste hineintappen konnte, gab es zur Genüge. Zudem dünkten sich die Kolumbianer den Indios überlegen, und ich bezweifelte, dass man dem Buben je eine faire Chance geben würde, seinen Platz in der Gesellschaft der »Kultivierten« zu finden.

Im Hotel Belvedere war es dann soweit. Als ich Lila am Morgen beim Frühstück begrüßte, fiel mir ein Leuchten in ihren Augen auf. Später sagte sie mir, dass die drei Nächte mit Osiris mit zum Zärtlichsten gehört hätten, was sie je mit einem Mann im Bett erlebt habe. Schon allein deshalb bereue sie es nicht, mit uns nach Kolumbien gekommen zu sein. Vom Hotelfenster im obersten Stock beobachtete ich dann noch, wie Mauricio beim Einsteigen ins Taxi von einer Bordsteinschwalbe angegangen wurde. Sie bückte sich kurz zu ihm in den Wagen, und als sie wieder hervorkam, hatte sie seinen Geldbeutel in der Hand. Ich schrie so laut ich konnte, aber der Wind trug meine Warnung fort, und dann setzte sich das Taxi mit meinem ausgeraubten Freund in Bewegung. Als ich auf der Straße ankam, war das Nuttchen längst verschwunden. Kurz darauf klingelte das Telefon.

»Habe ich zufällig meinen Geldbeutel bei dir im Hotelzimmer liegen lassen?«

Wir blieben noch ein paar Tage in Bogotá, luden Mauricios Cousinen zum Tanzen ein und machten mit Onkel Luis einen Ausflug im Studebaker. Ehe wir am 19. Februar Bogotá in Richtung Los Angeles verließen, hatte ich mir fest vorgenommen, dieses Land und diese verrückten, liebenswerten, korrupten und sexbesessenen Kolumbianer bald wieder zu besuchen. Meinem neuen Freund Osiris kaufte ich ein Flugticket, auf dass er mich irgendwann in München besuchen käme. Er sollte früher auftauchen, als ich dachte.

In L.A. blieben wir bloß ein paar Stunden. Mit Mauricios Freund Danny, dem Rechtsanwalt, aßen wir in Beverly Hills zu Abend, anschließend brachte er uns zum Flughafen, wo wir die letzte Maschine nach San Fransisco nahmen.

Auf Maui hatte ich Mauricio berichtet, dass Paco Jorge Santana kannte und er ihn mir vorgestellt hatte, als wir Ende November in San Francisco gewesen waren. Mauricio hatte die Idee, Santana zu besuchen und ihm vorzuschlagen, erst eine Tournee durch Spanien und anschließend eine durch Deutschland zu organisieren. Damit kannte er sich schließlich aus. Als wir zu der Adresse in Daly City kamen, die Jorge Paco und mir genannt hatte, teilte uns eine Nachbarin mit, der Musiker sei kürzlich ausgezogen, wohin, das könne sie uns leider nicht sagen. Sie hatte sich aber die Telefonnummer des Agenten notiert und gab sie uns. Wir meldeten uns an und statteten dem Mann einen Besuch ab. Aber schnell wurde uns klar, dass der Typ seinen Musiker nicht vom Haken lassen wollte, auch wenn er am Erfolg der Tournee beteiligt worden wäre. Santana selbst bekamen wir nicht zu Gesicht, dessen neue Adresse wollte der Agent nicht herausrücken. Sein Versprechen, ihm auszurichten, er möge sich bei uns melden (wir hinterließen die Nummer von Hunter in Marin County), hat der Mann nicht eingehalten, denn Jorge Santana hat sich nie gemeldet, was überhaupt nicht seiner Art entsprach. Wahrscheinlicher ist, dass der Agent unsere Telefonnummer schon entsorgt hatte, noch ehe wir ins Hotel zurückgekehrt waren.

Am Morgen nahm ich Kontakt zu Hunter auf, der sich mit uns zum Lunch verabredete. Zunächst fuhren wir zum Reisebüro, wo ich Tickets für die Rückflüge nach Europa bestellte: Mauricio wollte so schnell wie möglich nach München, nachdem er fast ein Jahr in Amerika gewesen war. Lila und ich beschlossen, noch ein paar Tage in Marin County zu bleiben. Erstens gefiel es uns dort, und zweitens waren Hunter und seine Familie inzwischen umgezogen. Die Aussicht, in Lagunitas ein paar Tage mit Lila zu entspannen, hatte was. Mir gefiel auch das neue Haus, das abseits der Hauptstraße im Wald lag, umgeben von riesigen Redwood-Bäumen. Eine Besonderheit, die ich vielleicht noch erwähnen sollte: Der San-Andreas-Graben verlief quer durch das County, und es vergingen kaum drei Tage, ohne dass leichte Erdstöße zu spüren waren.

»Ohne die Geschäfte mit dem *Chinapulver* hätten Candy und ich uns die Hütte nicht leisten können. Unser neues Haus haben wir somit Paco und dir zu verdanken«, erklärte Hunter, während er mir das ein wenig abseits im Wald gelegene Studio zeigte. »Hier kannst du von jetzt an wohnen, wenn du uns besuchst.«

Das als Studio bezeichnete Gästehaus war um einen Mammutbaum herum gebaut worden, in respektvollem Abstand, sodass im Inneren ein natürliches verglastes Atrium entstand. Vorhänge oder gar Jalousien gab es nicht, weder im Haupthaus noch im Studio, sodass man nachts schon von Weitem erkennen konnte, ob jemand zuhause war. Sex im Hause der Familie James war somit eine quasi öffentliche Vorführung, an der zumindest Häher und Eichhörnchen teilnahmen. Wenn wir bei Hunter im Wohnzimmer saßen, umgeben von all den Fenstern und der Dunkelheit dahinter, und dabei waren, Heroin abzuwiegen und in Unzen abzupacken, oder wenn wir Dollarscheine zählten, dann hatte ich zuweilen das Gefühl, Uncle Sam unnötig zu provozieren. Aber Hunter beruhigte mich. Der Wald von Lagunitas sei sicher, hier schlichen nachts weder Cops noch Strolche herum.

Lila und ich quartierten uns in dem kleinen Studio ein, und kamen endlich dazu, uns näher kennenzulernen, nachdem sich dazu weder auf Hawaii noch in Kolumbien Gelegenheiten ergeben hatten. Am Ende der schönen Tage fuhr sie im Greyhound-Bus nach Lake Tahoe, wo ihr Sohn Gabriel sie erwartete. Gerne hätte ich sie wiedergesehen, aber dazu kam es nicht mehr. Unsere Wege sollten sich so bald nicht mehr kreuzen. Lila fand in Tahoe einen Job in einer Bücherei und kümmerte sich um die Erziehung ihres Sohnes. Viele Jahre lang blieben wir brieflich in Kontakt, und den Bildern, die sie von Zeit zu Zeit schickte, konnte ich ersehen, dass sie mit 38 noch fast so frisch aussah wie mit 24, eine sanfte und schöne Frau, an die ich gerne zurückdenke.

Am 25. Februar nahm ich den Nachtflug der Lufthansa über die Polarroute, nonstop von Los Angeles nach Amsterdam. Ich erinnere mich, dass, als es hell wurde, Island und die Nordsee dick in Wolkenwatte gepackt waren. Der Landeanflug setzte weit draußen über der Nordsee ein, und als wir in den grauen Leib des Nebels tauchten, wurde mir bewusst, wie viel blindes Vertrauen der Passagier eines Fliegers heute in die Piloten setzen muss, denn wer kennt sie schon, die Menschen, denen er sein Leben anvertraut?

Aber dann fiel mir ein, dass es im Straßenverkehr dasselbe ist, da vertraut man auch jedem Entgegenkommenden, dass er seinem Leben nicht ausgerechnet hier und heute und mit dir ein Ende setzen möchte.

Nach einer halben Stunde im Sinkflug durch den Nebel tauchte wie aus dem Nichts die Landebahn auf, und Sekunden später berührte der riesige Vogel die Erde. Es kam mir noch immer wie ein Wunder vor. Mit der nächsten Maschine flog ich weiter nach München. In Riem angekommen hatte ich die ganze Erde umrundet, und fragte mich, was das wohl bedeutete? Machte das einen besseren Menschen aus einem? Hob einen die Erdumkreisung in eine neue Adelsklasse? Oder war es eine dieser Täuschungen, die unter »höher, weiter, schneller, reicher« den Menschen einen Sinn vorgaukeln, der sich nirgendwo ableiten lässt? In Gräfelfing begrüßte ich Lisa und unseren kleinen Santiago mit Küssen, und am Abend kam Mauricio vorbei. Dennis und Martina hatten sich auf Ibiza niedergelassen, Paco war noch in Kolumbien, dabei, den Kokainschmuggel zu organisieren, täglich erwartete ich Nachricht von ihm.

2.7 Osiris

Sollte ich damals gehofft haben, dem europäischen Winter ganz zu entgehen, so wurde ich enttäuscht. Mitte März lag München noch unter einer Schneedecke, und es war bitterkalt. An einem Sonntagmorgen klingelte es ungewöhnlich früh. Wir lagen noch im Bett. Lisa ging hinüber zum Küchenfenster, um nachzusehen, wer Einlass begehrte. Kurz darauf war sie zurück.

»Sieh du mal nach. Da draußen steht ein Indianer am Gartentor ...«

Einigermaßen neugierig kroch ich aus dem Bett. Das Fenster war voller Eisblumen. Auf der schneebedeckten Straße vor dem Haus hielt ein Taxi, und am Tor stand fröstelnd Osiris, der, mit einer dünnen Lederjacke bekleidet, ein sorgenvolles Gesicht machte.

»Osiris, mein Bruder!«, rief ich, nachdem ich das Fenster geöffnet hatte. »Wo kommst du denn her? Und warum hast du nicht angerufen?«

»Kennen Sie den Herrn?«, mischte sich der Taxler ein.

»Und ob ich ihn kenne. Das ist mein Freund Osiris aus Kolumbien.«

»Dann bin ich hier also richtig«, sagte der Mann. Seine Erleichterung war ihm anzusehen. Stundenlang war er in München herumgekurvt, ehe er unsere Straße gefunden hatte, denn alles, was Osiris sich notiert hatte, war München, die Straße und die Hausnummer. Er hatte sich nicht einmal meinen Nachnamen gemerkt.

Ich warf mir einen warmen Mantel über und stieg hinab, um das Tor zu öffnen.

»Können Sie mich bezahlen?«, fragte der Taxifahrer besorgt. »Fast zwei Stunden haben wir versucht, Sie zu finden. Bis ein Kollege in Grünwald wusste, dass es in Gräfelfing eine Malmannstraße gibt.«

»Was kriegen Sie denn?«

»Der Herr schuldet mir 126 Mark.«

»So viel ist er mir wert«, erklärte ich gut gelaunt. Dann umarmte ich unseren Freund und nahm ihm seine kleine Reisetasche ab. Man sah sofort, dass es das erste Mal war, dass Osiris eine Reise ins Ausland wagte. Seine Garderobe und das unterdimensionierte Gepäck verrieten, dass er sich vor dem Abflug in Santa Marta wenig Gedanken um die Jahreszeit und das Klima in Europa gemacht hatte.

Lisa, die vom Küchenfenster aus zugesehen hatte, kam uns mit ihrem Geldbeutel entgegen, um das Taxi zu bezahlen. Der Fahrer dankte erleichtert, verabschiedete sich, und sein Diesel ließ eine weiße Wolke auf der Straße stehen.

Während in der Küche eine Kanne Café de Colombia durchlief, saßen Lisa, Santi und ich im warmen Wohnzimmer und hörten uns eine abenteuerliche Geschichte an.

Osiris war zusammen mit Paco, Toni und Antonio von Barranquilla nach Miami geflogen. Antonio, ein Spanier, der mit Frau und Kindern in Kolumbien lebte, hatte sich entschlossen, die miserable wirtschaftliche Lage mit dem Schmuggel der sechs Kilo Koks zu bessern, die Toni hergestellt hatte. Toni checkte zusammen mit Osiris ein, Paco trat die Reise mit Antonio an. Den Miami International Airport, den bei Schmugglern berüchtigtsten aller US-Flughäfen, wollten sie im Transit passieren. Der Weiterflug nach München machte noch einen Zwischenstopp in Madrid notwendig. Möglich, dass Pacos Plan aufgegangen wäre, hätten er und Antonio die beiden Tauchflaschen (jede enthielt drei Kilo Kokain) nicht über eine Stunde vor dem Abflug am Schalter der Avianca aufgegeben. Eine Viertelstunde vor dem Einsteigen, erfuhren sie über den Lautsprecher in der Abflughalle, dass der Flug nach Miami überbucht sei, dass sich die Passagiere deshalb melden sollten. Etwa ein Dutzend Leute wurden auf den nächsten Flug umgebucht, der anderthalb Stunden später abgehen sollte. Dass das Gepäck schon mit der ersten Maschine unterwegs war, teilte man Paco nicht mit. Als die illustre Reisegesellschaft schließlich in Miami ankam, stellten sie fest, dass, Transit hin, Transit her, eine Zollkontrolle auf sie wartete. Was sie nicht wussten: Ihr Gepäck hatte nach Ankunft des ursprünglich geplanten Fluges eine Weile auf dem Gepäckband rotiert, ehe ein Mitarbeiter des Zolls sich dafür interessierte. Er hatte die Tauchflaschen vom Band genommen, um sie einer näheren Inspektion zu unterziehen. Als man sie durchleuchtete, erhärtete sich der Verdacht. Die Techniker vom Zoll zogen die Gummikappe ab und sägten einen der Druckbehälter auf. Heraus rieselte weißes Pulver. Nachdem nun zweifelsfrei fest stand, dass es sich um Kokain handelte, steckten sie den Fuß wieder auf und stellten die beiden Flaschen zurück zu den übrigen Koffern, die in der Ankunftshalle standen.

Erleichtert nahmen die Ankömmlinge ihr Gepäck auf, außer Osiris, der lediglich eine kleine Reisetasche bei sich trug. Möglicherweise hat ihn das vor der Verhaftung bewahrt. Antonio legte also seine Sachen auf den Kontrolltisch. Die scheinheilige Frage des Zollinspektors, ob er etwas zu deklarieren habe, verneinte er. Der Mann vom Zoll wünschte eine gute Reise, und Antonio nahm die Flaschen vom Tisch. Man mag sich, je nach Perspektive des Betrachters, das Gelächter beziehungsweise den Schrecken vorstellen, als beim Gang durch die Halle die Gummikappe von einer der Flaschen rutschte und Antonio eine Kokainspur hinter sich her zog. Erst als ein Zöllner ihm hinterher rief, er sei dabei, etwas zu verlieren, erkannten Antonio und Paco das Debakel. Nachdem sich auch der letzte anwesende Beamte gesund gelacht hatte, klickten die Handschellen. Toni, der wie Osiris der Verhaftung hätte entgehen können, stand wie angewurzelt dabei und starrte auf das Kokain, das er so sorgfältig synthetisiert hatte, und das jetzt auf die Fliesen rieselte. Offenbar hatten die Männer keine spontane Erklärung, wie das überhaupt möglich war, wo Paco persönlich die Konstruktion des Versteckes beaufsichtigt hatte.

Selbst während Osiris die Geschichte erzählte, konnte er sich ein Schmunzeln nicht verkneifen. Den Zöllnern in Miami war offenbar der Humor noch nicht ganz abhanden gekommen. Toni hatte Glück im Unglück: Man konnte ihm nicht nachweisen, dass er etwas mit den beiden Spaniern zu tun hatte. Der Hoffnung auf ein besseres Leben vorerst beraubt, setzte er sich in den nächsten Flieger zurück nach Kolumbien. Paco und Antonio wurden ins Gefängnis von Miami gebracht. Bloß Osiris, der sich auf die Europareise so sehr gefreut hatte, behielt die Richtung bei. Er setzte sich, ohne einen Peso in der Tasche, in die Maschine nach Madrid. Er hatte sich voll und ganz auf Paco verlassen, der sowohl genügend Devisen als auch unsere Telefonnummer und Gräfelfinger Adresse dabei hatte. Immerhin war es Osiris gelungen, uns zu finden.

Als er mit seiner makabren Erzählung ans Ende gelangte, war guter Rat teuer. Ich rief Mauricio an und bat ihn, vorbeizukommen.

Gemeinsam beratschlagten wir, was jetzt zu tun sei. Wir kamen zu dem Ergebnis, dass Mauricio nach Florida fliegen und den beiden einen Anwalt suchen sollte. Er hatte Verwandte in der Gegend, bei denen er sich Rat holen konnte. Wenige Tage später machte Mauricio sich auf den Weg.

Anwälte kennen sich mit derartigen Verfahren aus, und hinter den Kulissen wurde vereinbart, dass Antonio den Besitz des Kokains auf seine Kappe nehmen sollte und Paco, dem sonst nichts nachzuweisen war, dadurch frei käme. Nach dem er seine Mission erfüllt hatte, kehrte Mauricio nach München zurück. Es sollte ganze drei Monate dauern, ehe Paco endlich das Bundesgefängnis von Südflorida verlassen konnte. Unterdessen ging das Leben weiter, und ehe ich Paco wiedersah, ereigneten sich Dinge, über die zuvor berichtet werden muss.

Vorerst war Osiris unser Gast. Auch wenn es mit dem Schmuggel nicht geklappt hatte, ließ er den Kopf nicht hängen. Osiris war kein kleiner Junge mehr, ihm waren schon des öfteren Projekte gescheitert, er hatte gelernt, sein Schicksal zu ertragen. Zudem war er ja meiner Einladung gefolgt, und er gehörte nicht zu Pacos Schmugglertruppe. Er hätte, wäre die Sache gut gegangen, nicht einmal etwas daran verdient. Jetzt befand er sich auf Europa-Urlaub, und den wollte er auskosten. Orte, die wir immer schon mal hatten besuchen wollen, standen nun auf dem Programm. Wir führten Osiris auf die verschneite Zugspitze, wir nahmen ihn mit ins Deutsche Museum, machten einen Ausflug nach Neuschwanstein, und mehrmals besuchte ich mit meinem Freund die angesagten Nachtklubs der Stadt.

Am meisten staunte er über kleine, uns selbstverständlich gewordene Dinge. Als er zum ersten Mal einen Mann mit einem angeleinten Hund entdeckte, vermutete er, der Mann habe den Hund gefangen. Tatsächlich wäre damals an der Küste in Kolumbien kein Mensch auf die Idee gekommen, mit einem Hund spazieren zu gehen, geschweige denn, ihn dabei auch noch anzuleinen. Dann fiel ihm auf, dass überall an der Straße Verkehrsschilder standen, deren Rohre man in Kolumbien über Nacht absägen würde, um sie als Wasserleitungen daheim zu installieren. Und dergleichen mehr. Mit offenem Mund stand er in der Stadt und wunderte sich über die Disziplin der Menschen, wie sie etwa auf die »Eisenbahn« warteten, die mitten auf der Straße fuhr. Eine Rolltreppe kannte er bloß aus dem Fernsehen, und als wir die Rolltreppe am Stachus hinunter gingen, fragte er mich verlegen, ob er noch einmal damit fahren dürfe. Seine Begeisterungsfähigkeit und die vielen Unterschiede, die es bei der gesellschaftlichen Organisation zwischen Südamerika und Europa zu beobachten gab, machten den Besuch für Osiris zu einem unvergessenen Erlebnis.

»Wenn ich nach Gaira zurückkomme, werden sie es nicht glauben. Noch nie war einer von dort in Europa gewesen. Diese Reise wird mir eine Menge Respekt bei den Leuten einbringen. Wenn sie über mich reden, werden sie sagen: Das ist Osiris, der Mann, der in Deutschland war.«

Da unser Freund in Kolumbien – wovon ich mich hatte überzeugen können – ein sexuell recht aktiver Vorruheständler war (ich glaube, er war Mitte 50), wurde er nach ein paar abstinenten Tagen in Gräfelfing unruhig. So traf es sich ausgezeichnet, dass die Mutter unseres Untermieters Jorge, eine Dame aus Madrid, gerade zu Gast war. Osiris fackelte nicht lange, bezirzte die Witwe mit Serenaden und rotem Wein, bis sie von Geist und Komplimenten so berauscht war, dass sie für einen Abend und eine Nacht ihre katholische Erziehung vergaß. Irgendwann standen Jorge und Jenny bei uns in der Wohnung, und baten um Asyl.

»Wieso Asyl?«, fragte ich erstaunt.

»Weil der Osiris und meine Mutter in unserem Bett am Vögeln sind.«

Sex war für Osiris eine todernste Sache. Er war davon überzeugt, dass es ein Menschenrecht auf sexuellen Verkehr gebe, und er war so sehr daran gewöhnt, seine Sexualität auszuleben, dass er auf jeden Versuch, ihn darin einzuschränken, schmollend reagierte, ähnlich einem Kind, dem man sein Spielzeug fortnimmt. Mag sein, dass er natürlich begabt war; mag sein, dass die Vielzahl an Begattungen, die er in mehr als dreißig Jahren mit seinen sieben Ehefrauen und bei ungezählten Abenteuern hinter sich hatte, ihn zu dem guten Liebhaber machten, der er für die Frauen war. Zumindest Chiqui und Lila hatten mir berichtet, eine Nacht mit dem kleinen Kolumbianer sei zweifellos eine Sünde wert. Und Paco, der Osiris als seinen erotischen Lehrmeister bezeichnete, erzählte mir einmal augenzwinkernd, dass die Frauen, wenn sie mit ihm schliefen, sogar den Gedanken ans Heiraten vergäßen. Mir sagte Osiris einmal, dass alle Frauen zum Sex geboren seien, die Schönen wie die weniger Schönen, die Alten wie die Jungen und dass es ganz allein an den Kerlen liege, wie sie diese Quellen der Lust erschlössen. Ich schätze, eine verstörende Erfahrung für Osiris dürfte der Sex mit einer frigiden Frau gewesen sein, denn er nahm es persönlich, wenn seine Partnerin dabei weder in Ohnmacht noch in Raserei verfiel.

Was mich anging, ich hörte ihm gerne zu, wenn er über die Liebe dozierte, wenn er seine Erfahrungen weitergab, wobei er alles andere als ein Sexprotz war, der mit seinen Fickgeschichten hausieren ging. Sein Aushängeschild waren die verklärten Augen der Mädchen, nachdem sie sich vom gemeinsamen Lager erhoben. Das hatte ich zuvor bei Lila gesehen.

Schon bald nachdem er in Deutschland angekommen war, hatte er mir eröffnet, dass er kaum noch lesen könne, er benötige dringend eine Brille, ob ich ihm vielleicht zu einer solchen verhelfen könne. Wir fuhren in die Stadt. Beim Optiker ließ er sein Augenlicht prüfen, und zwei Tage danach hatte er eine Brille, die ihm stand und mit der er die Zeitung lesen konnte. Sein Dank an den Optiker war so überschwänglich, dass der gute Mann geradezu verlegen wurde, als Osiris ihn umarmte und herzte.

Gegen Ende seines Aufenthaltes in Deutschland bat er mich darum, ihn in ein Bordell zu begleiten und ihm eine schöne deutsche Frau zu spendieren.

»Wie hört sich das denn an, wenn ich zurück nach Gaira komme, und die Leute fragen mich, wie denn die deutschen Mädchen sich bei der Liebe anstellten, und ich dann zugeben muss, mit keinem einzigen deutschen Fräulein geschmust zu haben …«

Das sah ich ein. Puffs gab es in München viele, da ich mich allerdings in der Szene nicht auskannte, schleppte ich meinen Freund in eine ehemalige Tankstelle an der Landsberger Straße, die wegen der aggressiven Beleuchtung kaum zu übersehen war. Das eigentliche Bordell wurde in einem Wohnhaus betrieben, das ein wenig im Hintergrund stand. Davor lag ein Platz, wo ein halbes Dutzend Autos parkten. Wir betraten die Halle, in der die gewerbetreibenden Damen auf Kunden warteten. Da wir uns auf Spanisch unterhielten, Osiris vom Äußeren her gewiss als »Kanake« durchging, und man sich bei mir nicht so sicher war, trat automatisch Preisliste Nummer 2 in Kraft. Kanakentarif. Wir sahen uns um, wobei mein Freund die anwesende Weiblichkeit einer eingehenden Prüfung unterzog, ehe er sich für ein Schätzchen in rotem Minirock, weißem Büstenhalter und blonder Perücke entschied. Ich erkundigte mich nach dem Preis.

»Fünfzig Mark normal, Sonderwünsche kosten extra«, sagte die Frau.

»Irgendwelche Sonderwünsche?«, gab ich die Frage an Osiris weiter.

Aber der konnte mit dem Begriff nichts anfangen. Für ihn war Sex eine Einheit, ein Meer voller Möglichkeiten, wobei man nie wissen konnte, wo man eintauchte und wo man wieder heraus kam. Also erklärte ich ihm, was eine deutsche Hure unter Sonderwünschen versteht: Ohne Gummi (das war damals noch im Angebot), anal oder mit diversen Zusatzbehandlungen. Woraufhin Osiris meinte, die Frau möge ihm ihre Sonderwünsche nur nennen, er wolle sein Möglichstes tun, sie ihr zu erfüllen ...

Wir einigten uns auf »normal mit Gummi« und die beiden zogen sich über eine breite Treppe in den oberen Stock des Hauses zurück. Ich hatte vor, zu warten. Da es in dieser »Kontaktanbahnungshalle« keine Sitzgelegenheit gab, stand ich herum und überlegte, ob ich nicht lieber im Auto auf Osiris warten sollte, als eine kecke Braut mir ein Sonderangebot unterbreitete. Zufällig entsprach sie auch noch meinem Geschmack (nicht zu groß und nicht zu drall), und weil ich vor Kurzem einen antörnenden Henry Miller gelesen hatte, ließ ich mich auf das Sonderangebot ein. Sie forderte mich auf, ihr zu folgen und führte mich in ihr Zimmer: Viel Velours, gedämpftes Licht, rote Vorhänge. An das Sonderangebot erinnere ich mich komischerweise gar nicht mehr, wohl aber daran, dass ich mich wegen Osiris nicht zu lange bei ihr aufhalten wollte, und dass mir ihr Bett schmuddelig vorkam. Daher sagte ich, nachdem sie sich unten herum gewaschen hatte, und mit dem Präservativ vor mir stand, dass ich es ihr im Stehen von hinten besorgen wolle.

»Kein Thema«, entgegnete sie. »Dann legst aber noch'n Fuffi drauf.«

»Wie bitte? Für einen Stehfick einen Fuffi extra? Spinnst du?«

»Ja was bist'n du für'n Penner?«, beleidigte sie mich. »Seh ich aus wie die Mutter Theresa?«

Ich lasse mich nicht gerne verarschen, auch von einer abgebrühten Nutte nicht. Mit einem Mal törnte mich die ganze Szene dermaßen ab, der süßliche Mief in dem Zimmer, das rote Licht, die unerotische Stimme der Frau, sodass ich sie aufforderte, mir die Kohle zurückzugeben und die Geschichte zu vergessen.

»Du hast sie wohl nicht alle!«, sagte sie halb empört und halb belustigt, zog ihren Slip wieder an und verließ das Zimmer. Da ich Jacke und Schuhe schon ausgezogen hatte, kleidete ich mich an und folgte ihr. Als ich federnden Schrittes die Freitreppe hinunter ging, traf mich die Häme der unten anwesenden Frauen.

»Nikki, ist das der Typ, der keinen hochgekriegt hat?«, provozierte eine mollige Rothaarige.

»Der kriegt bloß bei Weibern mit Schleier einen Harten«, rief eine andere und löste damit allgemeine Erheiterung aus.

»Quatscht nicht so dummes Zeug!«, empörte ich mich. »Wenn ihr wollt, dann ficke ich euch eine nach der anderen, dass euch der Saft aus den Ohren quillt, ihr abgetakelten Fregatten!«

Kaum hatte ich meinen Werbetext aufgesagt, als mich von hinten starke Hände packten. Irgendwer hatte mich am Gürtel und beim Kragen und trug mich scheinbar mühelos die Treppe hinunter, an den kreischenden Damen vorbei hinaus vor das Haus. Mit einem kraftvollen Schwung beförderte mich der Muskelprotz in den Kies des Parkplatzes, wo ich mit Abschürfungen an Knie und Ellenbogen und einem Loch in der Jeans liegen blieb.

»Lass dich bloß hier nicht mehr blicken, du Scheißkerl! Andernfalls ziehe ich dir die Hosen runter und haue dir vor den Mädchen deinen runzeligen Arsch blau.«

Meine Empörung war unermesslich. So ein dummer Prolet! Ich rappelte mich auf, besah mir den Schaden, klopfte mir den Dreck von der Hose und sann auf Rache. Irgendwas würde passieren, noch heute Abend. Ich hatte keinesfalls vor, die Sache auf sich beruhen zu lassen. Ich dachte daran, den ganzen Laden abzufackeln.

Dann kam Osiris aus dem Haus. Er strahlte. Offenbar hatte ihn sein deutsches Fräulein nicht enttäuscht. Er schwärmte von ihrem Leib, ihren Bewegungen und von den erotisch klingenden Worten, die sie ihm offenbar ins Ohr geflüstert hatte. Osiris war rundherum zufrieden und bedankte sich, dass ich ihn in so ein gutes Haus geführt hatte. Unterwegs auf der Landsberger Straße in Richtung Stadtmitte kam ich endlich dazu, ihm meine Erfahrungen mit dem guten Haus zu schildern.

»Wir fahren jetzt ins *Novi Sad*. Dort kenne ich ein paar Jugos, die immer auf der Suche nach einem gut dotierten Job sind. Ich schwöre dir, die Hütte wird noch heute brennen! Das lasse ich mir was kosten!«

Da fischte mein Freund einen kleinen Grasjoint aus der Brusttasche und zündete ihn an.

»Hier, Bruder, rauch das und vergiss diese Jugos!«

Widerwillig nahm ich den Reefer. Zwei Züge später und drei Kreuzungen weiter musste ich grinsen. Über Osiris, über den Drecksack von Rausschmeißer und über unser verrücktes Leben. Anstatt zum *Novi Sad* fuhren wir ins *Sugar Shack*, wo seinerzeit die schärfsten Bienen von München summten, und wir tanzten dort bis in den Morgen.

Am nächsten Tag fuhren wir gemeinsam in den Hunsrück zu meinen Eltern. Lisa, Santi, Osiris und ich. Osiris hatte seinen Rückflug nach Kolumbien von Luxemburg aus über Nassau nach Barranquilla gebucht. Ich stellte ihn meinen Eltern vor. Mein Vater ging in den Keller und kam mit einer Flasche Moselwein zurück.

»Ich hoffe, der Kleine trinkt Wein«, scherzte er. Dabei war Osiris nicht viel jünger als er. Mutter schob zwei Fasane in die Röhre und bereitete zur Feier des Tages einen Osterschmaus. Da mein Freund bloß Spanisch sprach, musste ich ständig dolmetschen. Ich war immerhin froh, dass er meiner Mama keine Serenaden sang wie zuvor der Señora Ribera, Jorges Mutter.

Wenn ich Freunde mit zu meinen Eltern nach Dorweiler brachte, blieb es nicht aus, dass ich sie zur Burg Waldeck führte, der einzigen Sehenswürdigkeit im Ort. Dort hatten in den sechziger Jahren die ersten Open-Air-Festivals in Europa stattgefunden, die ich als Heranwachsender besucht hatte, und die mich bei meiner weiteren Lebensplanung maßgeblich beeinflusst hatten. Dort wurden am Lagerfeuer Lieder gesungen, dort wurden große Fahrten in ferne Kontinente geplant, und dort traf man immer jemanden, der einem spannende Geschichten erzählte, zur Not der Burgvogt Harry, mit dem ich seit zehn Jahren befreundet war. Die Burg Waldeck (in Wirklichkeit seit Ende des 18. Jahrhunderts eine Ruine) stand am Anfang der Karrieren von Franz Josef Degenhardt, Reinhard Mey und Hannes Wader. Man befand sich Ende der siebziger also auf historischem Terrain. Ein Hauch von Rebellion lag noch im Nebel über dem Thurnfeld. Fast eine Stunde musste ich Harrys neugierige Fragen an Osiris übersetzen. Bis ich ihm am Ende vorschlug, doch selbst einmal auf Großfahrt nach Kolumbien zu gehen.

Und weil Osiris für mich übersetzungstechnisch ein Vollzeitjob war, war ich nicht unglücklich, als endlich der Tag seiner Abreise kam. Mein Vater und ich brachten ihn nach Luxemburg zum Flughafen. Wir umarmten uns, und dann verschwand Osiris zusammen mit den anderen Passagieren. Mit sich trug er eine große Tasche voller Souvenirs, die er geschenkt bekommen hatte. Aber die schönsten Andenken an Deutschland steckten wohl in seinem Herzen.

Auf dem Rückweg in den Hunsrück fragte mein Vater: »Wie viele Frauen hat der Kleine?«

»Sieben«, sagte ich.

Das brachte den alten Förster zum Nachdenken, zumindest sagte er daraufhin nichts mehr.

2.8 Richie II

Um bei dem bisher vorgestellten Personal nicht den Überblick zu verlieren, will ich kurz rekapitulieren: Im Frühjahr 1979 lebten Lisa, Santiago und ich seit mehr als einem Jahr in der Malmanstraße zu Gräfelfing. Der kleine Santi war inzwischen anderthalb Jahre alt, auf Ibiza hatte er den Winter über Laufen gelernt. So oft es sich ergab, nahm ich ihn mit, wenn ich in der Stadt etwas zu erledigen hatte oder Besuche bei Freunden machte.

Unsere Untermieter Jenny und Jorge trennten sich und zogen aus. Unterdessen war Klaus Sturm aus der Gefangenschaft entlassen, die für ihn vor zwei Jahren auf Ibiza begonnen hatte. Seine Lebensgefährtin Andrea und er übernahmen die frei gewordene Wohnung. Klaus, der in der Gastronomie einige Erfahrung hatte, erhielt das Angebot, einen der angesagtesten Nachtclubs von München zu leiten. Der Laden, das zuvor schon erwähnte *Sugar Shack*, lag in der Herzogspitalstraße. Leute, die zu Beginn der Siebziger das *Tiffany's* frequentierten, kamen gegen Ende des Jahrzehnts ins *Belle Blue* und später ins *Sugar*.

Auch Pit hatten sie kürzlich aus dem Knast in Spanien entlassen, wo er im Winter 1975 geschnappt worden war. Und weil er eine Arbeit suchte, bot ihm Klaus einen Job im *Sugar* an, den er mehrere Jahre lang ausübte.

Enrico lebte mit Rainbow zusammen in Lohr am Main. Nach wie vor war die Musik seine Leidenschaft, und die Band *Los Hermanos* wurde immer besser, insbesondere, seit Gino den Bass im Stile eines Jaco Pastorius spielte. Nora war, wie gesagt, nach New York zurückgekehrt, und ich plante, sie dort demnächst zu besuchen.

Thomas und Wacki, Hansi und TomTom waren weiterhin bemüht, die Münchener Bohème mit guten Drogen zu versorgen; das Gleiche galt für Edi und Roman, die beiden Vorarlberger, die anspruchsvolle Kiffer im Allgäu und in Zürich belieferten, sowie für Norbert Held, den Maler, dessen Haschisch in erster Linie in Niederbayern geraucht wurde. Allzu weit her kann es also mit der Ermittlungsintelligenz der bayerischen Rauschgiftfahnder nicht gewesen sein, wenn sich die Jungs über Jahre im Geschäft behaupten konnten. Werinher bastelte weiter an seiner Karriere als Modefotograf.

Santi Gonzalo lebte mit La Merce und Söhnchen Yassir auf Ibiza, dasselbe gilt für Enrique, den heroinabhängigen Versicherungsvertreter und »Seebestatter«. Angel trieb sich seit seinem Gefängnisausbruch in Kolumbien herum, wo ich ihm bald begegnen sollte. Martina und Dennis hatten, nachdem sie aus Hawaii zurückgekehrt waren, die Verantwortung für eine Yacht übernommen, die im Hafen von Palma lag. In der Folgezeit segelten sie Luxusyachten reicher Männer über die Meere. Es sollten Jahre vergehen, ehe wir uns wiedersehen würden.

Geoffrey, mit dem ich 1976 zum ersten Mal nach Thailand aufgebrochen war, flippte auf der Welt herum, mal hörte man, er sei in Goa, dann erfuhr ich von Enrico, er lebe seit einiger Zeit auf Bali.

Paco hingegen saß noch im Knast von Miami, wo Mauricio sich darum bemühte, ihn mit der Hilfe eines Anwalts freizubekommen.

Selbst Carmen sah ich hin und wieder, denn sie hielt lockeren Kontakt zu Wacki und dessen neuer Freundin, die in der Nähe des Gärtnerplatzes wohnten.

Überraschend kam die Kunde von Richies vorzeitiger Haftentlassung. Er hatte eine neue Freundin, die ihm scheinbar Stabilität gab. Die beiden lebten am Hopfensee, wo Magdalena in einem Krankenhaus arbeitete. Dort absolvierte Richie eine Lehre als Physiotherapeut. Ich konnte ihn mir zwar schlecht als in eine Arbeitshierarchie eingebundenen Sklaven vorstellen, und musste immer an seinen Auftritt in der französischen Fernfahrerkneipe denken, aber sein Versuch eines Neuanfangs gefiel mir. Als ehemaligem Junkie muss es ihm schwergefallen sein, den Schmerz, der ihm seit seiner Kindheit die Seele verdüsterte, ohne Drogen auszuhalten. Im Gefängnis von Landsberg hatte man ihm jedenfalls keine Therapie angeboten, dort hatten sie sich damit begnügt, ihn einzusperren und seine Seele zu quälen. Immerhin hatte er die Zeit genutzt, um clean zu werden. Wie Reinhold Messner auf dem Gipfel, stand er eines Tages im Frühjahr 1979 grinsend bei uns am Gartentor, und eine schönere Überraschung als einen gesunden, freien und gut gelaunten Richie konnte es kaum geben. Wir umarmten uns, verziehen uns gegenseitig unsere Dummheiten, und Lisa machte einen Bocksbeutel auf. Richie erzählte vom Knast und davon, dass seine neue Freundin Magdalena, eine ganz liebe sei. Als ungünstig erwies sich, dass sich die Dinge zwischenzeitlich verkehrt hatten, dass nunmehr ich es war, der Heroin konsumierte, während Richie clean war. Und kein Weg der Welt ist kürzer als der eines ehemaligen Junkies in den Rückfall. Er hatte es mir gleich an den Augen angesehen, und so forderte er mich auf, auch ihn auf eine Linie einzuladen. Meine Bedenken waren schwach vorgetragen, und außerdem tun sich Freunde des Rausches sehr schwer, andere daran zu hindern, sich ebenfalls zu berauschen. Ich reichte ihm das silberne Schnupf-Flakon, und er bediente sich. So, als müsse er das Versäumte der letzten beiden Jahre nachholen, dosierte er prompt zu hoch, und nach einer halben Stunde lag er bewusstlos auf unserem Sofa. Erst am folgenden Tag war er in der Lage, nach Hause zu fahren.

Etwa einmal im Monat hatte Richie in München zu tun. Sofern ich gerade daheim war, kam er vorbei und wir schnupften Heroin zusammen. Er sprach von seiner Ausbildung zum Masseur an der Klinik, wo auch Magdalena arbeitete und von den kleinen Dingen, die es vom Hopfensee zu berichten gab. Sein neues Leben mit dem Job und den festen Arbeitszeiten stand in scharfem Kontrast zu dem an der Seite Beas, und es schwang immer ein wenig Wehmut mit, wenn er von »früher« erzählte, von Coney Island und Brooklyn, von Beverly Hills und Las Vegas, wo er überall schon gewesen war.

Richie hatte die erstaunliche Gabe, im Herzen tieftraurig zu sein und gleichzeitig nach außen einen fröhlichen Optimismus zu verbreiten. Er schien panische Angst davor zu haben, zugeben zu müssen, seine Gesundheit, die Finanzen oder irgendein Projekt nicht im Griff zu haben. Die Aufrechterhaltung der Illusion, Herr über seine Seele, sein Leben und seine Zukunft zu sein, bedeutete ihm viel, und von diesem kleinbürgerlichen Zwang zur Seelenetikette konnte er sich auch nie befreien. Obwohl ich genau spürte, dass er den Umzug von Ibiza ins Voralpenland als Niederlage erlebte, tat er so, als sei der Hopfensee das Ziel seiner Träume. Und auch Magdalena, die gewiss eine gute Frau war, lobte er so sehr, dass ich dahinter immer die Sehnsucht nach Bea hörte. Direkt sprach Richie kaum noch von ihr, und man hätte glauben können, er habe die Jahre mit Beatrice Sarro erfolgreich aus der Erinnerung getilgt. Ganz gewiss war er nicht nachtragend, niemals hörte ich ihn schlecht über sie reden. Dabei ahnte ich, wie tief das Messer eindringt, wenn Männer im Knast von ihrem Mädchen verlassen werden. Wenn ich mir heute klar mache, wie wichtig Bea für ihn war, wie stark seine Abhängigkeit von ihr, so bin ich überzeugt, dass sie in Richies Herz bis zu seinem Tod eine offene Wunde blieb. Was immer er nach der Entlassung aus dem Gefängnis unternahm, der Umzug ins bürgerliche Milieu des Hopfensees, seine Ausbildung zum Masseur, die hektisch arrangierte Beziehung zu Magdalena, all das war nur dazu da, seine Enttäuschung über den Verrat zuzudecken, den Bea an ihrer Liebe begangen hatte. Möglicherweise ahnte er damals schon, dass sie ein einfaches Mädchen aus New York war, heroinabhängig und, was ihre Gefühle anging, längst ertaubt, und dass auch sie bloß Opfer ihres Schicksals war. Vielleicht hatte er sogar die Kraft, ihr zu verzeihen. Nichtsdestotrotz, sein Schmerz blieb, und ich bin überzeugt, er erlosch erst zusammen mit seinem letzten Herzschlag. Ich spürte, dass Richie am Hopfensee nicht glücklich war.

Kurz nachdem er uns in Gräfelfing besucht hatte, machten Lisa und ich uns zu einem Gegenbesuch auf ins Allgäu. Es regnete an dem Tag, und Regen am Fuße der Berge hat etwas Beruhigendes. Richie führte uns in eine blitzsaubere Wohnung, Magda zeigte uns die fabrikneue Einbauküche und gemeinsam bewunderten wir den Blick von der Terrasse hinüber auf das Märchenschloss des eigenwilligen Königs Ludwig. Mir fiel die Finca auf Ibiza wieder ein, wo wir einst so schöne unbeschwerte Tage verbracht hatten, wo keine Gebühr für die Kanalisation zu entrichten war, wo keine Nachbarn hinter der Hecke oder dem Zaun spähten, wo hinter dem Haus die Schafe Kräuter fraßen, und wo in der Küche jede Nacht die Mäuse versuchten, an den Käse zu gelangen. Und ich musste an Bea denken, wie sie, gerade aus Amsterdam zurück, mit einem gespielten Seufzer ihren ledernen Reisesack aufs Sofa warf und im Schlafzimmer verschwand, wo sie den Leibgurt mit dem Heroin ablegte.

Richies demonstrative Fröhlichkeit am Hopfensee war zu verkrampft, um authentisch zu sein. In Wahrheit hatte da der letzte Akt der Tragödie schon begonnen. Als Lisa und ich uns verabschiedeten und den beiden versprachen, wiederzukommen, da ahnte ich, dass es kein Wiedersehen am Hopfensee mehr geben würde. Das Leben des Bürgers Alex hatte keine Zukunft in der Provinz. Dass sein Schmerz ihn aber so bald schon aus der Welt hinauswerfen sollte, das ahnte damals keiner von uns. Richie sollte das Jahr nicht überleben.

2.9 Penang

Das war die Lage an Ostern 1979, als ich mich mit Walter und Roman zu einer weiteren Reise nach Thailand verabredete. Wir flogen zunächst mit Olympic Airways nach Athen. Bei einem Reisebüro in Kolonaki kauften wir die Tickets für den Weiterflug. Zufälligerweise ging am nächsten Tag eine Maschine der Quantas nach Sydney, die in Bangkok einen Zwischenstopp einlegte. Reisen von Europa in den Fernen Osten waren in der Regel Nachtflüge, sodass man am frühen Morgen am Zielort landete.

In Thailand kamen wir in die heißeste Jahreszeit, in der das Thermometer am Tag auf mehr als dreißig Grad klettert. Wir quartierten uns im Hotel White Inn ein, welches mir Odt seinerzeit empfohlen hatte, und wo ich zuvor schon einmal mit Paco und Vicente abgestiegen war. Das Haus im englischen Landhausstil lag ein wenig abseits vom Trubel der Sukhumvit-Straße. Den Innenhof hatten die Gärtner zu einem kleinen Park gestaltet, mit Rasen, blühenden Büschen und ein paar Palmen. In der Mitte glitzerte ein Pool in der Sonne. Das Hotel war in Form eines Hufeisens gebaut, ein Fachwerkbau mit Walmdach, also ein für fernöstliche Verhältnisse ungewöhnlicher Baustil. Eine kleine Oase inmitten von *sex and drugs and business*.

Wir mieteten ein Dreibettzimmer, und als ich aus der Dusche kam, lag Walter auf dem Bett und schlief. Jetlag. Roman war ungeduldig und wollte sofort in die Stadt aufbrechen, um ein wenig von dem guten Heroin zu besorgen, von dem ich ihm erzählt hatte. Seit die Haschischgeschäfte nicht mehr liefen, hatten sich viele Kiffer auf harte Drogen eingelassen, und das sollte so manch einen von uns ins Trudeln bringen oder ganz aus der Bahn werfen. Roman und seine Freundin Edith gehörten dazu, Santi und Merce, Pierre, der Cafébesitzer auf Ibiza; von Richie und Bea war schon die Rede, Wacki, Norbert, Carmen, Christine, Werinher und ich steuerten ebenfalls auf Probleme zu. Andere dagegen waren weniger anfällig: Paco schnupfte zwar hin und wieder Kokain und Heroin, aber immer maßvoll und mit längeren Pausen dazwischen. Ähnlich handhabten Lisa, TomTom, Dennis und Walter ihren Konsum. Sie schienen stabilere Seelen zu haben. Vielleicht hatten sie mehr Respekt oder einfach Angst vor dem Tiger. Auf irgendeine Weise kämpften wir alle gegen ihn, und zehn Jahre, nachdem uns das Schicksal mit dem harten Stoff konfrontiert hatte, war klar, wer den Kampf gewonnen hatte und wer auf der Strecke geblieben war. Sozialdarwinistisch betrachtet könnte man sagen, es handelte sich um ein Ausleseverfahren, *survival of the fittest*. Aber soweit waren wir im Frühjahr 1979 noch nicht, damals lebten wir alle noch.

Roman bat mich also, mit ihm in die Stadt zu einem Dealer zu fahren und ein Gramm China White zu kaufen. Er und Walter waren zum ersten Mal in Thailand, sie kannten sich nicht aus. Da ich im Flugzeug schlecht geschlafen hatte und müde war, schlug ich vor, erst ein paar Stunden zu pennen und danach in die Stadt aufzubrechen. Roman fügte sich, und bald fiel ich in einen erholsamen Schlaf.

Es mochten wohl zwei Stunden vergangen sein, als Roman mich weckte.

»Ich hab einen Scheiß gebaut«, gestand er. »Ich wollte mir ein wenig Pulver kaufen und bin an einen Bullenspitzel geraten.«

»Was bist du?«

»Naja, die Bullen haben mir das Zeug abgenommen.«

»Was'n für'n Zeug?«

»Das Gramm Heroin, das ich mir von einem Taxifahrer gekauft hatte.«

»Immerhin haben sie dich nicht eingelocht«, stellte ich fest.

»Das nicht. Aber die Kohle haben sie mir abgenommen.«

»Wie viel?«, fragte ich.

»Alles. Die ganzen 3.000 Dollar, die ich dabei hatte«, erklärte Roman zerknirscht.

Ungeduldig war er alleine losgezogen, nachdem ich eingeschlafen war. Den nächstbesten Tuk-Tuk-Lenker hatte er gefragt, ob der ihm Heroin besorgen könne. Konnte er. Aber dem Mann erschien es profitabler zu sein, wenn er den naiven Kunden an die Polizei verriet: Erst besorgte er ihm ein Gramm, dann wurden sie von den Bullen angehalten und Roman wurde durchsucht. Sie fanden nicht bloß das Pulver, sondern auch seine Kohle. Sie begnügten sich damit, das Geld einzustecken, das Pulver durfte er behalten, dann ließen sie ihn laufen.

»Und jetzt?«, fragte ich ihn. »Haben die Bullen vielleicht deine Spur verfolgt?«

»Das glaube ich kaum. Alles, was die wollten, war mein Geld.«

Walter erwachte und wir beratschlagten, wie es nun weitergehen sollte. Unser Budget war deutlich geschmolzen, denn mit den 3.000 Dollar hatten wir kalkuliert. Nun mussten Walter und ich die Finanzierung der Reise allein stemmen.

Wir beschlossen, Bangkok am nächsten Tag zu verlassen und einen Zug nach Penang zu nehmen. Penang ist eine der malaysischen Halbinsel vorgelagerte Insel, ehemals britischer Handelsposten und kolonialer Residenzort. Roman hatte die Adresse eines Inders, der dort angeblich Heroin von noch besserer Qualität anbot als die Chinesen, bei denen ich einkaufte. Das klang zunächst einmal interessant, und so machten wir uns auf den Weg nach George Town.

Die Fahrt mit dem Southern Express, eine Art fernöstlicher Orient-Express, war warm und windig, weil im Zug Temperaturen herrschten, die ohne Deckenventilatoren und zusätzlich geöffnete Fenster unerträglich gewesen wären.

Zwischen Bangkok und Penang liegen etwa 1.200 Schienenkilometer. Der Zug wurde von zwei Dieselloks gezogen, die in den Randbezirken von Bangkok gemächlich dahin rollten, alle paar Sekunden kündigte er sein Nahen durch ein weithin hörbares Signal an. Dann räumten die Anwohner ihre Klapptische vom Bahndamm, Hunde trollten sich, und Kinder rannten schreiend neben den Schienen her. Sobald der Zug vorbei war, schlossen sich die Reihen. Auf dem Bahnkörper wurde wieder gegessen, Frauen trockneten ihre Wäsche und Kinder hüpften von Schwelle zu Schwelle.

Kaum hatten wir die Hauptstadt hinter uns gelassen, als der Zug Fahrt aufnahm und wir durch Reisfelder, Papaya-Plantagen und Bananenhaine glitten. So ging es nach Süden, vorbei an Bauernhöfen, mitten durch kleine Weiler mit unbeschrankten Bahnübergängen. In den Bahnhöfen der größeren Provinzstädte hielt der Zug eine Viertelstunde, und dann kamen Frauen auf den Bahnsteig, die Körbe und Tabletts auf den Köpfen balancierten, in denen sie den Reisenden Proviant anboten. Gut erinnere ich mich noch an die gekochten Möweneier, die in einem küstennahen Bahnhof angeboten wurden. Nestweise kauften wir sie den Frauen ab, und anschließend ernährten wir uns zwei Tage lang davon. In Haad Yai, der thailändischen Grenzstation, hatten wir wegen der Passkontrolle einen etwas längeren Aufenthalt. Zöllner bestiegen den Zug und drückten jedem Touristen ein Flugblatt in die Hand. Darauf wurde der Reisende gewarnt, keine Drogen nach Malaysia einzuführen, anderenfalls man mit der Todesstrafe rechnen müsse. Jenseits des Bahnhofs konnte ich mehrere Dutzend junger Burschen mit Rucksäcken erkennen. Kaum dass sich der Zug wieder in Bewegung gesetzt hatte, rannten sie los, sprangen auf und schwangen sich mit akrobatischem Geschick auf das Dach. Von einem Mitreisenden erfuhren wir, dass es sich um Schmuggler handelte, die irgendeine Konterbande nach Malaysia brachten. Wahrscheinlich handele es sich um gefälschte Uhren oder illegal kopierte Musikkassetten, jedenfalls nicht um Drogen, war er sich sicher, und er machte eine kurze Geste, die wohl »Rübe ab« bedeuten sollte.

»Mach vorsichtshalber schon mal dein Testament«, sagte Walter zu Roman, von dem wir wussten, dass er Stoff in der Tasche hatte. »Die Malaien machen kurzen Prozess, sollten sie dich schnappen.«

»Mal den Teufel nicht an die Wand«, entgegnete Roman irritiert. »Ich hatte in Bangkok schon genug Pech.«

»Die einen nennen es Pech, ich sage Dummheit«, setzte Walter nach, den die Geschichte mit der an die Bullen verlorenen Kohle noch immer wurmte. »Wer hier in diesen Ländern wie Malaysia oder Singapur mit Heroin rummacht, der sollte sich Gedanken über den Tod gemacht haben«, setzte er hinzu.

»Jetzt lass mal gut sein!«, mischte ich mich ein. »Mit dem Tod können wir uns in 40 oder 50 Jahren auseinandersetzen. Vorerst wird noch nicht gestorben!«

»Bist du sicher? Ich finde, wer harte Drogen nimmt, bei dem lauert der Tod gleich um die Ecke. Es gibt keinen Grund zu warten, bis man alt ist, um sich damit auseinanderzusetzen. Besser man ist drauf vorbereitet.«

»Wie willst du dich denn auf deinen Tod vorbereiten?«, fragte Roman. »Ich bereite mich lieber auf das Leben vor. Zum Beispiel, dass ich nicht mit dem Zeug geschnappt werde.«

»So wie in Bangkok!«, parierte Walter.

Um ein ernsthaftes Gespräch über dieses sperrige, weithin tabuisierte Thema zu beginnen, fehlte auch mir die Lust. Mit sterben, aufgehängt werden und dergleichen unerfreulichen Ereignissen mehr wollte ich mich nicht belasten. Roman hatte recht: Wir wollten leben, möglicherweise mit dem Schlafmohn den Seelenschmerz betäuben, aber dennoch leben.

Der Grenzübertritt nach Malaysia verlief ohne Probleme, sowohl für uns als auch für die Schmuggler auf dem Dach. Kaum in den ersten malaysischen Bahnhof eingelaufen, sprangen sie ab und verschwanden wie Wiesel in den Büschen entlang des Bahndamms. Offenbar wurde dieser kleine Grenzverkehr von den Zollbeamten toleriert, ich vermute, sie steckten mit den free-ridern unter einer Decke.

Am späten Nachmittag erreichten wir Butterworth, was für uns Endstation bedeutete. Die zwei Brücken, die Penang inzwischen mit dem Festland verbinden, existierten damals noch nicht, und ich vermute, ohne Brücken war das Leben auf Pulau Pinang beschaulicher. Als wir in Butterworth ankamen, mussten wir uns den Weg vom Bahnhof zum Fährhafen suchen. Hier legte das Schiff nach George Town auf der Insel Penang ab. Eine halbe Stunde brauchte die Fähre, die ein Dutzend Autos und geschätzte tausend Mopeds übersetzte. Ganz ohne Zweifel: In Penang war das Kraftfahrzeug der Wahl das Moped. Die Bevölkerung setzte sich zur Hälfte aus Chinesen, zu einem Drittel aus Malaien und schließlich aus Indern zusammen. Die wenigen Bleichgesichter, die uns begegneten, waren wohl die Nachkommen der Engländer, die nach dem Ende der britischen Herrschaft im Land geblieben waren.

Wir stiegen in einem von einer indischen Familie betriebenen Hotel ab, dessen Namen ich vergessen habe. Nicht vergessen habe ich die beiden Töchter: Schüchtern saßen sie draußen vor der Küche in der Hocke und wuschen Geschirr ab. Eine von ihnen war so schön, dass Walter sie vom Fleck weg heiraten wollte, aber seine Schwiegermutter in spe legte wohl die Messlatte zu hoch. Dennoch, allein die scheuen Flirts mit dem Mädchen waren meinem Freund Balsam für die Seele.

Gegen Abend machten wir uns auf den Weg zu der Adresse des Heroin-Dealers im Stadtteil Hong Seng. Das Haus lag einige Minuten abseits der Straße, und je tiefer wir in die Siedlung eindrangen, umso ärmlicher erschienen mir die Hütten. Gar nicht so einfach, die Adresse zu finden. Schließlich fanden wir das Haus, aber der Gesuchte war nicht daheim. Seine Frau riet uns, am nächsten Tag wiederzukommen.

Wir beschlossen, den angebrochenen Abend in einer Opiumhöhle zu verbringen. Unterwegs überredete ich den Rikschafahrer, sich zur Feier des Tages einmal von mir kutschieren zu lassen. Der junge Inder hatte Humor und wir wechselten Sitz und Status.

»*Where can I take you, Sir?*«, fragte ich meinen Fahrgast.

»*Anywhere you like*«, antwortete der lachend.

Kaum war ich hundert Meter weit geradelt, als uns ein Polizeiwagen entgegenkam und mich anhielt. Jetzt konnten die Beamten den Beweis ihrer Humorlosigkeit antreten. Meinen Fahrgast erwischte es allerdings schlimmer als mich. Ihm nahmen sie die Lizenz, mir schrieben sie das Knöllchen. All mein Bitten, dem Mann doch seinen Lebensunterhalt nicht zu nehmen, fruchtete nicht. Ich musste zahlen, das Fahrzeug wurde lahmgelegt, der Inder musste zu Fuß weiter.

Die rechtliche Grundlage: Ich besaß keine Rikscha-Lizenz und er hätte mich nicht an den Lenker lassen dürfen. Um seinen Kummer ein wenig abzufedern, gab Walter dem Pechvogel zehn Dollar. Dann folgten wir Roman und drangen in einen schäbigen Slum ein.

Die Opiumhöhle erinnerte tatsächlich an eine Höhle: Nicht bloß, weil sie in einer schmalen Gasse lag, sondern auch weil das Lokal ein langer, düsterer Schlauch war, dessen Eingang mehr einer Luke als einer Tür ähnelte. Man musste sich bücken, um hineinzugelangen. Der hintere Teil des Raumes war durch ein hölzernes Podest in zwei Etagen unterteilt: Unten schliefen zwei Chinesen, oben lagen zwei Kunden, die ab und zu apathisch an der Pfeife sogen.

Über eine Leiter kletterten wir hinauf. Mister Ho, der Besitzer, war ein alter Chinese mit zwei Stahlzähnen im Maul. Sein Gehilfe, ein ausgemergelter junger Bursche, brachte eine Ölfunzel ans

Brennen und forderte uns auf, es uns gemütlich zu machen. Von Gemütlichkeit konnte indes keine Rede sein, denn weder lagen Teppiche auf dem Bretterboden, noch herrschte ein Ambiente, bei dem man sich hätte wohlfühlen können. Nicht zu vergleichen mit Rashids Traumstation in Bombay. Der Raum war in drei Bereiche unterteilt: Der Vorraum, die düstere Ecke unter dem Podest und die Empore, auf der wir uns niedergelassen hatten. Vorne an der Wand hockten zwei Typen auf dem Boden, die mit einem mageren Mädchen Heroin von der Alufolie rauchten. Ich schätzte die Kleine auf höchstens vierzehn Jahre. Alles, was sie am Leib trug, waren viel zu weite Boxershorts und ein ärmelloses Hemdchen, welches seitlichen Einblick auf ihre kleinen Brüste gestattete. Die ganze Szene verbreitete eine derart ungute Atmosphäre, dass Walter vorschlug, den Laden wieder zu verlassen. Aber Roman hatte schon eine Bestellung aufgegeben, und so einigten wir uns darauf, die paar Pfeifen zu rauchen und dann *hasta la vista*. Roman und ich hatten gerade zwei Züge getan, als ich mitbekam, wie Walter mit Mister Ho in einen Streit geriet.

»Wie alt ist die Kleine?«, wollte Walter von ihm wissen.

»*You want fuck her*«, war die Gegenfrage des Chefs.

»Das ist doch ein Kind!«, empörte sich Walter.

»*Yes. Babypussy. You can fuck for fifty Ringgit.*«

Mir fiel ein, wie Walter vor Jahren einen Marokkaner vermöbelt hatte, weil ihm nicht gefallen hatte, wie der Berber seinen schwer beladenen Esel geschlagen hatte. Walter hatte ein Gerechtigkeitsgefühl, und wenn das verletzt wurde, dann war es mit seiner Nachsicht rasch vorbei. Ich sah, wie sein Kamm schwoll und wollte ihn beruhigen. Aber da war er schon auf der Leiter nach unten und im Begriff, den Besitzer des Opium-Puffs zu therapieren.

Jetzt ging alles ganz schnell. Der Chinese ging zu Boden, war aber fix genug, einen Revolver aus einer Kiste zu holen. Zu unserem großen Glück war die Trommel leer, und während er seine Patronen suchte, waren wir auf dem Weg nach draußen. An der niedrigen Luke kam es zum Gedränge, weil sich uns ein Chinese mit einem Klappmesser in den Weg stellte. Den räumte Walter mit einem Blechhocker ab, sodass wir einer nach dem anderen hinausstürzten und dabei die Lukenklappe aus den Angeln rissen. Wir fanden uns auf dem engen Gässchen wieder. Leute mit Lasten auf den Köpfen liefen vorbei, Kulis, die kleine Karren schoben, Frauen in Saris mit rehäugigen Kindern an der Hand. Ein Gemisch aus Malaien, Chinesen und Indern, alle zur Unterschicht gehörend, alle arm und in Eile. Offenbar befanden wir uns im Viertel der Gescheiterten, wo Armut Tradition hatte, wo Kinder in die Prostitution gegeben wurden, wo das Überleben kein Selbstläufer war. Die Menschen lebten in Angst, aber die Politiker in Kuala Lumpur waren eine korrupte Verbrecherbande, die obendrein die Frechheit besaßen, Menschen mit dem Tod zu bedrohen, wenn sie sich nicht an ihre strengen Drogengesetze hielten.

Hals über Kopf stürzten wir fort, und als ein Schuss fiel, waren wir schon im Strom der Passanten untergetaucht. Wir liefen so lange, bis wir außer Atem waren.

»Bist du blöd!?«, schnauzte ich Walter an. »Du bringst uns noch um mit deinem Moralgetue.«

»Hast du denn nicht mitbekommen, dass die Kleine noch ein Kind war?«

»Ehrlich gesagt, so genau habe ich sie mir nicht angesehen. Und außerdem finde ich, das geht uns gar nichts an. Ihren Klassenkampf müssen die Chinesen schon selbst ausfechten. Da sollten wir uns nicht einmischen.«

»Er hat recht«, pflichtete Roman mir bei. »Wir wollten bloß ein paar Pfeifen rauchen. Wenn du Sklaven befreien willst, dann sag uns das in Zukunft. Dann bleibe ich im Hotel.«

Das war einerseits ein jämmerliches Eingeständnis unserer Hasenherzmentalität, aber wie gesehen, zuweilen ist Feigheit die überlebensfreundlichere Strategie.

Wir liefen zu Fuß zum Hotel zurück, wo die indische Familie vor dem Haus saß und den kühlen Abendwind genoss. Unsere Geschichte schien sie zu belustigen. Wahrscheinlich aus traditionell entwickelter Schadenfreude heraus lachen die während der Jahre des britischen Empires an die Kette gelegten Asiaten, wenn dem weißen Mann ein Missgeschick passiert oder wenn er eins auf die Fresse kriegt. Immerhin hatten Roman und ich genug Humor, um in das Gelächter der Leute einzustimmen.

Am nächsten Morgen besuchten wir auf Empfehlung der Töchter des Hauses die Waterfall-Gardens, einen wild belassenen Park, der sich am Hang einer Hügelkette erstreckt, die sich im Inneren der Insel Penang ausbreitet. Am Eingang gab es einen Kiosk, wo man Getränke und Süßwaren kaufen konnte. Auf einer großen Schautafel, die man eigens für Touristen angebracht hatte, wurde man im Umgang mit den Affen belehrt. Der Park war eigentlich ein Dschungel, den man mit breiten gekiesten Pfaden zivilisiert hatte, und die Herrscher des Dschungels von Penang waren die Makaken. Und weil wir uns zu den Affenfreunden zählten, kaufte jeder von uns eine Tüte Erdnüsse.

Die ersten Affen tauchten schon auf, als wir den Eingang zum Park passiert hatten. Sie begleiteten uns im respektvollen Abstand, indem sie von Ast zu Liane, von Liane zu Ast sprangen. Wir waren noch keine fünfhundert Meter gelaufen, als wir beschlossen, mit der Fütterung zu beginnen. Kaum hatten wir unsere Erdnusstüten geöffnet, scharten sich die Tiere um uns. Die Großen hatten die Statur eines Pitt-Bulls, die Kleinen die eines Fox-Terriers, aber frech waren sie alle. Nach einer Weile wurden sie zutraulich und kamen heran. Wir warfen ihnen die Erdnüsse zu, und sie schnappten sie aus der Luft. Kaum eine erreichte den Boden. Schließlich wurden durch das Gekreisch immer mehr Artgenossen angelockt. Ich schätze, wir waren von einer Hundertschaft umgeben, als plötzlich die Stimmung kippte. Wir hatten nämlich aufgehört, sie zu füttern, und das betrachteten sie wohl als Affenschande. Immer aufdringlicher drängten sie heran, sodass wir beschlossen, uns aus dem Staub zu machen. Aber vor einer Horde Makaken macht man sich nicht so leicht aus dem Staub. Wie eine Wolke von Wespen waren sie um uns. Wohin wir uns auch wandten, die Affen waren schon da, in den Bäumen, im Gebüsch, auf den Wegen. Da es seit zwei Minuten nichts mehr zu fressen für sie gegeben hatte, wagte einer der Dreistesten einen Mundraub: Von hinten kommend sprang er Walter auf die Schulter und riss ihm den Beutel mit den Erdnüssen aus der Innentasche seines Blousons. Vor Schreck und Ärger hob Walter einen abgebrochenen Ast auf und schlug damit nach dem Übeltäter, aber der war längst auf einem Baum. Empört fing die ganze Horde laut zu kreischen an. Sie zeigten Zähne und wurden aggressiver. Vorsichtshalber bewaffneten auch Roman und ich uns mit Aststücken, die überall herumlagen. Zum Glück war die Angst der Affen vor uns größer als die unsere vor ihnen. Dennoch, auf der Hut vor einem überraschenden Angriff zogen wir uns zurück, wurden aber noch eine ganze Weile von dem aufgebrachten Affenvolk verfolgt. Den berühmten Wasserfall ließen wir unbesichtigt, und als wir endlich aus dem Dschungel heraus waren, war ich froh, dass die Konfrontation mit dem Eingeborenenvolk nicht eskaliert war. Irgendwann könnte es dem reichen Mann in den Vorstädten und Favelas ähnlich gehen wie uns im Makakenwald von Penang, dann nämlich, wenn die Armen dieser Welt keine Geduld mehr haben, auf die Erdnüsse zu warten, die ihnen die Reichen von Zeit zu Zeit hinwerfen.

Tags darauf besuchte Roman den Dealer und brachte eine Probe des Hammer-Stoffs mit. Das Heroin war grau und krümelig, aber zweifelsohne von hoher Wirkkraft. Zu einem Geschäft kam es indes nicht, da der Inder nicht viel liefern konnte. Er erhielt den Stoff in kleinen Mengen über einen Zwischenhändler. Die Strafen auf Besitz und Handel mit Heroin waren abschreckend in Malaysia, die Preise dementsprechend hoch. So begnügten wir uns damit, ein paar Gramm für den Eigenbedarf zu kaufen. Nachdem wir uns mit dem Zeug so zugedröhnt hatten, dass sich unsere Herbergsfamilie wunderte, wieso wir so viel Zeit in den Hängematten im Garten des Hotels verdösten, forderte Walter Roman und mich auf, es mit dem Heroin nicht zu übertreiben. Schließlich waren wir in heikler Mission unterwegs und sollten möglichst nicht auffallen.

Auch wenn meine Schilderungen nahelegen, dass Penang für uns der pure Stress war, so soll das nicht darüber hinweg täuschen, dass wir auf dem Nachtmarkt lecker speisten (zum ersten Mal probierte ich »tausendjährige Eier«, eine für die meisten Europäer gewöhnungsbedürftige Spezialität), dass wir gastfreundliche Menschen kennenlernten und nicht zuletzt den Rausch des guten Heroins genossen. Penang war wirklich eine Reise wert, und ich nahm mir vor, wiederzukommen.

Nach drei Tagen verließen wir George Town, im Gepäck Erinnerungen an einen angenehmen Ort mit dem Flair des Empire, als Rudyard Kipling und Joseph Conrad sich hier Inspiration holten. Den Geist dieser Epoche, zumindest aus der Perspektive der Kolonisatoren, hat Conrad in Romanen und wunderbaren Erzählungen konserviert.

Auf der Rückreise von Butterworth nach Bangkok teilten wir das Abteil mit einem Mexikaner, der in New Orleans ein Restaurant betrieb. Was immer ihn in die ideologischen Arme des Wahnsinns getrieben hatte, er entpuppte sich als militanter Rassist, und ich weiß nicht, wie ich es die ganze Reise im selben Abteil mit ihm aushielt. Er versuchte nämlich, mich davon zu überzeugen, dass »der Nigger« ein notorischer Faulenzer sei, dabei sei er verschlagen und immer darauf aus, den »Kaukasiern« Schaden zuzufügen. Er hielt es für notwendig, mich darüber aufzuklären, dass die Schwarzen seinerzeit als »Gastarbeiter« nach Amerika gekommen, aber durch zu hohe Löhne und zu viel Nachsicht im Laufe der Jahre verlottert seien. Er selbst beschäftigte früher Schwarze in der Küche, habe aber schon vor Jahren damit aufgehört, nachdem er festgestellt habe, dass sie seine Küche sabotiert hätten, etwa indem sie die Speisen versalzen oder Kieselsteinchen ins Gulasch geworfen hätten.

»Warum sollten sie so etwas tun?«, fragte ich, indem ich mich naiv stellte.

»Weil sie von Grund auf schlecht sind. Verdorbene Charaktere.«

»Da hat Gott wohl einen Fehler gemacht«, sagte ich und legte mich ins Bett, damit ich dem Wahnsinn nicht länger zuhören musste. Hier war mehr als eine dialektische Erörterung angezeigt, hier hatte ich es mit einem Mann zu tun, der therapiert werden musste. Rassismus, insbesondere militanter Rassismus ist eine Geisteskrankheit, eine tiefgreifende Verwirrung von Verstand und Gefühl, was Gewaltausbrüche wahrscheinlich macht, sollte es einmal zu einer Konfrontation kommen.

Als wir am Nachmittag des nächsten Tages in Bangkok ankamen, wollte mir der assimilierte Mexikaner noch seine Adresse in New Orleans geben, aber ich brachte die Courage auf, ihm zu sagen, dass ich kein Interesse hätte. Zuweilen spürt man beim Abschied, dass man den anderen nicht wiedersehen möchte. *Hasta la vista* wäre da bloß Heuchelei gewesen!

In Bangkok herrschte große Hitze, die Menschen warteten auf die Regenzeit. Der Straßenverkehr war an manchen Tagen mehr Stau als Bewegung. Auch ohne die exakten Messwerte zu kennen, spürt jeder, dass Bangkok ein ungesundes Klima hat, die Abgase, die Hitze, die Millionen Menschen, all das machte einem zu schaffen.

Wir mieteten einen zerbeulten Datsun und fuhren nach Chonburi, wo die chinesischen Freunde ein Pfund China White bereitliegen hatten. Wie üblich wechselten wir nach der Rückkehr das Hotel. Walter packte 250 Gramm in ein Stativ, Roman versteckte die andere Hälfte am Körper, ich half beim Pressen und Verpacken. Mein Kapital: Ich hatte die Kontakte sowohl zum Zulieferer, als auch zum Abnehmer. Zudem hatte ich die Erfahrung und das logistische Know-How. Und ich trug das wirtschaftliche Risiko allein, seit Roman sich hatte ausplündern lassen. Mit Walter und Roman hatte ich vorher eine feste Gage vereinbart, sollte es ihnen gelingen, das Zeug nach Kalifornien zu schmuggeln: jeder sollte 20.000 Dollar erhalten.

Die weitere Reise führte uns über Hongkong und Taipeh nach Tokyo. Zu einem Zwischenfall kam es in Hongkong, wo wir eigentlich im Transitbereich bleiben wollten. Das Personal forderte uns auf, von Bord zu gehen und in der Transit-Lounge auf weitere Ansagen zu warten. Im Flughafengebäude stand plötzlich eine Frau vor uns, die ein Schild in die Höhe hielt, auf dem von allen Passagieren ausgerechnet unsere Namen zu lesen waren. Was sollte das bedeuten? Wir besprachen uns kurz und kamen zu dem Entschluss, dass vorerst nur ich mich zu erkennen geben sollte, um zu erfahren, um was es denn gehe. Eine heikle Sache. Zum Glück entpuppte sich die ganze Aufregung als harmlose logistische Maßnahme der Fluggesellschaft. Air India hatte ein Problem an der Turbine festgestellt. Der Flug musste aufgrund des technischen Defekts storniert werden, unser Weiterflug wurde erst für den nächsten Tag angesetzt. Die Nacht im Hotel Imperial bezahlte die Airline.

2.10 Japan

Am Morgen danach war das Flugzeug wieder startklar. Gegen Mittag landeten wir in Taipeh, wo wir eine Stunde auf dem Chiang-Kai-Chek-Airport warten mussten, ehe es auf die letzte Etappe nach Tokyo ging. Einreise und Zollkontrolle in Japan waren unbürokratisch und höflich. Die Würde des Menschen ist in den östlichen Kulturen sehr stark mit der körperlichen Integrität verbunden. Indem man einen Mitmenschen, ohne dessen Erlaubnis berührt, fügt man ihm in China oder Japan einen Gesichtsverlust zu, und das wiegt schwer. Zumindest was das Reich der Mitte betrifft, schein da inzwischen einiges abgeglitten zu sein. Die japanischen Zöllner verzichteten darauf, insbesondere Reisende aus Europa abzutasten.

Ein Taxi brachte uns in die Stadt. Wir hatten den Fahrer gebeten, uns in einem preiswerten Hotel abzusetzen, ohne eine Ahnung davon zu haben, was man in Japan unter preiswert versteht. Das erste Haus hatte drei Sterne und überstieg unsere finanziellen Möglichkeiten. Das zweite Haus hatte gar keinen Stern, lag aber preislich auch noch über dem, was wir uns leisten konnten. Jetzt machte sich das Missgeschick bemerkbar, welches Roman in Bangkok ereilt hatte, als er sich von den Polizisten hatte ausplündern lassen. Das Geld fehlte uns nun. Als der Taxifahrer, der ein paar Brocken Englisch sprach, fragte, wie viel wir denn überhaupt dabei hätten, mussten wir ihm gestehen, dass es bloß noch hundertfünfzig Dollar waren. Das reiche in jedem Fall, um das Taxi zu bezahlen, registrierte der Mann zufrieden. Vorsichtshalber entschied er sich, uns zur billigsten Herberge zu bringen, die ihm im Großraum Tokyo bekannt war: Dem YMCA. Das lag im zentralen Stadtteil Shinjuku, verfügte ausschließlich über »Einzelzellen«, von denen jede fünfunddreißig Dollar am Tag kostete. So viel konnten wir gerade noch zusammenkratzen, und das war auch nötig, denn der Mann an der Rezeption bestand auf Vorkasse. Ich sage bewusst Einzelzellen, weil die kleinen Zimmer wirklich nicht größer als Gefängniszellen waren. Aber was blieb uns übrig? Um den Weltschriftsteller Andreas Altman einmal zu zitieren: *Niemand wird schneller bescheiden als ein Reisender!*

Wir tauschten unsere letzten Dollars in Yen, bezahlten den Taxifahrer und beglichen die Übernachtung in der Herberge. Das YMCA war nämlich kein Hotel im herkömmlichen Sinne, sondern eine nach christlicher Tradition und Sitte geführte Herberge. Der anschließende Kassensturz ließ ahnen, dass es zu einem opulenten Mahl mit Sushi und Sashimi nicht mehr reichen würde. Roman hatte in einer kleinen Seitenstraße einen Ramen-Shop entdeckt, wo es für kleine Scheine eine Nudelsuppe mit Hühnerfleisch gab. Wir konnten absehen, dass diese Suppe vorerst die letzte Mahlzeit sein würde, sollte es uns nicht bald gelingen, Geld aufzutreiben. Ich meldete ein R-Gespräch in San Francisco an. Hunter war zum Glück zu Hause und versprach, sofort tausend Dollar auf den Weg zu bringen. Zuversichtlich machten wir einen abendlichen Streifzug durch Tokyo, wobei keiner von uns eine Ahnung davon hatte, wie groß diese Stadt wirklich ist und in welchem Stadtteil wir uns befanden. Müde von den langen Wegen und von den vielen Leuchtreklamen kehrten wir zur Herberge zurück und fielen in die Betten.

Der erste Gang am Morgen führte mich zur Bank of Tokyo, wo man es mit der Japanern eigenen Höflichkeit bedauerte, dass die Überweisung noch nicht da sei, ich möge bitte am Nachmittag wiederkommen. Eigentlich hätten wir Lust auf ein Frühstück gehabt, aber keiner von uns hatte eine Idee, wie man in Tokyo ohne Kohle zu einer Schinkensemmel und einer Tasse Kaffee kommt. Walter, ohnehin ein Morgenmuffel, wurde ob seines knurrenden Magens noch muffeliger und fing erneut an, an Roman herumzunörgeln: Wieso der in Bangkok so blöd gewesen sei, sich von den Bullen sein Geld abnehmen zu lassen, wieso er überhaupt so blöd gewesen sei, die gesamte Kohle mit sich herumzuschleppen. Gegen Mittag knurrten unsere Mägen derart laut, dass ein Brainstorming angesagt war. Wir standen gerade auf einem gekiesten Platz vor dem Kaiserpalast und blickten zu einem Hot-Dog-Kiosk hinüber, als Walter ein paar kleine Scheine aus der Tasche kramte. Es reichte fast für ein Würstchen mit Sauce und Pappbrötchen, aber weil der Verkäufer Mitleid mit uns hatte, räumte er uns ein Skonto ein. Wie sich das unter Freunden geziemt, brachen wir Hotdog und Brötchen in drei gleiche Teile.

Zurück im YMCA entdeckten wir eine Band, die gerade dabei war, ihre Instrumente auf die Bühne einer Aula zu tragen. Chef der Musiker war ein junger Chilene, und jetzt erwies es sich als vorteilhaft, dass ich Spanisch sprach. *Bref:* Manolo, der Mann aus Santiago de Chile lieh uns zehntausend Yen, was auf jeden Fall ausreichte, um uns in der Nudelbude noch einmal den Bauch vollzuschlagen. Zusätzlich lud er uns am Abend zu einer Schulfete ein, bei der dreihundert Mädchen einer christlichen Oberschule so etwas wie den Abschluss feierten. Außer den Musikern, die auf der Bühne Tanzmusik spielten, waren keine Jungs eingeladen, denn der Oberlehrer legte großen Wert darauf, dass seine Backfische sich innerhalb des vorgegebenen sittlichen Rahmens bewegten. Erotische Eskapaden sollten den Erfolg der Feier möglichst nicht trüben. Keiner von uns Mitteleuropäern verstand Japanisch, und so weiß ich nicht, wie es der Chilene geschafft hat, den Oberlehrer von unserer Zuverlässigkeit zu überzeugen (vielleicht deshalb, weil Japan und das Deutsche Reich ja im letzten Krieg Verbündete gewesen waren), jedenfalls gestattete er uns, an der Veranstaltung am Abend teilzunehmen. De facto bewegten Roman, Walter und ich uns auf der Tanzfläche unter dreihundert japanischen Teenies, die am liebsten alle gleichzeitig mit uns getanzt hätten. Da sie blau-weiße Schuluniformen trugen, waren sie schwer auseinanderzuhalten, sodass ich nach einer Weile nicht mehr wusste, mit welcher der jungen Damen ich schon einmal getanzt hatte und mit welcher nicht. Von der frivolen Rolle, die japanische Lolitas in der dortigen Gesellschaft spielen, besser gesagt, generell von den Spielarten, die den Sex der Japaner für uns Europäer so rätselhaft erscheinen lässt, wussten wir damals noch nichts. Wir mussten dem Lehrer versprechen, den Mädchen nicht zu nahe zu treten (was immer das heißen sollte), und dieses Versprechen gaben wir ihm spontan und etwas voreilig.

Im Verlauf des Abends entspannte sich die Lage, der Oberlehrer und seine anwesenden Kolleginnen lockerten die Überwachung, und Japan traute sich näher an Europa heran. Als die Band dann eine Serie von Slowfoxes und Blues spielte, wollten es die Kesseren unter den Mädchen wissen: Sie schmiegten sich so fest an, als handele es sich um einen Vorbereitungskurs zur Eheanbahnung.

Dass auch wir Gefallen an den kleinen Japanerinnen fanden, muss nicht eigens betont werden!

Irgendwann machte mich Walter darauf aufmerksam, dass Roman fehlte. Das fiel auf. Dass mit ihm auch ein Mädchen verschwunden war, konnte nicht so leicht bemerkt werden, schließlich flatterten hunderte dieser Schmetterlinge auf der Tanzfläche umher. Aber da wir dem Lehrer unser Wort gegeben hatten, seinen Schülerinnen nicht auf die Pelle zu rücken, und keinen Ärger riskieren wollten, beschloss Walter, sich auf die Suche nach unserem Alpencasanova zu begeben.

Nach zehn Minuten war er zurück. Wie befürchtet, hatte er ihn samt Begleitung in seinem Zimmerchen gefunden, unter welchen Umständen, das verkniff er sich, aber seine Miene sagte alles. Grinsend tauchten nach einer Weile auch Roman und die junge Dame auf, deren Fehlen zum Glück unbemerkt geblieben war. Nennen wir sie Shimamoto.

»Sie hat mir den Namen eines Parks aufgeschrieben. Da will sie morgen mit zwei Freundinnen hinkommen. Wenn wir wollen, können wir sie dort treffen. Im Yogi-Park, oder so ähnlich.«

Die Mädchen hatten in der Schule Englisch gelernt, das heißt, die Kommunikation klappte recht gut. So verbrachten wir den Abend, soweit wir nicht tanzten, im Gespräch, wobei wir Fragen nach der Mode, nach der Musik und nach den in Japan gerühmten Sehenswürdigkeiten unserer Heimat beantworten mussten. Das Schulfest endete abrupt: Der Lehrer trat ans Mikrofon, verkündete den Zapfenstreich und binnen zehn Minuten hatte sich der Saal geleert. Walter, der sich Frauen in der Regel scheu näherte, war von der zärtlichen Spannung, die hinter den sparsamen Worten und den sanften Berührungen beim Tanzen entstanden war, positiv traumatisiert.

»Ich glaube, ich habe mich in die Kleine mit dem Bubikopf verliebt«, sagte er am nächsten Morgen.

»Was hast du?«, spottete Roman. »Ich denke, du trägst zu enge Unterhosen. Das ist alles.«

Beleidigt wandte Walter sich ab. Es gibt eben Gefühle, die kann man schlecht kommunizieren.

Als wir gegen Mittag die Herbergslobby durchquerten, rief uns der Rezeptionist an sein Pult. Er bat uns, die Zimmermiete für den nächsten Tag zu entrichten. Ich war gezwungen, einen Offenbarungseid zu leisten und vertröstete den Mann auf den Nachmittag; erst wolle ich zur Bank, um zu sehen, ob das Giro von Hunter zwischenzeitlich eingetroffen war.

Das war nicht der Fall. Mit gespieltem Bedauern verwies die Dame am Bankschalter mich auf morgen. Zur verabredeten Zeit erreichten wir zu Fuß den Yoyogi-Park. Es schien, als sei ganz Tokyo an diesem Tag auf die Idee gekommen, den Park zu besuchen. Alle zwei Schritte lagerte eine Familie auf dem Rasen, aber niemand schien sich an der Enge zu stören. Was uns enttäuschte, war die Tatsache, dass Roman am Vorabend mit dem Mädchen keinen konkreten Treffpunkt ausgemacht hatte. Der Park war groß, wie hätten wir die drei Teenies finden sollen? Nachdem wir zwei Stunden herumgelaufen waren, gefühlt jede zweite Familie in Tokyo mit einem »*Kon-nichi-wa*« und der obligatorischen Verbeugung gegrüßt hatten, gaben wir es auf. Ehe die Bank Feierabend machte, vergewisserte ich mich erneut, dass das Geld noch nicht da war.

Reichtum ist eine Eigenschaft und Armut ebenso. Ein Mann ohne Geld und ohne Kreditkarte ist ein Wirtschaftskrüppel. Wer die Fähigkeit verliert, zu konsumieren, der gilt nicht viel in der Wohlstandsgesellschaft, das war in Japan nicht anders als in Europa oder den USA. Wie ein ertappter Kleinganove trat ich gegen Abend an den Tisch der Rezeption und machte ein Geständnis. Zum Glück war der strenge kleine Herr vom Vormittag nicht mehr da, sondern eine ältere Dame, die mich scharf ins Auge fasste, dann aber bestimmt entschied, wir dürften bleiben, aber morgen, bitte sehr, müssten wir zahlen.

Nachdem diese Hürde genommen war, beschlossen wir, das Badehaus der Herberge zu besuchen. Unser chilenischer Freund Manolo hatte uns das Sentō empfohlen. Wir fragten uns durch und fanden es im zwölften Stock. In Europa würde man es als Wellness-Center bezeichnen. Zu unserer Überraschung waren wir dort allein, als wir eintraten. Das Bad bestand aus einem großen gekachelten Raum, an dessen rechter Seite ein Dutzend kleine Hocker vor je einem Wasserhahn standen. Gegenüber gab es Duschen und am hinteren Ende war ein zwei mal zwei Meter messendes Becken, in welches ein dünner Strahl heißes Wasser lief. Das Prozedere erschloss sich uns ohne Anleitung. Wir entkleideten uns, dann nahmen wir je eine Schüssel mit Seifenlauge, setzten uns auf die Badehocker und fingen an, uns gründlich untenherum zu säubern. Dabei unterhielten wir uns über die Mädels vom Vorabend, und Roman schilderte, was er mit Shimamoto erlebt hatte. Im Allgemeinen fand ich derartig einschlägige Erfahrungsberichte, wie sie unter Männern und unter Frauen üblich sind, doof und prahlerisch, aber Roman besaß den trockenen Humor der Vorarlberger und machte einen erotischen Sketch daraus.

»Hast du sie vernascht?«, wollte Walter wissen.

»Spinnst du? Wir hatten dem Lehrer doch versprochen, dass da nichts läuft. Das Mädchen ist gerade sechzehn geworden.«

»Na und?«

»Ich habe sie lediglich ein wenig gestreichelt«, gab er zu.

»Und sie dich«, ergänzte ich, als sei ich dabei gewesen. »Wie hast du sie überhaupt dazu gebracht, mit dir aufs Zimmer zu gehen?«

»Anfangs ging es bloß um einen Kuss, den sie unbedingt von mir haben wollte, aber das war ja unten im Saal kaum möglich. Also schlug ich ihr vor, mit mir hoch aufs Zimmer zu gehen.«

»Und dann seid ihr einfach so an der Rezeption vorbei zu den Aufzügen spaziert ...«

»Denkst du, ich bin blöd?«

»Zumindest warst du es, als du dir in Bangkok die Kohle hast abnehmen lassen«, wischte Walter ihm erneut eins aus.

»Shimamoto wusste, wo der Wirtschaftsaufzug ist. Außer einer Köchin hat uns keiner beobachtet. Und die hat uns nicht verpfiffen.«

»Und weiter. Konnte deine Shimadingsbums denn überhaupt Englisch?«

»Französisch«, grinste Roman. »Der Rest ergab sich von ganz allein.«

»Jetzt red schon!«, drängte Walter.

»Was ist denn mit eurer Phantasie los, Burschen!«, lachte Roman.

»Erzähl schon«, drängte ich.

»Mannomann«, fuhr er theatralisch fort. »Ich trat an sie heran, legte meine Hände behutsam um ihre Hüfte und gab ihr einen Kuss.«

»Allein deshalb ist sie ja wohl nicht mit dir nach oben gegangen«, bemerkte ich scharfsinnig.

»Kann man so sehen«, grinste Roman.

»Und was kam nach dem Kuss?«, drängte Walter.

»Der Rest fällt unters Beichtgeheimnis«, sagte er.

»Vielleicht wird sie schwanger?«, spekulierte ich.

»Ehrlich Männer, lassen wir das. Wenn ich euch die ganze Geschichte erzählen würde, wäret ihr bloß neidisch. Wir wollen doch heute Abend mit dem Chilenen in die Disco gehen. Dann könnt ihr euch in euer eigenes Abenteuer stürzen.«

Ich schätze, Roman hatte recht. Wir duschten uns die Seife vom Körper und stiegen dann in das heiße Becken. Die Wassertemperatur war dermaßen hoch, dass wir beschlossen, erst Kaltes zulaufen zu lassen, ehe wir uns hinein trauten. Schließlich saßen wir bis zum Hals im Wasser, mit Köpfen wie Truthähne, schwitzend. Als wir uns an die Temperatur gewöhnt hatten, drehte Walter den Heißwasserhahn wieder auf. Er meinte, die Japaner wüssten, was gesund ist. Das brachte mich auf eine Idee. In meinem Kulturbeutel verwahrte ich ein kleines Fläschchen Mentholöl, ein konzentriertes Mittelchen, das ähnlich wie Tiger-Balsam wirkt. Davon gab ich ein paar Tropfen ins heiße Wasser. Es dauerte nicht lange, da öffneten sich die Poren noch weiter, als sie es eh schon waren, und ein Gefühl zwischen ganz heiß und ganz kalt stellte sich ein. Wir hätten nicht sagen können, ob wir in einem zugefrorenen See badeten oder in einem kochenden Geysir.

Gerade hatten wir uns darüber verständigt, dass das Wasser verdammt heiß wäre, und ob wir das Becken nicht besser verlassen sollten, als drei Männer das Sentō betraten. Sie grüßten höflich, verbeugten sich nach Sitte des Landes und legten die Bademäntel ab. Dann konnten wir sie dabei beobachten, wie sie sich penibel wuschen, wie sie ausgiebig duschten und wie sie quasi um Zutritt bittend zu uns ins heiße Becken stiegen. Die Temperatur des Wassers schien ihnen nichts auszumachen. Aber kaum, dass sie saßen, fingen sie aufgeregt zu diskutieren an. Wir wussten sofort, um was es ging. Die Japaner hatten gemerkt, dass irgendetwas mit dem Wasser nicht stimmte. Von uns war schon allein der Sprachbarriere wegen keine Aufklärung zu erwarten. *Bref:* Verunsichert kletterten sie wieder aus dem Becken. Vielleicht dachten sie, die veränderte Wasserqualität habe mit unseren Körperausdünstungen zu tun, ich weiß es nicht. Was wir allerdings in Erfahrung brachten, war, dass das Wasser eines Sentō ungetrübte Qualität haben muss. Jegliche Verunreinigung durch Seife oder Körperflüssigkeiten ist ein Skandal, der das Ablassen des Beckens und eine gründliche Reinigung erfordert. Frech wie wir waren, lachten wir herzlich, nachdem die Männer verschwunden waren. Tatsächlich erschien kurz darauf der Bademeister der Herberge und nahm Witterung auf. Wir taten ahnungslos und machten, dass wir fortkamen.

Am Abend begleitete uns Manolo auf einem Stadtbummel. Der Stadtteil, den er uns zeigte, hieß Ginza, ein Chaos aus Fußgängern, Leuchtreklame und Kaufläden; ein Gewirr aus Straßen, Werbeflächen und Fahrradfahrern. Angesichts der fremden Schriftzeichen kamen wir uns wie Analphabeten vor, und das waren wir auch, zumindest hier in Tokyo.

Am nächsten Vormittag war der gestrenge Rezeptionist wieder im Dienst, und mir schien, als habe er nichts Dringenderes zu tun, als unsere gestundete Zimmermiete zu kassieren. Er ließ mich zu sich rufen und ermahnte mich, ihn nicht zu enttäuschen. Also machte ich mich auf den Weg zur Bank. Die hatte zu allem Überfluss schon zur Mittagspause geschlossen, aber ich gebärdete mich dermaßen unjapanisch an der Glastür, dass der Türsteher aus lauter Furcht, ich könne das Glas zerbrechen, herbeieilte, aufschloss und sich nach meinem Begehr erkundigte. Ich drängte mich durch den Spalt ins Innere und sah die Dame am Devisenschalter mit einem Papier in der Hand zu mir herüber wedeln. Die Überweisung war da, und mir fiel ein Stein vom Herzen. Nach dem offiziellen Dienstschluss stand ich am Kassenschalter und ließ mir die tausend Dollar in Yen aushändigen. Erleichtert und mit frischem Selbstvertrauen sauste ich zurück zum YMCA, um unsere Rechnung zu begleichen und um die Zehntausend für Manolo zu hinterlegen. Ohne mit der Wimper zu zucken nahm der Kassierer das

Geld entgegen und händigte mir die Quittung aus. Fazit: Tokyo ohne Geld ist nur echten Hasardeuren zu empfehlen. Am letzten Abend reichten die Devisen dann noch für einen Bummel durch *Tokyo by Night,* allerdings nicht allzu heftig, denn Tokyo war und ist es wahrscheinlich immer noch, eine der teuersten Städte der Welt, zumindest kam es Roman, Walter und mir so vor.

2.11 Marin County

Am nächsten Tag flogen wir weiter in die USA. Am Flughafen von Honolulu blieben wir im Transit, es gab keinen Grund, uns auf Hawaii lange aufzuhalten, wenngleich ich Lisa Stone gerne besucht hätte. Aber Hunter wartete auf den Stoff, und wir brauchten dringend Geld. In Los Angeles wurden Walter und Roman von Steve erwartet, einem Kumpel aus Münchener Tagen, der mit seiner Freundin Itala inzwischen in L.A. lebte. Wir aßen zusammen eine Kleinigkeit, ehe ich allein in Richtung San Francisco weiterflog.

Hunter holte mich am Flughafen ab. Inzwischen hatte er sich mit Frau und Töchterchen in Lagunitas eingelebt. Er bot mir wieder das ein wenig abseits des Hauses gelegene Studio an, wo ich mich während eines zwölfstündigen Schlafs von der strapaziösen Reise und dem Jetlag erholte. Als ich erwachte, hatte Hunter schon eine kleine Rundreise zu seinen Kunden hinter sich und dabei mehr als die Hälfte des Stoffs abgesetzt. Mit einer braunen Papiertüte voller Dollars machte ich mich am nächsten Morgen in dem altem Toyota der Familie auf den Weg zur Bank nach San Francisco. Ausgerechnet auf der Golden Gate Brücke löste sich plötzlich die Arretierung der Motorhaube, letztere schlug gegen die Windschutzscheibe und nahm mir die Sicht. Ich bremste scharf, der Bus hinter mir bremste schärfer, aber der Dodge hinter dem Bus bremste zu spät, und es krachte. Ich stieg aus, bog die Haube wieder über den Motor und befestigte sie mit einem Schnürsenkel. Unterdessen kamen der Bus- und der Dodgefahrer heran, um mich als Unfallverursacher zur Rechenschaft zu ziehen. Erstaunt nahmen die Männer zur Kenntnis, dass ich davon nichts wissen wollte. Was habe ich damit zu schaffen, wenn der Hintermann keinen ausreichenden Abstand zum Vordermann hält? Ich sei zwar Ausländer und mit den kalifornischen Verkehrsgesetzen nicht allzu vertraut, aber diese Sache sei die ihre, das sage einem doch der gesunde amerikanische Menschenverstand. Noch ehe sie weiteren Protest äußern konnten, setzte ich mich in den Toyota und fuhr davon. *Have a nice day!*

Ich schaltete das Radio an und hörte zum ersten Mal den Sommerhit des Jahres: »Lotta Love« von Nicolette Larson. Eigentlich ein Stück von Neil Young, aber Nicolette, das Hippie-Girl mit der schönen Zahnlücke, lud das Lied mit Unschuld und Optimismus auf. Kalifornien gefiel mir, und dieses Lied setzte sich stellvertretend für das Bay-Area-Feeling in meinem Herzen fest.

Der Banker grinste, als ich mit der Einkaufstüte die Filiale betrat.

»Ihre Geschäfte gehen scheinbar schlecht«, stellte er mit dem ihm eigenen Humor fest.

»Nein. Warum sollten sie?«, erwiderte ich naiv.

»Das letzte Mal kamen sie mit einer Reisetasche, diesmal bloß mit einer Einkaufstüte«, lachte er.

Als ich anschließend im Reisebüro vorbei schaute, wo sich Kim und Susan schon wiederholt beim Planen komplizierter Flugrouten bewährt hatten, schlug eine der beiden Damen vor, ich möge ihnen eine Vollmacht über das Konto geben, dann könnte ich von jedem Punkt der Erde aus meine Tickets telefonisch bei ihnen bestellen. Sie würden den jeweiligen Betrag einfach abbuchen. Dazu war außer schwarzen Zahlen bloß ein wenig Vertrauen meinerseits nötig, aber das erforderte keine Akrobatik. Also machten wir's so, und fortan brauchte ich nie mehr ein Reisebüro zu betreten. Ein Anruf bei den Damen in Frisco genügte, und ich konnte mir das Ticket am Abflugschalter in Frankfurt, Bangkok oder sonst wo abholen. Nur der Vollständigkeit halber sei erwähnt, dass Kim und Sue immer korrekt abrechneten.

Am Abend hatte die Familie James im Garten zum Barbecue geladen. Es kamen Chris Kramer, der Inhaber des Lagunitas Country Store und seine Frau Mary, David Fisher, ein Anwalt und seine Gattin Ruth und weitere Leute, die mir namentlich nicht in Erinnerung geblieben sind. Chris ist mir deshalb im Gedächtnis geblieben, weil er in seinem kleinen Laden hervorragende Lebensmittel verkaufte. Jedes Mal, wenn ich hungrig war, hielt ich bei ihm an und ließ mir ein Sandwich belegen: Baguette mit Knoblauchbutter und italienischer Salami. Bei Chris standen Gläser voll Oliven, eingelegte Artischocken, über der Theke hing ein Jamón Serrano und als Aperitif zapfte er Sherry aus einem Eichenfässchen. Aber das Beste an einem Stopp im Lagunitas Country Store waren die merkenswerten Literaturzitate und Lebensweisheiten des Chefs, der sich weltanschaulich an der Bruchkante zwischen dem Glauben an Gott und dem Staunen vor dem Chaos bewegte.

An das Ehepaar Fisher erinnere ich mich deshalb noch, weil David von Beruf Rechtsanwalt war, und zwar einer von der Sorte, die immer wieder mittellose Bürger gegen den Staat, die Stadt oder die Polizei vertraten, ohne ein Honorar zu verlangen.

»Ab und zu muss der Mensch was Selbstloses machen«, sagte er mir, während wir an gerösteten Maiskolben knabberten. »Du machst dir keine Vorstellung, wie viele arme Teufel das Recht auf ihrer Seite haben, aber keine Kohle, um auch Recht zu bekommen …«

»Du meinst, um sich einen Anwalt leisten zu können.«

»Du sagst es!«

»Ich habe noch nie einen Anwalt getroffen, der etwas umsonst macht«, sagte ich anerkennend.

»Umsonst, das gibt es nicht. Jede Arbeit, und sei es bloß ein guter Rat, hat Auswirkungen. Belohnung kommt auf verschlungenen Pfaden zurück.« Und nach einer Pause fügte er hinzu: »Und sei es in Form inneren Friedens, den du mit deinem sozialen Engagement erzielst …«

»Du meinst Sozialarbeit ohne Bezahlung sei eine Art Yoga?«, grinste ich.

»Könnte man so sehen«, lachte er.

Mein Bild vom Juristen, den ich bis dahin immer als Blutegel der Gesellschaft betrachtet hatte, bekam Risse. Unwillkürlich musste ich an den Anwalt auf Ibiza denken, der mich betrogen hatte. David und seine Frau Ruth luden mich ein, sie zu besuchen, und so begann eine weitere amerikanische Freundschaft.

Während wir unter den Mammutbäumen saßen und bei mediterranen Temperaturen Gemüse aßen und dazu kalifornischen Wein tranken, klingelte im Haus das Telefon. Meine Ehefrau. Lisa beschwerte sich über einen Ozean und einen Kontinent hinweg, dass ich mich schon so lange nicht gemeldet hätte. In der Tat hatte ich sie zuletzt aus Hongkong angerufen, und das war genau eine Woche her. Der Grund ihres Anrufs war die Nachricht, dass Paco in Miami aus dem Gefängnis entlassen worden sei. Er hatte sich aus Nassau auf den Bahamas gemeldet und wartete dort im Hotel

Emerald Beach auf meinen Rückruf. Das klang gut. Weiter teilte Lisa mir mit, dass Werinher Völler, der Fotograf, der mir seinerzeit die Grundlagen der Arbeit mit der Kamera beigebracht hatte, mit Jenny, unserer früheren Untermieterin, nach Jamaica fliegen wolle. Playboy hatte Jenny als Playmate verpflichtet, und Werinher sollte die Bilder machen. In wenigen Tagen wollten sie auf Jamaica ankommen.

Ich nahm mir vor, zunächst zu Paco auf die Bahamas zu fliegen und anschließend mit ihm zusammen nach Jamaica. Mauricio war nach München zurückgekehrt, nachdem er Paco mit der Hilfe des Anwalts (und eines Schecks) aus dem Knast befreit hatte.

Für den nächsten Tag hatte die Familie James geplant, mit mir eine Rundfahrt durch Marin County zu machen. Wir fuhren nach Muir Woods, einen Naturpark unterhalb des Mount Tamalpais. Wir besuchten Stinson Beach, ein von Hippies bevölkertes Küstendorf, direkt auf der San-Andreas-Verwerfung gelegen; wir hielten in Bolinas an, um den »besten Karottenkuchen von Kalifornien« zu essen.

Was Süßspeisen angeht, so lernte ich dort leckere Sachen kennen: Pecan pie (Nusskuchen) und Tapioka-fudge, ein Pudding auf der Basis von Stärke, die aus Maniokwurzeln gewonnen wird. Aber auch der schon erwähnte Carrot cake schmeichelte meinem Gaumen. Wenn ich bis dahin immer geglaubt hatte, die Amerikaner hätten keine Ahnung von gutem Essen, so musste ich dies bald revidieren. Mag die Mehrheit der Amerikaner beim Essen relativ anspruchslos sein und sich mit Hamburger und Hot Dogs, mit Spareribs und T-Bone-Steaks, mit Baked Potatoes und Maisgemüse oder Cole Slaw begnügen, so findet man in den Staaten dennoch Restaurants, die den Vergleich mit Asien und Europa nicht zu scheuen brauchen: Allein in San Francisco gibt es ein italienisches Viertel, wo Pizza und Spaghetti serviert werden, über die sich nicht einmal ein Napolitaner beschwert. Bei den Kantonesen und den Indern sieht es ähnlich aus: Die USA sind flächendeckend von den besten Köchen der Welt besiedelt. Wer das nötige Kleingeld und die Lebensart mitbringt, der muss in Amerika kulinarisch keine Abstriche machen. Und das gilt fürs »Trader Vics« in

Honolulu genauso wie für den »Russian Tea Room« in New York. Neben Junk-Food findet man Soul-Food, Cajun-Food und jede Menge Sea-Food. Ich habe in den Staaten niemals schlecht gegessen und in San Francisco erst recht nicht.

Candace James nahm mich mit nach Fairfax, wo ich mir in einem Second-Hand-Shop einige Cowboyhemden und einen gebrauchten Ledergürtel mit Patina kaufte. Das Frühlingswetter war schön, und so schaute ich mir noch ein paar Schaufenster an. Hunter hatte geäußert, dass er gerne eine LP von Chuck Mangione besäße, »Children of Sanchez«, für die der Trompeter gerade einen Grammy bekommen hatte. Und da ich mitten in der Stadt einen kleinen Plattenladen fand, ging ich hinein. Der Mann an der Kasse war ein weißhaariger älterer Herr, der mir einen sachkundigen Vortrag über Blues und Jazz hielt und mir am Ende zwei Dinge offenbarte: Erstens schlug er mir statt den Mangione die neueste Scheibe von Wayne Shorter vor, der könne mit dem Horn besser umgehen ... und zweitens stellte er sich als der Vater von Van Morrison vor, dessen neueste Scheibe auch nicht zu verachten sei. Und Mister Morrison war stolz auf seinen Jungen ... Ich entschied mich für die neueste Scheibe vom Steely Dan, auf der Wayne Shorter Saxophon spielte.

Im Mai 1979 brach die zweite Ölkrise über die Welt herein. In den USA wirkte sich das so aus, dass sowohl der Benzinpreis als auch der Zorn der Autofahrer stiegen. Viele Tankstellen waren geschlossen, andere öffneten nur zwei Stunden am Tag. Zusätzlich betrug die Höchstmenge, die man zapfen konnte, zehn Gallonen. All das stresste die Amerikaner, die es gewohnt waren, mit schweren Schlitten durch ihr weites Land zu cruisen und dabei nicht auf den Benzinverbrauch achten zu müssen.

Hunter hatte zwei Fahrzeuge in Betrieb, den alten Toyota und einen kaum weniger betagten Volvo. Mit dem Volvo wollte er mich demnächst zum Flughafen bringen, allerdings war der Tank leer. Komplett leer. Also beschloss ich, mit dem Toyota zur nächsten Tankstelle zu fahren und dort einen Fünf-Gallonen-Kanister aufzufüllen.

Die Tanke lag an der Hauptstraße, die von Fairfax hinauf nach Tomales Bay führt, nur wenige Meilen von Lagunitas entfernt. Ich zog an dem Reefer, den Candace mir hinhielt, und machte mich gegen Mittag auf den Weg. Als ich bei der Tankstelle ankam, musste ich feststellen, dass dort schon Dutzende von Autos warteten. Die Sonne brannte vom Himmel, und die Schlange war mehr als hundert Meter lang. Da ich keine Lust verspürte, mich hintanzustellen, hielt ich gegenüber am Straßenrand. Ich hatte vor, mit dem Kanister hinüberzugehen und mich zwischen zwei tankenden Autofahrern zu bedienen.

Als ich die Wagentür öffnete, gab es einen furchtbaren Schlag: Ein Junge, der gerade mit seinem Fahrrad des Weges kam (und den ich zuvor überholt haben musste), krachte in die geöffnete Tür, überschlug sich und blieb mit gebrochenem Bein auf der Straße liegen. Mein Schrecken war gewaltig. Ich stieg aus, hob den Buben auf und trug ihn zum Rücksitz des Wagens. Ich schätzte ihn auf etwa zwölf. Zeitgleich gingen bei zwanzig Autos die Türen auf und zwanzig grimmig dreinblickende Männer mit Schnauzbärten und Cowboyhüten stiegen aus. Mir kam es so vor, als trügen sie außer Revolvern die komplette Ausrüstung, die ein Kerl benötigt, um dem Gesetz wieder Geltung zu verschaffen. Meinen Kopf schmückten damals dunkle Locken, und einen Schnurrbart trug ich außerdem, was dazu führte, dass die Leute mich für einen Mexikaner hielten. Und die waren bei vielen Rassisten im Hinterland von San Francisco nicht so gut beleumundet. Aber davon wusste ich nichts.

»Hast du das gesehen?«, rief einer dem Mann an der Zapfsäule zu, als ich gerade auf dem Weg zum Büro war, um den Notarzt zu rufen. Doch der Tankwart war zu beschäftigt, um mich zu beachten. Während sich einige Frauen um das verletzte Kind kümmerten, rief ich die Ambulanz an. Dann ging ich zurück zur Straße und versicherte den Leuten, dass es mir leid tue. Von dem Joint, an dem ich zuvor gezogen hatte, sagte ich vorsichtshalber nichts. Hier lag zweifellos die Ursache meiner Nachlässigkeit: Bekifft wie ich war, hatte ich vergessen, in den Rückspiegel zu schauen, ehe ich die Wagentür zur Straße hin öffnete. Und jetzt lag ein Kind mit gebrochenen Knochen da. Es war der erste und einzige Unfall, den ich je verursachte, bei dem jemand zu Schaden kam. Die Stimmung der Leute, die zum Teil schon mehr als eine Stunde in der Hitze in der Schlange standen, war mies, und das, was sie gerade beobachtet hatten, trug nicht gerade zur Besserung ihrer Laune bei. Unterdessen waren fast alle ausgestiegen und bildeten einen Kreis um mich. Einige Frauen trösteten den Jungen und hielten seinen Kopf.

»Pass auf, dass der nicht abhaut!«, rief einer aus der zweiten Reihe.

»Das ist der Sohn von Jim Donahue. Meine Linda ruft gerade bei den Donahues an. Sollen die selbst entscheiden, was mit dem Chicano zu geschehen hat«, sagte ein anderer.

Der »Chicano« spürte, wie ihn der große weiße Mann am Ärmel packte.

»Keine Angst, der haut nicht ab«, versicherte der Hüne den Leuten. »Nicht wahr, mein Kleiner, du bleibst schön hier, bis der Vater von dem Jungen da ist.«

Während er das sagte, verstärkte er seinen Griff an meinem Arm, und ich wusste, meine Chancen standen schlecht.

Wie eine Erlösung empfand ich nach ein paar Minuten die Sirene, die rasch näher kam. Es war der Sheriff, der noch vor dem Krankenwagen vor Ort war. Er hielt an und stieg aus.

»Okay, Leute. Die Show ist vorbei. Alle zurück in die Fahrzeuge!«

»Lassen Sie den Mann los!«, befahl er dem Kerl, der mich noch immer am Wickel hatte.

»Ich wollte bloß sicher stellen, dass er Ihnen nicht ausbüchst.«

Nachdem sich die Leute bis auf die beiden Frauen, die sich nach wie vor um das Kind kümmerten, in ihre Autos zurückgezogen hatten, brauste auch die Ambulanz heran. Professionell und ohne eine Sekunde zu verlieren, packten die Sanitäter den Buben auf eine Trage, gaben ihm eine erste Injektion gegen den Schmerz, und verschwanden ebenso schnell, wie sie gekommen waren.

»Sie sind der Unfallverursacher?«, wandte der Sheriff sich an mich.

»Yes, Sir.«

Dann fragte er nach meinen Führerschein. Als er sah, dass er es nicht mit einem Mexikaner, sondern mit einem Deutschen zu tun hatte, wurde er freundlich. Zerknirscht erklärte ich ihm, wie es zu dem Unfall gekommen war. Ein kleines Problem entstand, als der Mann mich um die Wagenpapiere bat. Die fanden sich nämlich nirgends. Der Sheriff bestand aber darauf, und so blieb uns nichts übrig, als nach Hause zu fahren und Hunter in die Sache zu verwickeln. Ganz wohl fühlte ich mich dabei nicht, schließlich handelten mein Freund und ich mit Drogen und ganz sicher würde ihm der Schreck in die Glieder fahren, wenn ich mit dem Sheriff am Haus auftauchen würde. Aber was blieb mir übrig. Der Polizist wollte die Autopapiere sehen, und ich wusste nicht, wo sie waren.

Inzwischen war die Ambulanz mit dem Jungen unterwegs zum Krankenhaus, Jim Donahue, der Vater, war noch immer nicht am Unfallort angekommen und an der Tankstelle lief der Betrieb weiter. Ich wendete den roten Toyota, und der Sheriff folgte mir im Pontiac mit dem Wappen auf der Tür. In Lagunitas angekommen rollte ich auf den Hof, aber der Beamte blieb auf der Straße im Auto sitzen.

»*No, Sir*«, entgegnete er, als ich ihn aufforderte, mitzukommen. »Solange der Hausbesitzer mir nicht gestattet, seinen Grund und Boden zu betreten, werde ich keinen Schritt auf dieses Gelände tun. Gehen Sie hinein und bitten Sie ihren Bekannten zu mir heraus.«

So geschah es. Ich ging ins Haus und beruhigte meine Freunde erst einmal. Hunter trat hinaus und klärte die Sache mit dem Polizisten. Nach zwei Minuten kam er zurück.

»Was machst du denn für Sachen!« Er schüttelte den Kopf. »Der Toyota ist weder angemeldet noch versichert, deshalb fahre ich ihn auch bloß innerhalb des Countys. Nie nehme ich ihn, um nach Frisco zu fahren«, erklärte er mir.

»Ich war doch bloß innerhalb des Countys«, protestierte ich dünn.

»Aber du hast einen Unfall verschuldet, das ist der Unterschied.«

»Und welche Versicherung zahlt jetzt die Krankenhauskosten?«, wollte ich wissen.

»Gute Frage. Meine jedenfalls nicht. Vielleicht kriegst du eine Rechnung ...?«

Der Sheriff hatte sich meine Adresse in Gräfelfing notiert und auch gefragt, ob ich eine Haftpflichtversicherung hätte ... Um mein schlechtes Gewissen zu beruhigen, kaufte ich dem Jungen (er hieß übrigens Dennis und war zwölf Jahre alt) ein neues Fahrrad, das Hunter ins Krankenhaus von San Raphael brachte, nachdem er mich am Folgetag am Flughafen abgesetzt hatte. Fazit: Weder Hunter noch ich haben je eine Rechnung erhalten. Und Jim Donahue bin ich zum Glück auch nicht begegnet. Aber Hunter erzählte mir später, dass die Familie Donahue zur örtlichen Methodistengemeinde zähle, und dass ihr Sohn mit dem neuen Fahrrad glücklich sei.

Auf dem Flug zu den Bahamas legte ich einen Zwischenstopp in Los Angeles ein. L.A. war immer nur ein Ort für Zwischenlandungen und Kurzbesuche. Nichts in der Stadt reizte mich, einmal länger dort zu bleiben. Santa Monica, Beverly Hills, Bel Air, Laurel Canyon und wie die Viertel alle heißen, in denen sich die Leute angesiedelt haben, die die Erde verwalten, denen die dicksten Aktienpakete gehören, die mehr zu sagen haben als der Präsident, die anders betrachtet nichts von Relevanz zu sagen haben, je nachdem, wie herum man das Muli sattelt.

L.A. hatte sich längst zur Metapher für Oberflächlichkeit, Heiratsschwindel, Hochstapelei und Pornografie entwickelt. Daran konnte auch die Kunst nichts ändern, die zugegebenermaßen dort produziert, die aber anderenorts geboren wurde. So wird es mir ein Rätsel bleiben, wieso ausgerechnet David Crosby, ein Mann, den ich immer verehrt habe, seine Zelte in Laurel Canyon aufgeschlagen hat … L.A., das war für mich Kapitalismus im Endstadium. Wer wissen wollte, wie sich Entropie in der Ethik zeigte, der sollte nach Los Angeles kommen. Am stärksten beeindruckte mich immer noch der Landeanflug bei Nacht vom Pazifik her. Vor einem liegt dann ein Lichtermeer, das hinter der dunklen Küstenlinie beginnt und sich scheinbar endlos ausbreitet. Oder das gigantische Netz aus Stadtautobahnen, den sogenannten Freeways, die mit bis zu zehn Spuren ans Ziel führen. Irgendein Faszinosum muss diese Stadt am Pazifik wohl haben, denn hier lebten eine Menge Leute, teilweise geniale Leute wie der Liebesgeschichten-Erzähler Charles Bukowski oder die noch genialere Tänzerin Carmen Canzino oder der Musiker Randy Newman, allein, meine Neugier hat Los Angeles nie geweckt.

In Monterey Park, einem bürgerlichen Viertel östlich des Zentrums, hatten Walter und Roman ein Haus gemietet, das Steve ihnen vermittelt hatte. Roman hatte beschlossen, dort mit dem Heroin-Entzug zu beginnen. Die Droge hatte längst angefangen, uns Schwierigkeiten zu bereiten, das heißt, einige aus unserer Clique steckten schon drin im Schlamassel. Auf Ibiza kämpften Santi und Mercedes mit dem Zeug; hinzu gesellten sich mein Freund Wacki, Jorge, der frühere Untermieter in Gräfelfing, Roman und seine Freundin Edith und natürlich Hunter und ich, die wir mit dem Zeug dealten. Wir alle hatten die Kontrolle über den Mohn verloren. Was, solange man genügend sauberen Stoff hatte, um den Durst seiner Sucht zu löschen, noch keine Asozialen aus uns machte. Aber krank, das waren wir. Ein Heroinentzug, das wurde mir damals klar, ist eine verdammt schmerzhafte und langwierige Quälerei, den man ohne medikamentöse Substitution nicht in Angriff nehmen sollte. Aber wir hatten seinerzeit noch wenig Ahnung von der Sache. Die Gesellschaft legte die Drogensucht in die Hände von Polizei und Justiz anstatt in die Obhut von Ärzten und Therapeuten. Der Junkie war kriminell, und seine Therapie hieß Bestrafung.

Als ich in L.A. eintraf, ging es Roman richtig dreckig. Er lag seit Tagen stöhnend und apathisch auf dem Sofa, ohne Medikamente, schwitzend, fiebrig, immer wieder von Kälteschauern geschüttelt. So war er erleichtert, dass ich gekommen war und ihm die Medizin mitbrachte, die seinem Elend sofort ein Ende setzte. Kaum eine Droge lindert den Schmerz schneller und zuverlässiger als Heroin. Und als ich Roman und Walter die für die geleistete Arbeit vereinbarte Gage mitbrachte – schließlich hatten sie das Pulver von Thailand in die USA geschmuggelt und waren damit ein hohes Risiko eingegangen – waren sie zufrieden. Hier in Monterey Park wurde das Geschäft, zu dem wir uns an Ostern in München verabredet hatten, abgeschlossen und jeder hätte seiner Wege gehen können. Für mich stand fest, dass ich wieder mit Paco zusammenarbeiten wollte, der seit ein paar Tagen auf den Bahamas auf mich wartete. Am Telefon hatte er mir schon gesagt, dass er demnächst zurück nach Kolumbien wolle, zu seiner Freundin Elsa und zu Osiris.

Und da ich unter vier Augen mit ihm reden wollte, entschloss ich mich, ihn vorher in Nassau zu treffen. Außerdem hatte ich Lisa seit meiner ersten Kolumbien-Reise im vergangenen Jahr versprochen, zusammen mit ihr ihren Bruder Ludwig zu besuchen. Roman entschied sich, ebenfalls mit nach Kolumbien zu kommen, seine Freundin einzuladen und dort gemeinsam mit ihr den Heroinentzug anzugehen. Lisa und Edith sollten in zwei Wochen in Bogotá eintreffen. Walter fand auch, dass Kolumbien ein gutes Land sei und schloss sich uns an. Er wollte sich mit Pacos Hilfe ein Paket Kokain besorgen und dieses mit nach München nehmen, wo Koks inzwischen in der Bohème sehr geschätzt wurde. Auf diese Weise konnte er das Angenehme mit dem Geschäftlichen verbinden, was auch notwendig war, denn wir alle hatten uns an einen aufwendigen Lebensstil gewöhnt.

Walter hatte die Zeit genutzt, um einen amerikanischen Führerschein zu beantragen. Da für den nächsten Morgen seine Prüfung angesetzt war, begleitete ich ihn zur Führerscheinstelle. Man händigte ihm einen mehrseitigen Fragebogen aus, wies ihm eine Sitzecke zu, wo er die Fragen ungestört beantworten sollte, und als er damit fertig war, kam ein junger Mann, um ihm die praktische Prüfung abzunehmen. Das alles war an einem halben Vormittag erledigt, und Walter freute sich über das kleine Plastikkärtchen, welches ihn von nun an berechtigte, überall auf der Welt Auto zu fahren. In Deutschland hatte man ihm die Fahrerlaubnis verweigert, weil er vom Kiffen nicht lassen wollte, was ihn allerdings nicht groß störte, denn seit Jahren fuhr er schwarz Motorrad, und wenn ihn die Polizei anhalten wollte, gab er Gas. Mit dieser ebenso illegalen wie praktischen Methode war er weit gefahren, unfallfrei versteht sich. Aber von nun an konnte er anhalten und jedem Polizisten den Führerschein unter die Nase halten.

Bei unserem letzten Besuch in L.A. hatte Mauricio mir Nina vorgestellt, eine Münchnerin aus reichem Haus, die an der University of California studierte. Ich rief sie an, und sie lud uns zu einem Besuch auf dem Campus in Westwood Village ein. In der Mensa hatte man den Eindruck, an einer Universität in Asien zu sein, so viele Studenten aßen dort mit Stäbchen. Sowohl was den Campus als auch die Anzahl der Studenten anging, beeindruckte uns die UCLA sehr, zumal sie zu den ältesten Universitäten Amerikas gehört. Am Abend nahm Nina uns mit ins »Rainbows«, einem Szenelokal auf dem Sunset-Strip, wo gegessen und getrunken, gekokst und getanzt wurde. Auf einem der lokalen Radiosender wurde gerade das Lied von Arlo Guthrie gespielt, welches er in Woodstock gesungen hatte, eine Persiflage auf den Konflikt zwischen einem Drogenschmuggler und dem Zöllner: Durchsuchen Sie bitte mein Gepäck nicht, lieber Herr Zollbeamter!

Coming in from London from over the pole,
Flying in a big airliner.
Chicken flying everywhere around the plane:
Could we ever feel much finer?

Coming into Los Angeles,
Bringing in a couple of keys.
Don't touch my bags,
if you please, Mister customs man!

Hier waren wir also in Los Angeles, der Bayer, der Vorarlberger und der Hunsrücker, drei Kriminelle, die unbedingt in den Knast gehörten, wäre es nach Ronald Reagan oder Franz-Josef Strauß gegangen. Internationaler, bandenmäßiger Rauschgifthandel in nicht geringen Mengen – darauf standen einige Jahre Gefängnis.

Wir fragten uns, was die Vertreter des Bürgertums eigentlich gegen unseren Lebensstil einzuwenden hatten. Weshalb wollten sie nicht zugeben, dass Verbrechen sich zuweilen doch lohnt, zumindest dann, wenn außer den Agenten des Staates keiner da ist, der mit dem Finger auf den vermeintlichen Verbrecher zeigt. Die Rechnung, die Politiker inzwischen weltweit aufmachten, nämlich, dass die Bauern im Rif, im Goldenen Dreieck oder in den Anden die Teufelspflanzen Hanf, Mohn und Koka anbauen, dass Chemiker daraus konsumierbare Drogen herstellten und Schmuggler wie wir sie zum Konsumenten brachten, und alle zusammen damit eine Achse des Bösen bildeten, diese Rechnung ging nicht auf. Weil sie sich gegen den Menschen richtet, gegen dessen Recht, sich mit dem Stoff zu berauschen, der ihm behagt. Es war die Weigerung unserer Generation, ihnen ihre Drogen abzukaufen, ihre Kriege zu führen, ihre Produkte zu konsumieren und unsere Lebensenergie in ihre Projekte zu stecken, die einen Großteil der Jugend zu »Kriminellen« werden ließ. Es war die Freiheit, die wir uns nahmen, und die sie uns nicht gönnten, welche Zöllner, Polizisten, Richter und Gefängniswärter seit den sechziger Jahren so hektisch auf den Plan rief. Verbrechen ereignen sich anderswo und nicht mit dem Stoff, dessen Transport wir organisierten. Verbrechen ereignen sich da, wo Waffen hergestellt, verschoben und eingesetzt werden. Und sie geschehen dort, wo Macht konzentriert ist, wo korrupte Strukturen auf Kosten der Völker und der Natur Geschäfte erleichtern. Kriminell sind die, deren Machenschaften die Erde längst in den Würgegriff genommen haben. An dieser Stelle muss ich das Zitat eines der klügsten Suchtmediziner einfügen, Dr. Gabor Maté, der in Vancouver eine Suchtklinik leitete: »Die Kriminalisierung der Sucht in unserem Rechtssystem ist kriminell. Ein kriminelles Rechtssystem ist der richtige Ausdruck dafür, denn es traumatisiert die Menschen, denen bereits unvorstellbare Schmerzen zugefügt worden sind, noch mehr.«

Zu der Zeit, als meine Komplizen und ich ein Pfund Heroin in die Vereinigten Staaten von Amerika schmuggelten, veröffentlichten in Amsterdam Wissenschaftler von *Friends of the Earth* ein Papier, welches die Politik darauf hinwies, dass, sollte die Menschheit weiterhin fossile Energieträger zu Kohlendioxid verbrennen, die Erdatmosphäre in drei Jahrzehnten irreparablen Schaden nehmen werde … Hätten die Verantwortlichen, das heißt, die Menschen an den Hebeln der Macht, die Mahnung aus Amsterdam damals beherzigt und die Intelligenz, die Finanzmittel und das Personal, welche sie seit Nixon in den Krieg gegen die Drogen investierten, in den Krieg gegen den Weltuntergang gesteckt, stünden wir gestern, heute und morgen besser da. Wobei ich zugeben muss, dass auch wir nichts unternahmen, was diesem Megaproblem der CO_2-Emission entgegengewirkt hätte. Allein die Triebwerke der Jumbos, mit denen wir die Erde umkreisten, generierten so viel schädliches Gas, dass möglicherweise diese Flugreisen die größten Verbrechen waren, an denen wir uns beteiligten: An der internationalen bandenmäßigen CO_2-Emittierung von etwas mehr als tausend Kilogramm Kohlendioxid pro Person und Weltreise. Dagegen muten die 500 Gramm Diacetylmorphin geradezu minimal an, gemessen am Einfluss auf den Zustand der Erde geradezu vernachlässigbar gering.

Jetzt, da sich Roman dank der mitgebrachten »Medizin« wieder besser fühlte, erkundeten wir Hollywood. Steve und Itala führten uns in Schicki-Micki-Cafés am Sunset Boulevard, wir stöberten bei Tower-Records in 100.000 Schallplatten. An einer Straßenkreuzung kauften wir einen Stadtplan für Touristen, in dem die Domizile vieler Stars aus Sport, Film und Show-Biz verzeichnet waren. Am Tag vor meiner Abreise mietete Walter zum ersten Mal in seinem Leben einen schweren Schlitten und chauffierte uns nach Beverly Hills und zum Mulholland Drive, wo Marlon Brando und Jack Nicholson Nachbarn waren. Das protzigste Anwesen gehörte allerdings Muhammad Ali, aber der hatte sich diese Hütte schließlich mit ehrlicher Handarbeit verdient. Ehe ich nach Miami abreiste, und mich von meinen Gefährten in Los Angeles verabschiedete, verabredeten wir uns in Bogotá: In vierzehn Tagen im Hotel Belvedère.

2.12 Karibik

Von Los Angeles flog ich also nach Miami und von dort mit Bahamasair nach Nassau, der Hauptstadt auf der Insel New Providence. Ich traf Paco am Strand des Emerald Beach Hotels, wo er dabei war, einer dunkelhäutigen Schönheit den Rücken zu massieren. Der Sand war weiß, das Wasser klar, und es wechselte nach zwei Bootslängen erst ins Türkise, dann ins Smaragdgrüne und weiter draußen schließlich in tiefes Blau. Solche Meeresfarben hatte ich bis dahin noch nie gesehen. Der angenehme Wind und die Sonne, immer bereit, diese Inseln zu verwöhnen, vervollständigten das Gefühl, einer privilegierten Schicht anzugehören. Auf den Bahamas gibt es, im Gegensatz zu Hawaii und den Kanaren, keine Berge, die die Wolken aufhalten könnten. Bahamas bedeutet, rund um das Jahr schönes Wetter bei Luft und Wassertemperaturen von 25 bis 30 Grad; sofern nicht gerade ein Hurrikan über sie hinwegfegt. Die Insel New Providence ist etwa zweihundert Quadratkilometer groß und sie beherbergt 200.000 »Schiffbrüchige«, von denen 80 Prozent afrikanischer Abstammung sein dürften. Der Rest besteht aus Latinos und Europäern, in erster Linie Engländer. Die Bahamas gehören zum Commonwealth, das heißt: Oberste Autorität ist die Königin von England. Viel sollte ich bei meinem ersten Aufenthalt auf den Inseln nicht sehen, denn Paco war von meinem Vorschlag angetan, zusammen eine Woche nach Jamaica zu fliegen. Über die Hotelrezeption buchten wir einen Flug für den nächsten Tag.

Am Abend lud mich mein Freund in ein landestypisches Lokal ein, wo die landestypische Spezialität in tausend Variationen serviert wurde: Conch, eine Meeresschnecke, die angeblich ähnlich der Auster die Libido befeuert. Während des Essens berichtete mein Freund mir von seiner Zeit im Bundesgefängnis von Süd-Florida, und was er von da berichtete, klang interessant. Dort hatte er die Gelegenheit gehabt, ein Dutzend Männer kennenzulernen, die in irgendeiner Weise mit dem Schmuggel von Drogen zu tun hatten, sei es als Piloten, als Schiffskapitäne, als Lieferanten oder in peripheren Dienstleistungen (vom Lagerverwalter bis zum Großdealer waren alle vertreten).

»Wenn der Knast mir eines gebracht hat, mein Freund, dann sind es gute Kontakte. Ich habe dort Leute kennengelernt, die sind groß im Geschäft. Ich meine richtig groß! Dagegen sind unsere bisherigen Unternehmungen lachhaft«, sagte er.

»Solange die Leute im Knast sitzen, werden sie uns wenig nützen«, wandte ich ein. »Und die Tatsache, dass sie im Knast gelandet sind, zeigt doch, dass sie ihr Geschäft nicht gut genug verstehen!«

»Unsinn. Die gehören alle zu großen Familien. Banden mit Mitgliedern in Kolumbien, den Staaten und anderswo. Sobald wir das nächste Mal nach Miami kommen, besuchen wir Hangman, den Präsidenten der Outlaws. Den habe ich auch kennengelernt. Ein Mann der in Süd-Florida mehr als 200 gewaltbereite Rocker hinter sich weiß. Mit diesen Outlaws legen sich nicht mal die Bullen gerne an.«

Um Pacos Ausführungen abzukürzen: Er hatte im Knast den Besitzer einer Schnellbootflotte, einen Rockerpräsidenten, einen Piloten mit Karibiküberflugerfahrung und den Boss einer Bande kennengelernt, oder, um es ausnahmsweise einmal politisch korrekt auszudrücken, das Oberhaupt einer Gruppierung von Menschen mit afrikanischem Migrationshintergrund, die, aufgrund jahrhundertelanger schlechter Erfahrungen, dem amerikanischen Gesetz skeptisch gegenüber standen. Dieser Bandenchef, ein Bahamaer aus Freeport, der zweitgrößten Stadt des Inselstaates, sollte bald zu unserem verlässlichsten Geschäftspartner werden.

Die vorgebliche Absicht des Staates und seiner Justiz, mit dem Einsperren von Dealern, Schmugglern und korrupten Helfershelfern den Drogenhandel zu unterbinden und letztlich auszutrocknen, wurde und wird durch die Institution des Gefängnisses unterlaufen: Indem der Staat dort Ganoven aus aller Herren Länder und aller Branchen zusammenführt, bilden sich neue Beziehungen, was zu einer Professionalisierung und Multiplikation der illegalen Geschäfte führt und letzten Endes eine Ausweitung des Drogengeschäfts nach sich zieht. Das Gefängnis, euphemistisch als *»correctional institution«* bezeichnet, erweist sich so als Börse der Unterwelt, wo neue Netze geknüpft und illegale Geschäfte geplant werden.

Konkret hatte Paco die Namen und Adressen von drei Männern, die ich in den kommenden Wochen besuchen sollte: Hangman, den schon erwähnten lokalen »Präsidenten« der Outlaws, Basil Mitchell, das Oberhaupt der Familie auf den Bahamas und Steven Lerner, den Sekretär eines Kokaingroßhändlers namens Big Fred. Diese Männer sollte ich im Anschluss an unsere zweite Kolumbienreise aufsuchen und eruieren, in wie weit eine Zusammenarbeit zwischen unseren »Organisationen« möglich und nützlich wäre. Dass auch unser lockerer Zusammenschluss von Freunden inzwischen als Bande bezeichnet werden konnte, war nicht zu leugnen. Bei uns wurzelte die Hierarchie zwar nicht auf einer autoritären Struktur, wie etwa bei der Polizei oder den Rockerbanden, sondern auf Freundschaft und Solidarität, aber informell wurden Paco und ich von Walter und Roman, von Santi und Angel, von Hunter und Osiris und all den anderen, eher peripheren Mitgliedern als Spielmacher anerkannt. Wir planten die Geschäfte, wir hatten die Kontakte zu den Zulieferern und den Abnehmern der Ware, und wir stellten die jeweiligen Teams zusammen. Der entscheidende Kontakt in der Logistikkette eines Drogenhandels war das Wissen, wer das nötige Kleingeld besaß und gewillt war, uns die Ware abzukaufen. Die Lieferanten ließen sich relativ leicht finden. Bei aller Umtriebigkeit und bei all dem Geld, das wir verdienten, blieben wir im Grunde unserer Herzen doch immer Hippies. Wir waren längst nicht mehr bewaffnet, wir waren nicht mehr auf die große Kohle aus, und wir konsumierten alle Drogen selbst, mit denen wir handelten. Die nomadischen Reisen bedeuteten uns ebenso viel wie der wirtschaftliche Gewinn.

Die Freundschaft zwischen Paco und mir bildete die Basis für eine Serie von »Geschäften«, mit denen wir in den kommenden Jahren eine Menge Geld verdienen sollten. Auch wenn wir unseren internationalen Schmuggel mit verbotenen Drogen nicht als sozialschädlich betrachteten, bleibt unbestreitbar, dass wir an den Finanzämtern vorbei relativ viel Schwarzgeld schleusten. Wir alle, die wir diese Geschäfte betrieben, bestritten die kriminelle Qualität, die ihnen in den Gesetzbüchern der Welt attestiert wurde. Moraltheoretische Untersuchungen des Drogenhandels kamen in unseren Kreisen nicht vor, zumindest habe ich keine dialektischen Erörterungen unter den Komplizen erlebt, bei denen der Gegenstand unseres Handels kritisch hinterfragt worden wäre. Wir betrachteten den Erfolg unserer Operationen als Ergebnis kluger Planung und mutiger Umsetzung. Wir fühlten uns berechtigt, am Ende dicke Geldbündel zu zählen und in die Tasche zu stecken. Den Verdienst betrachteten wir als gerechten Lohn für das Wagnis, mit dem Zoll, der Polizei und der Steuerfahndung in den Clinch zu gehen und bei Misslingen unsere Freiheit und in manchen Ländern sogar unser Leben aufs Spiel zu setzen.

Im Laufe der Zeit kamen weitere Aspekte hinzu, die unsere Transaktionen davor bewahrten, zur Gewissensfrage zu werden. Die Reisen zu einigen der schönsten Plätze der Welt, die Besuche berühmter Museen und Kulturdenkmäler, die Aufenthalte in Weltstädten rund um den Globus, Begegnungen mit bis dahin völlig fremden Menschen aus fernen Kulturen und die spannenden Geschichten, die sie zuweilen mit uns teilten. Solche Gespräche fanden auch im Flugzeug statt, wo es fast immer zu Kontakten mit den Sitznachbarn kam. Oder unterwegs im Zug, im Bus, in Cafés oder auf der Straße. All das erforderte Mittel, ohne die wir dieses Leben nicht hätten führen können.

Den Abend verbrachten wir im Spielcasino auf Paradise Island, einer der Hauptinsel New Providence vorgelagerten »Sandbank«, auf welcher der gestürzte Schah von Persien kurzfristig ein Exil gefunden hatte. Paco war zwar kein Zocker, aber an dem Abend gewannen wir beide ein paar Tausend Dollar beim Black Jack. Wir wussten, dass Gewinne im Casino seltene Ausnahmen sind, und so nahmen wir nach zwei Stunden unsere Chips und tauschten sie ein.

Ein kleines Problem ergab sich am folgenden Tag beim Auschecken im Hotel. Die Wäscherei hatte es nicht geschafft, meine Wäsche über Nacht zu trocknen und zu bügeln. Und weil ich keine nassen Klamotten nach Jamaica mitnehmen wollte, ließ ich sie zurück. Ich kündigte an, in der kommenden Woche noch einmal vorbeizukommen. Hätte ich geahnt, welches Schicksal dem Haus bevorstand, ich hätte meine Garderobe, feucht wie sie war, mitgenommen. Die Taschen voller Geld kletterten wir am folgenden Tag in die Propellermaschine der Air Jamaica.

»*Welcome to Jamaica, Sir!* Ich wünsche Ihnen einen angenehmen Aufenthalt auf unserer schönen Insel!«

Der so sprach, war ein älterer Herr und der freundlichste Zöllner, dem ich je begegnet bin. Die Art und Weise, wie wir von diesem Nachfahren afrikanischer Sklaven in Montego Bay am Flughafen begrüßt wurden, machte mich sprachlos. Hätte bloß noch gefehlt, dass er mich zum Rauchen des guten jamaikanischen Grases animiert hätte, das dort an den Hängen der Blue Mountains gedeiht. Behutsam setzte er den Stempel in meinen Pass, reichte ihn mir zurück und bekräftigte seinen Willkommensgruß per Handschlag. Der Staat präsentierte sich an diesem Tag in Montego Bay von seiner Schokoseite. Geht doch, möchte man sagen!

Die Adresse, die Lisa mir am Telefon gegeben hatte, führte uns zur Villa Ciboney in Ocho Rios, einem Städtchen an der Nordküste. Playboy hatte das koloniale Herrenhaus angemietet, als Location für die geplanten Fotos, die Werinher von Jenny schießen sollte. Der Taxifahrer setzte uns an der Hauptstraße ab, aber das schwere eiserne Tor zu dem Anwesen war verschlossen. Sehen konnte man auch nicht viel, denn ein Kiesweg wand sich durch ein Bambusdickicht, welches den Blick auf das Haus versperrte. Es dauerte mehrere Minuten, ehe jemand auf den Glockenton reagierte. Eine Dame stellte sich vor und teilte mit, dass die *Party from Germany* noch nicht eingetroffen sei. Dennoch bat sie uns herein, nachdem Paco eine Salve von Schmeicheleien in ihre Richtung abgeschossen hatte, er wusste eben, wie man Frauen in der Karibik umgarnt. Wir folgten der Frau, nennen wir sie Margret, über den leicht ansteigenden Privatweg zum Haus. Unterwegs kamen wir erst an einem im Dschungel versteckten Tennisplatz, und als sich der dichte Bambus lichtete, an einem ovalen Swimmingpool vorbei. Dann endlich sahen wir das Haus auf dem Hügel: Ein zweistöckiger Holzbau im Kolonialstil, weiß gestrichen, mit einem Schindeldach und umgeben von einer palmenbeschatteten Wiese. Das Haus stand direkt an der Küste, eine Treppe führte hinab in die Felsen, wo an einer Anlegestelle ein Motorboot vertäut werden konnte. Das Anwesen lag zehn Meter über dem Meeresspiegel und das Haus zehn Meter landeinwärts, gerade genug, um bei stürmischer See nicht viel von der Brandung abzubekommen. Später habe ich erfahren, was Playboy für die eine Woche an Miete bezahlt hatte. Den genauen Betrag habe ich vergessen, es waren jedenfalls mehr als tausend Dollar. Dafür wurde die Villa Ciboney inklusive einer Köchin, einem Gärtner, und einer Hausdame vermietet, eben jener Margret, die zur Straße gekommen war, um uns abzuholen.

Der zentrale Raum des Hauses war ein Atrium, das sich über beide Stockwerke erstreckte und oben verglast war. Die Helligkeit ermöglichte es tropischen Farnen und Schlingpflanzen zu wachsen, so dass man den Eindruck gewann, auf einer kleinen Urwaldlichtung zu sein. Im Erdgeschoss lagen die Küche und die Gästezimmer, oben befanden sich ein Ankleidezimmer und ein großes Bad mit Whirlpool und silbernen Armaturen. Der Masterbedroom war zum Meer hin voll verglast, und der Blick über die karibische See war unverstellt und weit. Das riesige Bett, ganz offensichtlich das dramaturgische Zentrum des Hauses, stand mitten im Raum, umgeben und geschützt von mehreren Vorhängen, die als Moskitonetze dienten. Nicht schlecht! Hier würden wir es ein paar Tage aushalten können.

Es dauerte nicht lange, da trafen die Freunde aus München ein. Jenny, um deren Schönheit sich in den nächsten Tagen alles drehen sollte; Werinher, der dafür verantwortlich war, dass man am Ende mit professionellen Fotografien zurückkehrte; und Claudia, die als Art-Direktorin mitgeschickt worden war, wohl um sicherzustellen, dass die Reise und ihr Zweck zu einem Erfolg würden. Claudia Scheinpflug kannte ich schon von meinem eigenen Engagement für den Playboy. Jetzt konnte Paco endlich seine Deutschkenntnisse unter Beweis stellen, die er seinerzeit in der Werkstatt bei Daimler-Benz in Sindelfingen erworben hatte. Insbesondere Komplimente hatte er sich gemerkt, die er in den folgenden Tagen an die Frau brachte, wobei seine Metaphorik bei der halben Unterwasserfauna Anleihen machte: »Du lachen wie Seeanemone«, was wiederum mich schmunzeln ließ.

Unsere jamaikanische Wohngemeinschaft wuchs rasch zusammen. Die ersten beiden Tage waren zum Akklimatisieren vorgesehen, wobei Jenny achtgeben sollte, dass sie sich in der karibischen Sonne nicht die Haut verbrannte. Sie durfte sich nur im Schatten aufhalten, und daran hielt sie sich auch, von gelegentlichen Sprüngen in den Pool einmal abgesehen. Werinher bereitete mich auf meine Arbeit als Kameraassistent vor, während Claudia und Paco dabei waren, herauszufinden, wer welche Sprache besser beherrschte, sie Spanisch oder er Deutsch.

Sobald einer von uns Durst verspürte, eilte das Personal mit Limonensaft herbei. Im Kühlschrank waren durchgehend Leckereien aus dem Meer, aus dem Garten und aus der Konditorei vorrätig, nicht zuletzt saftige kleine Mangos und frittierte Yams-Scheiben. Claudia hatte Bücher mitgebracht, eines davon hieß »Hundert Jahre Einsamkeit« und war von einem Kolumbianer namens Gabriel García Marquez verfasst. Paco kannte den Roman und empfahl ihn mir, was dazu führte, dass ich den halben Tag beim Pool auf der Wiese im Schatten lag und von der Familie Buendia und dem Dorf Macondo las. Am Abend ließen wir uns vom Chauffeur nach Montego Bay bringen, wo wir auf der Terrasse eines Touristenhotels speisten.

Als zu fortgeschrittener Stunde eine Reggaeband aufspielte, blieben wir und tanzten. Unterwegs auf dem Heimweg nach Ocho Rios hatten wir alle einen Schwips. Am nächsten Tag sollte sich Jenny ausruhen, denn Werinher wollte demnächst mit dem Fotografieren beginnen.

Jenny war mittelgroß und schlank. Sie trug lange blonde Haare und alles an ihr war wohlproportioniert und erotisch. Dass die Artdirektion des *Playboy* sie aus einer großen Zahl von Bewerberinnen ausgesucht hatte, barg kein Geheimnis: Jenny Hermann war ein Mädchen, das früher oder später auf dem *Playboy*-Centerfold landen musste! Ein Kuriosum am Rande: Solange die Bilder nicht im Kasten waren, hatte Claudia ihr Sex-Verbot auferlegt. Nicht auszudenken, wäre sie nach einer Liebesnacht mit Schrammen oder gar Knutschflecken beim Frühstück aufgetaucht. Kurios: Ausgerechnet der *Playboy* verhängt ein Sex-Verbot über seine Models!

Die Arbeit war nach zwei Tagen erledigt. Jenny sah traumhaft aus, die Sonne beschien sie auf den Felsen wie eine Nymphe, und ich kümmerte mich mit Belichtungsmesser und Reflektoren um das richtige Licht. Paco hatte einen Lautsprecher auf die Terrasse gestellt, sodass wir den ganzen Tag über auf Radio Kingston den neuesten Reggae hörten. Am Abend des zweiten Tages, als das letzte Licht verschwunden und der letzte Kodachrome belichtet war, wurde für Werinher und mich das Kiff- und für Jenny das Sexverbot aufgehoben.

Werinher fragte unseren Chauffeur, ob er wisse, wo man einen Beutel Ganja kaufen könne. In Jamaika ist Marihuana unter dem Namen »Kaya« geläufig (wie das gleichnamige Album von Bob Marley), und weil ein Teil der Bevölkerung das Kiffen zum religiösen Ritual erhoben hat, wird pro Kopf auf Jamaika mehr Gras geraucht als irgendwo sonst auf der Welt.

Unser Chauffeur hatte selbstverständlich eine Adresse, wo Kaya verkauft wurde. Ein paar Kilometer hinter Ocho Rios bog er in einen unbefestigten Weg ein, der hinauf in die Hügel führte, und nach einer mir endlos erscheinenden Kurverei durch Yams-Felder und Palmenhaine hielten wir endlich auf einer Lichtung an. Es war inzwischen dunkel und in einigem Abstand erkannte ich eine schwach erleuchtete Hütte. Unser Fahrer bat uns, im Auto zu bleiben, er wolle erst einmal allein hineingehen. Es dauerte und dauerte, bis sich schließlich eine dicke Mama mit lässig im Arm hängender Schrotflinte unserem Auto näherte. Ihr Sohn leuchtete ihr mit einer Stablampe. Plötzlich rammte sie mir durch das geöffnete Fenster den Doppellauf in die Rippen und forderte mich auf, meinen Namen zu nennen.

»Ha...Ha...Harry«, stotterte ich, völlig von der Situation und der Dicken mit der Flinte überrumpelt.

»Also hör zu, Harry! Solltest du ein Spitzel sein und ich krieg wegen dir Scherereien mit der Polente, dann werde ich dafür sorgen, dass du Jamaika nicht mehr lebend verlässt. Hast du das begriffen?«

»*Yes, Madam*«, stammelte ich und war erleichtert, als sie die Waffe zurückzog.

»Wie viel von dem Zeug wollt ihr denn?«

Werinher drückte ihr zwanzig Dollar in die Hand.

»Wegen der paar Buds so ein Aufwand!«

So unvermittelt wie sie aufgetaucht war, verschwand sie auch wieder. Kurz darauf war ihr Junge mit einem Packen in Zeitungspapier gewickeltes Marihuana zurück und reichte es durchs Fenster. Der Fahrer startete den Wagen.

»Was war das jetzt für eine Nummer?«, erkundigte ich mich erleichtert.

»Jamaika«, war alles was er dazu sagte.

Werinher drehte noch während der Fahrt eine Tüte, und von da an fühlte sich die Insel anders an: Wir waren auf Jamaika angekommen.

Während wir warteten, hatten wir Musik gehört, die durch den Wald heraufschallte. Unser Fahrer erklärte uns, es handele sich um eine private Reggae-Party, bei der jedermann willkommen sei. Wir baten ihn, uns hinzubringen. So kamen wir zum Konzert einer Band, die man ob ihres Aussehens und ihres öffentlichen Drogenkonsums anderswo verhaftet und eingesperrt hätte. Die Fete fand auf einem ehemaligen Kolonial-Anwesen statt, auf der Wiese vor dem Haus. Bühne und Technik waren auf der Terrasse installiert, und zwei Rastamänner legten in den Pausen Platten auf. Am Rand des Weges hatten Frauen ihre Stände aufgebaut, wo sie Tee, gekochte Bananen, Eintopf und Früchte verkauften. Gras wurde natürlich auch angeboten. Und geraucht. Der größte Joint, eine aus Zeitungspapier gedrehte, waffenscheinverdächtige Riesentüte, wurde mit beiden Händen weitergereicht, und am Ende waren alle Gäste stoned, als sei Jamaika der Garten Eden, allerdings ohne Schlange.

»Hier kann man es aushalten«, stellte Werinher fest. »Coole Typen, gutes Dope, reifer Sound.«

»Alles eine Frage der Perspektive. Wer in den Slums von Kingston aufwächst, sieht das sicher nicht so rosig. Kann mir vorstellen, dass Jamaika trotz Reggae und Tourismus für die armen Leute noch immer eine Plantage ist«, wandte Paco ein.

»Ja, eine Grasplantage«, präzisierte Werinher.

Am nächsten Tag ging es nach Negril, einer Stadt an der Westküste. Auf Ibiza hatte ich Leute von »Ricks Café« reden hören, abenteuerliche Geschichten, die wenig mit Armut, Rassismus und Krieg zu tun hatten, aber viel mit Schönheit, Sex und dem guten Leben.

Der Strand von Negril war beeindruckend lang, sauber und weiß; und »Ricks Café« entpuppte sich als Erotikbörse: *white pussy seeks rastafari power*. Auffällig viele Europäerinnen hatten ihr Glück bei einheimischen jungen Männern gefunden, ihren Platz an der karibischen Sonne.

Wir begegneten einem Jamaikaner, den ich aus Ibiza kannte. Bennie, so sein Name, hatte im Jahr davor auf Ibiza mehrere Spanierinnen vernascht und damit deren Männer gehörnt.

»So konnten sich die sexhungrigen Ehefrauen die teure Reise nach Jamaika sparen«, lachte Bennie.

»Ich habe erst davon erfahren, nachdem du weg warst«, sagte ich. »Man sagt, du seist von einem Taxifahrer in flagranti erwischt worden.«

»So kann man es nennen. Aber seine Frau war wirklich diese Sünde wert, so warm und weich und weiß wie sie war.«

»Der Mann hat euch ertappt?«

»Was heißt ertappt? Er hat uns bespitzelt, aufgelauert und sogar fotografiert. Wir sind verpfiffen worden.«

»Von wem?«

»Von Luz, der Freundin der Frau, mit der ich davor zwei Wochen zusammen war.«

»Du hättest sie eben nicht sitzen lassen sollen«, sagte Paco. »Aber der Ehemann, dieser Taxifahrer, wie hieß der?«

»Fernando …«

»Gutierez?«

»Kennst du den etwa?«

»Wenn es der Fernando ist, den ich meine, dann hast du nichts zu befürchten. Sein Spitzname ist *la gallina*, das Hühnchen.«

»Trotzdem werde ich mich auf Ibiza eine Weile nicht blicken lassen. Man hat mich gewarnt. Jeder Taxifahrer hält dort nach mir Ausschau, und als Rastamann fällt man auf in der Welt der Weißen.«

Bennie beschrieb uns den Weg zu seiner Hütte im Dschungel und lud uns ein, ihn mal zu besuchen. Aber dazu sollte es nicht mehr kommen. Zwei Tage später lösten wir die WG in der Villa Ciboney in Ocho Rios auf und am Flugplatz von Montego Bay verabschiedeten Paco und ich uns von Claudia, Jenny und Werinher.

Da wir uns so gut verstanden hatten, schlug ich vor, wir sollten uns im Sommer alle auf Ibiza treffen. Cana Ventura und Can Tieta stünden allen offen.

Jenny sagte: »Ich bin dabei.«

Werinher ergänzte: »Ich wollte ohnehin im Sommer auf Ibiza Fotos mit Debbie Neon machen.«

Und Claudia: »Mal sehen, ob der Chef mir Urlaub gibt.«

Paco und ich flogen zurück nach Nassau. Wir wollten uns zum Hotel Emerald Beach bringen lassen, aber der Taxifahrer sagte uns, dass das Hotel vor drei Tagen bis auf die Grundmauern niedergebrannt sei. Und die schönen Cowboyhemden, die ich mir in Fairfax gekauft hatte, waren ein Raub der Flammen geworden.

2.13 Kolumbien

Mitte Mai flogen Paco und ich via Miami nach Bogotá, wo wir uns wieder im Hotel Belvedere einquartierten. Zwei Tage später trafen Lisa und Santiago aus München ein. Romans Freundin Edith begleitete sie. Zu einer Irritation kam es im Bett, als ich beim ehelichen Schmusen schlappmachte. Erst danach erfuhr ich von Paco, dass es nicht dasselbe sei, »Turnübungen« auf Meereshöhe oder eben in Bogotá zu absolvieren. Der geringe Sauerstoffgehalt in der Luft ist die Ursache, dass Kerle, die mit sportlichem Ehrgeiz ins Bett steigen, dort ziemlich rasch außer Atem geraten. Mir fiel ein, dass ich während unseres ersten Aufenthaltes in Bogotá bei Mauricios Verwandten aus demselben Grund eingeschlafen war. Unserem Sohn, der inzwischen laufen konnte, schien die Höhenluft nichts auszumachen.

Gemeinsam bestiegen wir am darauffolgenden Tag ein Flugzeug nach Barranquilla, wo Angel und Paco uns erwarteten. Mein Wiedersehen mit Angel wurde zu einer langen und herzlichen Umarmung, schließlich hatten wir uns seit Casablanca nicht mehr gesehen, und das war drei Jahre her. Inzwischen ging er als fellgegerbter Kolumbianer durch, hatte sich sogar das in Kolumbien gesprochene »Kastilisch« angeeignet.

Unterwegs im gemieteten Kleinbus, den Paco an der Lagune von Ciénaga entlang steuerte, berichtete Angel, wie es ihm im Oktober 1976 ergangen war, wie er seinerzeit auf Teneriffa aus dem Gefängnis entkommen war, und wie er es geschafft hatte, nach Kolumbien zu gelangen.

»Das Gefängnis von Teneriffa liegt direkt am Meer, mit einem eigenen Badestrand für die Häftlinge«, begann er seinen Bericht. »Der Ganovenstrand war freilich eingezäunt.«

»Wie bitte, ein Strand im Knast?«, staunte ich. »Wie hat man sich das denn vorzustellen?«

»Unser Strand war dreißig Meter lang und konnte durch den Gefängnishof betreten werden. Der Zaun, der das Ganze eingrenzte, schloss direkt an der Mauer an und lief an beiden Seiten etwa fünfzig Meter weit ins Meer.«

»Und am Ende offen?«

»Da war natürlich auch ein Maschendraht. Der reichte bis in eine Tiefe von vier Metern und war am Grund verankert. In dem Zaun verfingen sich oft Fische, die wir heraufholen und behalten durften.«

»Um sie zu essen?«, fragte Lisa.

»Was sonst! Etwas Besseres als den selbstgegrillten Fisch habe ich im Knast von Tenerife nicht gegessen.«

»Und wie hast du es geschafft, da rauszukommen?«

»Kurios war, dass man mir quasi den offiziellen Auftrag gab, den Ausbruch vorzubereiten. Bei der Einlieferung fragten sie mich nach meinem Beruf. Ich sagte Taucher, und als der Oberwärter erfuhr, dass sich ein Berufstaucher unter seinen Ganoven befand, da gab er mir nach kurzer Zeit den Auftrag, den Zaun alle zwei Tage zu kontrollieren. Und schon beim ersten Tauchgang kam mir die Idee, zu verduften.«

»Du bist sozusagen abgetaucht«, grinste ich.

»So ist es. Sie gaben mir eine Flasche mit Sauerstoff für zehn Minuten, Flossen und Brille, und ich schwamm jeden übernächsten Tag am Boden den Zaun entlang, um nachzusehen, ob alles dicht sei. Nach einer Weile vertrauten mir die Wächter auf dem Wachturm und sie lockerten die Aufsicht. Ich nutzte meine Chance, vergrößerte ein kleines Loch im Zaun und machte eines Tages, dass ich fortkam.«

»Das darf doch wohl nicht wahr sein«, lachte Lisa.

»Genau so, wie ich es euch erzähle. Noch ehe man mich suchte, war ich 200 Meter südlich vom Knast an Land gegangen und ließ die Tauchausrüstung am Strand zurück. Dann überquerte ich die Straße und verdrückte mich in eine Bananenplantage. Zum Glück wurde dort gerade geerntet, sodass ich mir dort sogar ein paar Peseten verdienen konnte.«

»Und wie hast du es geschafft, von der Insel fortzukommen?«, fragte Lisa.

»Ich rief meinen Bruder in Madrid an, und der nannte mir den Namen eines Arbeitskollegen in Santa Cruz. Der Mann aus Santa Cruz versteckte mich eine Weile und organisierte innerhalb von drei Wochen eine Schiffspassage nach Panama. Von Panama-City aus fuhr ich nach El Tigre, wo die Straße endet, nach drei Tagen brachte mich ein Pfadfinder durch den Urwald bis ans Ufer des Río Atrato. Mit einem Boot gelangte ich nach Turbo, der ersten kolumbianischen Stadt, die ich kennenlernte. Aber das hatte ich euch doch geschrieben. Habt Ihr denn meine Karte aus Santa Marta nicht bekommen?«

»Natürlich haben wir die Karte bekommen, aber viel hattest du ja nicht geschrieben«, sagte ich. »Trotzdem haben wir uns gefreut, dass du es geschafft hast!«

»Stimmt. Ausgebrochen sind schon viele, aber abgetaucht ist vor mir noch keiner.«

Und ganz so, als habe auch er dieses Wortspiel verstanden, stimmte der kleine Santiago in das allgemeine Gelächter im Bus ein.

Paco brachte uns direkt zur Pension El Cisne, wo Osiris, der Kavalier des Hauses, erst Lisa und dann mich in die Arme nahm. Die ganze Familie, ja das halbe Dorf trat auf die Straße, um die Gäste aus Europa zu begrüßen. Osiris, der Mann, der in Deutschland gewesen war, genoss seither größere Reputation im Dorf. Und Marisa, seine halb so alte Frau, hatte einen Grund mehr, stolz auf ihren Gatten zu sein. Die Mädchen der Familie Castro hießen Isis, Odiris und Neftis, aufgeweckte Kinder im Alter zwischen sieben und elf Jahren, die zur Schule gingen.

Leider habe ich vergessen, wie die ägyptischen Götternamen in die Familie kamen, warum mein Freund Osiris hieß. Aber in Südamerika findet man oft ungewöhnliche Vornamen. Die kurioseste Namensgebung fand ich einmal in Medellin, wo ein Kolumbianer mir sagte, seine drei ältesten Brüder, alle vor dem Zweiten Weltkrieg geboren, trügen die Vornamen Hitler, Mussolini und Franco, wobei er den Namen Hitlers so betonte, dass er wie *»ittle«* klang, weshalb man es nicht sogleich als Reminiszenz an den Wahnsinnigen aus Braunau erkannte. Namen aus der griechischen und ägyptischen Mythologie waren geläufig, allein die eigenwillige Aussprache irritierte mich zuweilen. So konnte man in Kolumbien an einem Vormittag einem Sokrates, einem Archimedes und einem Cäsar begegnen, nichts daran war ungewöhnlich.

Edith stammte aus Bregenz und war schon mit Roman befreundet, als ich die beiden zu Beginn des Jahres 1974 in München kennenlernte. Sie hatten den Weg in die Drogenabhängigkeit zusammen beschritten. Und wenn einer von ihnen aus dem Schlamassel aussteigen wollte, dann war es nur vernünftig, wenn sie dabei gemeinsame Sache machten. Edith hatte also von ihrem Freund erfahren, dass dieser in L.A. einen Entzug angefangen, ihn aber nach einer Woche wieder abgebrochen hatte. Roman wollte in Kolumbien einen weiteren Versuch starten, und nach dem Motto: geteilter Turkey ist halber Turkey hatte er sein Mädchen gebeten, zusammen mit Lisa herüberzukommen.

Irgendwann in den Jahren nach 1977, zur selben Zeit, als Wacki und Carmen, Richie und Bea, Mauricio und ich sowie noch ein paar andere Kindheitsgeschädigte Gefallen am Heroin fanden, gerieten auch Roman und Edith in dessen Sog. Ähnlich wie Bea, hatte Edith sich an den »Suchthilfeverein Condrobs« gewandt, aber auch für sie gab es dort nichts als den lauwarmen Abstinenz-Ratschlag. Was den Heroinabhängigen geholfen hätte, wäre eine Substitutionsbehandlung mit anschließender Suchttherapie gewesen, aber die gab es in Bayern nicht, weil Politiker der CSU, die von Fixen und Sniefen keine Ahnung hatten, glaubten, die beste Strategie gegen die Opiatabhängigkeit sei der »kalte Entzug«, der Cold Turkey. Nach dem Motto: Nur was wehtut, führt letztlich zum Erfolg. Aber das ist nicht jedermanns Sache, und so quälten sich die Heroinabhängigen in Bayern ohne Methadon herum, und viele von ihnen zogen es vor, in Apotheken einzubrechen oder sich mit einem Goldenen Schuss aus dem Elend zu verabschieden. Der Zynismus der Politiker hat sie auf dem Gewissen, daran besteht kein Zweifel.

Im Sommer 1979 jedenfalls machten Roman und Edith einen großen Versuch, sich aus der Umklammerung der Droge zu befreien. Ich selbst sah dazu keine Veranlassung, denn ich war noch nicht kontinuierlich »drauf« und außerdem überschätzte ich die eigene Willenskraft, respektive, unterschätzte ich die Macht von suchterzeugenden Substanzen. Last not least hasste ich Schmerzen, gehörte eher zum weinerlichen Typ, und wie sehr einem der Heroinentzug zusetzen kann, hatte ich schon wiederholt erfahren. Dass ein derartiger Entzug (wie auch der vom Alkohol) mit zu den langwierigsten und schmerzhaftesten Therapien von allen gehört, ist allgemein bekannt. Masochisten, die sich in das Thema vertiefen wollen, sei Nelson Algrens Roman »Der Mann mit dem goldenen Arm« ans Herz gelegt.

Walter und Roman trafen zwei Tage nach uns an der Küste ein. Die Pension El Cisne behagte Walter nicht, denn in den vier Wochen Los Angeles hatte er sich einen snobistischen Lebensstil angewöhnt, und weil die beiden gerade ein paar Guineen in den Taschen hatten, mieteten sie sich im Hotel Sierra im nahe gelegenen El Rodadero ein Zimmer.

Lisa, Santi und ich blieben vorerst bei unseren Freunden in der Pension wohnen. Die Pensionsgästeliste hatte sich seit meinem letzten Besuch im Jahr zuvor nicht verändert. Nach wie vor lebten dort neben der Familie Castro die vierköpfige Familie Rivera vom Hochland, der Quartals-Verrückte und die Freudenfrauen Alma und Nati. Die Kinder stürzten sich sofort auf unseren blond gelockten Santiago; Nati nahm zur Kenntnis, dass Mauricio nicht mit von der Partie war und dass ich meine Frau mitgebracht hatte. Wie so viele Ehefrauen nahmen auch Lisa und Edith die Huren nicht als potenzielle Konkurrentinnen wahr. Das ist eine Feststellung, keine Ironie. Ich selbst habe andere Männer auch nie als Konkurrenten um die Gunst meiner Frau betrachtet, sodass ich jedes Mal befremdet war, wenn ich davon erfuhr, dass sie einem anderen Einlass gewährt hatte. Eine Eigenschaft, über die ich heute noch staune: Ich reagierte nie affektiv auf einen Seitensprung meiner Frau, sondern mit quasi sozialwissenschaftlichem Erstaunen, glaubte ich doch viele Jahre, einen besseren Kerl als mich könne sie gar nicht finden. Die statistische Wahrscheinlichkeit, dass Frauen Männern treu bleiben, sobald sie einmal verheiratet sind, dürfte sich auf einem ganz bescheidenen Niveau bewegen, was im Übrigen von vielen Umfragen und Statistiken bestätigt wird.

Von der Pension in Gaira bis zur Playa von Rodadero war es nicht weit zu Fuß. So verbrachten wir unsere Vormittage am Meer, wo ich meist auf den Kleinen achtgab, während Lisa Strandläufe machte und die Latin Lovers in Unruhe versetzte.

Es hatte sich nicht viel geändert. Verkäuferinnen schlenderten strandauf, strandab, um ihre Waren loszuwerden: Maisfladen, frittierte Bananen, die im Geschmack eher an Kartoffeln erinnerten als an eine Süßfrucht. Dann war da der Austernverkäufer, dessen verrauchte Stimme (»*ostras, ostras, ostras*«) schon von weitem zu hören war. Lisa übte sich im Wasserski, während ich stoned im Sand lag und mit meinem Sohn spielte. Trotz einer dichten Wolkendecke, und obwohl wir ihn eingeölt hatten, sah Santiago am Abend aus wie ein gekochter Krebs.

Auf Dauer war die Pension dann doch nicht für uns geeignet, denn in Osiris' Haus wimmelte es von Moskitos. Nach einer Woche sah Santi aus wie ein Streuselkuchen, und so zogen wir zu den anderen ins Hotel nach Rodadero. Die relative Idylle wurde gestört, als an einem Sonntagmorgen Schüsse fielen, ganze Salven waren zu hören. Später tauchten Leute in der Lobby auf, die berichteten von einer Schießerei vor der Kirche, wo eine Bande von Sicarios* mit den Frauen und Kindern der Konkurrenz »abrechnete«. Zweifellos eine Schweinerei in jeder Hinsicht, die uns eine Ahnung davon gab, warum García Marquez solche Bücher schrieb. In Kolumbien kommt ein Menschenleben schnell an sein Ende, zuweilen sogar gleich nach Beichte und Sakrament. Unser Schreck ließ erst nach, als wir sahen, dass die Einheimischen wieder zur Tagesordnung übergingen. Jedenfalls hatte es mehrere Tote gegeben und die Mörder waren unerkannt entkommen, wenngleich jeder im Ort sie zu kennen schien. Dass dieser Überfall vor der Kirche von Rodadero eine Vergeltungsaktion nach sich zöge, war allen klar. Man konnte bloß hoffen, nicht in die Schusslinie zu geraten. Um nicht vor Ort zu sein, wenn es dann soweit wäre, brachen wir nach zwei Wochen unsere Zelte in El Rodadero ab und flogen nach Bogotá. Walter kaufte sich ein Pfund Kokain bei einem Polizisten, den Paco ihm vorgestellt hatte, und bestieg eine Lufthansa nach Deutschland. Paco und Angel blieben an der Küste, Roman und Edith ebenfalls, zogen aber der Kosten wegen vom Hotel in die Pension um, wo Marisa und Osiris sich fortan um die österreichischen Patienten kümmerten.

Inzwischen hatten wir ernst gemacht mit dem Entzug, und ich erinnere mich noch genau, wie krank wir waren. Psychisch im Sumpf der Talsohle angekommen, kam mir der Gedanke, zurück in

* Killer

die USA zu fliegen und das Drogen-Problem dort mit professioneller Hilfe anzugehen. Aber wir schafften es, zumindest körperlich, sodass ich nach zwei zähen Wochen der Abstinenz fit genug war, dass ich im Alltag wieder einigermaßen funktionierte, das heißt, ich war in der Lage, Auto zu fahren und nachts zu schlafen. Und mit jedem neuen Tag fühlte ich mich besser. In Bogotá mieteten wir einen kleinen Jeep, in dem wir uns auf den Weg nach Puerto López zur Pfarrei von Lisas Bruder machten. Die Überquerung der Kordillere verlief diesmal ohne Zwischenfall: Weder wurde auf uns geschossen, noch intervenierte die Polizei.

Nachdem wir Villavicencio, die Hauptstadt des Departements, hinter uns gelassen hatten, bemerkte ich, dass außerhalb der Städte fast nur bullige Allrad-Jeeps unterwegs waren. Wenn man sich den Zustand der Straßen ansah, war das nachvollziehbar. Und wenn ich mir vorstellte, wie diese Staubpisten erst nach einem heftigen tropischen Regen aussehen mussten, wurde mir bewusst, dass die Llanos des Departements Meta nichts für Porschefahrer waren. Ein Auto schaffte man sich hier einzig und allein unter dem Aspekt an, damit durchzukommen, durch Staub und Schlaglöcher, durch Sonne und Wind, durch Regen und Schlamm.

In Puerto López wurden wir begeistert empfangen. Bruder Ludwig begrüßte seine kleine Schwester und seinen noch kleineren Neffen Santiago. Man wies uns ein Zimmer im Pfarrhaus zu, die Schwestern kümmerten sich darum, dass es unserem kleinen Prinzen an nichts mangelte.

Die ersten Tage galten touristischen Erkundungen des Umlandes. Lisas Bruder nahm sich die Zeit, um uns den Ort zu zeigen, den Fluss und die Hacienda der Pfarrei. Weil er ein Waisenhaus mit fast hundert Kindern versorgen musste, hatte er draußen vor der Stadt Land erworben, das von zwei Familien bewirtschaftet wurde. Dort bauten sie Kartoffeln und Gemüse an, auch züchteten sie Rinder und ein paar Pferde. Ein tiefer Brunnen half, die Felder zu bewässern, die Sonne, die fast ohne Unterlass schien, garantierte Ernten rund um das Jahr. Dort war auf meiner ersten Reise die Fete mit dem Bischof gestiegen.

Puerto López liegt inmitten der Llanos, einer ausgedehnten Savanne, die im Nordwesten an die Kordillere stößt. Die Menschen bauen Mais und Bananen an, im Übrigen eignet sich das flache Land zur Zucht von Rindern. In Puerto López selbst lagen ein Dutzend Boote am Ufer des Rio Meta vertäut, also dürfte die Fischerei entlang des Flusses ebenfalls eine Rolle gespielt haben. Gerüchteweise wurde in der Sierra Macarena, in der Provinz Meta gelegen, Koka angebaut, aber das habe ich im Gegensatz zur Sierra Nevada, die wir im Vorjahr besucht hatten, nicht selbst gesehen. Fest steht, in Kolumbien wird so einiges angebaut, worüber man schwer Auskünfte erhält.

Im Rahmen der Betreuung seiner Pfarrei, die sich weit über den Ort Puerto Lopez hinaus erstreckte, besuchte der Padre Luis zuweilen auch das Gefängnis, welches sogar über eine gemeinsame Mauer mit dem Pfarrgarten verfügte. Ich bestand darauf, ihn zu begleiten, und weil ich ja zwei Jahre zuvor selbst schon die Erfahrung der Gefangenschaft gemacht hatte, wusste ich, wie sehr sich Häftlinge über Besucher freuen. Ich suchte einen Laden auf, bestellte zwei Kisten voll Tabak, Plätzchen und Kaffee und ließ die Sachen zum Gefängnis bringen.

Als ich dort am folgenden Tag mit dem Pfarrer auftauchte, hatten die Wärter die guten Gaben allesamt nach Hause zu ihren Frauen und Kindern mitgenommen. Ich war empört.

»Reg dich nicht auf!«, versuchte Ludwig mich zu beruhigen. »Die Wärter sind kaum besser dran als die Gefangenen. Viele von denen haben Hunger, wenn das Ende des Monats naht. So ein Wärter verdient weniger als fünfzig Dollar im Monat. Die meisten arbeiten nebenbei auf eigenen Feldern oder im Garten, um über die Runden zu kommen«, erklärte er mir.

»Das rechtfertigt doch nicht, dass sie die Geschenke für die Häftlinge unterschlagen«, gab ich zurück.

»Sieh es nicht so eng! Unsere Gefängniswärter sind gute Kerle, die es bestimmt nicht leicht haben. Ich schlage vor, wir gehen anschließend noch einmal hinüber zur Tienda und kaufen den Gefangenen Tabak und Kuchen. Ich werde dann dafür sorgen, dass sie die Sachen auch erhalten.«

Während unserer Unterhaltung hörten die beiden Wachmänner interessiert zu. Durch heftiges Kopfnicken schienen sie zu bekräftigten, dass der Pfarrer die Wahrheit sprach, wenngleich sie uns nicht verstanden. Sie wussten, auf ihren Padre war Verlass, der verstand ihre Nöte. Dann öffneten sie das Tor der Strafanstalt von Puerto López. Wir traten auf den Gefängnishof. Ein Dutzend Männer hockten im Schatten der Mauern und langweilten sich. Einer massierte einem Huhn die Brust, alle machten sie einen verwahrlosten Eindruck. Als sie den Pfarrer erkannten, grinsten sie verlegen. Ich hatte den Eindruck, sie wähnten sich sozusagen schon auf dem Weg in die Hölle, und der Padre war ihre letzte Verbindung zu Gott, die letzte Hoffnung sozusagen. Die meisten saßen hier, weil sie einen Menschen getötet hatten, sei es aus Eifersucht, im Rausch oder aus Zufall, wie Meursault, der Mörder ohne Reue aus Camus' Roman »Der Fremde«. Dass sie arme Teufel waren, wurde einem klar, wenn man sie ansah und ihnen eine Weile zuhörte. Indem man sie einsperrte, entsolidarisierte sie die Gesellschaft, und da ihr Schicksal völlig unbestimmt war, glomm ihr Lebensmut nur mehr schwach. Ich hingegen hatte den Eindruck, es hier eher mit Schelmen zu tun zu haben, als mit charakterlosen Verbrechern.

Nach einer Weile mahnte Ludwig zum Aufbruch. Wir verteilten die Geschenke und wünschten den Männern Glück.

Im Alltag der Pfarrei machte ich mich als Krankenwagenfahrer nützlich. Unser Allradjeep kam dieser Aufgabe sehr entgegen, da es zu den teilweise weit entfernten Dörfern keine ausgebauten Pisten gab. Die Wasserwege waren mindestens so bedeutsam wie die Staubpisten, die zu den abgelegenen Siedlungen führten. So fuhr ich zusammen mit einem ortskundigen jungen Mann hinaus in die Außenbezirke, um einen Patienten zu holen, der dann in der Krankenstation der Pfarrei von den Schwestern behandelt wurde. Einen Arzt habe ich in Puerto López nicht in Erinnerung.

Unterdessen besuchte unser Sohn El Kinder, den ortsansässigen Kindergarten, der ebenfalls der Pfarrei angeschlossen war. Ich erinnere mich noch des Schreckens, den Lisa bekam, als sie sah, wie zwei Dutzend Knirpse im Alter zwischen zwei und sechs mit kurzen Macheten dabei waren, das Gras auf dem Platz hinter dem Kindergarten kurz zu halten. Früh übte sich, wer ein Meister werden wollte. Zu Verletzungen kam es nicht, zumindest nicht, solange wir dabei zusahen.

2.14 Angel

Bei meiner Abreise aus San Francisco hatte Hunter erst etwas mehr als die Hälfte des Stoffs verkauft und das Geld, welches ich von ihm erhalten hatte, war zum größten Teil an Roman und Walter gegangen. Und weil ich auch Paco, nachdem er aus dem Knast entlassen war, ein Bündel Dollars in die Hand gedrückt, und weil ich Osiris ein Geschenk gemacht hatte, und weil das Leben als Nomade Geld kostet, war der Cashflow low. Ich telefonierte mit Hunter und bat um eine Geldanweisung auf eine große Bank in Bogotá. In einer Woche sollte die Kohle da sein. Ich setzte mich ins Auto und fuhr in die Hauptstadt. Lisa und Santiago blieben bei Schwager Ludwig in Puerto López.

Früh am Morgen machte ich mich auf den Weg. Die Reise verlief ohne Zwischenfälle. Inzwischen kannte ich die Straße und hatte gelernt, dass es sicherer ist, wenn man unterwegs niemanden beleidigt, und sich auch sonst unauffällig bewegt. In der Hauptstadt erfuhr ich von Pacos Freundin Elsa, dass Angel im Maison de la Sacré Coeur wohne, einem ruhigen Haus abseits der Avenida Quince gelegen. Wieso die Pension, die künftig unsere Unterkunft in Bogotá werden sollte, ausgerechnet einen französischen Namen trug, ist mir entfallen. Vielleicht hatte der Besitzer, den ich bald kennenlernen sollte, ein Faible für die französische Lebensart; also ein frankophiler Kolumbianer, warum nicht. Sein Name war Ismael Tovar, der der Wirtschafterin der Pension Doña Hilda. Das Maison de la Sacré Coeur lag im Stadtteil Chicó, wo an den Straßenecken bewaffnete Wächter in Wachhäuschen aufpassten, dass den Reichen kein armer Teufel zu nahe kam. Angel bewohnte ein Doppelzimmer, und so quartierte ich mich aus Kostengründen bei ihm ein.

Mein erster Weg führte zur Bank, aber es war noch kein Geld da. Die Situation ähnelte der in Tokyo: Gestrandet in einer Hauptstadt und kein Geld in der Tasche. Angel war ebenso mittellos wie ich, besser gesagt: Er war eigens von Paco nach Bogotá geschickt worden, um sich von mir ein paar tausend Dollar zu erbitten. Paco hatte in Kolumbien mehrere Projekte am Start, um die er sich kümmerte, und die ihm laufend Kosten verursachten. In Santa Marta war er an einer Tauchschule beteiligt, der aber vorerst die Schüler fehlten und die daher minus machte. Dann unterstützte er Osiris mit seinen sieben Frauen und vierzehn Kindern, schließlich finanzierte er die Koka-Küche seines Freundes Toni und er bezahlte die Schule für César, den Indiojungen, den wir im Vorjahr aus den Bergen mitgebracht hatten.

Last not least zahlte er ein Apartment für seine Freundin Claudia, der die Eltern abhandengekommen waren, und die jetzt allein in Barranquilla lebte und dort zur Schule ging. Ich habe dieses fünfzehnjährige Mädchen nie kennengelernt, denn kurz nachdem Paco mir zum ersten Mal von ihr erzählte, wurde sie auf der Straße erschossen. Mörder und nähere Umstände blieben im Dunkeln – in Kolumbien damals nichts Ungewöhnliches.

Ganz so übel erging es dem Ingenieur nicht, einem Rentner aus Schwaben, der für einen Monat nach Bogotá gekommen war, um bei einer Weberei die Webstühle neu einzurichten. Er wurde beim Morgenspaziergang lediglich ausgeraubt und niedergeschlagen. Ich weiß noch, wie betroffen Angel und ich waren, als der weißhaarige alte Mann eine halbe Stunde, nachdem er vom Frühstückstisch aufgestanden war, wieder an der Tür der Pension klingelte, und Doña Hilda ihm aufmachte. Man hatte ihn regelrecht ausgeplündert: Ihm fehlten Jacke und Schuhe, ebenso die Uhr und selbstverständlich sein Geldbeutel. Am Kopf hatte er Schrammen abbekommen, die Hose war zerrissen, und am Knie war durch einen Riss eine hässliche Schürfwunde zu erkennen. Der Mann trug es entweder mit Fassung, oder aber der Überfall der Bande hatte ihn traumatisiert.

»Wen wundert es, wenn man bedenkt, wie wenig die Leute hier zum Leben haben, und wie viel unsereiner. Schuld sind nicht die Straßenkinder, schuld sind die Politiker«, sagte er zu meinem Erstaunen.

»Das waren Kinder?«, fragte ich ihn.

»Eine ganze Bande. Die ältesten höchstens 15, die kleinsten vielleicht 10.«

»Auf offener Straße?«

»Gar nicht weit von hier. Und was mich am meisten geärgert hat: Ich lag auf der Fahrbahn und bis ich wieder hochkam, fuhren ein Dutzend Autos dicht an mir vorbei. Keiner hat angehalten, um zu helfen.«

Am Nachmittag, während ich gerade dabei war, der Pensionswirtin Doña Hilda zu erklären, dass sie sich mit der Zimmermiete ein paar Tage gedulden müsse, kam zufällig Ismael vorbei, der in der Garage des Hauses einen Chrysler Baujahr 36 stehen hatte, den er nur zu besonderen Anlässen benutzte. Wir kamen ins Fachsimpeln und am Ende fühlte ich mich auf so vertrautem Fuß mit ihm, dass ich gestand, momentan zahlungsunfähig zu sein. *Bref:* Ismael, ein Mann, der entweder über kommerziellen Weitblick verfügte oder der einfach ein großes Herz hatte, bot uns an, solange in seinem Haus zu wohnen, bis wir das erwartete Giro aus den USA bekommen hätten. Zusätzlich lud er uns zum Abendessen bei sich zuhause ein, und als sei das alles nicht genug, steckte er uns noch 100.000 Pesos zu. Das war kein Vermögen, aber damit konnte man mehrmals satt werden.

Gutes und preiswertes Essen gab es in einem Proletarier-Restaurant unterhalb des Monserrate: Eine Kichererbsensuppe mit ein paar Brocken Schweinefleisch darin. Ein paar Tage lang, bis endlich nach einer Woche die Geldanweisung aus Kalifornien einging, waren Angel und ich dort Stammgäste. Wenn wir aus dem Haus gingen, legten wir zuvor unsere Armbanduhren ab und gaben uns äußerlich das Image abgerissener Habenichtse, die wir kurzzeitig ja auch waren. Abends blieben wir in der Pension, ab und zu gönnten wir uns ein Pfeifchen Basuco, ein Produkt zwischen Base und Kokain, das damals in Bogotá sehr beliebt war. Es regt das Denken an, erhöhte die Konzentration, und ich erinnere mich an die langen Gespräche, die ich mit Angel führte. Dabei kam mir zugute, dass er, seit er auf Ibiza lebte, viele schlaue Bücher gelesen hatte.

Wie sich unsere anschließende Kontroverse genau entwickelte, kann ich nach all den Jahren nicht mehr im Einzelnen nachzeichnen. Einige Glieder der Argumentationskette sind mir aber noch in Erinnerung.

Das Ganze entzündete sich daran, dass in den ersten Monaten des Jahres 1979 drei der weltweit übelsten Gewaltherrscher gestürzt wurden: Erst Pol Pot in Kambodscha, dann der Schah von Persien und schließlich der »Häuptling von Uganda« Idi Amin.

Im kolumbianischen Fernsehen war am Abend vom Sturz Amins berichtet worden. Idi Amin Dada war ein Mann, der die Gemüter erhitzte: Die einen glaubten, er sei der neue König von Afrika, andere sahen in ihm lediglich einen weiteren Emporkömmling, der sein Volk unterdrückte. In den Boulevardmedien in England war zu lesen, er verspeise das Fleisch seiner getöteten Feinde; deutsche Blätter wollten wissen, dass er einen Harem geraubter weißer Jungfrauen unterhielte, mit denen er sich nach Lust und Laune vergnügte. Jedenfalls gab er weißen Rassisten einen Vorwand, dem »Neger« einen zweifelhaften, animalischen Charakter zu unterstellen.

»Wenn Afrika nicht aus den Startblöcken kommt, so liegt das an Verbrechern wie diesem Amin. Die sind doch schuld an der neorassistischen Debatte in Europa ...«, sagte ich.

»Was heißt hier Schuld?«, entgegnete Angel. »Was soll das sein! Der Begriff der Schuld ist in meinen Augen völliger Schwachsinn. Schuld ist was für Sünder und Büßer. Das ist der Mechanismus, mit dem die Katholiken ihre Macht ausgeübt haben. Und immer noch ausüben«, setzte er hinzu. »Amin ist ein Geisteskranker.«

Ich schwieg und versuchte mir vorzustellen, was er wohl meinte.

»Auf dem Weg von der Geburt zum Tod durchlaufen die Menschen bestimmte Stadien der Entwicklung. Irgendwann kommen sie an den Punkt, da schreiben ihnen ihre Mitmenschen die Fähigkeit zu, sich schuldig zu machen; und gegen Ende ihres Lebens erkennt man ihnen diese Schuldfähigkeit dann wieder ab«, erklärte Angel. »Mich haben meine Eltern im Alter von fünf Jahren für schuldfähig erklärt und angefangen, mich für Dinge zu bestrafen, die ihrer Meinung nach böse waren.«

»Was zum Beispiel?«

»Naschen, nicht folgen, lügen.«

»Und wie bist du bestraft worden?«

»Geschrei, Schläge, Verbote«, sagte er. »Und damit einher ging die Suggestion eines schlechten Gewissens, *la mala consciencia*. Von klein auf haben spanische Eltern ihren Kindern Schuldkomplexe anerzogen, die gar keine objektive Grundlage hatten. Die Schimäre der Schuld, aber kaum jemand hinterfragt sie, diese angebliche Schuld.«

»Das war bei uns in Deutschland nicht anders. Ich denke, das ist ein kulturübergreifendes Phänomen«, sagte ich. »Schuldzuweisung und Drohung mit Strafe sind ein uraltes Erziehungsmittel.«

»Das ändert aber nichts daran, dass moralische Schuld objektiv nicht existiert. Ist etwa ein Vulkan schuld, dass er ausbricht? Oder ein Löwe, der eine junge Antilope tötet? Kein Lebewesen hat das Recht, ein anderes aufgrund einer angeblichen Schuldigkeit zu benachteiligen.«

»Du meinst also, man sollte Idi Amin, sofern man ihn schnappt, nicht bestrafen?«

»Umbringen sollte man den *hijo de puta**, ein Messer soll man ihm ins Herz stoßen. Aber nicht als Strafe, sondern als sozialpolitische Reinigungsmaßnahme«, ereiferte sich Angel. »Hätte ich ein Kind und das wäre diesem Idi Amin in die Hände gefallen, und der hätte es geschlachtet und verspeist, dann würde ich ihm den Garaus machen. Dazu brauche ich keine Schuld, da reicht es mir, zu wissen, dass er der Täter ist. Auf der Erde wird so viel gestorben, dass es auf den Tod eines Tyrannen nicht ankommt.«

»Ein Plädoyer für das Faustrecht«, sagte ich.

»Es hat unter den Menschen niemals etwas anderes als das Faustrecht gegeben, als die Selbstjustiz. Der Stärkere unterdrückt den Schwächeren; der Gierige den Genügsamen, der Krieger den Philosophen.«

»Und was ist mit den Gerichten? Mit der Justiz?«

»Willst du mich verarschen! Unsere Gerichte legen bei ihren Urteilen Theorien zugrunde, die längst überholt sind. Auch wenn die Richter keine Colts mehr tragen, so steht ein ganzer Apparat von Polypen und Psychologen, von Bürokraten und Gefängniswärtern hinter ihnen, die zusammen die am besten funktionierende Gewalttäter-Organisation bilden. Dagegen sind die Hells Angels Mopedfahrer. Du hast doch sicher in der Schule von Machiavelli gehört?«

»Das Problem ist aber doch, dass die Philosophen uns bis heute noch keinen allgemeinen Bezugsrahmen an die Hand geben konnten, an dem sich unser Verhalten ausrichten könnte.«

---

* Hurensohn

»Ich denke an die Existenzialisten«, sagte Angel. »Und an Louisa, mein Mädchen. Louisa hat nach einem Moment des Glücks ihrem Leben ein Ende gesetzt. Danach war mir eine lange Zeit nach Philosophieren nicht mehr zumute.«

Dann kramte er einen Zettel aus der Reisetasche, auf dem in spanischer Übersetzung ein Gedicht geschrieben stand, welches ich später in Gräfelfing nach langer Suche als ein Poem des deutschen Dichters Jakob Haringer erkannte, der Gefängnis und Irrenhaus kennengelernt hatte, dessen Bücher von den Nazis verbrannt worden waren, und den heute kaum noch jemand kennt.

»Einige Wochen vor ihrem Tod hat Louisa mir dieses Gedicht aufgeschrieben.« Er las:

Ich brauche endlich wieder eine Liebe.
Sie muss nicht glücklich sein,
sie muss nur machen,
dass ich noch einmal
an den Ort gelange,
an dem die Hoffnungen gegeben werden.

Von Paco wusste ich, dass Angels Partnerin vor einigen Jahren »ins Meer gegangen« war, jedoch hatte ich mit Angel nie darüber gesprochen.

»Wie kam es eigentlich dazu?«, fragte ich ihn.

»Das war vor vier Jahren. Wir fuhren mit einem Segelschiff nach Formentera, wo wir am Strand von Ses Illetes an Land gingen. Wir waren zu viert, Alba und José, gute Freunde von uns waren dabei. Wir aßen einige Peyoteknöpfchen, die eine Freundin Albas aus Mexiko, mitgebracht hatte. Es war die Vollmondnacht im Mai 1975. Wir schauten uns den Sonnenuntergang an, dann bereitete José über dem Feuer eine Paella, während Louisa und ich uns unterhielten. Wir sprachen über einen Text von Camus, in dem darüber spekuliert wird, ob es für den Menschen einen Grund zu leben gibt, wenn man einmal erkannt hat, dass es zwischen dem biologischen Willen zum Überleben einerseits und dem Scheitern an metaphysischer Erkenntnis keine Brücke gibt. Camus stellte für sich fest, dass sein Leben absurd sei und dass er selbst somit ein »absurder Mensch« sei. Dass er dennoch im Selbstmord keinen Ausweg sah, sondern in der Revolte gegen die Absurdität und in der Hinwendung zur Liebe, ist ebenso bemerkenswert wie unbefriedigend. Louisa war der Meinung, da läge bei Camus die Schwachstelle: Entweder er hätte wie Kierkegaard den Sprung zum Glauben wagen oder aber er hätte sich umbringen müssen.«

»Wer ist Kierkegaard?«

»Ein Däne, der sich ebenfalls Gedanken über Existenz und Sinn des Menschenlebens gemacht hat, und der ans Ende des Denkens den Glauben an Gott knüpfte.«

»Dein Mädchen hat schwierige philosophische Steine gewälzt«, stellte ich fest. »Wie alt war sie da?«

»Neunzehn.«

»War sie schön?«

Angel sah mich an und grinste. »Alle Frauen sind schön, wenn sie geliebt werden.«

Ich schwieg. Er fuhr fort, zu erzählen.

»Nach der Paella gingen wir spazieren. In den Dünen zog Louisa erst sich selbst, dann mir die Kleider aus. Wir liebten uns. Während ich erschöpft im Gras lag und eine Zigarette rauchte, stand sie auf und lief zum Strand hinunter.«

Wieder schwieg ich und blickte ihn fragend an.

»Das war das letzte Mal, dass ich sie lebend sah. Sie ist ertrunken. Dabei war sie eine passable Schwimmerin.«

Angel füllte basuco in eine Zigarette. Er rauchte, blies den ekligen Rauch gegen die Zimmerdecke und fuhr fort zu sprechen.

»Als ich Louisa nach einer Viertelstunde folgte, entdeckte ich sie auf dem nassen Sand. Die Wellen spielten mit ihrem Körper, so als hätten sie seit Jahrmillionen nichts anderes getan.«

»Du glaubst, sie hat sich umgebracht?«, wagte ich nach einer Weile zu fragen.

»Niemand bringt sich selbst um. Es sind immer die Umstände, die einen Menschen in den Tod treiben. Was genau mit Louisa war, werde ich niemals mehr herausfinden. Alles, was bleibt, ist: Sie hat mir viel bedeutet.« Und nach einer kurzen Pause: »Jeder Mensch hat nur einen besten Freund. Louisa war mein bester Freund.«

Anschließend an diesen Dialog, den ich in etwa so wiedergegeben habe, wie er mir noch in Erinnerung ist, empfahl Angel mir die Novelle »*Los ojos del hermano eterno*« von »Esteban Eswaig«. Von einem Autor dieses Namens hatte ich noch nie gehört, und als Angel mir versicherte, es handele sich um einen bedeutenden Schriftsteller aus Österreich, begann ich an meiner literarischen Grundausbildung zu zweifeln. Schließlich bat ich ihn, mir den Namen auf einen Zettel zu schreiben. Stefan Zweig also. Die besagte Novelle, »Die Augen des ewigen Bruders« hatte ich allerdings noch nicht gelesen, besorgte sie mir aber umgehend, sobald ich wieder in München war.

Die Tage mit Angel Canto im Maison de la Sacré Coeur zu Bogotá werde ich nicht so schnell vergessen. Mit demselben Ernst, mit dem seine Louisa vor sechs Jahren ins Wasser gegangen war, warf Angel sich nun in den Existenzialismus. Angel Canto war ein Speedfreak, nicht, dass er Heroin verschmähte, ganz und gar nicht, aber Speed und Kokain lagen ihm mehr. Wollte ich ihn mit jemandem vergleichen, dem er vom Typ her wohl ähnlich gewesen sein muss, so fällt mir Neal Cassady ein, jenen verrückten Prankster, der Jack Kerouac, Ken Kesey und andere Literaten in den Sechzigerjahren inspiriert hat. Wie ernst Angel es mit der Revolution meinte, wurde mir klar, als wir ein paar Tage darauf bei den Tovars bei Tisch saßen, und er einen Skandal provozierte.

Aber vorerst schien die Sonne über Bogotá, wo es übrigens selten über zwanzig Grad warm wird, ein für Mitteleuropäer angenehmes Klima. Ismael, dem sehr daran gelegen war, dass wir ein positives Bild seiner Heimat mitnähmen, lud uns auf eine dreitägige Rundfahrt durch die Provinz Cundinamarca ein. Ziel war die Stadt Girardot im Tal des Río Magdalena. Das bedeutete, dass wir die Savanne von Bogotá, die auf 2.600 Meter Höhe liegt, verließen, und innerhalb weniger Straßenkilometer hinab auf 250 Meter über dem Meeresspiegel fuhren.

Eines Morgens machten wir uns im Land-Cruiser auf den Weg, vorbei am Salto de Tequendama, einem Wasserfall des Río Bogotá, der vom Hochplateau mehr als hundert Meter tief in den Dschungel stürzt, und dessen schwarze Gischt das ganze Tal mit einem

Nebel aus mit Chemie und Exkrementen gesättigten Tröpfchen überzieht. Der moderige Kloakengestank der Abwässer der Hauptstadt hielt uns ab, dort anzuhalten.

Kurz hinter einem Ort namens La Mesa, bog Ismael von der Straße in einen befestigten Weg ab, der nach wenigen Kilometern auf dem Hof einer Finca endete. Die Dame des Hauses war die Schwester unseres Gastgebers und Chauffeurs. Nachdem wir uns gestärkt hatten und Ismael ihr alle Neuigkeiten berichtet hatte, gingen wir hinaus auf eine im Hang gelegene Plantage, um uns mit allerlei Früchten und Gemüse einzudecken. Als ich darauf bestand, die ausgewählte Bananenstaude höchstpersönlich mit der Machete abzuhacken, unterschätzte ich deren Gewicht und taumelte, die Staude mit dem linken Arm umklammernd, die Machete in der Rechten, rückwärts den Hang hinab. Während ein Arbeiter die Staude herbeiholte, krabbelte ich unter allgemeinem Gelächter nach oben. Ich hatte offenbar das Gewicht einer solchen Bananenstaude unterschätzt.

Nachdem wir alles gesehen und uns gestärkt hatten, setzten wir unsere Reise talabwärts fort.

In Anapoima hatte Ismael Freunde. Es handelte sich um ein Ehepaar, das den Lebensunterhalt mit der Herstellung metallener Schraubverschlüsse von Medizinflaschen verdiente. Der einzige »Angestellte«, den Don Antonio beschäftigte, war eine uralte Stanzmaschine, deren Etikett auf einen Hersteller im Schwäbischen hinwies. Und weil Anton von seiner deutschen Maschine eine so hohe Meinung besaß, übertrug er seine positive Erfahrung auf alles Deutsche und insbesondere auf alle Deutschen. Als er erfuhr, dass ich aus Alemania stammte, ließ er es sich nicht nehmen, mir seine Stanzmaschine persönlich vorzuführen. Die stand im Hof, von einem Wellblech notdürftig gegen Sonne und Regen geschützt und verriet mit ihrem monotonen Klack-Klack, dass sie bei der Arbeit war, zwölf Stunden am Tag, wie Anton mir stolz berichtete. Herr Gutierez ließ sich übrigens Anton und nicht Antonio nennen, ebenfalls eine Marotte, die seiner tiefen Bewunderung für alles Deutsche geschuldet war. Normalerweise hätten die Leute ihn mit Don Antonio angesprochen. Er aber bestand darauf, dass man ihn mit Herr Anton anredete, und weil er der Herr über eine Maschine war, die ihm und seiner Frau den Lebensunterhalt sicherte, genoss er den Respekt seiner Mitbürger.

Wieder wurden wir gezwungen, Platz zu nehmen und mit den Leuten zu essen. Die Gastfreundschaft der Kolumbianer ist wie die der meisten Menschen in der sogenannten Dritten Welt legendär. Herr Anton holte eine Flasche Moselwein aus einer Truhe, die dort womöglich schon jahrelang lag.

»Ich liebe die Deutschen«, erklärte er, nachdem er die Flasche entkorkt und den Wein in originale Schoppengläser gefüllt hatte. »Wo wäre die Welt ohne die Kultur und die Erfindungen der Deutschen«, begeisterte er sich.

»Bei aller Wertschätzung gegenüber uns Deutschen sollten Sie aber nicht vergessen, dass wir einen Blutsbruder namens Adolf Hitler unter uns hatten, und der hat das deutsche Image bekanntlich arg ramponiert«, sagte ich, weil mir die unkritische Lobhudelei auf mein Land nicht gefiel.

»Da wird viel übertrieben«, entgegnete Herr Anton. »Klar, für manche Leute war Herr Hitler ein Albtraum (er sagte: *una pesadilla*), aber wie wir heute wissen, hat er ja auch viel Gutes getan.«

»Viel Gutes?«, empörte sich Angel. »Sie haben doch nicht alle Tassen im Schrank! Hitler war eine Heimsuchung für Europa. Das freundlichste, was man über ihn sagen kann, ist, dass er ein Verrückter war. Aber Gutes? Mir fällt nichts ein, was man im Zusammenhang mit diesem Hurensohn als gut bezeichnen könnte.«

»Dann kennst du die deutsche Geschichte schlecht, mein Sohn. Adolf Hitler war ein Visionär, der nur das Beste für sein Volk wollte. Einzig die Sache mit den Juden, da hat er es übertrieben. Das gebe ich zu.«

»So einen Schwachsinn habe ich schon lange nicht mehr gehört«, regte Angel sich auf. »Hitler ein Visionär! Mit Verlaub, Don Antonio: Sie sind ein Dummschwätzer, ein gefährlicher Dummschwätzer!«

Herr Anton war sichtlich von Angels Beleidigung und dessen heftiger Ablehnung des früheren deutschen Reichskanzlers unangenehm berührt.

Ismael versuchte, die Wogen zu glätten: »Streitet euch bitte nicht, meine Freunde. Ich bin sicher, hier liegt ein Missverständnis vor.

Harry, du als Deutscher kannst uns sicher erklären, wie es sich verhält. War Hitler wirklich so ein Bösewicht, wie man heute sagt?«

Aber Angel war allzu aufgebracht, um im Sinne freundschaftlicher Harmonie einzulenken. Er unterstellte Herrn Anton, ein Nazisympathisant zu sein. Seine unversöhnliche Rede führte schließlich dazu, dass wir aufbrachen, noch ehe die Flasche Zeller Schwarze Katz ganz geleert war.

Auch anschließend im Wagen wollte keine Stimmung aufkommen.

»War denn das nötig, dass du den freundlichen Mann so beleidigen musstest? Man hätte ihn auch sachlich mit der deutschen Geschichte konfrontieren können«, sagte ich.

»Der Kerl hat doch wie jeder von uns eine Schule besucht und weiß somit, was die Nazis für Drecksäcke waren. Da gibt es nichts zu beschönigen«, sagte er nun zu Ismael, »dein Kumpel ist ein Nazi!«

»Antonio ist einer meiner besten Freunde. Mit Sicherheit hat seine Bewunderung für die deutsche Kultur nichts mit den Nazis und deren rassistischer Ideologie zu tun, Angel«, sagte Ismael. »Du hast meinem Freund Unrecht getan und mich überdies in eine sehr unangenehme Lage gebracht.«

»Ich habe mir angewöhnt, das Maul aufzumachen, wo immer sich der Schwachsinn ausbreitet«, erklärte Angel. »Ohne Rücksicht ...«

»Ich bin ja auch dafür, das Maul aufzumachen«, unterbrach ich ihn, ehe er noch weiteres Porzellan zerschlagen konnte. »Aber ehe man redet, sollte man erst nachdenken und die Konsequenzen bedenken. Dem Anton so heftig in die Parade zu fahren, war jedenfalls nicht die feine Art. Abgesehen davon, dass du unseren Freund Ismael in Schwierigkeiten gebracht hast. So sehr ich Zivilcourage schätze: Man darf dabei das eigentliche Ziel nicht aus den Augen verlieren. Aggressiv vorgetragene Courage vertieft die Gräben bloß, anstatt der Aufklärung zu dienen.«

Wir waren mit Ismael unterwegs, der uns ein wenig von seiner Heimat zeigen wollte, wir hatten seine Gastfreundschaft akzeptiert. Sowohl Angel, der chronische Habenichts als auch ich, wir hatten beide keinen Peso in der Tasche und waren weitestgehend auf ihn angewiesen. Wir waren somit gut beraten, weder ihn noch seine Freunde zu beleidigen. Aber auf solche soziale Sensibilität konnte ich bei Angel nicht rechnen. Sich zu verstellen, das war seine Sache nicht. Alles, was nicht die ungeschminkte Wahrheit war, sah er als Heuchelei an, als spießige Bigotterie, mit der er nichts zu schaffen hatte. Neben Angel her zu gehen war somit spannend, aber zuweilen auch anstrengend.

Unsere nächste Station war Tocaima. Der Ort liegt an der Nationalstraße 40, und das Erste, was man sah, waren die beiden schlanken Kirchtürme, die aus einem Dschungel hoher Bäume herausragten. Und weil Ismael wegen eines Ebers anhalten musste, der plötzlich vor uns auf der Straße stand, stieg ich aus und knipste mein zweitbestes Foto dieser Reise: Zwei gelbe Türme, die wie Raketen aus den Bäumen herausschauten, wobei von der Stadt und ihren Menschen sonst noch nichts zu sehen war. Die Straße verlief nun entlang des Río Sumapaz. Einige Kilometer hinter Tocaima zweigte ein Weg links ab und führte über den Fluss. Vor der schmalen Brücke stand ein Wachhäuschen, aus welchem ein Soldat trat, der uns den Weg versperrte. Der Mann trug eine abgetragene Uniform, aber einen neuen Karabiner.

»Wo wollen sie hin?«, fragte er Ismael, der angehalten hatte.

»Nach Agua de Dios.«

»Sind Sie Arzt oder haben Sie Verwandte dort?«, erkundigte der Soldat sich weiter.

»Nein, Landsleute. Wir wollen der Stadt bloß einen kurzen Besuch abstatten.«

»Dann müssen Sie dieses Formular hier ausfüllen und unterschreiben. Das ist Vorschrift.«

Ismael stellte den Motor ab und stieg aus. Auf der Haube füllte er den Fragebogen aus. Der Ort mit dem schönen Namen »Gotteswasser« war eine Leprakolonie, die unter Quarantäne stand. Wer dorthin wollte, der musste über diese Brücke (es gab noch eine zweite jenseits des Ortes) und sich bereit erklären, den Besuch auf eigene Gefahr zu unternehmen. Das Risiko hielt sich allerdings in Grenzen, da wir erstens nicht vorhatten, lange zu bleiben, noch wollten wir engen Körperkontakt eingehen. Ismael war auf die

Idee gekommen, uns die Kolonie zu zeigen, und sowohl Angel als auch ich hatten keine Einwände.

»Mit Leprakranken habe ich keine Probleme«, sagte Angel.

»Sofern es sich nicht um Nazis handelt«, ergänzte ich.

Angel strafte mich erst mit seinem Blick, dann grinste er mich an.

Agua de Dios war eine kleine Stadt mit weißen und lehmfarbenen Häusern. Ich war erstaunt, wie sauber und aufgeräumt alles war. Am Stadtplatz, gegenüber der überdimensionierten Kirche gab es ein Wirtshaus. Wir hielten an, weil ich ein paar Bilder machen wollte, als uns ein Mann einlud, ein Glas mit ihm zu trinken.

Angel und ich folgten ihm in die Kneipe. An einem Dutzend Tischen saßen vereinzelte Gäste, von denen man einigen ansah, dass sie Lepra hatten. Über die Krankheit wusste ich so gut wie nichts, außer, dass sie ansteckend ist und die Kranken äußerlich entstellt. Das war allerdings, wie sich herausstellte, nur bedingt richtig. Der Pfarrer der Gemeinde, der kurz nachdem wir auf dem Stadtplatz Halt gemacht hatten, in der Bar auftauchte, klärte uns auf. Lepra sei nicht hochgradig ansteckend. Die Krankheit werde durch Bakterien übertragen, deren ungehemmtes Vermehren ein Absterben der Nerven zur Folge habe, was wieder zu Folgeerkrankungen wie Geschwüren führe, die letzten Endes das Abfaulen von Gliedmaßen oder Muskelgewebe nach sich zögen. Mit einer Kombination verschiedener Antibiotika sei Lepra inzwischen heilbar. Wir tranken ein Bier mit den Kranken, und ich hörte, wie Angel sich mit einer Frau über den Tod unterhielt. Ein delikates Thema, wie ich fand, aber Angel behandelte die Frau mit Respekt. Der Tod sei ein Ereignis, das nicht auf Agua de Dios beschränkt sei, sagte die Frau, gestorben werde überall, aber im Ort gebe es Leute, die so alt seien, dass sie vergessen hätten, wie alt wirklich. Angel nahm das als Scherz auf und lachte, sodass ich mir unsicher war, ob es sich nun seitens der Frau um einen hintergründigen Witz oder um einen Zynismus gehandelt hatte.

Als wir das Städtchen verließen, und dabei im Schritt an einem eingezäunten Hühnerhof vorbeifuhren, gab es plötzlich eine Explosion gleich neben unserem Auto. Im ersten Moment glaubte ich an ein Attentat oder etwas dergleichen. Als sich unser Schreck gelegt hatte, erklärte mir Ismael, dass es sich um Tejo, die kolumbianische Variante eines alten Indianerspiels handele. Beim Tejo muss eine eiserne Halbkugel punktgenau auf das Ziel geworfen werden, welches aus einer Eisenplatte besteht, auf der mehrere mit Schwarzpulver gefüllte Beutel liegen. Trifft die Kugel aus einer Entfernung von etwa zehn Metern auf das Ziel, so wird das Schwarzpulver zur Detonation gebracht, was wiederum dem Naturell der Menschen entgegenkommt, sich an Explosionen zu erfreuen. Kolumbianer mögen es gerne spektakulär.

Unsere Reise führte uns weiter nach Girardot am Río Magdalena, der freilich verglichen mit seiner Breite an der Mündung bei Barranquilla, hier am Oberlauf eine Art Neckar bei Heilbronn darstellte. Leider fehlt mir die konkrete Erinnerung an diesen Ort, lediglich ein Bild ist da noch, verschwommen gespeichert, ein Fischrestaurant mit farbigem Terrassenmobiliar und gebratenen Flussfischen auf riesigen Servierplatten und im Hintergrund eine Brücke über den Magdalena.

Nach drei Tagen waren wir zurück in Bogotá. Die Überweisung von Hunter war inzwischen da, und wir konnten unsere Schulden bei Ismael zurückzahlen, sowohl die Miete im Maison de la Sacré Coeur als auch die private Anleihe. Für die Reise wollte er keinen Kostenbeitrag annehmen, so sehr ich ihn nötigte. Am Abend lud er uns zum Abschied noch einmal zu sich und seiner Frau nach Hause ein. Die Familie Tovar wohnte in einem etwa dreißigstöckigen Hochhaus im Zentrum der Stadt, unweit des bekannten Hotels Tequendama.

Ihr Sohn Armando studierte in Boston, was sich nur vermögende Kolumbianer leisten konnten. Ismael hatte uns unterwegs schon erzählt, dass der Junge ihm und seiner Frau großen Kummer bereite. Drei Jahre lang habe er sie in dem Glauben gelassen, eine Freundin zu haben, also eine weiße Yankee-Braut. Sogar von einer baldigen Heirat war schon die Rede gewesen, als plötzlich die Wahrheit ans Licht kam: Der junge Armando Tovar war schwul und *la gringa* ein Gringo. Damit mussten die biederen Leute erst einmal klarkommen, denn der Weg von Schwulen und Lesben zur Emanzipation war damals noch weit, in Kolumbien noch sehr weit. Die Tovars waren angesehene Bürger und verhältnismäßig vermögend. Nicht so reich wie die Verwandten Mauricios, die ich auf unserer ersten Reise kennengelernt hatte, aber allein die Pension in einem der wohlhabendsten Viertel der Stadt brachte ihnen ein Auskommen, das weit über dem der einfachen Leute lag. Wer in Bogotá Geld hatte, musste stärker noch als anderswo, entweder ein dickes Fell oder das robuste Gewissen der von der protestantischen Heilslehre geprägten Gesellschaften Nordamerikas mitbringen, anders war das Leben als Reicher unter all den bettelarmen Menschen in Bogotá kaum auszuhalten. Das Dilemma der Millionäre.

Frau Tovar hatte lecker gekocht, und ich war bestrebt, meine bürgerliche Erziehung unter Beweis zu stellen. Ich hatte Rosen mitgebracht und machte der Dame ein Kompliment. Ganz anders mein Freund Angel Canto. Zunächst schmeckten ihm die servierten Arepas nicht, da seien spanische Tortillas doch etwas viel Feineres, ja sogar mexikanische Tacos seien besser, belehrte er Frau Tovar, die sich doch wirklich Mühe gegeben hatte, uns eine gute Gastgeberin zu sein. Keine Ahnung, was Angel an diesem Abend an Drogen intus hatte: Er biss sich an den braven Leuten fest wie ein Terrier in die Wade des Briefträgers, und er ließ nicht locker. Erst beschimpfte er Ismael, ein kleinbürgerlicher Spießer zu sein, dann ernannte er ihn zum Kapitalisten, der nur deshalb zu etwas gekommen sei, weil er seine Arbeiter beschissen habe. Last not least gefiel ihm dessen Krawatte nicht, die nichts als dekadente Geschmacksverirrung sei. Und als ich schon befürchtete, dass Ismael die Geduld verlöre und uns hinauswürfe, und ich Angel aufforderte, sich bei aller Kritik wenigstens für die schönen drei Tage zu bedanken, da gab er dem guten Ismael den Rest.

»Wozu bedanken! Wenn sich hier einer bedanken soll, dann er«, erklärte er in oberlehrerhaftem Ton. Dann fuhr er an mich gerichtet fort: »Wann hatte der denn im Leben schon mal Gelegenheit, mit zwei so gescheiten Burschen wie uns zu verreisen? Statt sich den Bauch vollzufressen und das Hirn vom Fernseher zukleistern zu lassen, sollte er endlich anfangen nachzudenken.«

Jetzt wurde es unserem Gastgeber zu bunt. Er war dabei, vor seiner Gattin in seinem eigenen Wohnzimmer das Gesicht zu verlieren. Er hatte in den Tagen zuvor schon ein hohes Maß an Dickfelligkeit gezeigt, aber dieser Affront überstieg sein Vermögen, sich zu beherrschen. Er bat uns, den Kognak auszutrinken und das Haus zu verlassen.

»Und deine Frau könntest du auch wieder mal verführen«, rief Angel noch im Hinausgehen in den Hausflur. »Die Arme kann ich bloß bedauern, mit einem solchen Nachtwächter wie dir verheiratet zu sein.«

Ich fühlte mich völlig fehl am Platz. Mit dem größten Bedauern versuchte ich, dem freundlichen und hilfsbereiten Ehepaar zu erklären, dass mein Kumpel es nicht so meine, dass er im Grunde ein feiner Kerl sei, aber die Leute standen mit versteinerten Mienen auf der Schwelle und wollten bloß, dass wir gingen. Erst unten auf der Straße traute ich mich wieder das Wort an Angel zu richten.

»War das jetzt nötig?«

»Ist doch wahr. Ich kann diese verdammte Heuchelei nicht ertragen«, kommentierte er. »Und jetzt gehen wir zu Fuß zum Hotel Tequendama und geben jedem Kind, dem wir unterwegs begegnen, 1.000 Pesos!«

Dem fügte ich mich.

Hunter hatte mir 9.000 Dollar geschickt. Die Hälfte davon nahm Angel entgegen, um sie Paco an die Küste zu bringen. Den Rest versteckte ich im Auto, ehe ich mich wieder auf den Weg nach Puerto López machte. Mit derselben Maschine der Avianca, mit der Angel in Richtung Barranquilla aufbrach, war eine Stunde zuvor Osiris in Bogotá gelandet. Paco hatte ihn losgeschickt, um Angel zu suchen. Ihm war an der Küste das Geld ausgegangen. Ich lud Osiris ein, ein paar Tage mit uns in Puerto López zu verbringen, und das erschien ihm eine willkommene Abwechslung.

Für mich war es beruhigend, Osiris an meiner Seite zu haben. Inzwischen hatte ich so viel Vertrauen zu ihm gefasst, dass ich ihm zutraute, jedes auftretende Problem lösen zu können. Er war lebenserfahrener als ich, er beherrschte die Sitten und Gebräuche seines Landes, und er kannte die Neurosen seiner Landleute. Vor allem war er mutig, aber er wusste auch, wann es klüger war, feige zu sein. Sich in gewissen Momenten auf einen Konflikt einzulassen, konnte fatal enden, denn eine Menge Rechnungen wurden in Kolumbien in Blei präsentiert und mit Blut bezahlt, nicht selten mit dem Leben. Es galt also, Verhaltensstrategien zu entwickeln, die einerseits den Blick in den Spiegel zuließen, die andererseits im richtigen Moment rieten, das Maul zu halten und den Kopf eine Weile einzuziehen. Bei aller Liebenswürdigkeit der Menschen, Kolumbien wurde von einer korrupten Politmafia regiert, es gab Todesschwadronen und mehrere Guerillas, es gab die Drogenkartelle und es gab die Agenten des Staates, die alle im Roulette der Gewalt auf die Kugel der Macht fixiert waren. In Kolumbien unterwegs zu sein, war etwas anderes als in Europa. Deshalb war ich froh, dass Osiris mich begleitete.

In Puerto López hatten sich Lisa ins Pfarrhaus und Santiago in den Kindergarten eingelebt. Wir nahmen am Alltag der Pfarrei teil. Schließlich hatten Ludwig und sein Schwesternteam eine Meute hungriger Kinder zu verköstigen, eine Kirchengemeinde zu betreuen und all die Verpflichtungen, die damit einhergingen, also Taufen, Knastbesuche und Beerdigungen, das komplette Programm eines katholischen Pfarrers.

Osiris belauerte vom ersten Tag an die tugendhaften Schwestern und plante heimlich die Offensive, sobald sich ihm eine Chance böte. Unterwegs im Auto hatte er schon davon gesprochen, eine Nonne verführen zu wollen; ein Vorstoß in die Gefilde Gottes, den ich selbst ihm, dem Amor von der Küste, nicht so leicht zutraute. Wir wollten ja noch ein paar Tage bleiben, und so freute ich mich schon darauf, Osiris bei der Entfaltung seiner Strategie zu beobachten. Andererseits: Nonnen sind auch Frauen, mit einer Libido, mit feuchten Träumen, und Gott gibt nicht auf jede gleich gut acht.

In die Tage unseres Aufenthaltes in Puerto López fiel der Besuch des Bischofs von Villavicencio. Ein Bischofsbesuch fand nicht jedes Jahr statt, und so gerieten alle in große Aufregung, ob des zu erwartenden Ereignisses. Mit dem Besuch des Bischofs ging einher, dass dieser alle Sakramente spendete, die die Gläubigen näher an Gott und Kirche binden sollten. So wurde ich in die logistische Vorbereitung eingebunden: Auf das Dach des Jeeps montierten wir ein Megafon. Anschließend fuhren Osiris und ich durch die Stadt und die umliegenden Siedlungen und verkündeten den Leuten die frohe Botschaft vom Besuch des Bischofs. Am Tag vor der Ankunft des Würdenträgers hatte der Padre Luis vierzehn Taufen, fast ebenso viele Firmungen und zwei Eheschließungen auf der Liste, Sakramente, die der Bischof spenden sollte. Der Vorschlag der Ordensschwestern, auch unseren Sohn taufen zu lassen, stieß auf meinen Widerstand. Ich war der Meinung, dass wir es dem Jungen selbst überlassen sollten, an was er glauben und ob er sich zu einer Kirche bekennen wollte. Von einer Bevormundung der Eltern in dieser Frage hielt ich jedenfalls nichts.

Der Bischof kam im Landcruiser, begleitet von einem Chauffeur. Leider habe ich seinen Namen vergessen, aber er war Bischof der Diözese Villavicencio, ein Mann um die Fünfzig, mittelgroß, humorvoll und gebildet. Solange es galt, die liturgischen Termine abzuarbeiten, war er mit seinem Pfarrer beschäftigt, aber für das Wochenende war ein Grillfest auf der Hacienda geplant, an dem das komplette Pfarrpersonal teilnehmen sollte. Osiris große Chance. Übrigens auch seine letzte, denn wir planten, am Montag nach Bogotá zurückzufahren.

Die Fete fand im Garten der Hacienda statt, die ein paar Kilometer außerhalb der Stadt lag. Wir waren etwa ein Dutzend Leute: Der Bischof, der Pfarrer, die drei Nonnen; der Betreiber der Hacienda mit Frau und drei Kindern, mehrere Gehilfen des Pfarrers, ein Lehrer und eine Amtsperson. An den Bürgermeister erinnere ich mich in diesem Zusammenhang nicht, dem Anlass und dem hohen Gast entsprechend dürfte er aber ebenfalls dabei gewesen sein. Das Grillfleisch war lecker, das Bier zu warm, aber der Aguardiente war von gewohnter Güte. Wir saßen auf Stühlen und Bänken zwischen Beeten, in denen Tomaten und Mais wuchsen. Mit zunehmendem Alkoholkonsum wurde die Unterhaltung lockerer, allein die Schwestern trauten sich in Anwesenheit des Bischofs nicht, ein Bier zu trinken. Da Lisa und ich die einzigen Besucher aus Europa waren, erhielten wir von Ludwig die Plätze neben dem Ehrengast. Es gab jede Menge Gesprächsstoff, aber irgendwann landete die Unterhaltung bei der kolumbianischen Landwirtschaft.

»Wie stehen Sie denn eigentlich dazu, dass in Ihrem Land so viel Geld mit dem Anbau von Marihuana und Koka verdient wird?«, fragte ich den Bischof, in der Gewissheit, ein heikles Thema angesprochen zu haben. Aber mein Gesprächspartner zeigte keine Berührungsängste.

»Nun«, so fing er an, »Anbau und Geschäft sind zwei Paar Schuhe. Was sollte ich gegen die Feldfrüchte meiner Heimat einzuwenden haben? Koka und Hanf sind seit Jahrhunderten integrierte Kulturdrogen in Südamerika. Problematisch ist, dass diese Pflanzen international geächtet sind, und sie deshalb so unverhältnismäßig teuer sind. Ich bin schon lange dafür, dass wir sie legalisieren. Dann ginge auch die Gewalt in unserem Land zurück.«

Damit hatte keiner von uns gerechnet.

»Glauben Sie das wirklich?«, fragte ich.

»Für Späße ist das Thema viel zu ernst. Schließlich hat der Drogenhandel unser Land in eine gefährliche Schieflage gebracht.«

»Nicht allein der Drogenhandel. In erster Linie die feudalen Strukturen. Die ungleiche Verteilung von Land und Bildungschancen«, ergänzte ich.

»Sie haben recht. Das Problem ist komplex. Aber es wäre ein Schritt in die richtige Richtung, würde man unsere landwirtschaftlichen Erzeugnisse schon mal entkriminalisieren. Früher oder später wird das auch so kommen. Inzwischen mischt die Guerilla mit, die Polizei, die Paramilitärs, die Kartelle und die Streitkräfte, und alle profitieren mehr oder weniger vom Drogenhandel. Mit verstärkter Repression kriegt man die Probleme jedenfalls nicht mehr in den Griff. Der Zug ist abgefahren, falls er je eine Option war«, war der Bischof überzeugt.

»Durch beten auch nicht«, traute sich Osiris zu einem provozierenden Einwurf.

»Zumindest bislang nicht. Und ich zweifle, dass Gott sich in diese Dinge einmischt. Christus hat uns alles hinterlassen, um solche Probleme selbst zu lösen.«

Ich war froh, dass er mich auf diese Weise nicht dazu zwang, zu bekennen, dass ich nicht an Gott glaubte. Die Unterhaltung blieb spannend, bis Osiris sich am Ende noch einmal einmischte.

»Die ganze Theorie bringt uns nicht weiter«, sprach er. »Ich schlage vor, wir rauchen jetzt mal einen Friedens-Joint.«

Kommentarlos rauchte der Bischof mit. Auf meine Frage, ob er regelmäßig kiffe, antwortete er ausweichend.

»Was heißt regelmäßig? Von Zeit zu Zeit trinke ich mit Freunden ein Glas Wein oder Bier. Und wenn man mir einen porro (Joint) anbietet, was nicht sehr oft vorkommt, dann ziehe ich schon mal dran. Ich sehe darin kein Problem.«

Während wir mit dem Bischof kifften, arbeitete Osiris an der Trinkfestigkeit der Nonnen. Offenbar von ihrem Oberhirten ermutigt, gönnten sich die beiden jüngeren Damen ein Gläschen Geist. Osiris gab sein Bestes, den Jesus Versprochenen schöne Augen zu machen. Er wusste, eine solche Gelegenheit würde sich ihm so bald nicht wieder bieten. Was seinem erotischen Vorhaben allerdings im Wege stand, war die Tatsache, dass das Ganze in aller Öffentlichkeit stattfand. Welche Nonne würde sich trauen, vor den Augen von Bischof und Pfarrer dem Werben des Schwerenöters von der Karibikküste nachzugeben! So hockten wir an diesem Abend lange beisammen, albernes Kifferlachen erfüllte den Garten, und weil Lachen ansteckend ist, fanden schließlich auch die Nonnen das Leben lustig. Lisas Bruder, von Hause aus ein humorvoller Mensch, war sichtlich zufrieden, angesichts der aufgeräumten Stimmung, in die wir sein Kirchenoberhaupt versetzt hatten. Es wurden sogar Witze erzählt, teilweise katholisch-grenzwertige, und als der Abend endete und man in mehreren Fahrzeugen zurück nach Puerto López aufbrach, da waren plötzlich Schwester Rosalba und Bruder Osiris nicht mehr da. Die Frau des Verwalters der Hacienda erklärte, ihr Mann habe die beiden vor einer halben Stunde in die Stadt gebracht. Da aber weder der Padre noch die Oberschwester an der Tugendhaftigkeit Rosalbas Zweifel hegten, wurde das nicht mit Sorge betrachtet. Nur Lisa und ich trauten dem Braten nicht, dazu kannten wir unseren Osiris zu gut.

Nach dem Stand der Dinge in Sachen Keuschheitsgelübde befragt, äußerte sich Osiris am nächsten Tag ausweichend. Alles, was er preisgab, war, dass er Rosalba sein Stillschweigen versprochen habe …

»Stillschweigen?«, staunte ich. »Das klingt aber verdächtig nach Geständnis.«

Aber Osiris schwieg beharrlich, und so stellten wir seine Diskretion nicht weiter auf die Probe.

Am darauffolgenden Tag packten wir unsere Sachen, und als wir Puerto López verließen, standen die Schwestern und der Schwager vor dem Pfarrhaus und winkten uns nach.

Zurück in Bogotá verabschiedete sich Osiris an die Küste, während Lisa, Santi und ich noch ein paar Tage in der Pension bei Doña Hilda Logis nahmen. Erleichtert stellte Ismael fest, dass Angel nicht dabei war. Ich versuchte, ihm dessen befremdliches Benehmen in der Vorwoche zu erklären, aber er bestand darauf, die Sache schon vergessen zu haben.

Als Lisa, Santi und ich Kolumbien verließen, war ich entschlossen, dem Land und seinen Leuten bald wieder einen Besuch abzustatten. Doch der große Strippenzieher hatte andere Pläne: Ich sollte Kolumbien so bald nicht mehr wiedersehen. Auch meinen Freund Osiris nicht, der zu den bemerkenswertesten Menschen zählt, die mir je begegnet sind. Als wir in Bogotá das Flugzeug nach Frankfurt bestiegen, blieben Edith und Roman in Gaira, wo sie sich noch zwei Monate erholen wollten. Angel und Paco waren dabei, ein Kokaingeschäft mit Hangman, dem Präsidenten der Outlaws in Süd-Florida zu organisieren. Sobald das Geschäft abgeschlossen wäre, wollte Paco nach Deutschland kommen. Wir hatten Lust, den Rest des Sommers auf Ibiza zu verbringen, wo Cana Ventura und Can Tieta auf uns warteten.

2.15 Das Konzert

Zunächst flogen wir nach München, wo wir in Gräfelfing von Klaus und Andrea begrüßt wurden. Ich muss zugeben, dass ich nach den drei Monaten, die ich mit Roman, Walter und am Ende mit Lisa und dem Kind unterwegs gewesen war, nach den vielen leckeren Gerichten wie *Som Tam* und *Tom Yam*, nach *Rāmen* und *Sukiyaki*, nach *Blueberry-Shortcake* und *T-Bone-Steak*, nach *Sancocho* und *Ajiaco*, Lust auf einen Schweinsbraten mit Kraut und Knödeln verspürte. Von daher halte ich die boulevard-feuilletonistische Scheindebatte, in welchem Land der Welt man am besten esse, für ebenso überflüssig wie im Ergebnis unbeweisbar. Neben den bekannten europäischen Spitzenküchen aus Katalonien, Frankreich, Italien und Griechenland, fallen mir der Libanon, Indien, Thailand, Indonesien und China ein. Nicht zu vergessen die kreolische Küche der Karibik und das Grillfleisch aus Südamerika. Und wenn ich irgendeine gute Küche oder einen stolzen Koch vergessen habe, so liegt es wahrscheinlich daran, dass ich in den betreffenden Speisekulturen noch nicht oder nur kurz zu Gast war. Fazit: Überall gibt es gutes Essen, Äthiopien ausdrücklich eingeschlossen!

Kaum daheim, war es mit der Ruhe in der Malmanstraße vorbei. Nach drei Tagen stand überraschend Elsa Neff vor der Tür, die wir im Jahr zuvor auf Maui kennengelernt hatten. Mauricio kam vorbei, dann Werinher, dessen Fotos von Jenny in der Playboy-Redaktion gut angekommen waren. Sie sollte demnächst auf dem Centerfold zu sehen sein. Mauricio hatte in der Herzogstraße, unweit der Münchener Freiheit, ein Büro gemietet. Er wollte ins Konzert-Geschäft einsteigen, also in der Branche weitermachen, in welcher er vor seiner Kur auf Hawaii Erfahrung und Kontakte gesammelt hatte. Was er brauchte, war ein Startkapital, welches ich ihm hätte zur Verfügung stellen können. Durch die guten Geschäfte mit Hunter besaß ich ausreichend Mittel, was es mir ermöglicht hätte, in ein derartiges Unternehmen zu investieren und so meine Aktivitäten auf legale Felder zu verlegen. Es gab noch andere Angebote: Auf Ibiza hätte ich zusammen mit einem Kalifornier und Paco eine Firma gründen können, um Hottubs und Jacuzzis zu verkaufen,

Luxuszubehör für die Villen der Reichen, die dort inzwischen dabei waren, die Hippies abzulösen. Aber das hatte einen unangenehmen Geruch: Mich bei einem deutschen oder englischen Nabob anzubiedern, um ihm ein Jacuzzi zu verkaufen, bei dieser Vorstellung stellten sich mir die feinen Härchen auf. Außerdem hatte Lisa Stone den Vorschlag gemacht, zusammen mit ihr auf Hawaii ein Modelabel zu gründen. Auch das klang interessant, aber das hätte bedeutet, dass wir nach Maui hätten auswandern müssen, Lisa und Santi inbegriffen.

Ausschlaggebend, dass ich mich auf keines dieser Angebote einließ, war wieder einmal ein Gefühl: Ich hatte am Nomadenleben der vergangenen Jahre Gefallen gefunden, daran, die Welt kennenzulernen. Das Reisen befriedigte meine Neugier, das Schmuggeln gab mir den Kick und meine Tagebuchaufzeichnungen waren ein früher Hinweis darauf, dass ich das Leben als Gesamtkunstwerk verstand. Ich ahnte schon damals, dass ich über die Menschen und Abenteuer, die vorerst in meinen Reisetagebüchern Niederschlag fanden, eines Tages schreiben würde. Was dem Geschäftsmann seine Bilanz, war mir mein Tagebuch, wenngleich ich im Abstand vieler Jahre gestehen muss, dass sich dort auch eine Menge esoterischer Unsinn ablagerte. Mehr noch: Bei aller Geschäftigkeit und bei allem vordergründigen Erfolg lässt sich meine damalige Befindlichkeit am ehesten mit Ratlosigkeit charakterisieren. Weder hatte ich einen Plan, wie ich dieses Leben als illegaler Nomade langfristig gestalten könne, noch fühlte ich die Verantwortung, die ich mit der Gründung der Familie eingegangen war. Im blinden Vertrauen, die Sache werde sich irgendwie zum Positiven entwickeln, entschied ich spontan und vergaß, dass die Frau und das Kind, die eigentlich neben mir hätten stehen sollen, in meinem Schatten nicht glücklich werden konnten. Ich legte großen Wert auf ein autonomes Leben, eine Hypothek, die ich aus dem Lebensgefühl der sechziger Jahre mitgenommen hatte. Was mir allerdings im Hinblick auf den stetig steigenden Heroinkonsum im Nachhinein wie ein schlechter Witz vorkommt. Zudem wurden mein Handeln und meine soziale Agilität von der in meiner Kindheit erfahrenen narzisstischen Kränkung beeinflusst, ohne dass ich davon eine Ahnung gehabt, ohne dass ich darin ein Problem erkannt hätte. In der Tiefe meiner

Seele angekettet lag ein gekränktes Selbst, das von Kindheitstagen an nach Aufmerksamkeit und Anerkennung dürstete, statt mir eine Quelle positiver Energien zu sein. Zusätzlich zu dieser Verhaltensstörung ließ ich mich von esoterischen Heilslehren verwirren, die seinerzeit besonders auf Ibiza Konjunktur hatten. Von vorsichtiger Kritik an meinem Lebensstil, zuweilen von Lisa oder Walter geäußert, wollte ich nichts wissen. In besserwisserischer Hybris erteilte ich deren Bedenken, sowohl was meinen Drogenkonsum als auch was meine Beziehungen zu den Mitmenschen angeht, Absagen. Ich war wirklich davon überzeugt, dass mein Sprung ins Meer des Chaos zu guter Letzt auf einer Insel der Ordnung enden werde. Immerhin bewirkte Lisas offene Kritik ein gewisses Unbehagen.

Dass ich nach der zweiten Kolumbienreise an einer Weggabelung angelangt war, legt auch mein Entschluss nahe, einen Schreibmaschinenkurs zu belegen und mich mit einem Text bei der Münchener Journalistenschule zu bewerben. Irgendwer hatte mir den Journalisten Siegfried Brauer vorgestellt, der damals unter Peter Scholl-Latour im Pariser ZDF-Büro arbeitete. Siegfried, dem ich Geschichten aus dem Knast in Mallorca und der Opiumhöhle in Bombay erzählt hatte, meinte, ich solle sie aufschreiben. Er machte mir den Vorschlag, den Beruf eines Journalisten ins Auge zu fassen, und es war das erste Mal, seitdem ich die Schule abgeschlossen hatte, dass ich ernsthaft erwog, einen legalen Weg zu gehen. Ich schrieb einen Text, mit dem ich mich an der Schule in München bewarb.

Vorgreifend kann ich sagen, dass aus der Sache nichts wurde, mein Text war wohl zu frivol, oder nicht professionell genug. Dass ich ihn im Jahr darauf inklusive Fotos in amerikanischer Übersetzung in New York an das Kiffer-Fachblatt »High Times« verkaufte, lässt eine weitere Deutung offen: Möglicherweise war der Münchener Prüfer, der meine Hommage an Rashids Opiumhöhle für untauglich bewertete, ein fantasieloser Spießer, der einfach nicht erkannte, dass er es mit avantgardistischem Feuilleton zu tun hatte! Ich weiß es nicht, und es war mir danach auch nicht mehr wichtig.

Ich bedauerte die Ablehnung nur kurz, denn Paco tauchte auf und drängte auf die Abreise nach Ibiza. Die Geschäfte in Kolumbien hatte er soweit erledigt, Angel war seit zwei Wochen mit einem Kokainpaket auf der Insel, jetzt wollte Paco ihm helfen, das Zeug loszuwerden. Er machte sich Sorgen, Angel könne verraten werden, aber seine Sorge war unbegründet.

Auch Walter, der schon vor mehreren Wochen nach München zurückgekehrt war, war von niemandem verraten worden. Er hatte das mitgebrachte Kokain in Kreisen der Schickeria verkauft, und ich staunte nicht schlecht, als er mir erzählte, an wen alles er den Stoff verhökert hatte. Empört reagierte ich Jahre später, als einer von Walters damaligen Kunden, ein im Rundfunk tätiger Moderator, sich zum Fall des David Crosby äußerte, der anlässlich eines in L.A. stattfindenden Strafprozesses zu einer Haftstrafe verknackt worden war. Es ging um den Besitz einer kleinen Menge Marihuana, und der koksende Radiomoderator erklärte, Crosby sei vom Gericht viel zu lasch angepackt worden, wenn es nach ihm gegangen wäre, kämen solche Drogen-Fuzzis, die den jungen Menschen ein schlechtes Vorbild seien, überhaupt nie mehr aus dem Knast. Wohl gemerkt, dies tönte ein Mann ins Mikrofon, der einer von Walters besten Koks-Kunden war!

Überrascht war ich, als eines Morgens das Telefon klingelte und ein Herr Grasbauer am Apparat war. Helmut Grasbauer war nicht etwa ein bayerischer Pionier im Hanfanbau, sondern Beamter des Rauschgiftdezernates im bayerischen Landeskriminalamt. Er wolle sich »mal unterhalten«, mehr wollte er am Telefon nicht sagen. Wir verabredeten uns im Café Höflinger in der Lindwurmstraße. Herrn Grasbauers Anliegen war simpel: Spätestens seit meiner Haft in Spanien war ich in Ermittlerkreisen nicht bloß bekannt, sondern auch interessant geworden. Der Drogenfahnder war von seinem Chef beauftragt, mich als V-Mann zu gewinnen. Wir saßen also im Café, tranken heiße Schokolade und er unterbreitete mir in gedämpftem Ton seine Vorschläge. Ich tat, als erwöge ich seine unsittlichen Pläne.

»Das klingt ja äußerst interessant«, sagte ich.

»Red' doch leise!«, mahnte er eindringlich. »Muss doch nicht jeder hören, was wir zu besprechen haben.«

Spontan stand ich auf und wandte mich an das Paar am Nebentisch: »Guten Tag, Landeskriminalamt!«, stellte ich mich vor, sodass das ganze Café die Ohren spitzte. »Wir haben hier vertrauliche Dinge zu besprechen, und dabei können wir keine Mithörer gebrauchen. Seien sie also so nett, und setzen sich an einen anderen Tisch!«

Während die Leute beflissen mit Kaffee und Kuchen umzogen, saß mein persönlicher »V-Mann-Führer« mit rotem Kopf da und rührte Sahne in die Schoko.

Dass eine Zusammenarbeit mit der Polizei für mich aus Prinzip nicht infrage kam, sagte ich ihm nicht. Um kein weiteres Interesse seitens der Behörde an meiner Person und an meinen Geschäften zu wecken, erklärte ich dem Mann, ich wolle die Augen offen halten, wenn ich etwas Relevantes in Erfahrung brächte, so würde ich mich melden. Andererseits: Als Fotograf sei ich viel im Ausland unterwegs und fürchte von daher, ihm nicht groß weiterhelfen zu können. Er hinterließ mir seine Nummer und wir trennten uns. Es versteht sich von selbst, dass es nie zu einer Kooperation kam. Dennoch trafen der Beamte und ich uns von Zeit zu Zeit, wobei ich feststellte, dass er im Grunde kein schlechter Kerl war. Warum, so fragte ich mich, war er bloß bei der Polizei? Er hätte genauso gut Sozialarbeiter oder Blumenzüchter werden können.

Dieselbe Frage hätte ich natürlich auch mir selbst stellen können, statt Drogenhändler hätte ich ja auch einen ehrenhafteren Beruf ergreifen können, Politiker etwa oder Waffenhändler. Immerhin hatte ich eine Ahnung, wieso ich kein Politiker und kein Waffenhändler geworden war.

Die Tage in Gräfelfing waren von starker sozialer Aktivität geprägt. Paco und Elsa lebten eine kleine Romanze in unserer Laube, dass sogar die in den Tannen lebenden schwarzen Eichhörnchen rot wurden. Glen, mein indischer Freund, kam mit seiner Gitarre vorbei und spielte Lieder von Cat Stevens und Selbstkomponiertes. Richie ließ sich alle zwei Wochen blicken, um von meinem Heroin zu naschen. So ganz konnte er dem Rausch nicht entsagen. Klaus, der Manager des *Sugar Shack* und unser Untermieter, brachte eines Nachts die komplette Band von *Queen* mit nach Haus, inklusive Freddie Mercury. Zu meiner Schande muss ich gestehen, dass ich die Musik von Queen damals nicht mochte, und ich mich weigerte, hinunter zu gehen und der Band Hallo zu sagen. Wären Walter Becker und Donald Fagan von *Steely Dan* bei Klaus und Andrea im Wohnzimmer gesessen, gewiss hätte ich sie kennenlernen wollen.

Jenny überraschte uns mit einem Besuch und brachte ihre Freundin Toni Ann mit, eine dunkelhaarige Schönheit aus den USA, die für ein paar Tage zu Foto-Shootings in München gastierte. Als ich damit kokettierte, dass ich im vergangenen Jahr in den Staaten für Playboy gearbeitet hätte, wuchs ihr Interesse und sie lud mich ein, sie in Miami zu besuchen. Sie schrieb ihren Namen und ihre Telefonnummer in mein Adressbuch, und ich versprach, sie bei Gelegenheit anzurufen. Erst im Jahr darauf sollte ich herausfinden, wer Toni Ann wirklich war.

Die Lage unseres Hauses, inmitten eines parkähnlichen Gartens gestattete es, laute Feten zu feiern. Bei einem Gartenfest baute Blacky, der Weltenbummler, ein buntes Zelt aus Tibet auf, und Lisa zauberte ein leckeres Buffet auf einen Tapeziertisch. Sogar meine Eltern kamen vorbei, da sie gerade auf der Rückreise von ihrem Adriaurlaub waren.

Wacki und Christine, meine Freunde aus den Tagen der ersten Marokko-Fahrten, folgten unserer Einladung ebenso wie TomTom und Martin Pastorius, der es inzwischen in der Bildungsbranche zu soliden Finanzen gebracht hatte. Er fuhr im Porsche vor und hatte einen »Hasen« dabei, der einigen Männern an dem Abend klarmachte, dass Liebeswerbung und Paarung zuweilen doch etwas mit Geld zu tun haben. So hätte ich auf der Fete feststellen können, dass ich nicht der einzige Narzisst im Lande war. Die Fete wurde ein Erfolg, wobei es schwierig ist, objektive Gradmesser für den Erfolg einer Fete zu finden. Ich beobachtete, dass fast alle, die eingeladen waren, gekommen waren; das üppig beladene Buffet war am Ende leer; die Gäste unterhielten sich angeregt; die Musik, die Glen und einige andere spielten, kam an bei den Leuten; es wurde viel geredet und gelacht. Schlägereien, Drogenexzesse keine. Die Einzige, die ich an dem Abend vermisste, war Carmen. Der Kontakt zu ihr war abgerissen, von Wacki hörte ich aber, dass es ihr gut gehe, sie lebe mit einem Journalisten zusammen. Norbert, den Maler und seine inzwischen fünfköpfige Familie, besuchte ich im Erdinger Moos, wo er nach wie vor Motive aus »Herr der Ringe« malte und nach wie vor gutes Haschisch an seine Kunden aus dem Niederbayerischen verkaufte. Er bedauerte, dass Walter und ich nicht mehr im Haschgeschäft waren, verstand aber, dass an den Grenzen schärfer kontrolliert wurde, und dass schon zu viele Schmuggler in spanischen Gefängnissen saßen. Was dem Geschäft andererseits gut bekam: Ein zurückgehendes Angebot bei gleichbleibender Nachfrage sorgte für steigende Preise. Waren zehn Gramm zu Beginn der Siebziger noch für dreißig Mark zu haben, so musste der bayerische Kiffer gegen Ende des Jahrzehnts schon einen Fuffi dafür hinlegen.

Nach einem Monat in München machten wir uns schließlich auf den Weg nach Ibiza. Paco, der die letzten Wochen bei Enrico und Rainbow zu Gast gewesen war, entschied sich, mit *Los Hermanos* im Bus nach Spanien zu fahren. Jenny, Werinher und ich fuhren im bequemen Daimler hinterher. Lisa beschloss, zwei Wochen später mit Santiago im Flieger nachzukommen. Unterwegs hörten wir Musik von *Police, Earth, Wind and Fire* und *Steely Dan*. Aus Thailand, Japan und Kolumbien hatte ich spannende Geschichten zu erzählen, aus Jamaica und Kalifornien zusätzlich neuen Sound mitgebracht. Werinher war dermaßen von meinen Berichten angetan, dass er mich überredete, im Herbst mit ihm in den Fernen Osten zu fliegen. Das würde Lisa zwar nicht gefallen, andererseits, so sagte ich mir, ginge es ihr ja nicht schlecht, zumindest was das Materielle anbelangte. Welche Frau, so mein Kalkül, hat schon ein Haus in Deutschland und eines auf Ibiza! Sie war hier wie da mobil, vor beiden Häusern parkte ein Auto. Zudem war sie mit Santiago beschäftigt, der uns, je größer er wurde, mehr und mehr Freude machte. Auf den Gedanken, meine Frau habe mich unter anderem deshalb geheiratet, weil sie Zeit mit mir verbringen wollte, weil sie von mir immer wieder aufs Neue bestätigt haben wollte, dass ich sie liebte, kam ich nicht. Überhaupt machte ich mir wenig Sorgen um die Familie. Solange ich ausreichend Geld verdiente, um einen angemessenen Lebensstandard zu garantieren, sah ich kein

Problem. Zwar erkannte ich, dass meine künstlerisch begabte Lisa eine Möglichkeit haben sollte, sich kreativ zu entfalten, sie aber dabei zu unterstützen, das verschob ich auf später.

Das Auto ließen wir in Barcelona stehen. Ich kannte dort eine Werkstatt mit großer Garage, wo man für eine akzeptable Miete sein Fahrzeug unterstellen konnte. Aus Erfahrung klug geworden, was Reisen im Hochsommer angeht, hatten wir diesmal schon im Voraus gebucht, und weil wir mit überschaubarem Gepäck unterwegs waren, flogen wir mit der Iberia nach Ibiza. Wir kamen Mitte August an. Enrico und *Los Hermanos* hatten sich bei Freunden einquartiert, während Paco und Angel auf Can Tieta wohnten. Auf Cana Ventura herrschte Hochbetrieb. Neben Lisa und unserem Sohn traf ich Hans Hass an, den ich vor Jahren als Mitglied der WG an der Prinzregentenstraße kennengelernt hatte, und den ich jahrelang nicht aus den Augen verlor. Hans war einer der tausend Gigolos auf der Insel, kaum ein Mädchen, das seinem Charme widerstehen konnte. Im Sommer 79 hatte sich Isabel, eine junge Dame aus Montevideo, in ihn verknallt. Die beiden hatten unser Gästezimmer belegt. Dann zogen noch Werinher und Jenny ein, womit unser Haus voll war. Hans und seine Freundin aus Uruguay schliefen lange und machten sich jeden Morgen nach dem Frühstück auf den Weg zum Strand. Werinher kümmerte sich um seinen Fotoauftrag. Für das Soft-Sex-Magazin »*Lui*« sollte er Debbie Neon fotografieren, eine wohlproportionierte Berlinerin mit rotem Haar (um einmal der politisch korrekten Variante den Vorzug zu geben). Mich hatte er gebeten, ihm zu assistieren, ich wiederum hatte Jenny gebeten, mit zum Set zu kommen, denn auf Jamaika hatte ich ihr versprochen, ein paar schöne Bilder von ihr zu knipsen.

Überhaupt hatte ich Lust, einige der schönen Frauen auf der Insel zu fotografieren, zumal ich sie von der Veranstaltung im Vorjahr fast alle kannte. Wie eine kullernde Perle kam Mita aus Amsterdam mir vor, wenn sie über die steinernen Stufen der Altstadtgassen zum Hafen hinunterging. Fatja Belle, die Berberin, war wohl der erotischste Happen, der unverschleiert aus dem Maghreb nach Ibiza gekommen war. Und Jenny stand den beiden in puncto Erotik in nichts nach. So vergingen die nächsten Wochen unter der kreativen Motivation, gute Fotos von erotischen Frauen zu machen, wobei ich feststellte, dass die spannendsten Schnappschüsse auf der Straße und auf Caféterrassen gelangen, wenn sich die Frauen oder Paare unbeobachtet wähnten, und ich aus einiger Entfernung mit dem Teleobjektiv arbeitete.

Zwei Wochen zuvor war Angel auf der Insel angekommen, freilich mit falschen Papieren, denn als Ausbrecher aus dem Gefängnis wurde er nach wie vor in Spanien gesucht. Statt die kreative Leistung seines Gefängnisausbruches zu würdigen, verfolgte die spanische Justiz ihre Ausbrecher ohne Ansehen der Person. Wie ich aus eigener Erfahrung wusste, setzten die Methoden, wie man der Justiz aus dem Wege gehen konnte, vor dem Gerichtsprozess an; sei es durch Beziehungen, sei es durch eine »Spende«, sei es durch eine geschickte Verteidigung. War man einmal verurteilt, war der Spaß vorbei, dann lag es an dem Verurteilten, sich durch List oder handwerkliches Geschick einen Weg aus dem Knast zu buddeln. Gefängnisausbrüche waren in jenen Jahren etwas Alltägliches, ein permanentes Thema in der Presse und ein Gegenstand, mit dem sich die Leute gerne unterhalten ließen. Schließlich gehörte der Ausbrecher zum Volk und hatte dem Staat gezeigt, was eine Harke ist. So konnte Angel sich auf Ibiza unbehelligt bewegen, denn Teneriffa war weit, und die Ibizencos, Nachkommen von Piraten, würden ihn nicht verraten. Er hatte sich auf Can Tieta einquartiert, wo während Pacos Abwesenheit, eine resolute Lesbe das Kommando übernommen hatte. Nachdem Geoffrey von seiner Asienreise zurück war und Paco das Asyl in Kolumbien beendet hatte, war das alte Ibiza-Personal wieder beisammen und wir beschlossen, auf Cana Ventura eine Revival-Fete zu feiern. Von Blind George erfuhr ich an diesem Abend, dass Faye in Kalifornien mit einem Koffer voller Koks geschnappt worden war. Santis Frau Merce erzählte, sie habe Linde getroffen, die ehemalige Freundin Hansis, die jetzt mit einem Spanier zusammen in San José auf einer Finca lebe. Martina und Dennis, die ich seit Hawaii im Jahr davor nicht mehr gesehen hatte, lebten nach wie vor im Yachthafen auf einem Schiff, wo sie sich wohlzufühlen schienen. Santi und Merce, als auch Patricia und Tito hatten je eigene Fincas in abgelegenen

Tälern, wo man das ungestörte Leben der Hippies leben und in Ruhe sein Gras anbauen konnte. Geoffrey berichtete ausführlich über seine Bali-Reise. Er meinte, Bali sei der Ort, an den wir übersiedeln sollten. In Ibiza habe die Drogenbrigade der Polizei seit einigen Jahren zuviel Macht, kein Vergleich mit den Zeiten, als die sprichwörtliche Toleranz der Ibizencos die Gäste in Ruhe kiffen ließ. Im Übrigen würde alles teurer, die Einheimischen geldgeiler und die »guten Leute« kehrten der Insel den Rücken. Tatsächlich waren viele der Hardcore-Freaks, die in den sechziger Jahren nach Ibiza gekommen waren, wieder verschwunden: In Richtung Goa, Hikkaduwa, Mykonos oder eben nach Bali. Auf dem Hippiemarkt waren immer weniger Blumenkinder anzutreffen, statt dessen zu Geschäftemachern mutierte Ex-Hippies, die industriell gefertigte Souvenirs verkauften und billige indische Viskosetücher. Immerhin konnte man Enrico und seiner Band *Los Hermanos* noch zuhören, die der Insel über Jahre die Treue hielten und in deren Reihen für Geoffrey und seine Congas immer ein Platz frei war. Die Konzerte der Band in Es Cana waren über Jahre ein sommerliches Highlight.

Das Leben auf Cana Ventura war beschaulich. Einen Fernseher gab es nicht im Haus. Wir stimulierten unsere Hirne mit harten (Wein) und mit weichen (Gras) Drogen, wir lasen gute Bücher (gerade hatte jemand das »Tao-Te-King« zu unserer kleinen Bibliothek gestellt), wir spielten Backgammon und Schach und verloren uns in philosophischen Gesprächen, ließen uns von Gästen mit esoterischen Welterklärungsmodellen bekannt machen, die aber alles in allem in unseren Köpfen weniger Unheil anrichteten als etwa die Fernsehprogramme, die seit gut zwanzig Jahren weltweit dabei waren, die Menschen zu verblöden, um sie für die Mächtigen noch beherrschbarer zu machen. Im Rückblick auf diese Jahre in Ibiza glaube ich sagen zu können, dass die Abwesenheit des Mediums Fernsehen, dieser mächtigen Stimme Leviathans im eigenen Haus, unserer sittlichen Entwicklung zugutekam. Stattdessen hörten wir oft und laut Musik, zu der wir im und vor dem Haus tanzten. Oder wir liehen uns gegenseitig gute Bücher, »Madame Bovary« etwa oder »Herz der Finsternis«.

Oft fuhren wir zum Strand von Salinas, wo Vicente, das Schlitzohr, noch immer seine Pension mit Caféterrasse führte. Dort hatte ich vor mehr als fünf Jahren ein paar Wochen gewohnt, dort hatte ich Justin kennengelernt, dort war mir Richie zum ersten Mal begegnet. Bei Vicente verkehrten nach wie vor die »alten Leute«, denn der Strand war nicht überlaufen, kein Neckermann-Strand, und beim freizügigen Baden wurde man inzwischen auch nicht mehr behelligt, weder von nackten Engländern noch von den staatlichen Sittenwächtern.

Eines Tages begegnete ich Pauline am Strand, der Amerikanerin aus der WG in München, die ich lange nicht gesehen hatte.

»Was für eine Überraschung«, sagte ich, während wir – beide nackt – uns umarmten.

»So lange hat es also gedauert, bis ich dein prüdes amerikanisches Fleisch einmal im Licht der Sonne bewundern kann.«

»Das hat mich eine Menge Überwindung gekostet. Du weißt ja, in den Staaten kann man so was nicht bringen.«

»Das sind die letzten Nachbeben gegen die europäische Aufklärung«, sagte ich lachend. »Du rasierst dir die Pussy?«

»In meinem Job ist das besser«, sagte sie cool. »Aber wo wir schon bei Äußerlichkeiten sind, deinen Penis hätte ich mir größer vorgestellt.«

»Das täuscht. Du kennst ihn nicht, wenn er auf Patrouille ist.«

Dann erzählte mir Pauline von ihren Plänen. Sie hatte in acht Jahren auf den Laufstegen und in den Studios von Paris, Milan und München genug verdient, um aus dem Job aussteigen zu können. Jetzt wollte sie zurück in die Staaten, und der Urlaub auf Ibiza sollte ihr Abschied von Europa werden. Aber wie das Schicksal zuweilen würfelt, auf dem Hippiemarkt lernte sie einen jungen Mann kennen – ich glaube, er war Friseur – und so blieb sie in Europa.

Leider verliert sich Paulines Spur an dieser Stelle. Auf dem Trip, bei dem wir seinerzeit orientierungslos auf dem Isartorplatz standen, hatte ich mir ihr Gesicht eingeprägt, ihre großen Laura-Mars-Augen und ihre damenhafte Erscheinung. Wenn es in unserem Gesellschaftsbild überhaupt Platz für so etwas Spießiges wie Damen und Herren gegeben haben sollte, dann war Pauline Cronin die Frau, die das Damenbild über die Sechziger und Siebziger hinaus gerettet hat: Weil sie sich natürlich gab, weil sie couragiert ihre Meinung sagte und weil sie vertrauenswürdig war. Eine Dame eben.

Wir lebten inzwischen seit fünf Jahren auf Ibiza und wurden von den Einheimischen als Residenten angesehen. Wenn wir im Auto unterwegs waren, grüßten uns die Spanier und wir grüßten sie. Mit Miguel, dem Hausbesitzer waren wir längst befreundet, und wegen meiner Aktivitäten im Zusammenhang mit dem Schönheitswettbewerb und der Bekanntschaft mit der Prinzessin Mihailovich kannten mich sogar viele Bürger der Stadt. Und natürlich die Polizei, die kannte mich auch. Wir hätten damals in die Modebranche einsteigen können, wir hätten ein Restaurant aufmachen können …

Pierre, der Betreiber der »Bar Chocolate« hatte mir angeboten, eine der gut gehenden Kneipen an der Rennbahn zu übernehmen, wie die Hafenpromenade genannt wurde. Allein, mir fehlte dazu die Motivation. Die Reisen um die Welt hatten mich endgültig zum Nomaden werden lassen. Ich wollte keine feste Stelle, keinen festen Ort und auch keine immer gleiche Gesellschaft um mich. Der Status quo gefiel mir, frei, dahin zu gehen, wohin es mir beliebte. Außer Gesundheit war dazu nur ein gut gefülltes Bankkonto nötig. So jedenfalls dachte ich mir das.

Im Augenblick genoss ich eine ruhige Phase, ich war allein auf Cana Ventura. Lisa und das Kind hielten sich noch in Deutschland auf. Eines Abends – Hans und sein Täubchen waren noch unterwegs, Jenny hatte einen Kerl kennengelernt, bei dem sie nächtigte – saß ich, ein Buch lesend auf unserem unbequemen Sofa und wurde langsam bettschwer. Es war die Zeit, als ich, von Angel inspiriert, eine der großen Biografien von Stefan Zweig las. Gegen Mitternacht öffnete ich die Flügeltür des Salons, um durchzulüften. Ich ging hinaus auf das Feld vor dem Haus, um zu pinkeln und dabei den Sternenhimmel zu betrachten. Zuerst leise, dann deutlicher werdend, hörte ich eine Wagenkolonne den Berg heraufkommen. Dann sah ich die Scheinwerfer, und schließlich bogen sie in unsere Einfahrt ein. Unwillkürlich musste ich an den Polizeikonvoi denken, der seinerzeit zur Hausdurchsuchung angerückt war. Aus allen Autos kletterten Leute, die ich nicht kannte. Endlich hörte ich Pacos und Geoffreys Stimmen.

»*Holá hermano!* Gut dass du noch wach bist. Wir haben ein paar Freunde mitgebracht, um ein wenig mit dir zu feiern«, klärte Geoffrey mich auf.

Ich warf einen Blick zum Haus, wo Paco dabei war, den linken Flügel der Haustür zu öffnen. Dann sah ich zwei hochgewachsene Afrikaner mit Congas in der Tür verschwinden, schließlich kamen zwei Burschen mit je einem Gitarrenkoffer auf mich zu und begrüßten mich. Geoffrey stellte sie mir vor.

»Das sind Elkin und Nelson Marin, Musiker aus Kolumbien. Sie werden heute Nacht ein kleines Konzert für uns geben.«

Ich schüttelte den Burschen die Hand, und noch ehe ich sagen konnte, dass ich befürchtete, nicht genügend Getränke im Haus zu haben, sah ich Leute kastenweise Bier ausladen. Offenbar hatte Paco an alles gedacht. Als ich als Letzter in den Salon trat, hörte ich einige Mädchen in der Küche lachen und Aschenbecher und Flaschenöffner herausgeben. Die Gäste suchten sich jeder einen Platz, die meisten auf dem Teppich entlang der Wände, und als ich mich umsah, waren es mehr als dreißig. Von den beiden Musikern hatte ich bis dahin noch nie gehört und war gespannt, was uns erwartete. Während die Jungs ihre Gitarren stimmten, entdeckte ich Angel, der mit zwei Andalusiern aus der Küche kam. Er durchquerte den Raum, begrüßte mich und bedeutete mir, ihn nach hinten in die Privatgemächer zu begleiten. Dort holte er ein Tütchen Koks aus der Tasche und bot mir davon an.

»Eigentlich hatte ich zu Bett gehen wollen«, wehrte ich mich halbherzig.

»Vergiss es! Hier geht heute keiner mehr ins Bett. Und jetzt bedien dich! Das ist der gute Stoff, den ich aus Kolumbien mitgebracht habe.«

Wie gesagt, bei gutem Stoff musste man mich nicht lange bitten. Allerdings, wenn ich die Wahl hatte zwischen Mohn und Koka, dann stand ich eindeutig auf der Seite des Mohns. Ich war von Natur aus aktiv, benötigte also keine Droge, die mich noch aktiver machte. Als still leidender Narzisst lag mir die betäubende Kraft des Mohns mehr als die aufputschende Energie des Kokastrauchs. Dennoch, von Zeit zu Zeit ließ ich mich auf eine Linie gutes Koks einladen.

Als wir wieder in den Salon traten, war die Musik schon im Gange. Elkin und Nelson saßen auf dem Sofa, spielten ihre Instrumente und nahmen Blickkontakt auf. Dass hier Profis musizierten, war jedem sofort klar. Entspannt saßen die Gäste da und hörten zu. Die Schwarzen an den Congas ließen vorerst ihre Hände auf den Fellen ruhen. Die Musik, die wir hörten, war eine Synthese aus Salsa und Flamenco, also andalusisch-karibischer Gitarrensound. Und da die beiden sich gehen ließen und die Seiten hart und entschlossen anschlugen, baute sich innerhalb kurzer Zeit eine spürbare Spannung im Raum auf. Als Elkin nach einer halben Stunde seine Gitarre an die Wand lehnte, und er sich das Kokain-Tellerchen reichen ließ, war jedem im Salon klar, dass hier Musik von großer emotionaler Kraft gespielt wurde. Elkin zündete sich eine Zigarette an, machte zwei Züge und stieg dann wieder bei seinem Bruder ein. Die Stücke, die die beiden spielten, kannte ich teilweise, aber die meisten waren eigene Kompositionen von ihrem Doppelalbum »Angeles y Demonios«, welches im Jahr 1974 bei CBS erschienen war. Ich kann mich nicht erinnern, jemals bei einem Konzert so dicht am Geschehen gesessen zu haben. Ich sah den Schweiß aus den Locken der Gitarristen perlen und auf die Instrumente tropfen; ich hörte die lauten Töne der Seiten, wie sie beim Apoyando erzeugt werden und ich hörte die Stille der Leute im Raum. Irgendwann spürte ich, dass die Kunst der Musiker und der Ernst der Zuhörer zu einer Feierlichkeit verschmolzen waren, wie ich sie nur aus der Kirche kannte. Nachdem mehr als eine Stunde vergangen war, bat Nelson um Conga und Bongo-Begleitung. Unterdessen waren Werinher, Tito und seine Freundin Patricia aufgetaucht, was zu einer allgemeinen Nachfüll-Pause genutzt wurde. Es wurden neue Biere geöffnet, das Koka-Tellerchen machte die Runde, Zigaretten und Joints wurden angezündet, und es gab spontane Beifallsäußerungen aus dem Publikum. Ich saß auf einer Treppenstufe und kam mir wie betäubt vor.

Was sich in dieser Nacht musikalisch auf Cana Ventura ereignete, war *special*, wie wir es damals ausdrückten. Gute Konzerte sind immer *special*, und wer je dabei war, wenn ein Künstler privat seine Kunst präsentiert, der weiß, wie stark das Emotionen wecken kann. In dieser Nacht vom 16. auf den 17. August 1979, exakt zehn

Jahre nach Woodstock, gaben Elkin & Nelson vielleicht ihr bestes Konzert, denn das Setting war optimal: Die Nacht war lau, die Stimmung friedlich, die Drogen von guter Qualität und Franco lag seit ein paar Jahren im Mausoleum im Tal der Gefallenen. Bis heute sind mir einige der Titel erinnerlich, die die beiden damals spielten: *El Maniquí* zum Beispiel, *Jibaro* oder *Que sera mi vida*. Niemals zuvor und niemals danach habe ich Live-Musik gehört, nach der ich so beseelt war, wie nach dem Auftritt der beiden Kolumbianer bei uns zu Hause. Wenn ich je etwas emotional Vergleichbares erlebt habe, dann in diesem gigantischen Kino in London, wo ich ein Jahr nach dem Fest auf Yasgurs Farm den Woodstock-Film sah, ja, damals, vor neun Jahren, hatte es mich ähnlich berührt.

Wir waren keine Esoteriker, was uns von den echten Hippies unterschied. Was immer die Ereignisse an Synchronizität aufwiesen, das war in unseren Augen Zufall. Für uns waren die Lieder, die Frisuren und die Blumen Symbole des Widerstands. Das ganze Festival von Woodstock, bei dem eine halbe Million junger Leute zu »*three days of music and nothing but fun and music*« zusammengekommen waren, war im Grunde nichts anderes als die tief sitzende Sehnsucht danach, Widerstand zu leisten: Nein zum Vietnamkrieg, nein zum militärisch-industriellen Komplex, nein zum Rassismus, nein zu Unterdrückung und Bevormundung, ja zur Kunst, ja zur Gedankenfreiheit und ja zu Sex und Drogen und zu unserer Musik. Und von mir aus auch ja zur großen Kohle, sofern man was Vernünftiges damit anzufangen wusste. So ergreifend die Grußworte des Bauern Max Yasgur auch waren, auf dessen Wiesen und Feldern sich die Jugend Amerikas versammelt hatte, er hatte nicht verstanden, dass dieses Konzert ein Akt des Widerstands war. Jedes Lied, jeder Reefer, jede Provokation: Alles Revolte!

Mitten in der Nacht, während einer kurzen Koks- und Verschnaufpause, bemerkte ich, wie einige der Gäste einen Typen bedrängten, der an die Wand gelehnt auf dem Teppich kauerte, er solle auch in die Saiten greifen und etwas von seinem Können zum Besten geben. Doch der Mann lehnte entschieden ab. Schließlich nahm Angel mich beiseite und klärte mich auf: Der Typ, der da so unscheinbar unter den Zuschauern saß, war kein geringerer als Paco de Lucía!

Und weil Paco nicht spielen wollte, forderten sie von mir, dass ich ihn darum bäte. Dem Hausherrn, so Angels Kalkül, könne er den Wunsch schlecht abschlagen. Ich ging also hinüber, begrüßte den berühmten Musiker und trug ihm im Namen der versammelten Gäste meine Bitte vor. Doch Don Paco blieb dabei: Dies sei die Nacht der beiden Kolumbianer und ihrer Lieder. Niemand könne das toppen, und aus Respekt vor seinen Musikerkollegen verbiete es sich, dass er hier und heute zum Instrument greife, er bitte um Verständnis. Gerne käme er ein andermal wieder, um für uns Flamenco zu spielen, aber heute: *lo siento*!

Ich verstand, und damit war das Thema »*Entre dos Aguas*«* vom Tisch.

Als ich gegen Sieben in der Früh zum Flughafen aufbrechen musste, weil ich an dem Tag in Madrid einen Termin hatte, waren alle Gäste noch da, und Elkin spielte zum Abschied noch einmal *Mulata*, einen von Latin Jazz und Blues beeinflussten Flamenco-Titel.

Am frühen Nachmittag war ich aus Madrid zurück, und wen wundert es, dass immer noch ein Dutzend Leute im Haus waren, teils von der durchkoksten Nacht noch aktiv, teilweise schlafend.

Unter ihnen Elkin, der mir nackt aus dem Haus entgegentrat. Was wieder eine Facette des Lebens auf der Insel beleuchtet: Nie wäre ich auf die Idee gekommen zu fragen, wo der Mann, den ich am Tag zuvor nicht einmal gekannt hatte, seine Klamotten gelassen hatte. Am nächsten Tag, als das Partyvolk gegangen war, fand ich eine grüne Jeansjacke, die jemand vergessen hatte. Wir legten sie beiseite, für den Fall, dass sie einer vermissen sollte.

Ein paar Wochen später tauchte Siegfried Brauer bei uns auf, der Journalist aus der Pariser ZDF-Redaktion von Peter Scholl-Latour. Bei einem Spaziergang gestand er mir, beruflich und seelisch in einer Krise zu stecken. Siegfried war Mitte vierzig, und so einigten wir uns auf Midlifecrisis. Das bedeutete, er hatte Probleme mit der politischen Haltung seines journalistischen Ziehvaters, er war verunsichert, ob der Beruf des ZDF-Journalisten sich mit seinem ethischen Selbstverständnis in Einklang bringen ließe. Zur

* Flamenco von Paco de Lucia

damaligen Zeit galt das ZDF als Hort rechtskapitalistischer Gesinnung und sein Paris-Korrespondent Scholl-Latour als frankophil festgelegter Antiamerikaner. Inzwischen war Siegfried seit zwei Monaten auf Ibiza, und weil er zunächst in einem überteuerten Hotel gewohnt hatte, waren seine Finanzen ebenfalls ins Schlingern geraten, sprich, er war pleite, hatte sogar seinen Renault schon verkaufen müssen. Ich schlug ihm vor, solange bei uns zu wohnen, bis sich seine Selbstzweifel verflüchtigt hätten, und um seine erste Not zu lindern, bot ich ihm finanzielle Hilfe an. Kurz darauf trafen Lisa und das Kind ein. Dass ich dem Freund bei uns Unterschlupf gewährt hatte, führte zu einer Verstimmung zwischen Lisa und mir, sodass Siegfried schon bald weiterzog. Ich beschloss, mit Werinher und Jenny zurück nach München zu fahren, während Lisa und Santiago auf Ibiza blieben. Ich dachte, eine Trennung für ein paar Wochen würde uns gut bekommen. Paco hatte mir ohnehin vorgeschlagen, in die USA zu fliegen, um die Leute zu kontaktieren, die er im Knast von Miami kennengelernt hatte, und mit denen er demnächst Geschäfte machen wollte. Er und Angel hatten vor, noch vor Ende des Jahres nach Kolumbien zurückzukehren, um den geplanten Marihuana-Schmuggel in die Staaten vorzubereiten. Bis dahin sollte ich dort konkrete Vereinbarungen getroffen haben.

Am Tag des Abflugs nach Barcelona traf ich am Flughafen einen Mann, der bei dem legendären Konzert dabei gewesen war. Er erkundigte sich, ob eine grüne Jeansjacke bei uns liegen geblieben sei? Sie gehöre Paco de Lucía, und der hänge sehr an ihr, denn es sei ebendiese Jacke, die er an dem Tag trug, als das Coverfoto für »*Entre dos Aguas*« gemacht wurde, eines seiner bekanntesten Alben. Er wolle Paco Bescheid geben, der werde sich seine Jacke dann abholen, wenn er das nächste Mal auf der Insel sei. Ehe wir auseinandergingen, bat ich ihn noch, Paco auszurichten, er solle in jedem Fall seine Gitarre mitbringen, wenn er denn käme. Zu einer weiteren Begegnung mit dem berühmten Musiker kam es leider nicht mehr, sodass ich mich nach einem Jahr entschloss, die Jacke selbst zu tragen. Sie passte perfekt.

2.16 Florida

Paco Carrillo hatte mir die Adressen zweier Leute aufgeschrieben, die ich kennenlernen sollte. Da war zunächst Louis Allmendinger, genannt Hangman, ein ehemaliger Präsident der Outlaws, der in Pompano bei Fort Lauderdale seinen Ruhestand verbrachte.

Der Zweite war Basil Mitchell, Oberhaupt einer Familie mit Sitz in Freeport, Grand Bahama. Basil saß seit mehreren Jahren wegen Drogenhandel im großen Stil in Miami hinter Gittern, wo Paco ihn kennengelernt hatte. Dort sollte ich ihn besuchen.

Mein erster Besuch galt Hangman, der zusammen mit zwei Frauen in einem Bungalow am Rande der Stadt lebte. Die Gegend war ein wenig heruntergekommen, was sie für mich umso spannender machte, denn ich mochte Orte, wo man nicht wusste, was einen hinter dem nächsten Gebüsch erwartete. Nichts ist langweiliger als Reihenhaus- und Eigenheimsiedlungen. Nachdem ich mich telefonisch angemeldet und der Hausherr mir den Weg beschrieben hatte, parkte ich meinen Wagen auf der wild wuchernden Wiese neben einer Motoryacht, die es, von einem Dutzend Stützen aufrecht gehalten, irgendwie dorthin geschafft hatte. Auf der Straße vor dem Haus stand Hangman, ein Typ wie der Sergeant aus *Full Metal Jacket*: Blaue Augen, buschige dunkle Brauen, kahler Schädel, stechender Blick. Er trug schwarze Jeans, deren Beine in speckigen Stiefeln steckten. Sein stattlicher Ranzen wurde von einem schwarzen T-Shirt bespannt, und auf den Rücken seiner Lederweste war das Emblem der Outlaws gestickt, ein Totenkopf mit gekreuzten Kolben, unter Klubmitgliedern »Charly« genannt. Hangman begrüßte mich mit einem harten Händedruck, wobei er zu meiner Erleichterung verschmitzt lächelte. Neben dem Wohnhaus entdeckte ich eine Scheune, deren Vorderseite offen stand, eine Art überdimensionierter Carport und mitten in dieser Scheune eine Harley Davidson nebst Seitenwagen. Ein Sammlerstück, Baujahr 36, wie ich später erfahren sollte. Im Hintergrund zu erkennen waren weitere mehr oder weniger funktionstüchtige Harleys. Hangman bat mich ins Haus. Während wir hinein gingen, bemerkte ich, dass er leicht hinkte. Ich schätzte ihn auf etwa sechzig. Er bot mir einen abgewetzten Sessel an.

»Paco hatte vor, demnächst eine größere Ladung Gras aus Kolumbien zu importieren«, kam er zum Thema, nachdem wir zunächst einige Floskeln ausgetauscht hatten. »Ich denke, du bist im Bilde.«

»Deshalb bin ich hier. Aber vorerst ist er noch nicht so weit. Schätze, das klappt frühestens Anfang kommenden Jahres«, sagte ich.

»Ich dachte, das sollte noch in diesem Herbst über die Bühne gehen?«

»So war es auch geplant«, bestätigte ich. »Aber er will 15 Tonnen verladen. Das braucht einiges an Organisation und vor allem, ein geeignetes Schiff. Paco hatte wohl ein wenig optimistisch kalkuliert. Inzwischen war er in Kolumbien und hat dort mit den beteiligten Leuten gesprochen. Vor Januar klappt das nicht. Den exakten Termin, an dem die Ware angelandet wird, kann ich dir erst im Dezember oder Anfang Januar mitteilen.«

»Ich benötige auf jeden Fall zwei Wochen Vorlauf«, sagte Hangman. »Sonst kriege ich meine Männer nicht zusammen.«

»Was genau ist eigentlich dein Part bei der Geschichte?«, erkundigte ich mich. Paco hatte mich im Einzelnen nie darüber aufgeklärt.

»Ich sorge für die Sicherheit. In der Nacht, wenn der Stoff an Land gebracht wird, sind wir mit zwanzig Brüdern auf unseren Scooters in dem Viertel unterwegs. Sollte es eine von diesen Nigger-Banden darauf abgesehen haben, Paco das Zeug abzugreifen, dann werden sie es sich dreimal überlegen, sobald sie unsere ›Colors‹* sehen«, sagte er.

»Kommt so was denn vor?«

»Wenn die Schmuggler die Ankunft der Ware ankündigen und ein Großmaul zu viel quatscht, besteht diese Gefahr. Für solche Infos bezahlen nicht bloß die Bullen, auch die Gangs sind daran interessiert. Die Nigger aus West Miami sind gut organisiert, fünfzig und mehr Typen, zum Teil schwer bewaffnet. Bei solchen Überfällen hat es in diesem Jahr schon Tote gegeben. Allerdings, wenn wir Präsenz zeigen, dann trauen sich diese Ratten nicht in die Nähe.«

»Das heißt, ihr seid ebenfalls bewaffnet?«

---

* Emblem der Outlaws auf ihrer Weste

»Jeder Outlaw ist bewaffnet, sobald er sein Haus oder das Klubhaus verlässt.«

Hangman deutete auf die Wand gegenüber, die mit einem halben Dutzend Langwaffen dekoriert war: Von der Pumpgun bis zur Maschinenpistole hing da ein beeindruckendes Arsenal.

»Sind die legal?«, fragte ich.

»Legal«, lachte Hangman laut auf. »*I'm an Outlaw!* Was denkst du, wie sehr es mich interessiert, ob irgendwas legal ist oder nicht. Im Übrigen kann ich dich beruhigen: In Amerika kann jeder freie Mann sich bewaffnen. Man muss doch in der Lage sein, den Cops die Stirn zu bieten«, grinste er in der Gewissheit, gepunktet zu haben.

Das leuchtete mir ein. Hätte ich seinerzeit über solche Feuerkraft verfügt, kam es mir in den Sinn, wäre der Überfall auf Cana Ventura, bei dem Geoffrey, Joseph, Hansi und ich verhaftet worden waren, möglicherweise anders verlaufen. Andererseits hatte ich es mir seit der Episode in der Fasanenstraße, als wir zwei Zeitschriftenwerber mit Polizisten verwechselt hatten, aus dem Kopf geschlagen, Konflikte mithilfe von Waffen lösen zu wollen. Ich wusste nicht einmal mehr, wo all die Knarren, die Walter damals angeschafft hatte, abgeblieben waren. In Amerika hingegen waren viele Männer bewaffnet, neben Gangstern und Cops insbesondere Hausbesitzer.

»Solltest du das Bedürfnis haben, hier in Florida einen Peacemaker dabei zu haben, dann sag Bescheid. Ich kann dir aushelfen.«

»Meinst du, das wird nötig sein? Im Augenblick fühle ich mich sicher«, sagte ich.

»Das mag so sein, aber mit einer Kanone in Reichweite bist du sicherer, zumindest in diesem Land, das vor Bullen und sonstigen *motherfuckers* überlaufen ist. Was magst du trinken?«

»Was steht zur Auswahl?«

»Jamie!«

Nachdem er den Namen noch zweimal gerufen hatte, tauchte aus der Küche eine junge Frau auf, die dabei war, sich die Hände abzutrocknen. Sie war offenbar überrascht, mich zu sehen, denn ich sah in meinem weißen Outfit so gar nicht wie die Gäste aus, die üblicherweise in Hangmans Baracke verkehrten.

»Das ist Harry, ein Geschäftspartner von Paco, mit dem ich ein paar Monate im Knast zusammen war«, stellte mich Hangman vor.

»Hi, ich bin Jamie«, sagte sie. »Ich war Pacos erstes Baby, nachdem er aus dem Knast entlassen war.«

Sie gab mir die Hand und ein französisches Wangenküsschen. Offenbar war sie der Meinung, vom ersten Moment an Vertrautheit herzustellen, wenn sie mir Details über ihre Beziehung zu Paco verriet. Jamie war Anfang zwanzig, nicht unattraktiv, nicht misstrauisch. In der Folgezeit lernte ich sie besser kennen. Als Mädchen aus der weißen Unterschicht hatte sie sich daran gewöhnt, ein Leben im Dienste der Männer zu erdulden. Was Hangman ihr sagte, das führte sie aus. Zwischen »Mach mir was zu essen!« und »Blas mir einen!« bestand kein wesentlicher Unterschied. Für beides fühlte Jamie sich zuständig. Die Sicherheit, die sie im Umfeld des alten Rockers genoss, war ihr Lohn. Aber nie wäre sie auf den Gedanken gekommen, sich als dessen Lebensgefährtin zu bezeichnen. Andererseits schien sie mit dem Status quo zufrieden.

»Bring uns einen Pott Kaffee!«, forderte Hangman sie auf. »Und ein paar Teilchen, wenn noch welche da sind. Der junge Mann hier kommt aus Germany, sozusagen ein Landsmann von mir.«

Und da ich ihn fragend anblickte, fuhr er fort: »Meine Vorfahren stammten nämlich auch aus Deutschland. Mein Name ist Allmendinger.«

Die amerikanisierte Aussprache des schwäbischen Nachnamens brachte mich zum Lachen.

»Ist man hierzulande stolz, wenn einer deutsche Vorfahren hat?«, erkundigte ich mich.

»Jedenfalls stolzer, als wenn man afrikanische hat«, sagte er humorlos.

»Du scheinst Schwarze nicht zu mögen«, stellte ich fest, ohne zu ahnen, auf welch gefährliches Terrain ich mich wagte.

»Kein Outlaw mag die Nigger. Wir haben klare Feindbilder: Hells Angels, Bullen und Nigger. Mit denen hat ein Outlaw nichts am Hut!«

Es klang wie die Präambel des Ku-Klux-Klan.

»Das mit den Bullen kann ich ja noch verstehen, aber wieso mögt ihr keine Angels und keine Neger? Eigentlich gehört ihr doch zur selben sozialen Schicht, wo man Solidarität erwarten sollte«, wand ich ein.

»Was die Angels angeht, da könntest du recht haben. Da liegen die Probleme in einer uralten Rivalität zwischen Kalifornien und dem Mittelwesten. Unter den Klubs ist inzwischen 'ne Menge Blut geflossen, danach wird Versöhnung schwierig.«

»Und die Schwarzen? Die tun euch doch nichts«, sagte ich.

»Das sollten sie mal wagen!«, wurde er ärgerlich. Bei diesem Thema verstand Hangman offenbar keinen Spaß. »Sieh sie dir doch an: Alles Kommunisten und charakterlose Schmarotzer. Denen müssen wir ganz klar die Grenzen aufzeigen.«

Wir verhedderten uns in der Thematik, während wir dünnen Kaffee mit Milch und Zucker tranken und dazu pappige Teilchen mampften. Eine differenzierende Sichtweise zur Beschreibung der Wirklichkeit war Hangmans Sache offenbar nicht. Er bevorzugte das steinzeitliche Erklärungsmodell von Wert- und Würdezuschreibung: An erster Stelle kam die Familie, der eigene Klan (die Members der Outlaws), gefolgt von Mitgliedern der Horde, des eigenen Stammes (die Rednecks, die weißen Rassisten), und alles, was da nicht hineinpasste, waren Leute, die es entweder zu ignorieren, auszubeuten oder zu bekämpfen galt. Dazu zählten emanzipierte Frauen, sogenannte liberals (Wähler der Demokraten), Menschen mit anderen als europäischen Wurzeln, sowie Beamte, insbesondere Polizisten.

Was ich bei den Outlaws in der Folgezeit erlebte, strapazierte zuweilen mein Toleranzgelübde, aber ich war längst zu sehr interessiert, das Denken und die soziale Ordnung im Klub zu verstehen. Zweifelsohne gab es neben der rassistischen Pathologie auch gesunde Charakterzüge, wie Solidarität und Zivilcourage, die ich bewunderte. Und dann war da noch die Country-Musik, in Florida vertreten von Outlaws wie David Allen Coe und Willie Nelson. Vorerst war ich hergekommen, um Hangman kennenzulernen, aber es blieb nicht aus, dass ich im Laufe der Zeit auch den Outlaw MC kennenlernte, zumindest das Charter South-Florida.

Ich hatte vor, zwei Wochen zu bleiben, und um den Cops nicht aufzufallen, hatte ich mich im Howard Johnson Fort Lauderdale einquartiert, einer in den USA inflationär verbreiteten Hotelkette der 08/15 Kategorie, wo üblicherweise Handlungsreisende und Kongressteilnehmer abstiegen.

Als ich am Tag darauf bei Hangman auf den Hof fahren wollte, versperrten mir zwei Harleys den Weg. Nachdem ich meinerseits den Harleys den Weg versperrt hatte, ging ich zum Hintereingang, um Hangman und seine Gäste zu überraschen. Ohne anzuklopfen öffnete ich die Tür. Im Gespräch unterbrochen drehten sich die Anwesenden zu mir um.

»*Hi everybody*«, grüßte ich in die Runde.

Hangman saß in seinem Ohrensessel, daneben Penelope, die zweite Frau, die neben Jamie mit ihm in Wohngemeinschaft lebte. Tief in die ausgeleierten Polstersessel versunken saßen die Motorradfahrer: Zwei Burschen um die dreißig, an ihren »Colors« als Outlaws zu erkennen. Beide trugen sie schwarze Cordhosen, schwarze Hemden, die obligatorischen Kutten und ölverschmierte Stiefel. Dazu fettige lange Haare, schmutzige Fingernägel, und unrasiert waren sie obendrein. In den Händen hielten sie Bierdosen. Voller Misstrauen sahen sie zu mir herüber.

»Was'n das für einer?«, erkundigte sich der Typ mit der dickeren Wampe beim Hausherrn. Stärker konnte der Gegensatz zwischen unserem Äußeren kaum sein: Ich trug englische Kapitänshosen aus Flanell, darüber ein weißes Seidenhemd, kurz zuvor in Bangkok von einem Inder maßgeschneidert, sowie weiße Schuhe aus Paris.

»Das ist Harry, ein deutscher Geschäftspartner von mir«, sagte Hangman.

Die Rocker hatten mich, seit ich eingetreten war, keine Sekunde aus den Augen gelassen.

»Mit solchen Wichsern machst du Geschäfte«, sagte der Typ, dem die feine chinesische Art, den anderen das Gesicht wahren zu lassen, offenbar fremd war. Erst jetzt erkannte ich, dass er einen Trommelrevolver im Gürtel stecken hatte. Ich hoffte, Hangman würde mir dabei helfen, die Situation zu meistern, denn eines war klar: Ich konnte es nicht dulden, vor Publikum als Wichser bezeichnet zu werden.

»Raucht lieber einen Joint zusammen, ehe ich euch die Ohren lang ziehen muss«, sagte der Präsident im Ruhestand. »Und du, Pete, nimmst sofort den Wichser zurück! In meinem Haus bin ich der Einzige, der entscheidet, wer ein Wichser ist und wer nicht, verstanden!«

Der mit Pete angesprochene hieß mit vollem Namen »Sneaky Pete«. Um seinerseits das Gesicht nicht ganz zu verlieren, schmollte er und sagte mit einem Seitenblick auf mich: »Verträgt der Kraut das denn überhaupt?«

»Keine Ahnung«, entgegnete ich. »Aber eines weiß ich gewiss: Was immer du hier auf den Tisch legst, davon rauche, schnupfe und schlucke ich doppelt so viel wie du.«

Seine Chance witternd und ohne lange zu warten, schickte Pete Jamie in die Küche den Wodka und zwei Wassergläser holen. Dann goss er sich das halbe Glas voll, und mir füllte er es bis zum Rand. Wir tranken ex, ich machte coole Miene zum bescheuerten Spiel, aber schon kramte er aus der Tiefe seiner speckigen Hose eine Handvoll Pillen hervor und legte sie auf den Tisch.

»Das sind Ludes. Ich nehme eine, und du schluckst zwei! Und damit du uns nicht allzu schnell aus den Latschen kippst, lege ich uns noch 'ne Spur Koks auf. Los, Penny, hol den großen Spiegel aus dem Bad!«

Sneaky Pete und sein Rocker-Kumpel machten Ernst. Allein das Glas Wodka in Verbindung mit den beiden Quaaludes, eine Art Mandrax mit Schuss, würde mich aus dem Rennen nehmen, daran konnte auch die Linie Koks nichts ändern, die jetzt lang und dick wie ein Eidechsenschwanz auf dem Spiegel lag.

»Moldy Mike«, so der Name des Komplizen, zeigte beim Sprechen schlechte Zähne. Er konnte es kaum erwarten, wie mein Körper auf die Überdosis reagieren würde. Hangman schüttelte befremdet den kahlen Kopf. Er trank nicht und er kiffte nicht.

Die beherzte Art und Weise, wie ich mir diesen Cocktail einverleibt hatte, hinterließ respektvolles Staunen bei den Jungs. Das Letzte, das ich mitbekam, war eine Art Kompliment.

»Goddamnit, Pete. *Look at this Nazi!*«

Dann fiel, wie Herr Rilke es ausdrückte, der Vorhang der Pupille.

Als ich erwachte, wälzte meine Zunge sich durch einen klebrigen Mund. Die Nasenlöcher waren dicht, im Kopf pochte dumpf der Wahnsinn, und über dem Sakralchakra lag eine Wasserlatte. Ich sah auf die Uhr. Es war kurz vor Mittag und ich lag nackt im Bett. In wessen Bett? Wie war ich dorthin gelangt? Wer hatte mir die Klamotten ausgezogen?

»Ich hoffe, du hast nichts dagegen, dass ich dich mit in mein Zimmer genommen habe, nachdem du gestern Abend vom Stuhl gekippt bist?«

Es war Penny, die sich um meine betäubten Reste gekümmert hatte.

»Ich hatte schon immer mal mit einem Europäer in die Kiste steigen wollen«, grinste sie. »Soll ich dir'n Kaffee holen?«

»Mit Milch und ohne Zucker«, sagte ich und schloss die Augen, immer noch dabei, meine Gedanken zu ordnen.

Penny tat mir gut. Nachdem ich geduscht hatte, ging ich hinaus zu Hangman, der in der Garage mit einem Stammesbruder einen alten Harley-Rahmen untersuchte, den er scheinbar kaufen wollte.

»Mike und Pete sind vor zwei Stunden gefahren. Sie haben mich gebeten, dich demnächst mal mit ins Klubhaus zu bringen«, sagte er.

»*Why not*«, entgegnete ich.

Dann begrüßte ich den Motorrad-Freak, der, wie ich an seinen Klamotten sehen konnte, ein Prospekt* war.

»Penny hat mir angeboten, bei ihr zu wohnen, solange ich hier bin. Ich dachte, besser ich frage dich, schließlich bist du ja hier der Boss.«

»Kein Thema. Allerdings sollte ich dich vor ihrem old man Arnie warnen. Der gehört zum Klub. Sitzt im Knast von Tallahassee. Arnie hat nächste Woche eine Anhörung vor dem Paroleboard, kann sein, dass er bald raus kommt. Und dann wäre es besser, er erwischt euch nicht im Wigwam«, sagte Hangman.

»Hä? Wigwam?«

»Penny ist Indianerin. Hat sie dir das noch nicht erzählt?«

Ich schüttelte den Kopf.

»Darauf ist sie stolz. Also beleidige sie nicht. Für die Injens** fängt der Kriegspfad immer um die Ecke an.«

---

* Anwärter auf Vollmitgliedschaft bei den Rockerbanden

** Indigene

»Warum sollte ich sie beleidigen wollen? Ich hab nichts gegen Indianer«, sagte ich.

»Native Americans«, sagte Hangman ironisch. »Hier gibt es keine Indianer mehr, die heißen jetzt Native Americans. Reservat-Rothäute.«

»Verstehe. So wie es auch keine Neger mehr gibt, sondern bloß noch African Americans.«

»Nigger«, erklärte Hangman kategorisch.

Ich merkte schnell, dass ich es hier in Florida, im Gegensatz zu meinen Bekannten auf Maui oder in Kalifornien, mit im Fell gegerbten Rassisten zu tun hatte. Zaghafte Versuche, diesen Wahnsinn zu hinterfragen, blieben schnell stecken und erregten den Unmut meines Gastgebers, der sich in der in den Südstaaten verbreiteten Ideologie der Rednecks aufgehoben fühlte.

Präsident der USA war damals Jimmy Carter.

»Ein schwuler Erdnussbauer, dieser Carter, ein Niggerlover. Ich hoffe, den knallen sie bald ab«, war Hangmans Kommentar zu dem Mann, den wir in Europa sehr schätzten, und von dem wir hofften, dass er mit Russland die atomare Abrüstung voranbrächte. Aber im eigenen Land galt Carter scheinbar nicht viel, ja, viele Amis schämten sich seiner sogar.

Ich kündigte mein Zimmer bei Howard Johnson und quartierte mich bei Hangman ein, genau genommen bei Penny, die mir mit jedem Tag besser gefiel.

Penny war keine klassische Schönheit, ihre Werte lagen innen. Sie war fast so groß wie ich, schlank, hatte lange schwarze Haare und schöne Hände. Ihre Augen waren braun, und sie blickten einen direkt an, wenn man mit ihr sprach. Beim Sex schwammen sie fort und ihr Fokus löste sich von den Objekten der Umgebung. Penny hatte ein natürliches Talent, einen Mann zu befriedigen, darin erinnerte sie mich an Carmen. Es war praktisch unmöglich, sich ihr zu entziehen, wenn sie Bock darauf hatte, ihren Kerl besser kennenzulernen. Und: Penny wollte immer oben sein. Sollte es jemals eine berechtigte Debatte darüber gegeben haben, wer wen fickt, der Mann die Frau oder die Frau den Mann, so ließ Penny keinen Zweifel aufkommen. Sie war es, die die Choreografie im

Bett festlegte, die steuerte, wer wann was machte, aber ich hatte keinen Grund, Widerstand zu leisten.

Penelope Evans entstammte einer Familie vom Stamm der Cherokee. Ihr Stammesname war »Raven« und ich bedauere, den indigenen Originalnamen vergessen zu haben. Teilweise hatten die Cherokee in Georgia gelebt, von wo der Stamm Mitte des 19. Jahrhunderts gewaltsam nach Oklahoma deportiert worden war. Einige Hundert Ureinwohner, die keine Lust verspürten, vom weißen Vater umgesiedelt zu werden, konnten damals in die Wälder entkommen, und dazu gehörten auch Ravens Vorfahren. Was sie mir von ihrer Familie erzählte, war ansonsten keine Erfolgsgeschichte: Der Papa war als arbeitsloser Alkoholiker früh gestorben, die Mutter lebte von den Almosen, die ihr eine Christengemeinde gab. Ihr jüngerer Bruder hatte sich vor ein paar Jahren eine Überdosis Heroin gespritzt, und sie selbst arbeitete hin und wieder als Callgirl, seit Arnie im Knast saß und sie Kohle brauchte. Daher beruhigte ich mich auch, was ihren Typen anging: Einer, der seine Braut auf den Strich schickt, kann ja wohl schlecht ein Eifersuchtsdrama aufführen, wenn sie mit einen anderen Kerl vögelt.

»Ich bin stolz darauf, eine Cherokee zu sein, und sollte ich je ein Kind kriegen, dann muss es von einem Cherokee sein. Das ist schließlich alles, was wir Indianer noch haben, unser Blut. Alles andere habt ihr Bleichgesichter uns genommen. Unser Land, unsere Sprache und unsere Götter.«

Ich sah sie fragend an.

»Ist Arnie denn ein Indianer?«

»Arnie ist ein Outlaw, eine moderne Art Nomade. Wenn es sowas wie Nachfolger der Indianer gibt, dann sind es die Outlaws, die allerdings vom Pferd auf die Harley umgesattelt haben.«

Raven, das Indianer-Mädchen war vom Pferd aufs Auto umgestiegen. Sie besaß einen Chevy-Van, gemütlich eingerichtet, mit Velourswänden und einem weichen Bett, mit einer guten Stereoanlage und einem kleinen Kühlschrank. Lediglich den aufdringlichen Duft ihres billigen Parfums fand ich gewöhnungsbedürftig. Wären da nicht die Tatsachen im Hintergrund gestanden, dass ich auf Ibiza Frau und Kind hatte und Penny einen Kerl im Knast, dem sie hätte treu sein sollen, man hätten glauben können, wir beide seien ein vertrautes Paar. Aber Hangman hatte mich gewarnt: Sobald Arnie aus dem Gefängnis entlassen werde, müsse ich das Bett räumen. Ein eifersüchtiger Outlaw sei ein unkalkulierbares Risiko für unsere Geschäfte und vermutlich für meine Gesundheit. Das war nicht schwer zu begreifen, aber Penny meinte, ich solle mir keine Sorgen machen, noch sei Arnie ja im Knast, in den nächsten zwei Wochen sei nicht mit ihm zu rechnen, und bis dahin werde »weiter geliebt«.

Noch nie hatte ich die Vokabel »fuckin« so oft gehört wie in der Redneck- und Cowboykultur von Florida. Jedes zweite Objekt, jede dritte Person wurden mit dem Präfix fuckin versehen: the fuckin heat (die Scheißbullen), the fuckin car (die Scheißkarre) oder gar fuckin Jimmy Carter. Mit fuckin wurde alles und jedes geschmückt. Wer in jedem zweiten Satz mindestens ein fuckin unterbrachte, wies sich als Angehöriger einer subproletarischen Elite aus, als Durchblicker aus der zweiten Reihe, der sich goddamnit von keinem fuckin asshole vorführen ließ. Ich selbst gewöhnte mir einen Ausdruck an, den ich später zu meinen Freunden nach Kalifornien exportierte und der lange zu meinem Floskel-Vokabular gehörte: *unbefuckinlievable.*

In Pennys mobilem Bordell erkundeten wir die Gegend, durchquerten die Everglades auf der Alligator Alley und fuhren, Tampa links liegen lassend, zwischen Sümpfen und Wäldern hindurch zum Lake Okeechobee, dem Süßwasserreservoir für Miami und die ganze Region. Es fühlte sich an wie Honeymoon. Über Orlando ging es an der Ostküste entlang zurück nach Fort Lauderdale.

Als nächstes stand der Besuch bei Basil Mitchell im Bundesgefängnis von Miami an, welches dreißig Meilen westlich der Stadt inmitten eines Kiefernwaldes gelegen war und wahrscheinlich heute noch dort liegt. Paco und Basil hatten sich im Knast kennengelernt und beschlossen, zusammenzuarbeiten, nachdem Paco Basil erzählt hatte, dass er in Kolumbien lebe und dort über die besten Kontakte verfüge. Paco hatte mir die Nummer eines Apothekers in West-Miami gegeben, der den Kontakt herstellen konnte. Der Apotheker, ein dicker Afro mit sanften Augen, besorgte mir die Besuchsgenehmigung im Knast und Penny brachte mich in ihrem

Chevy-Van hin. Sie wartete auf dem Parkplatz, während ich hinüber zur Gefängnispforte ging. Die Formalitäten waren rasch erledigt: Mein Pass genügte, um Zutritt zu bekommen und ein Metalldetektor bestätigte, dass ich »sauber« war. Das Wachpersonal beschrieb mir den Weg zum Coffeeshop, eine ferngesteuerte Tür öffnete sich und dann war ich im Inneren des Gefängniskomplexes.

Das Bundesgefängnis von Florida unterscheidet sich sehr von den Gefängnissen, die man aus amerikanischen Filmen kennt. Im Unterschied zu den menschenunwürdigen Käfigknästen der Bundesstaaten (state-prisons wie San Quentin, Leavenworth oder Folsom) sind die Gefängnisse des Bundes quasi luxuriös ausgestattet, zumindest auf den Knast von Miami trifft dies zu. Der mehrere Hektar umfassende Komplex ist von zwei Zäunen umgeben, deren äußerer elektrisch geladen war. Um das Gelände herum patrouillierten zusätzlich bewaffnete Wärter in offenen Jeeps, den Wald hatte man dazu soweit gerodet, dass die Fahrzeuge sich gut bewegen konnten und dass zur Vereitelung von Fluchten freie Schussbahn vorhanden war. Sie wären also tatsächlich so weit gegangen, meinen Freund Paco abzuknallen, wäre er mit der Situation da drinnen nicht klar gekommen und hätte versucht, die Biege zu machen. Andererseits, was das Töten von Menschen anging, waren die Gringos noch nie zimperlich gewesen. Wer in die Staaten einreist und dort sich erdreistet, das Gesetz zu brechen, der darf sich nicht wundern, wenn scharf auf ihn geschossen wird. Das wussten wir, aber wir taten so, als ginge es uns nichts an. In der Mitte des umzäunten Geländes lag ein kleiner See, darum gruppiert die zweistöckigen Gebäude, in denen die Häftlinge untergebracht waren. Das Freigelände dazwischen war parkähnlich gestaltet: Rasenflächen, auf denen Bäume wuchsen, Bänke am Seeufer, Enten auf dem Wasser. Auf einem aufgeschütteten Hügel war der Coffeeshop zu erkennen, eine Art Kantine mit weiter Terrasse. Drinnen saß eine uniformierte Beamtin, die mich zum Tisch meines zukünftigen Geschäftspartners führte und uns miteinander bekannt machte.

Das Erste, was mir an Basil auffiel, waren seine wachen Augen und sein intelligentes Gesicht. Er trug eine randlose Brille, die ihm zusätzlich den Anschein eines Intellektuellen gab. Wie ich später erfuhr, hatte er in Gainesville Wirtschaftswissenschaften studiert.

Ich schätzte ihn auf Anfang vierzig. Ehe die Unterhaltung begann, erklärte mir Basil, dass die Gespräche zwischen den Häftlingen und ihren Besuchern nicht überwacht würden, wir könnten also offen reden.

»Wie geht es Paco?«, war seine erste Frage, nachdem wir uns die Hand gegeben hatten.

»Er ist voller Tatendrang«, erklärte ich, indem ich mich ihm gegenüber setzte. »Wir waren vor Kurzem in Kolumbien, wo er dabei ist, einen Marihuana-Transport vorzubereiten. Anfang nächsten Jahres kann das über die Bühne gehen.«

Dann trat ein junger Häftling an den Tisch, der dort als Ordonnanz arbeitete. Basil bestellte Kaffee und Kuchen für uns beide.

»Hast du Hangman schon kennengelernt?«

»Ich wohne zurzeit bei ihm. Denkst du, auf ihn und seine Truppe ist Verlass?«

»Diese Outlaws sind zwar eine Bande rassistischer Schwachköpfe, aber für den Job, den sie machen sollen, taugen sie was. Ihr Vorteil ist, dass sie gut organisiert und gewalttätig sind. Man kann sie heute anrufen, und morgen stehen sie mit hundert Motorrädern an der Kreuzung.«

»Du meinst, das Geld ist gut investiert?«

»Auf jeden Fall. Sie sind bewaffnet, und vor allem, sie sind gefährlich. Mit den Outlaws will sich keiner anlegen«, sagte Basil.

»Macht es ihnen nichts aus, wenn sie Schwarze bewachen sollen?«

»Für Geld bewachen die alles und jeden. Diese Typen haben keine Prinzipien. Außer vielleicht, dass sie niemals für die Bullen arbeiten würden. Im Übrigen ist es nicht das erste Mal, dass ich mit denen zusammenarbeite. Solange Hangman da was zu sagen hat, bleiben die Kerle in der Spur. Auf Hangman ist insofern Verlass. Ich kenne ihn schon mehr als zehn Jahre.«

»Wo habt ihr euch eigentlich kennengelernt?«

»Wo schon. Im Knast von Daytona. Ich saß wegen der Einfuhr einer Tonne Gras in U-Haft. Er wegen Körperverletzung. Beide kamen wir gegen Kaution nach wenigen Tagen raus. Er hat mich damals auf dem Hof vor einer Tracht Prügel bewahrt. Seither sind wir Kumpels.«

»Und jetzt seid ihr euch hier erneut im Knast begegnet?«

»So ist es. Bloß dass er diesmal schneller draußen war als ich.«

»Hatte er den besseren Anwalt?«

»Schwer zu sagen. Die Vorwürfe gegen ihn wogen nicht so schwer.«

Und da ich ihn fragend ansah, präzisierte er: »Körperverletzung. Er und einige seiner Brüder waren in eine Schlägerei verwickelt, bei der es Verletzte gegeben hat.«

Wir aßen den Karottenkuchen und tranken den Kaffee. Dann gingen wir hinaus in die Sonne und machten einen Spaziergang um den Teich. Wir verstanden uns rasch, nachdem ein Grundvertrauen schon durch Pacos Vermittlung gegeben war.

»Paco deutete an, dass du in China über gute Kontakte verfügst«, sagte er, nachdem er einen Kaffeeschmuggler begrüßt hatte, der Fidel Castro um eine Schiffsladung Kaffee geprellt hatte, wie er mir erklärte.

»Mit Chinesen habe ich schon gute Geschäfte gemacht«, sagte ich.

»Heroin?«

»Auch das.«

»Was verlangst du fürs Kilo?«

»160.000 Dollar. Hervorragende Qualität.«

»Weiße Ware?«, fragte Basil.

»*China White*«, sagte ich.

»Klingt gut. Das ist für mich interessanter als Marihuana. Wie viel kannst du liefern?«

»Wie viel kannst du verkaufen?«, so meine Gegenfrage.

»Wenn die Qualität stimmt, mindestens zehn Keys pro Monat.«

»Gut. Ich fliege in zwei Wochen nach Bangkok. Dann werde ich sehen, was sich machen lässt. Zehn Kilo übersteigen nämlich meine Transportmöglichkeiten. Das meiste, was Paco und ich bisher in die Staaten gebracht haben, waren zwei Kilo auf einmal«, erklärte ich.

Ehe wir uns nach zwei Stunden trennten, gab mir Basil die Nummer seines Cousins, an den ich mich in Zukunft wenden sollte, wenn es ums Geschäft gehe. Er wartete zwar auf seine baldige Freilassung, aber bei der Justiz wisse man nie, erst recht nicht, wenn man eine dunkle Haut habe. Bis dahin sollte also Cousin Barry mein Ansprechpartner sein, der jederzeit von den Bahamas in die

Staaten kommen könne. Zum Abschied umarmten wir uns, und ich wünschte ihm Glück.

Als ich mit Penny auf der Rückfahrt war und über das Gespräch mit Basil nachdachte, entschied ich mich, Barry auf den Bahamas aufzusuchen. Ich schob eine Kassette meiner Lieblingsband in den Rekorder: Steely Dan. Irgendwie fand ich, dass die Band unser Leben als Drogenschmuggler in den USA in dem Song »Glamour Profession« auf den Punkt brachte: *Illegal fun under the sun!*

Jive Miguel
He's in from Bogota
Meet me at midnight
At Mr. Chow's
Szechuan dumplings
After the deal has been done
I'm the one

It's a glamour profession
The L.A. concession
Local boys will spend a quarter
Just to shine the silver bowl
Living hard will take its toll
Illegal fun
*Under the sun, boys**

Meine Klamotten ließ ich bei Penny zurück, lediglich meinen Fotokoffer nahm ich mit, denn ich hatte nicht vor, mehr als eine Nacht auf den Bahamas zu bleiben.

Der Flug von Miami nach Nassau dauert kaum eine halbe Stunde, denn die Bahamas Inseln liegen nicht weit vor der Ostküste Floridas. Da das abgebrannte Hotel Emerald Beach noch nicht wieder aufgebaut war, quartierte ich mich in dem am Stadtrand von Nassau gelegenen Hotel Pelican Bay ein, von wo aus ich Barry anrief. Er nahm die nächste Maschine von Freeport, und wir trafen uns in der Hotelbar.

---

* Steely Dan: Glamour Profession

Basils Cousin war ein junger Mann Mitte zwanzig, schlank und sportlich gekleidet. Die Chemie zwischen uns stimmte. Ich wollte ihm von meinem Besuch bei Basil berichten, aber er war längst im Bilde. Die Gefangenen in Miami durften nämlich telefonieren, und wer ein wenig konspirativ war, der konnte sensible Informationen übermitteln, ohne dass Uncle Sam es mitbekam. Da es keine unmittelbar anliegenden Geschäfte gab, die wir zu besprechen hatten – es ging lediglich ums Kennenlernen – tauschten wir weitere Kommunikationsdaten aus und verabredeten uns für den Beginn des kommenden Jahres in Miami. Am Abend ließen wir uns von Barrys Chauffeur ins Casino nach Paradise Island bringen, wo ich zuvor schon mit Paco gezockt hatte. Ein Spieler war Barry zum Glück nicht, denn er ließ sich Zeit, beim Roulette zu platzieren, und wenn er setzte, dann immer nur kleine Chips. Wir waren etwa eine Stunde dabei, das Glück anzulocken, als ich plötzlich von einer jungen Dame angesprochen wurde. Auf Spanisch. Ich drehte mich um, und da stand Neris, die ich Anfang des Jahres in Santa Marta kennengelernt hatte. Ich verließ den Roulette-Tisch, verabschiedete mich von Barry und lud die fesche Kolumbianerin zu einem Cocktail ein. Einigermaßen erstaunt nahm ich zur Kenntnis, dass sie die Geliebte eines sich gut im Geschäft wähnenden Marihuana-Großhändlers war, ein weißer Amerikaner, der auf Paradise Island eine Villa besaß. Das erstaunte mich insofern, als Neris mir in Santa Marta gesagt hatte, sie sei eine Lesbe.

»Bin ich auch«, sagte sie auf meinen Vorhalt. »In Kolumbien bin ich eine Lesbe, aber in den Bahamas und den USA eben nicht. Das verstehst du nicht.«

Verstehen oder nicht: Ich nahm's zur Kenntnis. Sie hatte sich recht erotisch herausgeputzt, und als sie die Lesbendebatte mit einem schelmischen Grinsen beendete, da ahnte ich, dass der Abend für uns beide in der Kiste enden würde. Wir wechselten den Ort und ließen uns von einem Rasta-Taxi zu einer Disco in Nassau bringen. Wir tanzten zum Reggae, bis wir erhitzt waren, dann liefen wir zu Fuß zu meinem Hotel. Und da der Weg ein ganzes Stück am Strand entlang führte, setzten wir uns, stützten die Ellenbogen in den Sand, rauchten und hörten dem Anrollen der Wellen zu.

Es kam nicht oft vor, dass ich die Metaebene bestieg und sozusagen auf mich selbst herunterblickte. Mein Leben richtete sich nach den Eingebungen des Gefühls, und das richtete sich, einem Magnet vergleichbar, nach festen Polen aus: Bewegung war besser als Stillstand; gegen den Strom besser als mit der Flut; hinterfragen klüger als glauben; erleben besser als besitzen. Ich hatte eine Menge Vertrauen in das Chaos der Welt und darauf, immer wieder auf kleine Inseln der Ordnung zu stoßen, die mit Lust verknüpft und mit Sinn befrachtet das Leben zu einer lohnenden Sache machten: Dabei konnte es sich um ein Lied, ein Buch, eine Reise oder einen Menschen handeln. Ich erinnere mich, dass die warme Bahamasnacht mit Neris in mir das Gefühl erzeugte, ein glücklicher Mensch zu sein. Und weil ein Gefühl in dem Moment kein echtes Gefühl mehr ist, wo wir uns dessen bewusst werden, weicht das Glück der Zufriedenheit, und der Zufriedenheit folgt irgendwann die Ernüchterung. Zudem erodieren Erlebnisse, die einem, egal ob in der Gegenwart erfahren oder in die Zukunft projiziert, traumhaft erhöht erscheinen, mit der Zeit und dem Wind zu Geschichte. Erst als es im Osten dämmerte und das nahe Licht im nassen Sand reflektierte, schlug ich vor, zum Hotel hinüberzugehen.

»Trag mich!«, forderte Neris mich auf.

Kein Problem. Die Frau war nicht schwer, und zum Hotel war es nicht weit. Ich warf sie mir über die Schulter und trug sie vom Strand bis ans Bett.

Wir schliefen lange, es war schon nach Mittag, als wir erwachten. Eigentlich hatte ich vor Mittag auschecken wollen, und als ich mich an der Rezeption erkundigte, ob das noch möglich sei, bedauerte man, bis spätestens 14 Uhr wäre es noch möglich gewesen, aber inzwischen sei ein neuer Tag, der sei auf meiner Rechnung schon gebucht. Also bot ich Neris an, das Zimmer eine weitere Nacht zu nutzen, als ich gegen vier am Nachmittag zum Flughafen aufbrach. Ehe ich sie verließ, gab sie mir ihre Nummer, und wir verabredeten uns zu einer Fotosession, sobald wir uns das nächste Mal begegnen würden. Sie hatte vor, mehrere Monate bei ihrem amerikanischen Lover auf Paradise Island zu bleiben.

Am Flughafen von Nassau stellte ich fest, dass die US-Zöllner ihrem Geschäft schon vor dem Abflug nachgehen. Ich reihte mich in die Schlange für Leute mit Handgepäck ein und wartete darauf, dass der uniformierte Zollbeamte, ein Mann mittleren Alters mit klugen Augen, mich freundlich in den Vereinigten Staaten willkommen heißen würde. Doch es kam anders: Er ließ mich die Kameratasche öffnen, schaute in den Seitenfächern nach und entdeckte ein Briefchen Rizzla Zigarettenpapier, bei dem der Deckel fehlte. Er nahm die Papers und drehte sie zwischen den Fingern.

»Sie rauchen?«

»Yes, Sir.«

»Wo ist denn der dazugehörige Tabak?«

»Hab ich dummerweise im Hotel liegen lassen.«

»Und weshalb fehlt bei den Blättchen das Deckblatt?«

»Da fragen Sie mich zu viel. Vielleicht hat jemand einen Filter für einen Joint gebraucht.«

»Kann es sein, dass Sie derjenige waren?«

»Ausgeschlossen, denn erstens rauche ich ohne Filter und zweitens kein Gras!«

Doch der Mann ließ sich nicht beirren. Er beschloss, mich mit aufs Zollbüro zu nehmen und eine Leibesvisitation vorzunehmen. Ich nahm die Kameratasche und folgte ihm eine freischwebende Marmortreppe hinauf. Ehe wir den verglasten Raum betraten, hörte ich, wie mein Flug zum ersten Mal aufgerufen wurde.

»Dann legen Sie bitte alles, was Sie in den Taschen haben, auf den Tisch. Oder wollen Sie mir zuvor etwas mitteilen?«

»Was könnte ich Ihnen mitteilen wollen …«

»Zum Beispiel, dass Sie Drogen mit sich führen«, sagte der Mann.

»Ganz sicher nicht«, log ich.

In meiner Brieftasche steckte ein kleines Adressbüchlein, welches mit einer Schutzhülle aus Schlangenleder eingefasst war und dahinter steckte ein Faltpapier mit Kokain. Äußerlich cool legte ich alles auf den Tisch, was ich in den Hosentaschen hatte. Immerhin bestand ja noch die Chance, dass der Zöllner das kleine Päckchen Koks nicht finden würde. Bis dahin war ich noch nie am Zoll aufgefallen und dabei sollte es auch tunlichst bleiben. Aber es kam anders. Der Mann nahm alles in die Hand, was ich vor ihm auf den

Tisch legte, ein rotes Schweizer-Messer, eine Mini-Dose Tigerbalsam, ein Taschentuch, die Brieftasche, und als er Letztere komplett ausleerte und den Inhalt auf den Tisch schüttelte, da begriff ich, dass die Sache ernst wurde, und als er das Adressbüchlein in die Hand nahm, es befühlte und das Kokainbriefchen herausnahm, da wusste ich, dass ich einen Fehler begangen hatte, sodass ich seine Frage, um was es sich bei dem weißen kristallinen Pulver handele, zunächst mit einem doofen Blick aus der Wäsche beantwortete, ehe ich sagte: »Cocaine.«

Ohne die moralische Dimension meines Zollverstoßes weiter zu thematisieren, öffnete er meinen Pass bei der Seite, wo das schöne muliple entry Visa eingestempelt war, welches es mir seit einem Jahr gestattet hatte, nach Belieben in die USA ein- und auszureisen.

»Sorry«, sagte er und stempelte das Wort CANCELED quer über das Visum. Dann übergab er mich, meinen geschändeten Pass und das Briefchen mit dem Koks den Behörden der Bahamas, mit dem Rat, nach Gesetzeslage mit mir zu verfahren.

Die beiden schwarzen Polizisten, die mich im amerikanischen Zollbüro abholten, schienen die Sache zwar nicht sehr ernst zu nehmen, teilten mir dennoch mit, dass ich verhaftet sei. Wir gingen hinüber zum Polizeibüro, wo sie mir eine Sitzbank anwiesen, auf der ich Platz nehmen sollte. Dann packten sie mein Koks auf den Tisch und betrachteten es. Aus dem Schreibtisch entnahm der ältere der beiden einen Brieföffner und scharrte damit das Pulver hin und her. Dann sah er mich an.

»Taugt das Zeug wenigstens was?«

»Ich denke schon«, entgegnete ich.

»Was dagegen, wenn ich mal probiere?«

»Oh nein, ganz und gar nicht. Please help yourself!«

Der Beamte schaufelte sich eine Brieföffnerspitze voll in die großen Nasenlöcher, nickte zufrieden, sodass es ihm der jüngere Kollege gleichtat. Verbindlich blickten die beiden zu mir herüber.

»Je mehr wir hier schnupfen, um so weniger liegt morgen vor dem Richter auf der Waage«, grinste er.

In dieser physikalisch völlig d'accoren Feststellung lagen zwei wichtige Hinweise meine unmittelbare Zukunft betreffend: Erstens würde ich die Nacht wohl in Gewahrsam verbringen; zweitens würde ich am nächsten Tag einem Richter vorgeführt werden. So hoch hing man hier also den Besitz lächerlicher drei Gramm Pulver. Ich fand das nicht korrekt und versuchte, mit den beiden Koksern ins Gespräch zu kommen. Was sich leider als schwierig erwies. Denn kaum hatten die Beamten eine weitere Brieföffnerspitze geschnupft, ging die Tür auf und eine Zweimannpatrouille kam von einem Rundgang zurück.

»Was'n mit dem da?«, deutete einer der beiden auf mich.

»Coke.«

»Wie viel?«

»Nicht der Rede wert«, sagte der Polizist.

»Schon probiert?«

»Kein schlechter Stoff.«

Dann verschwanden sie im Hinterzimmer und ließen mich allein in der Wachstube. Nur kurz drängte sich mir der Gedanke auf, die Biege zu machen. Doch, wo hätte ich mich verstecken sollen, ohne Pass und ohne Plan? Nebenan hörte ich Kokain in schwarzen Nasenlöchern verschwinden. Sollten sie sich doch bedienen. Je mehr sie konsumierten, um so weniger läge tatsächlich morgen auf der Waage.

Meiner Bitte, ein Telefonat führen zu dürfen, widersetzten sie sich lange. Schließlich hatte einer der Burschen ein Einsehen.

»Wen wollen Sie denn anrufen?«

»Eine Freundin. Hier in Nassau im Hotel.«

»In welchem Hotel? Haben Sie die Nummer?«

Die Nummer stand auf der Hotelrechnung, die ich noch bei mir trug. Ich reichte dem Polizisten das Papier.

»Pelican Bay Hotel. Nicht gerade billig«, kommentierte er.

»Wie man's nimmt«, entgegnete ich. »Die Dame heißt Señorita Salvavida, Zimmer Nr. 1224.«

»Nun gut«, sagte er. »Ich werde es mal versuchen.«

Dann wählte er die Nummer, und ich hoffte, Neris möge abheben. Das tat sie zum Glück. Zwar ließ der Beamte mich nicht selbst mit ihr sprechen, aber er erklärte ihr meine Lage. Nebenbei erfuhr ich, dass ich in einer Stunde ins Polizeigefängnis gebracht werden sollte, wo ich bis auf Weiteres inhaftiert bleiben würde. Ganz gewiss wäre es hilfreich, einen Anwalt einzuschalten. Dann legte er auf.

»Ihre Bekannte will sehen, ob sie etwas für Sie tun kann«, erklärte der Polizist. »Wollen wir es hoffen. Sie scheinen ja kein schlechter Kerl zu sein. Aber das mit dem Koksen, das sollten Sie in Zukunft bleiben lassen. Bringt nichts als Ärger. Wenn ich allein bedenke, dass Sie jetzt nicht mehr in die USA einreisen dürfen.«

Das allerdings fand auch ich äußerst ärgerlich, wo ich doch gerade geplant hatte, zusammen mit Paco unsere Geschäfte in Florida anzukurbeln. Aber vorerst musste ich sehen, wie ich aus der Nummer mit den hiesigen Behörden herauskäme. Als die beiden Polizisten Feierabend machten, nahmen sie mich im Auto mit nach Nassau. Sie übergaben mich den Kollegen im Präsidium, die mich in ein Kellerverlies sperrten. Als sich meine Augen an die Dunkelheit gewöhnt hatten, stellte ich fest, dass ich nicht allein war. In der von einer Gittertür versperrten Zelle standen und saßen ein Dutzend Männer, alle schwarz, alle mit freiem Oberkörper. Ich war der einzige Weiße mit Hemd. Eigentlich hatte die Kategorie der Hautfarbe nie eine Rolle in meinem Leben gespielt, schließlich haben Weiße in aller Regel keine Diskriminierung zu befürchten. Hier bekam ich plötzlich eine Ahnung davon, wie sich wohl ein einzelner Schwarzer in einer Gesellschaft von Weißen fühlen mag.

»Was hast du ausgefressen, Whitey?«, wollte der Wortführer wissen, ein Kerl wie George Foreman.

»Drogen«, murmelte ich.

»Hier kannst du ruhig laut reden«, sagte der Boxer. »Also noch einmal: Gegen welches Gesetz hast du verstoßen?«

»Ich hatte ein paar Gramm Koks in der Tasche und wurde von den Amis am Flughafen geschnappt.«

»Ich wette, der lügt. Bestimmt wollte er seinen kleinen weißen Lümmel bei einem unserer Mädchen reinstecken«, sagte eine Stimme aus der düsteren Tiefe der Zelle.

»Schon mal 'ne schwarze Pflaume beschnuppert?«, höhnte ein anderer.

Die Sache gefiel mir nicht, und ich war froh, als einer der Wärter auftauchte, um jemanden ans Pissoir zu lassen. Ich bat ihn, meinen Zellengesellen zu erklären, weshalb man mich verhaftet hatte. Der Mann begriff. Mit knappen Worten wandte er sich an die Gefangenen.

»Wer unseren weißen Gast hier noch einmal belästigt, dem werde ich persönlich eine Lektion erteilen, verstanden?«

»Spar dir die Sprüche, Colin. Du weißt, wer hier der Boss ist. Und du weißt, wessen Schutz der weiße Mann benötigt, um hier unbehelligt zu warten, bis das Schmiergeld bezahlt ist.«

Dann richtete der Boxer das Wort an mich: »Wenn du dich ruhig verhältst, geschieht dir nichts. Könnte allerdings nichts schaden, wenn du uns was zu rauchen spendiertest. Das festigt die Freundschaft.«

Ich bat den Polizisten, aus meiner Habe Geld zu holen und zwei Schachteln Marlboro zu ziehen, eine für sich und seine Kollegen, eine für den Boxer. Nach und nach beruhigten sich die Kerle. Gegen Abend fing ein Junge an, den Blues zu singen, was George Foreman nach einer Weile auf die Nerven ging.

»Halt dein Maul, Leroy!«, schnauzte er den kleinen Sänger an. »Immer dies Gejammer, dieses Geheul. Ihr Nigger könnt nichts als euer eigenes Elend bejammern. Statt draufzuschlagen.«

Aber der Kleine hörte nicht auf zu singen. Was er da sang, verstand ich nicht genau, aber es klang sehr nach Plantage. Der Boxer drohte ihm, zwei andre stellten sich auf die Seite der Kunst, und innerhalb weniger Sekunden entbrannte eine Rangelei. Die Frage, darf der Sklave, wenn er traurig ist, singen oder nicht, wurde mit den Fäusten geklärt. Es dauerte keine Minute, bis das Kriseninterventionsteam anrückte und mit Schlagstöcken dazwischen ging. Und weil der Bulle von vorhin dachte, der Tumult sei wegen mir entstanden, sonderten sie mich ab und brachten mich in eine Einzelzelle. Dort gab es zwar außer einem Betonsockel nichts, was Gemütlichkeit ausgestrahlt hätte, aber immerhin war ich allein und brauchte mich nicht zu fürchten, erneut wegen eines Sexualverbrechens Rede und Antwort stehen zu müssen. Dafür, dass ich eine der ungemütlichsten Nächte überhaupt erlebte, sorgten der Gestank, das Geschrei aus dem Zellentrakt und die Moskitos, die in Schwärmen hinter meinem Blut her waren. Das Beste an dieser Nacht im Polizeigefängnis von Nassau war, dass sie schon um sieben in der Früh zu Ende war. Um sieben wurde ich nämlich gerufen, um meinen Anwalt kennenzulernen, ein Hüne von eingeborenem Rechtsgelehrten, der mir sogar ein Frühstück mitgebracht hatte. Der Mann kannte sich offenbar aus. Er stellte sich mir vor, als ich ihn aber fragte, wer ihn beauftragt habe, winkte er ab. Der Name des Auftraggebers tue nichts zur Sache. Jedenfalls solle ich froh sein, einen solchen Gönner hier auf der Insel zu haben. Ohne ihn wären mir zwei Wochen Untersuchungshaft sicher gewesen, und ob ich mit einer Strafe von tausend Dollar davongekommen wäre, das sei auch noch dahin gestellt.

»Wieso tausend Dollar?«, fragte ich.

»Weil das die Strafe ist, die ich vorhin mit dem Richter vereinbart habe. Tausend Dollar in die Staatskasse, aber keine Ausweisung. Mehr konnte ich nicht für dich herausschlagen«, erklärte der Barrister, dessen Name mir entfallen ist. Dafür sehe ich ihn noch vor mir. Ein Riese, vor dem jeder Polizist auf dem Revier kapituliert hätte und dem zu widersprechen, sich nicht einmal der Richter traute, wie ich bald herausfinden sollte.

Nachdem ich auf dem Schreibtisch des Dienststellenleiters gefrühstückt hatte (Donuts und Milchkaffee), vertrauten die Polizisten mich meinem Anwalt an. Der bedeutete mir, ihm zu folgen. Zu Fuß unterwegs zum Gericht, erklärte er mir, was ich seiner Ansicht nach wissen sollte: Sobald wir einträfen, würde die Verhandlung beginnen. Der Richter erwarte nichts anderes als ein Geständnis von mir. Dann würde ich zu der besagten Geldstrafe verurteilt. Die tausend Dollar habe er vorab schon bezahlt, sodass ich den Gerichtssaal als freier Mann verlassen könne.

»Anschließend wartest du vor dem Portal, du wirst abgeholt und zum Haus deines Retters gebracht. Der hat im Übrigen nicht bloß die Strafe bezahlt, sondern dem Richter ein Geschenk gemacht und auch mich schon bezahlt. Ohne die Taxifahrt mitzurechnen, schuldest du dem Mann also schon 3000 Dollar«, erklärte er.

Und exakt so wie er es vorhergesagt hatte, geschah es. Die Waage ergab noch 1.7 Gramm Kokainhydrochlorid. Ich gestand, das Zeug in der Tasche gehabt zu haben. Der Richter, ein Schwarzer, der übrigens so eine altmodische Perücke trug, wie die Queen von England sie ihren Juristen vorschreibt, sah so bescheuert aus, dass er mich fast zum Lachen gebracht hätte, aber mein Anwalt hatte auch das einkalkuliert und versetzte mir einen scharfen Rippenstoß. Der Rest lief wie eingeübt. Einzig eine überraschende Frage brachte die Choreografie kurz aus dem Konzept. Der Richter fragte mich nämlich, wo ich das Kokain denn her hatte. Darauf war ich nicht vorbereitet.

»Das habe ich von einem Polizisten gekauft«, erklärte ich, meiner natürlichen Verpflichtung zum Humor nachkommend.

»Was?! Von einem Polizisten?«, rief der Mann mit einer Mischung aus Erstaunen und Empörung in den Saal. »Wollen Sie die Polizei, die Rechtspflege, ja, das ganze Volk der Bahamas beleidigen? Niemals würde ein Polizeibeamter dieses Landes Drogen verkaufen. Ich frage Sie noch einmal: Wo hatten Sie dieses Kokain her?«

Wozu hat man einen Anwalt an der Seite! Mit dem Verweis auf mein unzulängliches Englisch, erklärte er meine Aussage für ein Missverständnis und berichtete, dass ich das Zeug von einem weißen Straßendealer für hundert Dollar gekauft habe. Kopfnickend signalisierte ich Zustimmung.

»Jawohl, hohes Gericht, so war es. Am Strand hat der Kerl mich angesprochen«, gab ich zu.

Nachdem auch diese Hürde glücklich genommen war, und alle Formalitäten eingehalten, verkündete er das mir schon bekannte Urteil. Ich grüßte, bedankte mich für die korrekte Verhandlungsführung und folgte meinem Verteidiger aus dem Saal.

Das Gerichtsgebäude lag an einem quadratischen kleinen Park. Der Anwalt verabschiedete sich und verschwand um die Ecke. Ich stand kaum zwei Minuten an der Straßenkante, als ein schwarzer Cadillac hielt, und als ich Neris auf dem Rücksitz erkannte, wusste ich, die Sache würde ein gutes Ende nehmen.

Wir brausten davon, überquerten die Brücke nach Paradise Island und hielten wenig später vor einem Anwesen, mit welchem ein Protz die eigene Anklageschrift in Beton gegossen hatte. Diese Hütte würden die Guerilleros als Erste platt machen, wenn eines Tages die Revolution von Kuba herüberkäme.

Es war das Haus von Neris Liebhaber, der sich hier so unvorsichtig im Focus des DEA installiert hatte. Genauso großspurig wie ich ihn eingeschätzt hatte, begrüßte er mich. Kaum dass ich drei Minuten in seinem Haus war, teilte er mir mit, was ich ihm schuldete. Ob ich denn überhaupt in der Lage sei, 3000 Dollar aus dem Stand zu berappen, und weitere indiskrete Fragen. In der Tat hatte ich mein Geld in meiner Reisetasche, und die stand bei Penny in der Kleiderkammer. Da mein Visum für die USA entwertet war, traf es sich hervorragend, dass eine Privatmaschine in Larrys Auftrag (so wollen wir ihn nennen) am selben Abend nach Lauderdale flog. Gegen eine Gage erklärte sich der Pilot bereit, mich mitzunehmen. Slim, der Fahrer, brachte mich zum Flugplatz von Nassau. Wir betraten das Flugfeld durch einen Seiteneingang. Der Flug war kurz, sodass ich eine Stunde später am Federal Highway 101 stand und ein Taxi heranwinkte. Der Fahrer brachte mich nach Pompano, wo Penny mich schon vermisst hatte.

Ich berichtete Hangman, was vorgefallen war. Ursprünglich hatte ich zwar noch eine Woche bleiben wollen, aber ohne Visum war mir das zu riskant. Alles Wichtige war erledigt, sodass ich meine Sachen packte und mich verabschiedete. Wir verabredeten, telefonisch in Kontakt zu bleiben. Sobald Paco sein Gras an Bord eines Schiffes würde verladen haben, käme ich zurück, um Anlandung, Lagerung und Weitertransport nach Norden zu organisieren. Bei der nächtlichen Operation mit mehreren Schnellbooten würden Hangman und seine Outlaws für Sicherheit sorgen.

Zur verabredeten Stunde brachte Penny mich zum Flughafen, wo der Pilot schon wartete. Nachdem wir endlich abgehoben hatten und ich meinen illegalen Abstecher in die USA gut überstanden hatte, gab ich ihm tausend Dollar. Wir landeten auf Andros, wo ein Onkel Tom in Uniform das obligatorische Bakschisch für eine nicht durchgeführte Zollkontrolle entgegennahm. Nach Mitternacht traf ich wieder bei Larry und Neris ein. Ich bezahlte mein Lehrgeld, aß noch eine Pizza und legte mich im Garten unter die Palmen auf eine Liege, in der Hoffnung, Neris käme mich in der Nacht besuchen. Abschied feiern. Aber sie kam nicht. Dafür kam am nächsten Tag eine Lufthansa aus Mexiko, die mich mit nach Frankfurt nahm. Ohne mich dort lange aufzuhalten, nahm ich den Nachtzug nach München, wo ich gegen sieben Uhr früh in Gräfelfing das Haus aufsperrte, in dem niemand auf mich wartete.

2.17 Werinher

Zunächst galt es, einen neuen Reisepass sowie ein US-Visum zu beschaffen. Ich fuhr zum Einwohnermeldeamt und gab an, meinen Pass verloren zu haben. Die Ausfertigung eines Ersatzdokumentes sollte etwa eine Woche dauern. Ich stattete Walter einen Besuch ab, den ich zuletzt in Kolumbien gesehen hatte. Da er das aus Kolumbien mitgebrachte Koks in München losgeworden war, konnte er unweit des Waldfriedhofs, eine Wohnung mieten, seit wir uns kannten die erste, bei der er den Mietvertrag selbst unterschrieben hat. Nachdem wir unser Penthouse in der Fasanenstraße aufgeben mussten, hatte Walter immer bei seiner jeweiligen Freundin gewohnt oder er war als Couchsurfer unterwegs gewesen. Möglicherweise war Walter sogar der Erfinder des Couchsurfens!

Nachdem finanziell bei dem Schönheitswettbewerb im Jahr zuvor für uns kaum etwas abgefallen war, hatte Werinher, dem ich mich, seit wir uns kannten, freundschaftlich verbunden fühlte, in München ein Fotostudio aufgebaut. Seine Aufträge erhielt er von diversen in der Stadt ansässigen Redaktionen: Für *Esquire* fotografierte er »Lifestyle«, für *Madame* Mode, für die einschlägigen Erotikmagazine weiterhin Frauen mit kaum was oder gar nichts an. Und wenn eine junge Dame glaubte, ihren unwiderstehlichen Körper auf einer Set-Karte präsentieren zu müssen, dann machte Werinher auch diese Fotos. Er gehörte zu den umtriebigsten Menschen, die ich je kennengelernt habe.

Während des Krieges in Bayern geboren, in Giesing aufgewachsen, war er in den Fünfzigerjahren als einer der ersten Münchener zu den Nacktbadestränden der Côte d'Azur aufgebrochen, wo er Brigitte Bardot aus der Ferne bestaunt hatte. In München war er in der Bohème verwurzelt, er kannte den Prinzen Poldi, er war befreundet mit Abi Ofarim und er trank an der Bar des Hotels Vier Jahreszeiten Sherry mit Barbara Valentin und der Klatschbase Michael Graeter. Werinher hatte, nachdem unsere Wohngemeinschaft in der Prinzregentenstraße aufgelöst worden war, ein Jahr in New York als Assistenzfotograf bei Mike, dem Sohn von Max Reinhardt gearbeitet. Dabei hatte er das Studio 54 kennengelernt, schöne Bilder von Janice Dickinson geknipst und sein Englisch ein wenig aufpoliert. Die einzige Konstante, die ihn begleitete, solange ich ihn kannte, war wirtschaftlicher Natur: Werinhers Taschen waren immer leer. Kaum dass er ein Honorar oder sonst einen Batzen eingesteckt hatte, da gähnten um ihn herum die Löcher, die gestopft werden wollten. So war er gezwungen, weite Strecken seines Lebens als Schnorrer zuzubringen, was ihm allerdings weder Kummer bereitete noch besondere Demütigungen erforderte: Werinher war ein Naturtalent im Generieren guter Laune. Die meisten Menschen mochten ihn. Bei Konflikten verhielt er sich defensiv, er verbrannte sich selten das Maul, er versuchte, entsprechend seinem christlichen Glauben, ausgleichend auf seine Umwelt zu wirken.

Werinher kiffte gerne und viel, er hatte gegen die Gesellschaft schöner Frauen nichts einzuwenden, und wenn Sex möglich war, dann ließ er selten eine Gelegenheit aus.

Schon auf der Rückfahrt von Barcelona hatten wir vereinbart, eine gemeinsame Thailand-Reise zu unternehmen. Einmal, weil er sich mit dem Schmuggel genügend Geld verdienen konnte, um seine Schulden tilgen zu können, und dann, weil ich mit den Chinesen erörtern wollte, wie wir den Transport in die USA logistisch verbessern könnten. Darüber hinaus planten wir genügend Zeit ein, um Thailand und seiner Kultur mehr Aufmerksamkeit zu widmen, als während der bisherigen Reisen. Bis dahin hatte ich nur solche Orte besucht, an denen ich geschäftlich zu tun hatte. Mit Werinher wollte ich das Land bereisen, unter anderem war ein Abstecher hinauf ins Goldene Dreieck geplant. Er war einverstanden, das Risiko auf sich zu nehmen und ein mit Heroin gefülltes Stativ nach Europa zu bringen. Vereinbarte Gage: Zwanzig Tausendmarkscheine.

Zunächst machte ich einen Abstecher nach Ibiza, wo ich Lisa über die Reisepläne informierte. Wie üblich war sie dagegen, aber ich ließ mich nicht von meinem Vorhaben abbringen. Ihr Leben auf Cana Ventura hatte sich normalisiert: Der kleine Santiago wuchs unter ihrer Obhut heran und lernte, sich zu artikulieren. Bis auf die Tatsache, dass ich laufend unterwegs war, stimmte alles, aber unsere Trennung war auf Dauer ungesund, das sah ich ein. Zum ersten Mal erfuhr ich von Bekannten, dass meine Frau einen Lover auf der Insel hatte, und ich war erstaunt darüber, dass es mir nichts auszumachen schien. Offenbar nagte die Eifersucht nicht sehr in mir, oder anders ausgedrückt: Hätte mich die Tatsache, dass ich auf die erotischen Eskapaden meiner Frau gleichgültig reagierte, nicht beunruhigen müssen? Hätte ich dies sorgfältig analysiert, wäre ich vielleicht damals schon auf meine narzisstische Störung gestoßen, die es mir unmöglich machte, andere Menschen nahe an mich heranzulassen und Gefühle zu entwickeln, die unter gesunden Menschen Liebe heißen. Diese Erkenntnis ließ jedoch noch einige Jahre auf sich warten.

Ich begegnete Siegfried im Café Montesol an der Seite einer schönen Frau, sonnengebräunt und guter Dinge. Er hatte seine Schaffenskrise überwunden. Für die Agentur Ferenczy schrieb er erektionsauslösende Geschichten von intriganten Frauen und reichen Männern, von Untreue, Eifersucht und Versöhnung durch Sex, vorzugsweise auf einer Luxusyacht im Hafen von St. Tropez.

Ich versprach meiner Frau, vor Weihnachten zurück zu sein und anschließend längere Zeit mit der Familie zu verbringen. Dann flog ich zurück nach München, wo inzwischen der neue Pass bereit lag. Schnurstracks machte ich mich auf den Weg zum Passamt und danach zum US-Konsulat. Dort erklärte ich den Verlust meines Reisedokumentes und bat um eine Neuerteilung des Visums. Zu meinem Glück hatte es sich noch nicht herumgesprochen, was mir kürzlich in Nassau bei der Einreise widerfahren war. Die Dame am Schalter suchte den Vorgang aus dem Vorjahr heraus und fand die Kopie der Beglaubigung durch die *Playboy*-Redaktion. Der Rest war Formsache. Eine Stunde später spazierte ich mit einem neuen Pass inklusive US-Visum aus dem Haus.

Sobald Werinher alles geregelt hatte, was mit dem Studio und der Wohnung zusammenhing, brachen wir auf. Zunächst nahmen wir den Zug nach Zürich. Im Duty-free-Shop des Flughafens Zürich-Kloten kaufte mein Reisegefährte eine Literflasche hochprozentigen karibischen Rum, ehe wir an Bord eines Jumbos der Air India gingen. Etappenziel Bombay, das später in Mumbai umbenannt wurde.

Es war schon eine Weile her, dass ich dort zuletzt Zwischenstation gemacht hatte. Exakt vor einem Jahr hatten Paco und ich uns eine Woche in der Stadt aufgehalten. Wie üblich nahmen wir in dem bescheidenen Hostel Quartier, in dem ich schon mit Santi abgestiegen war. Im Khadi-Emporium, einem traditionellen indischen Kaufhaus, kauften wir Stoffe und handgeschöpftes Papier in der Abteilung für Kunsthandwerk. Ich erstand einen Rauchtisch, dessen Platte auf drei geschnitzten Elefanten ruhte. Der Tisch wurde verpackt, versichert und per Seefracht nach Hamburg geschickt. Mit dem Boot nahmen wir an einer Tagesreise für Touristen zu der in der Bucht gelegenen Insel Elephanta teil, auf der man diverse in Höhlen versteckte Skulpturen von Hindu-Göttern bewundern kann. Dann statteten wir der Schwester unseres Münchener Freundes Glen einen Besuch ab, die im Stadtteil Worli lebte. Und gewiss verbrachten wir einige Abende bei Rashid, um Opium zu rauchen. Das Reisen mit Werinher war entspannend und inspirierend. Nicht bloß, weil mein Kumpel immer gut aufgelegt war, sondern auch, weil er seine Umwelt wach beobachtete und zu allem und jedem einen zuweilen ironischen Kommentar abgab.

Ein Ereignis ist mir nicht entfallen: Es war mitten in der Nacht, wir hatten uns bei Rashid verabschiedet und traten vom Opium entspannt auf die Straße, um nach einem Taxi Ausschau zu halten, das uns zum Hotel nach Colaba bringen sollte. Aber in der Shuklaji-Street war um diese Zeit kein Taxi mehr zu kriegen. Also sprachen wir einen bärtigen Alten an, der auf dem Bock seiner Pferdedroschke eingenickt war. Der Kutscher rappelte sich auf, nahm Haltung an und erkundigte sich nach unserem Ziel. Dann redete er seinem mageren Pferdchen gut zu, bis es sich schließlich in Trab setzte. Werinher und ich saßen gerade bequem auf den Sitzen, als wir an einer Kreuzung verkehrsbedingt halten mussten. Im Schatten der Bäume lagen Schläfer (in Indien schliefen viele Menschen auf den Straßen), lediglich ein alter Mann war wach, trat an die wartende Kutsche heran und bat um ein Almosen. Der Bettler schien mir aus irgendeinem Grund die Personifikation aller indischen Bettler zu sein, und weil ich eine diffuse Gewissensregung spürte, holte ich Geld aus der Hosentasche und gab dem Mann hundert Rupien.

Noch nie hatte ich einem Bettler einen Hunderter gegeben, aber dieser hier sollte das Geld stellvertretend für alle anderen bekommen. Mit zittriger Hand griff der Alte nach dem Schein, verneigte sich und hinkte zurück in den Schatten der Bäume. Als wir schließlich grünes Licht hatten und unser Kutscher sein Pferd zur Eile antrieb, blickte ich mich noch einmal um. Was ich sah, machte mich sprachlos: Der alte Mann lag am Boden, während zwei junge Burschen ihn mit Tritten bearbeiteten. Den Geldschein hatten sie ihm schon geraubt. Empört forderte ich unseren Kutscher auf, umzukehren, um dem Opfer zu helfen, doch der gab seinem Pferd die Peitsche, sodass wir uns schnell entfernten.

»Sie sind schuld, dass der Mann beraubt wurde«, sagte der Inder vorwurfsvoll zu mir. »Wie konnten Sie ihm bloß so viel Geld geben!«

»Wer konnte das denn vorhersehen?«, versuchte ich mich zu rechtfertigen.

»Jeder, der sich in der Stadt auskennt, hätte Ihnen das vorher sagen können. In Bombay sind schon Leute wegen ein paar Rupien totgeschlagen worden.«

Es war zu spät, es war geschehen und nicht mehr zu ändern, zumal sich der Mann auf dem Kutschbock weigerte, umzukehren. Diese Geschichte beschäftigte mich noch lange.

Wir erkundeten Bombay zu Fuß, und hin und wieder fanden wir einen einheimischen Führer, der für eine angemessene Gage bereit war, uns die Attraktionen der Stadt zu zeigen. Zu den Sehenswürdigkeiten zählten wir die Elendsviertel ebenso wie das Gateway of India und den Victoria-Bahnhof. Die meiste Zeit streunten wir allerdings mit den Kameras durch die Straßen, wo es immer wieder Motive gab, die man sonst nirgends auf der Welt finden konnte. Indien ist nun einmal anders als der Rest der Welt. Ich erinnere mich an einen Schnappschuss, mit dem ich festhielt, wie ein zerlumpter alter Mann in der Hocke in der Gosse von einem anderen Alten in weißer Kleidung eine rote Rose überreicht bekam; eine Szene, wie sie in Europa nahezu undenkbar wäre.

Meist ließen wir die Tage bei Rashid in der Cashmere-Chandu-Den ausklingen, wo Bangali das Opium portionierte, wo immer spannende Geschichten aus dem Himalaya erzählt wurden und wo für Leib und Seele gleichermaßen gesorgt war.

Einen besonderen Eindruck hinterließ der Bombayer Straßenverkehr, ein funktionierendes Chaos, das zu verstehen einem Europäer auf ewig verwehrt bleiben dürfte. Die meisten Kreuzungen regelten sich ohne Ampel-Unterstützung, und falls tatsächlich Ampeln versuchten, Ordnung in das Gewirr zu bringen, dann reagierte niemand auf die rotgelbgrüne Verunsicherung. Jeder nutzte jede Lücke aus, dabei dennoch defensiv fahrend, gehend, schiebend. Die Mehrzahl der Verkehrsteilnehmer bewegte sich nicht mit Motorkraft, sondern mit dem Fahrrad oder dem Handkarren. Zuweilen waren diese Karren turmhoch beladen, gezogen an Seilen und geschoben von vier mageren Kulis, sodass wir uns fragten, ob die Crew es wohl je bis zum Bestimmungsort schaffen werde. Wahrscheinlich schafften sie es, so wie die meisten Menschen in der Stadt es schafften, zu überleben. Aber einfach war das Leben in Bombay gewiss nicht. Niemand konnte einem auch nur annähernd sagen, wie viele Menschen hier lebten, waren es fünf Millionen oder zehn, zählte man die Slums im Umland hinzu oder bloß den eigentlichen auf ehemals fünf Inseln erbauten Stadtkern, dessen Südspitze Colaba bildete, eine der Inseln, die im Laufe der Jahrhunderte durch Landaufschüttungen zur Millionenmetropole zusammengewachsen waren.

Am 21. Oktober 1979 erreichten wir Bangkok, wo gerade die Regenzeit zu Ende ging. Bangkok während der Regenzeit hat zwar auch seinen Reiz, aber die Tage sind schlecht planbar. Es kann vorkommen, dass innerhalb weniger Minuten riesige Wolken auf die Stadt stürzen und Klongs und Straßen unter Wasser setzen. Dann ist der Verkehr lahmgelegt, dann heißt es, Hosen hochkrempeln, Schuhe ausziehen und waten; oder im nächsten Laden Zuflucht suchen, sofern der nicht auch überflutet ist.

Deutlich erinnere ich mich an einen Regenguss, während dessen uns die Inhaberin eines Juwelier-Geschäftes Unterstand gewährte. Während wir in ihrem Laden auf das Ende des Schauers warteten, bewirtete sie uns mit grünem Tee und zeigte uns ihre Schmuckstücke. Am Ende hatte sie einen Kunden gewonnen: Ich kaufte ihr nämlich einen Ring mit zwei in Gold gefassten blauen Saphiren ab, den ich viele Jahre als einziges Schmuckstück trug und der so etwas wie mein Talisman geworden war.

Werinher und ich quartierten uns im Morakot Hotel ein, das an der New Petchburi Road lag und möglicherweise immer noch liegt. Das Hotel hatte den Vorteil, dass hinter dem Gebäude einer der verbliebenen Hauptkanäle der Stadt verläuft, auf dem im Viertelstundentakt Boote verkehrten, die letzten Vertreter der in früheren Zeiten in Bangkok üblichen Wassertaxis. Das hieß, vor dem Morakot-Hotel konnte man in ein Tuk-Tuk oder in ein Auto steigen, hinter dem Haus in ein Motorboot. Letzteres taten wir des Öfteren, schon allein deshalb, weil man auf dem Wasser beschaulicher und preiswerter vorankam. Außerdem waren Staus auf dem Kanal selten. So ein Boot bot bis zu zehn Passagieren Platz, was unterwegs zu Gesprächen mit den Leuten führte und dazu, dass man gute Ratschläge bekam und auch sonst so einiges über deren Leben und Denken erfuhr. Neben den offiziellen Haltestellen konnte man an jedem privaten Steg aussteigen, was damit verbunden war, dass man mit den Anwohnern, deren Haus und Hof man zwangsläufig durchqueren musste, ein paar Worte wechselte, sich zuweilen sogar in längere Gespräche verstrickte.

So gestattete uns einmal eine junge Familie, an deren Steg wir aus dem Boot geklettert waren, auf dem Rückweg erneut vorbeizukommen und vor ihrem Haus auf das Wassertaxi zu warten. Und weil wir diesmal länger warten mussten, unterhielten wir uns mit den Leuten, deren Haus nichts als eine Bretterbude auf Pfählen war, mit zwei kleinen Räumen und einer hölzernen Plattform vor der Tür, auf der sich das Leben abspielte. Dort hingen Pflanzen zum Trocknen am Geländer, dort lag das Baby unter einem Moskitonetz und schlief, dort saß die junge Mutter in der Hocke und kochte Reis.

Als wir zum wiederholten Mal an ihrem Steg landeten, schenkte uns der Mann ein in Zeitungspapier gewickeltes Bündel Marihuana, ein Geschenk, über das wir uns sehr freuten. Dabei stellte er sich vor, aber sein Name klang vielsilbig und kompliziert und weil seine Brust von einem tätowierten Tigerkopf verziert war, nannten wir ihn kurzerhand »Tiger«.

An einem der darauffolgenden Abende luden wir Tiger und seine Frau ein, mit uns zum Nachtmarkt zu fahren, wo wir leckeren Fisch aßen und uns bis dahin unbekannte Gerichte aus der Thai-Küche probierten. In Bangkok auf der Straße aß ich das leckerste Grillhähnchen meines Lebens, knusprig, saftig und nach Knoblauch, Honig und Chili duftend. Wir aßen Klebreis mit Mango, sehr schmackhaft, aber für die Thai ein Armeleuteessen. Es gab Süßspeisen, deren Namen ich vergessen habe: Gekochte Milch mit glasig-glitschigem Reis, Pasten mit Kokosflocken darin, Pralinen ohne Schokolade, dafür mit einer Masse aus Obst und Ei und Reismehl. Zum ersten Mal probierte ich grüne Mangos, die mit einer Mischung aus Salz, Zucker und Chili bestreut werden.

Die Palette der Früchte war endlos: Es gab Rambutan und Farang, die wässrig-saure Karambole, Mangostinen und Mangos, Papaya und die gewöhnungsbedürftige Durian. Gewöhnungsbedürftig deshalb, weil ihr Duft in europäischen Nasen unangenehme Assoziationen hervorruft, etwa an faule Eier erinnernd. Die Thais hingegen schätzen Durian-Fruchtfleisch als eine Delikatesse. In Hotels und Flugzeuge durfte man die Stinkfrucht nicht mitnehmen, denn es dauert tagelang, bis sich der »Durianduft« wieder verzieht. Werinher hatte immer die Kamera dabei, er interessierte sich für jeden Hinterhof, er lichtete Menschen in Straßenrestaurants ab, er knipste Hunde, die unter Tischen hockten und auf Happen von den Gästen warteten.

Wir erkundeten die Stadt, drangen in die Slums ein, wo es aus vielen Hütten nach Opium roch; wir legten uns im Schatten alter Bäume neben Studenten auf die Wiese des Lumphini-Parks; wir besuchten den Markt von Pratunam, quatschten mit alten Männern und jungen Frauen, tranken Singha-Bier und Thai-Whiskey mit ihnen. Bei alledem ließen wir uns Zeit.

Das Morakot Hotel entpuppte sich als gar nicht so bourgeois, wie es auf den ersten Blick erschien. Werinher, der zum ersten Mal in Thailand war, konnte den an jedem Pool, an jeder Theke und in jedem Biergarten lockenden erotischen Reizen nicht lange widerstehen. Kaum dass wir morgens nach dem Frühstück am Hotelpool eintrafen, lagen dort schon die Mädchen auf der Lauer, und in der Regel dauerte es keine zehn Minuten, bis sie mit dem Flirten begannen. Da wir ein Doppelzimmer bewohnten, hatte Werinher als der dienstältere Liebhaber den Vortritt. Kaum war er mit der Dame, die draußen am Pool *I love You* geflüstert hatte, im Haus verschwunden, saß ich von *Smooth as Silk* umgurrt auf der Liege, bestellte Cola für alle und beantwortete die naseweisen Fragen nach intimen Dingen. Schließlich schaffte es diejenige, meine Neugier zu wecken, die zwar am wenigsten redete, deren Blicke aber alles sagten. Sie bat mich, ihr einen Teller Reis mit Gemüse zu spendieren. Ich begleitete sie ins Restaurant und sah ihr beim Essen mit den Stäbchen zu. Thais essen in der Regel zwar mit Gabel und Löffel, aber der kulturelle Einfluss der Chinesen machte sich öfter bemerkbar. Ihr Name war Piri, sie war sechzehn und sie gefiel mir so sehr, sodass ich sie fragte, ob ich ein paar Fotos von ihr knipsen dürfe.

»Was für Fotos?«

»Schöne Fotos«, versicherte ich.

»Auch nackt?«

»An mir soll's nicht liegen. Wenn du magst.«

»Ich weiß nicht. Mich hat noch nie einer nackt fotografiert«, sagte sie.

»Überleg's dir. Fürs Erste können wir ja in den Zoo gehen, dann knipse ich dich vor Tigern und Elefanten.«

Das schien ihr zu gefallen. Sobald Werinher und seine Poolnixe mit ihrer Morgennummer fertig waren, fuhren wir alle zusammen in den Zoo. Piri kaufte sich unterwegs eine rote Baumwollbluse, ihr langes schwarzes Haar kontrastierte gut mit dem Rot und dem Grün-Gelb der Bambushecken in den Gehegen.

Spannend wurde es am Abend im Hotel. Im Aufzug nach oben flüsterte Piri mir ins Ohr, sie sei kein Mädchen. Diesmal war ich nicht so perplex wie seinerzeit in Patthaya bei Pukki, denn der Kellner im Restaurant hatte mich zuvor schon informiert.

»Was denn sonst!«, lachte ich sie aus. »Wenn das kein Mädchen ist, was hier neben mir steht, dann bin auch ich kein Junge.«

Im Zimmer lagen wir auf dem Bett und rauchten von dem guten Gras, welches wir vor ein paar Tagen geschenkt bekommen hatten. Piri kuschelte sich an meine Seite und bemühte sich, meine Fragen zu beantworten.

Äußerlich sah sie wie eine Frau aus, jedenfalls wäre ich nie auf die Idee gekommen, es nicht mit einer Frau zu tun zu haben. Tatsächlich war sie von der Psyche einer Frau beseelt, lediglich ihr Körper hatte nicht mitgespielt. Stundenlang schminkte und kämmte sie sich vor dem Spiegel, um ihre Weiblichkeit zu betonen. Ihr Selbstbewusstsein schien sich einzig aus der Schönheit zu speisen, Komplimente waren ihr Sauerstoff. Unübersehbar allerdings die Melancholie, die ihrem sparsamen Lächeln unterlegt war. In ihrer Seele war Piri ein beschädigtes Mädchen, daran bestand kein Zweifel, denn sie plagte sich mit einem Problem herum, welches geschlechtlich eindeutiger orientierte Menschen nicht kennen: Bei ihr waren biologisches und psychologisches Geschlecht verschieden.

Piri träumte davon, sich umwandeln zu lassen. Sie sparte auf eine Operation. An Sex hatte sie kein Interesse, zumindest sandte sie keine Signale in diese Richtung aus und ich vermute, dass es nicht zuletzt an meiner Zurückhaltung lag, dass sie Vertrauen zu mir fasste. Kuscheln und Körperwärme schätzte sie sehr, mehr überstieg ihre Bedürfnisse.

Wir blieben ein paar Tage zusammen, so lange benötigte sie, um einigermaßen unbeschwert an meiner Seite durch Bangkok zu hüpfen. Tatsächlich war sie wohl das erotischste Geschöpf, an dessen Seite man einen Tempel, einen Markt oder den königlichen Garten betreten konnte. Am treffendsten beschreibt sie das Bild einer Transgender-Lolita. Reihenweise drehten sich Kerle auf der Straße um und zuweilen hörten wir anerkennende Bemerkungen. Schließlich ging Piri sogar auf mein Angebot ein, und ließ sich fotografieren. Nach drei Rollen Kodachrome gefiel sie sich endlich, und sie begann im Stile einer Stripperin ihre Klamotten abzulegen. Bei den Einstellungen achtete ich darauf, sie als Frau ins Licht zu setzen, indem ich das Männliche an ihr verbarg. Am Ende gehörte die Serie zu den Besten, die ich je mit einer »Frau« geschossen habe. Ich überließ ihr die Abzüge, die sie danach mit derselben Selbstverliebtheit betrachtete wie sich selbst im Spiegel.

Werinher, der Profi, sah dem Treiben anfangs mit professioneller Skepsis zu, beruhigte sich allerdings, als er erkannte, dass mein

Interesse an dem Jungen nicht erotischer Natur war. Ehe wir das Morakot Hotel nach einer Woche verließen, nahm Piri mich mit zu einem Arzt, der die Details für eine Geschlechtsumwandlung kannte. Für 8000 US $ könne das arrangiert werden, vorzugsweise in Hongkong, wo der medizinische Standard höher sei als in Bangkok. Aber woher hätte Piri dieses Geld nehmen sollen, anders ausgedrückt: Sie hätte schon eine Menge europäischer, arabischer und australischer Schwänze lutschen müssen, um vielleicht eines Tages den OP-Preis angespart zu haben. Im Hinblick auf gute Geschäfte mit Hunter stellte ich in Aussicht, demnächst wieder nach Bangkok zu kommen und ihr die Operation zu finanzieren, falls sie das dann wirklich wolle.

2.18 Koh Samui

Wer damals ohne Visum in Thailand ankam, erhielt am Don Muang Airport von Bangkok eine Aufenthaltsgenehmigung für vierzehn Tage. Für den normalen Sex-Touristen reichte das, um sich ein Dutzend Mal zu verlieben. Wer länger bleiben und das Land kennenlernen wollte, konnte sich auf der Behörde gegen eine Gebühr das Visum verlängern lassen. Eine weitere Möglichkeit, den Aufenthalt auszudehnen, bestand darin, aus- und wieder einreisen. Das Naheliegende wäre ein Tagesausflug nach Kambodscha gewesen, aber ich hatte Werinher von Penang erzählt, und so beschlossen wir, den Southern Express nach Malaysia zu nehmen. Die Reise habe ich schon einmal beschrieben, als ich mit Walter und Roman nach Penang unterwegs war. Während ich diesmal mit Werinher reiste, lagen Roman und seine Freundin Edith noch in Rodadero am Strand und erholten sich von den psychischen Verwüstungen, die der Heroinkonsum in ihren Köpfen angerichtet hatte. Wie ich am Telefon von Lisa erfuhr, war Walter für ein paar Wochen nach Ibiza gekommen, wo er unweit von Cana Ventura ein kleines Haus gemietet hatte. Es ging ihm also nicht schlecht. Längst waren wir ein internationaler Kreis von Freunden, die dauernd in Kontakt standen, die in wechselnden Besetzungen auf der Welt unterwegs waren und neue Wege suchten, unserem Leben Sinn zu geben, was für existenzialistisch denkende Hippies nicht einfach war. Angesichts der Tatsache, dass es tausend verschiedene Theorien zum Sinn des Lebens gibt und Hunderte von philosophischen Denkgebäuden, kam mir der Verdacht, dass die ganze Sinnsuche ein Blödsinn sein könne. Umso mehr, wenn man mit Camus annimmt, dass das Leben absurd ist, dass die Evolution des Universums seit dem Urknall sinnfrei und zufällig ist, chaotisch allemal.

Mit Werinher konnte man sich über diese Dinge gut unterhalten, denn er nahm die Sache ernst, für ihn war das Leben gottgegeben und jede Handlung ein Akt, für den man sich eines fernen Tages würde rechtfertigen müssen. Für mich, der ich zur Fraktion der Ratlosen zählte, war es immer eine schadenfrohe Lust, den Gläubigen beim Sündigen zuzusehen. Heroinschmuggel gehörte für meinen Freund nicht zu den Sünden. Den Mohn hatte Gott schon im Garten Eden wachsen lassen, damit der Mensch sich damit den Schmerz betäube. Und ob einer Schmerz verspüre, das müsse er selbst entscheiden, keineswegs habe der Staat das Recht, sich dabei einzumischen. Hier waren Spiritist und Existenzialist einer Meinung: Leid und Schmerz sind die persönlichsten Empfindungen, da kann kein Außenstehender objektiv etwas beisteuern, erst recht der Staat nicht.

Was ich mit dieser kleinen Abschweifung sagen will: Die Zugfahrt mit Werinher war alles andere als langweilig. Zu einem Gespräch über Gott, das Wirken der Engel oder die Umtriebe Luzifers war er immer aufgelegt. Nachdem wir Bangkok verlassen und den Knochen des Tages abgenagt hatten, dösten wir vom gleichmäßigen Poltern der Waggons ein.

Als ich nach einer oder zwei Stunden erwachte, war Werinher verschwunden. Wir reisten in einem Großraumwagen, uns gegenüber saßen zwei Mönche. Die gelbgewandeten Männer sprachen nur wenig Englisch.

»*You friend go ticket collector*«, war alles, was ich verstand. Sollte es ein Problem mit den Fahrscheinen gegeben haben? Ich beschloss, der Sache auf den Grund zu gehen, durchstreifte den Zug in die von den Mönchen angegebene Richtung, blickte indiskret hinter die Vorhänge, lauschte immer wieder, ob ich Werinhers Stimme irgendwo hörte. Fündig wurde ich erst im letzten Waggon. Da lagen die beiden, der Schaffner und mein Gefährte Seite an Seite auf dem Boden, die Beine hinten aus dem offenen Zug baumelnd, schnarchend. Hinter ihren roten Köpfen auf dem Boden rollte die halb leere Rumflasche hin und her. Ich versuchte sie zu wecken, vergebens. Dann packte ich einen nach dem anderen und schleifte sie zwei Meter tiefer in den Zug hinein. Es soll ja schon vorgekommen sein, dass Betrunkene aus der offenen Tür gefallen sind.

»Ich habe dir das Leben gerettet«, sagte ich zu Werinher, als er irgendwann im Abteil auftauchte. Er grinste verlegen.

»Das Zeug ist ja der Hammer«, sagte er.

»Wie geht es denn unserem chinesischen Schaffner?«

Der Bahnbeamte war Chinese, wie ich gesehen hatte, und die vertragen nicht alle Alkohol.

»Der hängt noch in den Seilen. Woher weißt du, dass er Chinese ist? Das stimmt nämlich.«

»An seiner krebsroten Visage«, erklärte ich.

Gegen Abend, als wir die Grenze erreichten, hatten sich die beiden einigermaßen erholt. Der Schaffner kam vorbei und entschuldigte sich. Wahrscheinlich hatte er den Eindruck, das Gesicht vor uns verloren zu haben. Erst als Werinher ihm erklärte, dass er aus Bayern stamme, wo sich ein Mann nicht zu schämen brauche, wenn er mal einen über den Durst getrunken hat, entspannte sich unser chinesischer Freund. Er nahm die Rumflasche in die Hand und las die magischen Ziffern 73 %, schüttelte sein Haupt und grinste wie ein Schulbub, der dem Lehrer gerade einen Streich gespielt hat.

»*Velli stlong, velli stlong*«, sagte er und lachte in sich hinein.

In Penang absolvierten wir ein ähnliches Programm wie zuvor, mit Ausnahme des Affenzirkus, an den ich mich noch lebhaft erinnerte. Diesmal ließen wir uns von einem jungen Inder die Sehenswürdigkeiten der Insel zeigen: Einen liegenden Buddha, der mit traurigen Augen in die Welt blickt, ganz so, als wisse er, dass es am Ende für keinen einen Ausweg gibt. Im legendären Eastern & Orient Hotel tranken wir Tee und hielten nach Spuren von Hermann Hesse Ausschau, der hier einmal abgestiegen sein soll. Auf einen Besuch in der Opiumhöhle verzichteten wir diesmal, stattdessen erstanden wir etwas von dem guten Heroin, das es in George Town zu kaufen gab. Nach drei Tagen setzten wir mit der Fähre nach Butterworth über, der Stadt, die nach einem britischen Gouverneur Mitte des 18. Jahrhunderts benannt ist, für dessen Integrität heute niemand mehr seine Hand ins Feuer legen mag.

Im Zug nach Norden entdeckte Werinher zwei Japanerinnen, die aus Singapur heraufgekommen waren und große Rucksäcke geschultert hatten. Sie sprachen Englisch und es gelang ihnen, meinem Freund einen Floh ins Ohr zu setzen. Der Floh hieß Koh Samui. Dort wollten sie hin, dort wollten sie etwas finden, das es in Japan angeblich nicht mehr gab.

»Was soll das sein?«, fragte Werinher.

»Freiheit.«

»Wie soll man das verstehen?«

»Auf einsamen Inseln gibt es keinen Staat«, erklärten sie unisono. »Wir sind nämlich Anarchistinnen«, fügte das Mädchen mit dem Bubikopf hinzu.

Weder mein Kumpel noch ich wussten damals, was Anarchistinnen sind, aber wir hätten das nie zugegeben. Andererseits: Wer könnte uns besser in die Geheimnisse des Anarchismus einführen als diese beiden Töchter Nippons, die zudem keinerlei Berührungsängste zeigten. Ich erinnerte mich an Romans japanische Romanze und überließ mich einer libertären Träumerei.

»Wie heißt ihr beiden?«, fragte das Keckere der Mädchen. »Wo kommt ihr her?«, die andere.

Bref: Wir kamen ins Gespräch, besser, ins Gelächter. In ihren Augen war scheinbar alles lustig, was Werinher zum Besten gab. Und da es eine Tatsache ist, dass Menschen auf Reisen fast immer gut gestimmt sind, sahen und hörten die übrigen Reisenden unserer fröhlichen Party im Waggon geduldig zu. Ich hatte es mir angewöhnt, einen kleinen Kassettenrekorder im Gepäck zu haben. Längst war in unseren Kreisen die Musik zur dominierenden Kunstgattung avanciert, und so waren es neben den Musikern, die Discjockeys in den Clubs und an den Mikrophonen, die uns mit neuen Platten aus England und Amerika bekannt machten. Von Bernd, dem DJ des Sugar-Shack in München hatte ich eine Kassette geschenkt bekommen, die er an einem Abend kurz nach Mitternacht mitgeschnitten hatte, ein ganz besonders »guada Omd«, wie er mir versicherte, da erstens »a boa saubre Hosn« auf der Tanzfläche für »Äktschn« gesorgt hätten, und zweitens er selbst »suppa drauf gwen« sei.

In der Tat gefiel mir Bernds mit dem Datum gekennzeichneter Mitschnitt so gut, dass ich die Kassette mit auf die Thailandreise genommen hatte. Und je öfter ich sie spielte, umso besser gefiel sie mir, bis auch Werinher aufmerksam wurde, der von Musik ohnehin mehr verstand als ich, zumal er schon die Zeit des Rock'n'Roll miterlebt hatte.

»Was ist denn das für eine heiße Musik?«, wollte eine unserer Begleiterinnen wissen.

»Keine Ahnung«, erwiderte ich schulterzuckend.

»Hört sich an wie Manfred Mann«, vermutete Werinher.

Inzwischen hatten wir mit einem chinesischen Pärchen den Platz getauscht und saßen Yuki und Nahomi gegenüber. Die Unterhaltung wurde frivol, als Werinher sich danach erkundigte, ob es wahr sei, dass man in Japan die benutzten Höschen von Teenies kaufen könne, und Yuki daraufhin antwortete, dass sie die ihren sogar verschenke. Ob er denn Interesse habe? Damit hatte sie meinem Freund einen dialektischen K.O. versetzt.

Ich half ihm aus der Bredouille: »Auf einsamen Inseln sind Slips überflüssig. Da lebt der Mensch nackt, wie die Natur ihn schuf.«

Die jungen Damen, beide Kunststudentinnen aus Yokohama, die während eines Freisemesters die Freiheit kennenlernen wollten, hatten vor, zwei Monate auf Koh Samui zu bleiben. Sie wussten selbst auch nicht viel zu berichten, immerhin kannten sie jemanden, der schon einmal dort gewesen war, und der ihnen den Aufenthalt empfohlen hatte. Das alles war für meinen Freund Werinher Grund genug, uns dieser kleinen japanischen Reisegesellschaft anzuschließen. Da erinnerte ich mich, dass auch Paco, Geoffrey und Santi seinerzeit schon einmal von Koh Samui gesprochen hatten, mir fiel sogar die erotische Geschichte ein, die Geoffrey dort mit seiner persischen Geliebten erlebt hatte. Und nicht nur die mit ihr: Als wir in Phunphin, der Bahnstation von Surat Thani, aus dem Zug kletterten, entdeckte ich das Bahnhofshotel, in dem unsere spanischen Freunde damals abgestiegen waren und wo Geoffrey mit der Rezeptionistin »schon handelseinig war, noch ehe wir das Gepäck aufs Zimmer gebracht hatten« – Originalton Paco, der mir ausführlich von seiner beeindruckenden ersten Thailand-Reise erzählt hatte.

Wir hielten uns nicht lange am Bahnhof auf, sondern nahmen zusammen mit den Japanerinnen ein Taxi nach Bandon, zehn kurvenreiche Kilometer durch einen Bambuswald. Der Hafen dort war kein Hafen im herkömmlichen Sinn, weder gab es befestigte Kaimauern, noch lagen dort größere Schiffe. Die Kähne und Boote wurden am Ufer vertäut, lediglich das Fährschiff nach Koh Samui legte an einem Steg an. Das einzige Hafengebäude war eine im Uferschlamm auf dicken Pfählen steckende Holzhütte, das Ganze war mehr eine Kokosnussverladestation als ein Hafen.

Bandon liegt an einem Fluss, der sich träge am Ort vorbei schiebt und wenige Kilometer flussabwärts in den Golf von Thailand mündet. Jeden Morgen und jeden Abend legte ein Schiff nach Na Thon ab, dem einzigen Hafen auf Koh Samui. Dabei handelte es sich um Transportkähne, deren Bäuche voller Kokosnüsse waren, wenn sie von der Insel kamen. Unser Schiff dürfte um die 50 Fuß gemessen haben. Das niedrige Oberdeck verfügte über zwanzig Plätze für Passagiere: Links und rechts eines Mittelganges, auf dem man sich nur gebückt bewegen konnte, weil die Decke so niedrig war. Wir lagen auf hölzernen Planken, der Kopf ruhte auf einem Kissen und weil rundherum alles offen war, herrschte freie Sicht auf das Meer. Der Wind warf immer wieder Böen über das Passagierdeck und erfrischte die Reisenden. Als Nahomi sich beim Kapitän nach Schwimmwesten erkundigte, grinste der Seemann bloß freundlich und sagte: »*Not have.*« Auch Rettungsringe sahen wir keine.

Gegen Mitternacht legte unser Kahn ab. Der Kapitän war sein eigener Steuermann und wohl auch sein Leichtmatrose in Personalunion. Der Alte schien die Sache aber im Griff zu haben, denn wir verließen den Pier in elegantem Schwung hinein in die Fahrrinne des Flusses. Die Lichter der Stadt verloren sich bald in der Dunkelheit. Dafür übernahm der fette Mond die Beleuchtung der Ufer, die von einer seltsamen Vegetation gesäumt wurden: Wie Schilf schauten einzelne Palmwedel aus dem Wasser. Die Bugwelle des Schiffes kam als sanfte Dünung an den Ufern an und setzte die Palmen wellengleich in Bewegung. Der volle Mond schwamm solange neben uns her auf dem Fluss, bis wir nach einer halben Stunde das Meer erreicht hatten, wo er in Lichtfetzen zerfiel. Der Opiumklumpen, den wir mit einem Glas Tee herunter gespült hatten, erzeugte innere Wärme, und unsere gesprächigen Reisebegleiterinnen ließen keine Langeweile aufkommen. Die übrigen Passagiere waren keine Touristen. Frauen und Männer, die vom Markt auf dem Festland kamen, waren auf dem Weg nach Hause. Sie sprachen nicht viel, aber wir fühlten uns wohl unter ihnen. Ab und zu hörten wir den barfüßigen Kapitän lachen, wenn er mit jemandem Neuigkeiten austauschte. Er schien von allen der Munterste an Bord zu sein. Ich lag auf dem Bauch, blickte hinaus auf das gekräuselte Meer, auf dem der Mond in tausend Fünkchen tanzte. Werinher lag neben mir und hörte den Mädchen zu. Wir waren glücklich. Hinzu kam wohl auch, dass wir ins Unbekannte unterwegs waren, hin zu einer Insel, die hohe Erwartungen geweckt hatte, nach alledem, was wir inzwischen gehört hatten.

Die Überfahrt dauerte sechs Stunden. Wir erreichten den Hafen mit der aufgehenden Sonne. Was ich gerade vollmundig als Hafen bezeichnet habe, war im Grunde nichts anderes als ein hundert Meter langer Pier, an dessen Ende unser Schiff festmachte. Eine Schar o-beiniger Kulis machte sich daran, den Bauch des Schiffes zu leeren, während wir Passagiere von Schleppern belagert wurden, die versuchten, Kundschaft für eines der zehn Hüttendörfchen zu gewinnen, die an den Stränden der Insel verstreut lagen. Der Ort Na Thon bestand aus zehn staubigen Straßen und hundert schlichten Holzhäusern. Der Mann, der es schaffte, uns zu ködern, hieß Ah Tong. Tong war Mitte zwanzig und Chinese. Am Strand von Lamai betrieb er zusammen mit seiner Frau Ah Han ein kleines »Bungalowdorf«. Wollte er Geld verdienen, so blieb ihm nichts anderes übrig, als sich in aller Früh an den Pier zu begeben, um dort Neuankömmlinge anzuwerben. Für uns Touristen schlug er ein kleines Fotoalbum auf, in dem der Strand zu sehen war, das Restaurant und eine Reihe von schmucklosen Hütten. Als er uns den Preis nannte, den wir zu zweit entrichten sollten, glaubte ich zunächst, mich verhört zu haben, aber auf meine Nachfrage bestätigte Tong den Preis von 50 Baht pro Tag und Hütte, was damals etwa einem US-Dollar entsprach.

Mit Yuki, Nahomi und uns beiden hatte er einen guten Fang gemacht. Der Chinese kickte sein Motorrad an und fuhr voraus. Wir kletterten auf die Ladefläche eines Kokosnusstransporters und folgten ihm auf der einzigen Straße der Insel, hinein in den Schatten der Palmen, die den Weg säumten. Die Straße war eine rote Sandpiste, und sie führte um die Insel herum. Es gab ein Dutzend solcher Pick-ups, die sowohl Kokosnüsse, Baumaterialien als auch Passagiere transportierten. Sie waren den ganzen Tag auf Rundreisen unterwegs, wer immer nach Na Thon wollte, hockte sich an die Straße und wartete dort auf eine Mitfahrgelegenheit. Nur manchmal knatterte ein Moped durch die Palmenhaine und störte die Ruhe, die ansonsten die Insel beherrschte.

Nach zwanzig Minuten Fahrt erreichten wir Lamai-Beach (Ao Lamai). Die letzten hundert Meter von der Straße zum Strand mussten wir zu Fuß zurücklegen. Über dem Meer ging gerade die Sonne auf. Nachdem das Geräusch des Motors sich entfernt hatte, hörten wir zum ersten Mal das Brechen der Wellen im Sand. Das namenlose kleine Hüttendorf lag inmitten eines Haines von Kokospalmen (die ganze Insel war ein einziger großer Palmenwald) und reichte bis hinunter zum Strand. Ich zählte sechzehn Holzhütten, jede auf einer Plattform errichtet, die wiederum auf im Sand steckenden Pfählen ruhte. Das spitze Dach war grasgedeckt. Ob es auch dicht war, konnten wir nicht feststellen, denn solange wir darunter schliefen, regnete es nie. Auf Fenster hatte man ganz verzichtet, da durch die offen stehende Tür ausreichend Licht hereinfiel. Eingerichtet waren diese Behausungen mit je zwei Schlafmatten, einem aus Ton gebrannten Aschenbecher und einem Kerzenständer. Aufgrund des guten Preises allein hätten wir uns nicht mit diesem spartanischen Leben angefreundet, wäre da nicht die überwältigende Naturerfahrung gewesen, die von dem Augenblick an ihre Wirkung entfaltete, wo wir den Strand erreichten: Über uns ein tiefblauer Himmel, gegen den im Wind wiegende Palmenkronen konturierten; zu beiden Seiten kilometerlange Strände aus feinem, hellem Sand; vor uns das Meer, leicht erregt, mit Schaumkrönchen; und so weit das Auge reichte, keine Zivilisation: Kein Schiff war zu sehen und kein Flugzeug über uns. Die Stille von Ao Lamai war das sanfte Rauschen des Windes in den Wipfeln und das rhythmische Brechen der Wellen im Sand. Niemand redete, außer ab und zu ein Vogel. Mehr noch als die tropische Schönheit beeindruckte uns diese besondere Akustik, bei der die Zeit sich beobachtet fühlte. In späteren Jahren, als es lauter zuging im Leben, ertappte ich mich einmal bei dem Gedanken, dass es akzeptabel gewesen wäre, hätte es damals in der Stille von Koh Samui zu schlagen aufgehört, mein Herz.

Tongs kleines Hippiedorf bestand aus einem Dutzend Hütten und einem Bewirtschaftungsareal. Letzteres war eine Küche, in der Tongs Frau Ah Han kochte, sowie eine an den Seiten offene Bedachung, unter der ein Dutzend Bambus-Stühle um Tische gruppiert im Sande standen: Das Restaurant. Dort bot die Köchin zum

Frühstück Spiegeleier auf Gemüsereis an, Bananenpfannkuchen sowie Kaffee oder Tee. Das Mittagessen fiel aus, dafür kochte Ah Han abends groß auf, allerdings musste man schon am Vorabend bestellen, worauf man am nächsten Tag Appetit hatte.

Tong fuhr jeden Morgen mit dem Moped nach Na Thon zum Markt und brachte nur die Viktualien mit, die vorbestellt waren. Von der Languste bis zum Barsch, vom Hühnchen bis zum Schnitzel war alles lieferbar, Eier, Reis und Früchte hingegen waren immer vorrätig. Gemüse bauten sie im eigenen Garten an. Auf Wunsch besorgte Tong *magic mushrooms*, psychotrope Pilze, aus denen Ah Han eine potente Suppe braute, nach deren Genuss man die Welt während der nächsten zwölf Stunden als einen Ort von Mystik und Verzauberung wahrnahm. Das Problem in der Ah Han'schen Küche war der fehlende Strom. Nur am frühen Abend schaltete Tong zwei Stunden lang den Generator ein: Dann wurde in der Küche der Mixer angeworfen und es gab frische Obstsäfte, eisgekühlte Kokosmilch oder Bananenshakes. Eis wurde einmal am Tag in Blöcken angeliefert. Ansonsten tranken wir Wasser. Flaschen oder Dosen waren auf Koh Samui damals noch nicht im Umlauf. Ein wenig im Hintergrund des Palmengartens, dort wo am Abend auch der in einen Schacht versenkte Generator brummte, hatte Tong ein kleines Badehaus mit zwei Toiletten gebaut, wo man duschen konnte und wo nachts immer ein Licht glomm. Es gab im Dörfchen keinen Fernseher, morgens wurde keine Zeitung abgegeben, da hing nicht einmal ein Briefkasten an der Palme. Einziges Zugeständnis an die moderne Medientechnologie war das Radio in Ah Hans Küche.

Sobald Werinher und ich eine der Hütten am Strand bezogen hatten, und sobald wir, ganz Kavaliere alter Schule, den Damen aus Yokohama das Gepäck in den »Bungalow« getragen hatten, machten wir uns mit den übrigen Gästen bekannt.

Ich erinnere mich an zwei Paare aus Braunschweig, an zwei Italienerinnen, ein Pärchen aus Sydney, einen Surfer aus Bordeaux, zwei polnische Journalistinnen (damals sehr ungewöhnlich, dass junge Leute aus dem Ostblock so weit reisen durften) und noch einige andere, die ich vergessen habe. Auf jeden Fall hatten sich bei Ah Han und Tong genügend Leute einquartiert, damit es zweimal am Tag am Strand zu einer Volleyball-Partie kommen konnte. Täglich hockten wir uns im Schatten der Palmen zusammen, um uns auszutauschen. Jeder war auf jeden neugierig, alle waren bereit, über sich, ihre Herkunft und ihre Reise Auskunft zu geben. Wie ich den Gesprächen bald entnahm, fehlte einer der Gäste, ein Schweizer, der angeblich einmal pro Woche die Insel zu Fuß umwanderte. Laut Tong lebte dieser André schon mehrere Monate hier, sein Visum war längst abgelaufen, dennoch könne er sich nicht entschließen, abzureisen.

Auf diesen André war ich gespannt, zumal eine der Braunschweigerinnen offenbar sehr von ihm angetan war. Tong, ein kleines Schlitzohr, hatte uns verraten, dass André die rothaarige Braunschweiger Petra unter einem Wasserfall vernascht habe, beziehungsweise die Petra den André, und dass Marcel, ein weiterer Franzose, die Sache heimlich beobachtet und dann publik gemacht habe, was Dieter, Petras Lebensgefährte, auf die Palme brachte. Unterdessen hatten sich die beiden wieder versöhnt, Marcel war abgereist, nachdem die Dorfgemeinschaft ihm seine Petzerei verübelt hatte, und André war auf einer Art Bußgang um die Insel unterwegs. Außerdem war von den Leuten zu erfahren, dass er immer gutes Gras im Beutel habe.

Am darauffolgenden Morgen wurden wir in aller Früh geweckt.

»Hallo, ich bin André aus Zürich«, stellte er sich vor. »Hab schon gehört, ihr beiden seid aus München. Willkommen auf Koh Samui. Gut dass ihr hierher gefunden habt. Dies ist nämlich ein heiliger Ort.«

Der Bürgermeister von Na Thon hätte keine perfektere Ansprache halten können. Dann setzte sich André auf die Plattform vor unserer Tür, ließ die Beine baumeln und blickte über das Meer. Ich erhob mich, wankte noch ein wenig trunken über den Strand und ließ mich ins flache Wasser fallen. Als ich nach einem erfrischenden Bad zurückkehrte, war André dabei, seinen Bambusbong zu stopfen. Unterdessen war auch Werinher wach. Zusammen gingen wir hinüber zum »Restaurant«, wo schon einige der Gäste beim Frühstück saßen. André hielt nicht viel vom Frühstücken. Das beste Frühstück sei eine Graspfeife, erklärte er.

Seine Geschichte ging so: Einmal die Woche machte er einen Gang rund um die Insel, was in etwa fünfzig Kilometer am Strand entlang bedeutete. Ziemlich genau nach der halben Strecke traf er auf den »Big Buddha«, eine Monstrosität aus mit Goldfarbe bepinseltem Beton, der von den Insulanern verehrt wurde. Dort legte André jedes Mal eine Rast ein.

»Ihr müsst wissen, dass ich als Schweizer allen Grund habe, mich vor dem Buddha niederzuwerfen und um Vergebung zu bitten. Die Schweiz hat nämlich eine Menge schlechtes Karma abzubauen.«

»Wie das?«

Wir sahen ihn fragend an.

»Weil wir an jedem Krieg, den ihr Deutschen geführt habt, verdient haben. Weil ein Krieg immer auch einen finanziellen Aspekt hat, und wir dafür gesorgt haben, dass unsere Nachbarn sich bekriegen konnten. Wir Schweizer sind Parasiten. So hat sich im Laufe der Zeit viel schlechtes Karma angesammelt«, erklärte er. »Deshalb laufe ich einmal die Woche hinüber und meditiere vor dem Buddha. Alles, was ich mitnehme, ist dieser Mönchsbeutel mit dem Bong und dem Gras darin. Glaubt mir, das ist eine Erfahrung, wie sie höchstens Gautama unter dem Baum der Erleuchtung gemacht hat.«

André grinste. Offenbar hatte er an diesem Morgen schon »gefrühstückt«. Alles was er am Leib trug, war ein Sarong. Die blonden Haare hingen lang herab, der Bart war zottelig. Seit mehreren Monaten schon war er Tongs Gast, und scheinbar hatte er auch nicht vor, so bald zu verschwinden.

»Ich ahne, dass die Zeit hier auf dieser Insel zur besten Zeit meines Lebens gehören wird. Hier besitze ich so gut wie nichts, hier bin ich umgeben von der Natur und vor allem, hier fehlt mir nichts. Am liebsten würde ich den Rest meines Lebens hierbleiben.«

»Was hast du denn in der Schweiz beruflich gemacht?«, wollte ich wissen.

»Ich bin Bauer. Sieht man mir das nicht an?«

»Nein, sieht man nicht. Immerhin ein ehrenwerter Beruf ...«

»Das sagst du so leicht. Tatsache ist, dass die Polente mir mein bestes Feld eingeebnet hat.«

Wieder sahen wir ihn fragend an.

»Ich hatte nämlich Hanf ausgesät, und das war den Polypen ein Dorn im Auge. Sie mähten mein Feld, kaum dass das Gras zu blühen anfing. Und am Ende sollte ich die Operation auch noch bezahlen. So viel zur liberalen Schweiz.«

Bei diesem Thema war André offenbar nicht nach Scherzen zumute. Mir gefiel der skurrile Eidgenosse, und in den folgenden Wochen fochten wir so manchen weltanschaulichen Strauß aus. Die Tage von Koh Samui flossen gleichmäßig dahin, sie schwollen an mit den Gezeiten, und wie die Wellen im Sand verebbten sie in die Nacht. Täglich schien die Sonne, an Wolken erinnere ich mich überhaupt nicht, aber zweimal am Tag brachte der Wind eine frische Brise. Die Mittagshitze verschliefen wir in einer Hängematte im Schatten der Palmen. Mehrmals am Tag kühlten wir uns im Wasser, schon bald hatte sich ein fester Rhythmus eingestellt: Am Morgen ein Bad im Meer, dann ein leckeres Frühstück, anschließend ein stundenlanger Strandspaziergang; dann Lesen in der Hängematte (in der Hütte hatte der Vormieter den *Huckleberry Finn* liegen lassen). Wenn es uns zu heiß wurde, sprangen wir ins Wasser, wenn wir Durst hatten, tauchten wir bei Ah Han auf, und sie füllte uns ein Glas mit kühler Kokosmilch. Kurz vor Sonnenuntergang versammelten wir uns zum Strandvolleyball, gemischte Teams, wobei unsere japanischen Anarchistinnen viel Einsatz zeigten. Sobald es dunkel wurde, trafen wir uns alle im Restaurant, wo Kerzen auf den Tischen brannten.

»Auf die Japsen ist Verlass«, sagte André. »Das sind Leute, die sich Ziele setzen und diese dann auch zu erreichen versuchen.«

»Das tun wir doch alle«, wandte ich ein.

»Aber nicht so wie die Japaner. Die haben einen Ehrenkodex, dem sie verpflichtet sind. Die hängen sich rein, bis nichts mehr geht. Gute Leute.«

»Gute Sklaven, könnte man ebenso gut sagen«, merkte ich dazu an.

Täglich saßen Yuki und Nahomi im Schatten und füllten ihre Tagebücher. Keine Ahnung, was sie schrieben, aber eine Schreibhemmung schienen sie nicht zu kennen. Werinher baggerte zwei Tage an den japanischen Festungen, bis er herausfand, dass die beiden ein Paar waren, das bei der Ausgestaltung ihres Intimlebens auf die Mitwirkung von Männern verzichtete. Schlitzohrig erzählte ich André von einer heißen Liebesnacht, die mein Kumpel mit den Damen verbracht habe, und ordinär, wie Männer sein können, schmeckte ich das nächtliche Abenteuer mit allerlei asiatischen Ferkeleien ab, worauf der Schweizer Gourmet sofort ansprang, und er sein erotisches Augenmerk gen Japan ausrichtete. Nachdenklich wurde am Ende ich, als André nämlich am nächsten Morgen zerzaust, aber runderneuert aus der japanischen Festung gekrochen kam, die er gegen jede Wahrscheinlichkeit in der Nacht genommen hatte.

Nach dem Abendessen, unserer Hauptmahlzeit, traf sich der harte Kern des Dorfes bei Werinher und mir vor der Hütte. Wir waren die Einzigen, bei denen Musik aus dem Rekorder lief. André stopfte eine Bong nach der anderen, und wer immer sich an der Kifferei beteiligte, kapitulierte spätestens nach dem dritten Lungenzug. So verbrachten wir die Abende: Andrés philosophischen Exkursen lauschend, Musik hörend, entspannend, einen Gig für die Nacht herbei flirtend. Viel mehr war ohnehin nicht angesagt: Auf Koh Samui gab es außer in Na Thon kein Restaurant und keine Kneipe, nirgendwo eine Diskothek oder gar eine Girlie-Bar. Jeder Tag glich dem anderen in seiner natürlichen Wiederkehr: Kein Telefon klingelte, kein Motorenlärm störte die Idylle, kein Fernseher verminderte die Lebensqualität, kein Publikumsverkehr, keine Werbung, kein Konsum. Kein Pfarrer hob mahnend den Finger, kein Polizist gab Kommandos mit der Signalpfeife und kein Soldat war auf der Suche nach einem Feind.

Zweimal die Woche brachte Tong in der Früh neue Gäste mit. Im Dorf wurde in vielen Sprachen kommuniziert, meist wurde Englisch gesprochen, zuweilen auch Französisch. Die Mädchen aus Yokohama unterhielten sich auf Japanisch, die Römerinnen auf Italienisch; Werinher, die Braunschweiger und ich sprachen Deutsch, nur Tong und seine Frau redeten Thai oder Kantonesisch.

Nach einer Woche spürten wir, wie unsere Anspannung, Grundbefindlichkeit in westlichen Gesellschaften, diese dauernde Verpflichtung, Leistung zu bringen, auf dem Sprung zu sein, nachließ, und sich das innere Pendel nach Wellen und Wind ausrichtete. Mit großer Tiefenwirkung waren Geist und Körper dabei, die Reservoire aufzuladen. Die täglich zu treffenden Entscheidungen lauteten: Was essen wir morgen, in welche Richtung gehen wir heute spazieren, wer kommt mit ins Wasser, wer spielt mit wem in einer Mann-Frauschaft Volleyball, wie und gegebenenfalls mit wem verbringe ich die Nacht? Das führte zu einer tiefen emotionalen Ausgeglichenheit, ähnlich wie bei einem Gläubigen, der sich in Gottes Hand geborgen fühlt. Immer wieder kam es während der langen Wanderungen zu ernsten Gesprächen. Wir diskutierten über die kulturelle Bedeutung von Drogen, wir spekulierten darüber, ob die asiatische Ernährungsweise gesünder sei als die westliche, und wir dachten uns Projekte aus, was wir Sinnvolles mit unserer Zeit und Energie in Angriff nehmen könnten.

»Vor dem Zukunftsszenario der Entropie ist es völlig egal, welche Spuren wir Menschen auf der Erde hinterlassen.«

André blieb stehen und zeichnete mit dem Zeh eine Spirale in den Sand.

»Die Physik hat die Philosophie längst ausgebremst. Was soll ein Gedanke denn noch bedeuten, wenn am Ende der Kältetod des Universums steht?«

»Immerhin kann der Philosoph dasselbe mit anderen Worten sagen. Nichts anderes meint er ja, wenn er von der Absurdität des Lebens spricht«, wagte ich eine Bemerkung.

»Nein, das geht zu weit. Wer wird denn die Entropie als absurd bezeichnen wollen? Dieses naturwissenschaftliche Szenario des energetischen Gleichgewichts weist überdies große Ähnlichkeit mit dem Nirwana auf, auf das die Buddhisten zustreben«, grinste André ganz so, als habe er gerade den Pfeil in die Zehn geworfen.

Der Versuch, ein Gespräch mit dem Schweizer Nomaden darzustellen, verdeutlicht das grundsätzliche Problem, nach so langer Zeit protokollarisch zu schreiben. So sind alle Dialoge naturgemäß Rekonstruktionen, Annäherungen an das vor langer Zeit Gesagte und notwendigerweise fiktiv, wenngleich ich gerade auf dieser Reise mit Werinher recht viel in meinem Tagebuch niederschrieb.

Koh Samui ist eine felsige Insel: Im Inneren erheben sich Hügel bis zu 600 Meter, große glatte Felsbrocken liegen verstreut im Wald, einige der imposantesten am Strand. Am Fuß der Berge entspringen Quellen, die einen Bach speisen, der wenig spektakulär über einen mickrigen Wasserfall zum Meer strebt, auf Koh Samui eine touristische Sehenswürdigkeit.

Eine Rundreise mit dem Kokosnusslaster führte uns an weiteren Stränden vorbei, die schon touristisch besiedelt waren: Chaweng und Bo Phut. Auch dort hatten geschäftstüchtige Chinesen Hütten errichtet, mit denen sie Tong die Gäste abspenstig zu machen versuchten. In der Tat waren die Strandbungalows in Chaweng geräumiger und komfortabler und im Preisvergleich mit Lamai schnitten sie auch nicht schlecht ab. Für uns wäre ein Umzug allerdings nicht infrage gekommen, denn bei Ah Han und Tong fühlten wir uns gut aufgehoben.

Wir Gäste waren zu einer Familie auf Zeit zusammengewachsen. Stereotype wie Schweizer, Farbiger oder Lesbe verloren ihre Bedeutung, da wir uns alle auf Augenhöhe begegneten. Jeder elitäre Dünkel hätte lächerlich gewirkt. Für kurze Zeit hatten sich in dem Hüttendorf am Strand von Lamai, also weitgehend außerhalb der Einfluss-Sphäre des Königs Bhumibol und seines Staatsapparates, die Ideale der Französischen Revolution (liberté, égalité, fraternité) verwirklicht. Konflikte, soweit es denn welche gab, wurden ausdiskutiert und gelöst. Statussymbole zählten nichts, alle gingen barfuß, alle waren in Shorts und T-Shirts gekleidet. Lediglich die latent vorhandene sexuelle Spannung brachte ein wenig Asymmetrie ins Dorf: Der Hahn, der die fetteste Henne bestieg, krähte ein wenig lauter, und die Glucke, die die dicksten Eier kraulte, plusterte sich ein wenig eitler im Sand. Ich schätzte, dass sich damals auf der gesamten Insel nicht mehr als fünfzig Touristen aufhielten, ausnahmslos Hippies. Abgesehen von den beiden Journalistinnen aus Krakau, bei denen es allerdings weniger die ideologische Überzeugung, als ihr schmales Reisebudget war, das sie zu den hippiehaften Ferien veranlasste. Anfangs gaben sie sich als überzeugte Sozialistinnen, aber je länger sie unseren Geschichten über Ibiza und Jamaika zuhörten, umso nachdenklicher wurden sie. Ihrerseits erzählten sie uns von einem Gewerkschaftler namens Lech Walesa, der gerade im Gefängnis saß, weil er gegen die Politik der kommunistischen Partei Polens Widerstand geleistet hatte. Mir fiel dazu der Satz von Ike Turner ein: »Ein Mann mit Courage ist eine Mehrheit!«

»Am Sozialismus scheint es noch einiges zu verbessern zu geben«, gestanden sie am Ende.

Eine Menge Aufmerksamkeit erregte die Musik, die Bernd, der Münchener DJ, mir mitgegeben hatte. Die Kassette war so stimmig zusammengestellt, dass die zwanzig Songs zu einem einzigen Ohrwurm verschmolzen. Jeder wollte von mir wissen, wer die Interpreten der einzelnen Stücke seien, aber ich konnte kaum Auskunft geben, da die meisten neu waren, teils von neuen Bands, von denen ich noch nie gehört hatte. Erst im Laufe der Jahre notierte ich mir die Titel, wenn ich sie zufällig im Radio hörte. Nach und nach identifizierte ich Third World (*Now That We Found Love*), Fisher Z (*Remember Russia*), Imagination (*Just An Illusion*) Manfred Mann (*Angel At My Gate*) und eine Reihe anderer Songs, die damals in den Diskotheken gespielt wurden. So verband sich dieser Sound einer Münchener Disco-Nacht mit den Nächten von Koh Samui. Am Ende schenkte ich demjenigen die Kassette, der am eindringlichsten darum bat, und das war André, der Büßer aus Zürich.

»Dieser Bernd hat Ahnung von Musik«, bemerkte er in seinem gefälligen schweizerischen Tonfall. »Mal sehen, vielleicht komme ich euch Burschen in München mal besuchen.«

Wir blieben zwei Wochen, ehe wir uns von Ao Lamai verabschiedeten und in Na Thon aufs Boot gingen. Tong und Ah Han nahmen uns das Versprechen ab, wiederzukommen. Im Jahr darauf bewiesen wir, dass Hannah Ahrendt recht hatte, als sie feststellte, die beste Art, die Zukunft vorherzusagen, sei die, ein Versprechen zu geben und es dann auch zu halten.

2.19 Im Goldenen Dreieck

Sobald wir in Bangkok ankamen, ließen wir bei der Behörde noch einmal die Visa verlängern. Danach begab ich mich zum Malaysia-Hotel, wo Coffeeshop und Rezeption von der Unterwelt gemanagt wurden. Am Schwarzen Brett hingen private Steckbriefe, aber auch interessante Angebote.

Von André hatte ich erfahren, dass man dort gefälschte Presseausweise kaufen könne. So ein Ausweis stünde mir gut, schließlich ging ich meinen illegalen Geschäften unter dem Deckmantel eines Fotojournalisten nach. Mit einem UPI-Ausweis würde ich insbesondere die mit vielen Wassern gewaschenen US-Zöllner beeindrucken können. Deshalb besorgte ich mir über einen Kontakt aus dem Malaysia-Hotel ein derartiges Pressedokument. Vorgreifend kann ich sagen, dass ich selten fünfzig Dollar besser investiert habe. Der Ausweis sah dem echten UPI-Dokument täuschend ähnlich, das Foto weckte Vertrauen. Fortan legte ich ihn hinten in den Pass, sodass jeder Rezeptionist und jeder Zöllner sofort wusste, aha, da steht ein Mann von der Presse vor dir, einer der möglicherweise gute Beziehungen zur Macht hat, einer, den man vorsichtshalber mal gut behandelt.

Ehe wir uns auf den Weg nach Norden machten, kauften wir bei einem Tuk-Tuk-Fahrer namens Lek ein Gramm Heroin, Reiseproviant. Von zehn Taxi- oder Tuk-Tuk-Fahrern waren neun bereit, einem die gewünschten Drogen zu besorgen, hingegen brachten alle die Kunden zur Massage oder in den Puff. Offenbar war es mit der Umsetzung eigener moralischer Ansprüche nicht allzu weit her im Lande des Lächelns. Zufrieden stellte ich wieder einmal fest, dass nicht nur Christen mit der Sünde auf vertrautem Fuß leben.

Die Nacht in der Hauptstadt verbrachten wir im bewährten Morakot Hotel, wo das Personal uns begrüßte wie alte Bekannte. Wir mussten ausführlich berichten, wie es uns auf Koh Samui ergangen war, denn von den Hotelangestellten, die meist aus dem Nord-Osten des Landes stammten, war noch keiner je im Süden gewesen. Sie kannten Koh Samui und Phuket nur aus dem Fernsehen und aus der Zeitung. Piri, so erfuhr ich, war zu ihren Eltern aufs Land gefahren.

In einem vom Rezeptionisten empfohlenen Reisebüro kauften wir zwei Tickets für den Bus nach Chiang Mai. Es gab bequeme Nachtfahrten, die angesichts der Mentalität siamesischer Busfahrer allerdings schnell zum Abenteuer werden konnten. Durchfuhren wir kleinere Orte, so sicherte der Pilot sich ab, indem er mit einer ohrenbetäubenden Dauerhupe hindurch raste, was Hunde, Hühner und Menschen gleichermaßen in die Flucht schlug. Verwundert stellte ich fest, dass die Thais (unter den Reisenden waren kaum Touristen), selbst mitten in der Nacht warm essen, jedenfalls stürzten ganze Familien an die gedeckten Tische der Restaurants, vor denen unser Bus von Zeit zu Zeit anhielt. Pünktlich mit der aufgehenden Sonne erreichten wir Chiang Mai, die Hauptstadt des nördlichen Königreichs.

Chiang Mai liegt auf einer Höhe von etwa 600 Metern, was nicht bedeutet, dass es dort angenehm kühl ist. Je nach Jahreszeit kann es auch dort tagsüber mehr als dreißig Grad heiß werden, allerdings kamen wir im November dort an, der gemäßigten Periode, wo es nachts angenehm frisch ist. Wir quartierten uns in einem kleinen Gästehaus am Ufer eines Kanals ein, welcher die Altstadt komplett einschließt. Dutzende von Tempeln waren über die Stadt verstreut, zu jedem zählten hundert Mönche und tausend Gläubige, die alle jeden Tag mindestens ein Räucherstäbchen zur Ehre Buddhas abbrannten. Das gab der Stadt ein Ambiente, welches so gar nicht mit dem Klischee übereinstimmte, Chiang Mai sei eine Drehscheibe des Heroinhandels. Tatsächlich brachte das illegale Geschäft seinerzeit mehr Geld in die lokale Wirtschaft als der Tourismus. Und dass die Behörden daran mitverdienten, war ein offenes Geheimnis.

Da Werinher und ich nicht in den Norden gekommen waren, um dort Drogengeschäfte zu tätigen, vermieden wir alles, was uns in dieser Hinsicht hätte verdächtig machen können. So kauften wir in Chiang Mai kein Dope, assoziierten uns nicht mit Hippies und Straßendealern. *Bref:* Wir hielten uns bedeckt.

Ein paar Tage lang durchstreiften wir die Stadt als Touristen, besuchten ein halbes Dutzend Tempel, sahen uns liegende Lehmbuddhas und den sitzenden Kristallbuddha an, entzündeten Räucherstäbchen und bewunderten die schweigenden Mönche. In der Pension hatte mir die Wirtin eine Monographie mit dem Titel »The Teachings of Buddha« in die Hand gedrückt, und so beschäftigte ich mich erstmals mit der Lehre Buddhas, an die die meisten Thais glauben. Die Tatsachen allerdings, dass auch Buddhisten Kriege führen und dass es auch in buddhistischen Gesellschaften Gefängnisse und die Todesstrafe gibt, dass es unter Buddhisten auch Rassisten gibt, veranlassten mich, dem Buddhismus dasselbe Misstrauen entgegenzubringen, das ich schon gegen den Islam, das Christentum und den Kommunismus hegte. Dennoch fand ich die Symbiose zwischen Kunst und Glauben bemerkenswert; die Rituale der Verehrung und die Tatsache, dass jeder Buddhist wenigstens einmal im Leben eine Zeit lang als Mönch betteln und meditieren sollte, gefielen mir ebenso wie der sogenannte Edle Achtfache Pfad: Dass jeder Mensch auf eine »rechte« Lebensführung achten solle; darunter subsumiert der Buddhist eine Reihe wohlklingender Maximen wie Einsicht, Absicht, Reden, Handeln, Beruf, Disziplin, Bewusstsein und Meditation; also acht Tugenden, die den Menschen irgendwann aus dem karmischen Kreislauf erlösen sollen. Wie der Mensch dieses schwierige Unterfangen angehen sollte, auch dazu gibt Buddha Hilfestellung: Mit Vertrauen, Willenskraft, Achtsamkeit, Konzentration und Weisheit. Wie so oft bei Anleitungen zum Glücklichsein klingt das alles sehr plausibel, wenn es aber darum geht, die Ratschläge in die Praxis umzusetzen, tauchen Schwierigkeiten auf. Wer den Sprung hinüber zum Glauben nicht wagt, für den ist auch der Buddhismus keine Option, sein Leben danach auszurichten. Vor Untugenden wie Gier, Neid, Geiz, Rassismus, Eifersucht, Rache und Ausbeutung waren auch die Buddhisten nicht gefeit, ganz abgesehen von den Psycho-Krankheiten, die auch im Fernen Osten vorkommen und die Buddha seinerzeit wohl nicht auf dem Plan hatte.

Nach ein paar Tagen lernten wir einen umtriebigen Thai kennen, der seinen Lebensunterhalt damit bestritt, dass er Touristen auf mehrtägige Wanderungen durch das Goldene Dreieck führte. Rath brauchte nicht lange, ehe er Werinher und mich zu einem solchen Abenteuer überredet hatte. Und da es sich für ihn erst lohnte, wenn er mindestens vier Teilnehmer für eine derartige Trekking-

Tour gefunden hatte, dauerte es ein paar Tage, ehe er eine »Seilschaft« beisammen hatte.

Das Goldene Dreieck gehörte in jenen Jahren zu den Weltgegenden, die nicht unter der Kontrolle eines Staates standen. Weshalb man es als Dreieck bezeichnet, erschließt sich mir bis heute nicht, denn zum legendären Golden Triangle zählt man den südlichen Teil der chinesischen Provinz Yunnan, den nordwestlichen Teil von Laos, den Norden von Thailand sowie das nordöstliche Birma. Es gab nördlich des Flusses Mea Nam Kok kaum befestigte Straßen, keine Polizeistation und keine größeren Siedlungen. Die Gegend war ein Flickenteppich aus Distrikten, die von sechs verschiedenen Bergstämmen bewohnt wurden. Daneben gab es Dörfer ehemaliger Kuomintang-Soldaten, die sich nach verlorenem Kampf gegen die Rote Armee Mao Tse-tungs Ende der vierziger Jahre in den Norden Thailands zurückgezogen hatten. Außerdem lebten dort Tausende von Mitgliedern des Volkes der Karen, die von der birmesischen Armee aus ihrer alten Heimat vertrieben worden waren. Jenseits der Grenze zu Birma, die irgendwo in den Urwäldern des Berglandes verlief, lag der Shan-Staat. Dessen Anführer war Khun Sa, der ungekrönte König des Opiumhandels, der je nach politischer Wetterlage in Birma oder Thailand residierte. Das alles klang spannend, wenn nicht gar abenteuerlich, und man sollte keinem Touristen Feigheit unterstellen, wenn er sich weigerte, allein auf diese Erkundung des Terrains aufzubrechen.

Zu allem Überfluss erfuhren wir, dass es im Goldenen Dreieck noch Bären gebe, wilde Elefanten und sogar der letzte Tiger sollte in den Bambuswäldern auf der Pirsch sein. Rath, unser Fremdenführer, beschwichtigte und lächelte. Wir einigten uns auf einen akzeptablen Preis und zahlten im Voraus. Er beraumte eine Zusammenkunft aller Teilnehmer an, und wir stellten erleichtert fest, dass die Chemie zwischen uns zu stimmen schien. Unsere Truppe setzte sich schließlich neben dem Thai aus zwei Züricher Studenten, zwei Hamburger Studentinnen sowie Werinher und mir zusammen. Beat und Urs hatten gerade ihr Architekturstudium beendet. Britta und Marie, die Mädels aus Hamburg, waren neugierig auf die Bergstämme, sie hätten sich allerdings nicht getraut, das Abenteuer allein anzugehen. Wir fassten rasch Vertrauen zueinander, und beschlossen, unter Raths Führung aufzubrechen.

Zwei Tage dauerten die Vorbereitungen, das heißt, der Thai organisierte den Proviant und sandte einen Kundschafter ins erste Bergdorf, wo wir zu übernachten gedachten. Jeder erhielt vom Expeditionsleiter einen Rucksack und packte so viel Konserven ein, wie er tragen konnte. In aller Früh kletterten wir auf die Ladefläche eines Pick-up, wo wir eine kalte Dreiviertelstunde lang im Fahrtwind kauerten, ehe wir in einem Ort namens Fang am Ufer des River Kok ankamen. Unterkühlt sprangen wir vom Wagen, hockten uns auf unsere Rucksäcke und sogen die ersten Sonnenstrahlen auf, während unser Führer ein Boot organisierte, mit dem wir ein Stück flussabwärts fahren wollten. Während wir warteten, fiel mir eine Wellblechbaracke auf, in der ein Mann dabei war, Edelsteine zu schleifen. Ich trat hinzu, um mir die Sache näher zu besehen.

»Was sind das denn für Steine?«, erkundigte ich mich.

»Rubine«, erwiderte der Alte und klappte seine Lupenbrille hoch. Dann entnahm er einer Dose einen Stein, der noch unbearbeitet war.

»Das ist ein schöner Stein, aus dem ich hoffe, mindestens vier Karat zu schleifen. Das heißt, am Ende, wenn er geschliffen ist, sollte er vier Karat haben. Und wenn dann auch noch die Farbe stimmt, habe ich gut eingekauft.«

»Was für eine Farbe soll er denn haben? Rubinrot, vermute ich mal.«

»Nicht unbedingt. Taubenblutrot ist mir lieber.«

Er entnahm einer anderen Dose einen geschliffenen Stein, hielt ihn gegen die Lampe und drehte ihn zwischen Daumen und Finger, sodass ich die charakteristische Farbe erkennen konnte. Je nachdem, von welcher Seite man ihn betrachtete, änderte sich die Farbe ein wenig.

»Woher kommen die Steine?«

»Fast alle aus Minen in Birma. Von dort kommen die besten Rubine der Welt, wussten Sie das nicht?«

»Keine Ahnung. Ich weiß bloß, dass die besten Frauen aus Thailand kommen«, scherzte ich.

»Rubine sind die bessere Geldanlage. Haben Sie Interesse?«

Hatte ich nicht, dennoch nahm ich mir vor, mich demnächst einmal näher mit Edelsteinen und ihrem Marktwert zu beschäftigen. Vielleicht könnte man ja auch damit Geld verdienen. Aus Indien wusste ich, dass man dort für Gold einen guten Preis zahlt.

Es dauerte nicht lange und Rath rief uns zum Flussufer, wo gerade ein langes Boot mit Außenbordmotor anlandete. Der Bootsführer war bereit, uns dreißig Kilometer flussabwärts zu bringen. Wir stiegen ein, verstauten die Rucksäcke und setzten uns so, dass die Gewichte gleichmäßig verteilt waren. Dann stieß der magere Lotse das Schiff vom Ufer ab, tauchte die Schraube ins Wasser und startete den Motor. Es wurde eine rasante Fahrt und ich hatte den Eindruck, unser »Kapitän« wollte zeigen, was er drauf hatte. Immer wieder musste er Sandbänken ausweichen, ab und zu vorsichtig eine Stelle passieren, an der Baumstämme festhingen, bloß um anschließend in die Mitte der Fahrrinne zurückzufinden, und weiter ging es mit Vollgas und einer meterhohen Fontäne dem Ziel entgegen. Wir waren offenbar mit einem Mann unterwegs, der noch Freude an seiner Arbeit hatte. Nach einer halben Stunde verlangsamte er die Fahrt abrupt und legte bei einer Missionsstation an, wo – wer sonst – französische Missionare den Bergstämmen christliches Gedankengut beizubringen trachteten. Schon in Kolumbien bei den Indios waren mir die Missionare unangenehm aufgefallen ... Bis heute weiß ich nicht, ob es ein Zufall war, dass wir auch im Goldenen Dreieck auf französische Christen trafen, jedenfalls habe ich den Eindruck, die Franzosen meinen es ganz besonders ernst mit der Botschaft der Bibel.

In der Nähe der am Ufer errichteten Missionsstation lag ein Elefantencamp, wo eine Gruppe cleverer Mahuts den vorbeikommenden Touristen Tagesausflüge auf dem Elefantenrücken anboten. Rath schlug vor, dass wir den Elefanten und den Männern einen kleinen Verdienst ermöglichen sollten und buchte vier der Tiere, die uns bis zum ersten Bergdorf bringen sollten. Je zwei Leute teilten sich einen Dickhäuter und los ging der Anstieg durch einen Bergwald. Rath und einer der Mahuts saßen auf der Führungskuh. Bei dem flotten Tempo, das sie anschlug, mussten wir auf der Hut sein und uns tief bücken, wenn die Riesen unter niedrig hängenden Ästen hindurch liefen. Nach einer knappen Stunde erreichten wir endlich das erste Dorf, und wenn mich nicht alles täuscht, war es eine Siedlung des Lisu-Volkes.

Ich bin nach der langen Zeit, die zwischen Erlebnis und Aufzeichnung liegt, nicht mehr in der Lage, die Besonderheiten der einzelnen Ethnien zu bezeichnen. Ich fotografierte zwar dauernd, kann aber heute nicht mehr sagen, ob es sich auf den Bildern um Lisu oder um Lahu handelt. Einzig die Akha sind mir noch in individueller Erinnerung, aber dazu später.

Das erste Problem tauchte auf, nachdem wir über eine eigens in der Dorfmitte errichtete Elefantenrampe abgestiegen waren und die Tiere ein paar Minuten unbeaufsichtigt herumstanden. Während der Dorfälteste uns begrüßte und Frauen und Kinder uns scheu betrachteten, hörten wir plötzlich Geschrei aus der Ecke, wo die Elefanten standen. Eines der Tiere hatte offenbar Hunger und begonnen, das Dach eines Hauses abzudecken. Einen Moment lang wussten wir nicht, ob wir lachen oder schweigen sollten, aber komisch war es allemal, wie der Elefant den Leuten das Stroh vom Dach fraß. Der Schaden musste ersetzt werden, und ich sah, wie Rath den Hausbesitzer mit kleinen Scheinen besänftigte.

Wir hörten uns an, was der Dorfälteste (Rath übersetzte) zu erzählen hatte, besahen uns eine Musterhütte, von der man sah, dass sie eigens für Touristen hergerichtet war. Es war sicher nicht das, was wir uns unter einer Trekkingtour vorgestellt hatten, und so trieben wir unseren Guide zum Aufbruch. Von nun an ging es zu Fuß weiter. Zunächst über einen spärlich bewaldeten Bergkamm nach Norden, später durch einen Bambuswald hinab in ein Tal. Mein Rucksack wog 15 Kilo, und ich war froh, auf Rath gehört zu haben, der 15 Kilo als Maximallast festgesetzt hatte. Aus Erfahrung wusste er, dass mehr angesichts der Strapazen des Weges und der Hitze vielen Teilnehmern Probleme bereiten würde. Tatsächlich erlitt ich schon am zweiten Tag beim Anstieg eines Hügels einen Sonnenstich: Ich musste mich übergeben, verspürte Schwindel und war nicht in der Lage weiterzugehen. Meine Gefährten legten mich in den Schatten einer Felswand, gaben mir zu trinken und nahmen mir den Rucksack ab. Nach einer Stunde Rast fühlte ich mich wieder fit und wir setzten unseren Marsch fort. Von da ab war ich vorsichtig und achtete auf die Symptome, denen ich zuvor keine Bedeutung beigemessen hatte.

Das Goldene Dreieck ist ein Mittelgebirge mit bis zu 2.500 Meter hohen Bergen, dünn besiedelt und damals ohne nennenswerte Infrastruktur. Tagelang bewegten wir uns auf Berg- und Waldpfaden, ohne je eine Straße kreuzen zu müssen. Dabei leben ein halbes Dutzend Bergvölker in der Region, zum überwiegenden Teil vor langer Zeit aus Südchina oder Tibet eingewandert und in dem Gebiet sesshaft geworden. Genau betrachtet waren einige der Stämme Nomaden, die Brandrodung betrieben und weiterzogen, wenn ihre Felder den Ertrag verweigerten. Der Umstand, dass mit den Karen und den Shan zwei verfolgte Minderheiten aus dem ehemaligen Birma in der Gegend leben, machte es den jeweiligen Regierungen nicht einfach, Kontrolle auszuüben. Zudem hatte nach dem chinesischen Bürgerkrieg ein komplettes Regiment der Soldaten Chiang Kai-sheks in der Bergregion Zuflucht gesucht. Schließlich lebten vor langer Zeit aus Tibet eingewanderte Ethnien wie die Hmong, Lisu, Yao, Lahu und Akha in der Bergregion, die mehr oder weniger militant auf ihre Autonomie wert legten.

Zu der Zeit, als wir auf unserer Expedition unterwegs waren, blühten im Goldenen Dreieck Opiumanbau und Heroinhandel. Kontrolliert wurde das Geschäft in erster Linie von Khun Sa, dem Anführer der Shan United Army.

Rath, unser Führer, kannte sich bei Land und Leuten aus. Tagsüber legten wir in teils schwierigem Gelände bis zu zwanzig Kilometer zurück, gegen Abend rasteten wir in einem Dorf, mal bei Angehörigen der Karen, mal bei den Lisu, mal in einer Siedlung der ehemaligen Kuomintang-Soldaten. Sobald wir ankamen und Rath den Dorfältesten begrüßt hatte, wies der uns ein Quartier zu. Darunter verstand man einen Raum in einem Pfahlbau, dessen Boden mit einer geflochtenen Bambusmatte ausgelegt war. So lagen wir fröstelnd in unseren Schlafsäcken, denn wir bewegten uns auf über tausend Meter Höhe, wo es des Nachts unangenehm kühl wurde.

Nachdem wir unser Gepäck deponiert hatten, erkundeten wir das Dorf. Sprachlich ging leider wenig, bestenfalls sprachen einige

Dorfbewohner ein wenig Thai und waren in der Lage, mit Rath zu kommunizieren. Wenn wir einer Familie ein Kompliment wegen der frechen Kinder machen wollten, wenn wir wissen wollten, wer uns am Abend zu ein paar Pfeifen Opium einlüde oder wenn wir Wasser trinken wollten, dann mussten wir uns mit Gesten und Mimik behelfen.

Eines Abends, in einem auf dem Rücken eines Berges gelegenen Lisu-Dorf, lud uns der Vorsteher zu einer musikalischen Darbietung ein. Eine Band, bestehend aus Mädchen und jungen Männern mit bunten, traditionellen Kleidern, spielte uns auf Flöten und Saiteninstrumenten eigene Lieder, und ein Chor von Frauen sang dazu. Spontan fingen wir an zu tanzen, was den Leuten offenbar so gut gefiel, dass sie mitmachten. Ich wunderte mich, dass die Männer ihre Kalaschnikow nicht ablegten, selbst während sie mit uns auf dem Dorfplatz Pirouetten drehten, blieben die Waffen geschultert.

Im Anschluss an die offizielle Darbietung kramte ich meinen kleinen Kassettenrekorder aus dem Rucksack und legte Reggae von Bob Marley auf. Obwohl die Menschen wahrscheinlich noch nie Reggae gehört hatten, tanzten sie dazu, als sei es ihre Musik. Ähnliche Beobachtungen hatte ich schon bei den Indigenen in der Sierra Nevada gemacht, ebenso im Rif-Gebirge: Die von der Zivilisation noch wenig korrumpierten Gesellschaften hatten einen intuitiven Draht zu Bob Marley und dem Reggae. Diese Musik scheint einen universell eingängigen Rhythmus zu haben, Musik, die Menschen über alle kulturellen Barrieren hinweg verbindet.

Am Morgen in aller Früh begleitete ich die Frauen zur Opium-Ernte auf die Felder. Die Kapseln wurden ausschließlich in den Morgenstunden angeritzt, dann mehrere Stunden bluten gelassen, ehe in einem zweiten Arbeitsgang das ausgetretene Rohopium abgestreift wurde. Die Mohnfelder waren der Grund, weshalb die Männer Waffen trugen. Es handelte sich um russische AK-47 Sturmgewehre, die sie nach dem Ende des Vietnamkrieges in Laos aus ehemaligen Pathet Lao Beständen erworben hatten. Die Männer waren also bereit, ihre Felder und das Auskommen ihrer Familien mit Waffengewalt zu verteidigen. Das wurde zusehends akuter, je mehr Druck die thailändische Regierung auf die Bergstämme ausübte. Die Politiker wollten, dass sie statt des lukrativen Mohnanbaus auf Gemüse und Kartoffeln umsattelten. Wer den Bauern am Ende die Kartoffeln und das Gemüse abkaufen würde, das konnte ihnen die Regierung indes nicht sagen.

Ich war froh, dass es während der vierzehn Tage, die wir mit Rath unterwegs waren, zu keinerlei Schießereien kam, jedenfalls nicht dort, wo wir uns aufhielten. Einmal begegneten wir im Urwald einer Maultier-Karawane, die im Auftrag von Khun Sa Opium transportierte. Rath erzählte uns, dass die größten Heroinlabore auf chinesischen Schiffen betrieben würden, die auf dem Mekong lagen, und die sich wahlweise mehr auf die burmesische oder die laotische Seite des Flusses verlagerten. Jedenfalls war so sichergestellt, dass sie unbehelligt blieben. Der Mohnanbau war die Lebensgrundlage der Bergstämme, und weit und breit war niemand in Sicht, der ihnen für Kartoffeln oder Gemüse ähnlich viel bezahlt hätte wie die Aufkäufer für das Opium. So blieb es vorerst beim Anbau von *papaver somniferum*, dem Schlafmohn.

Hier saßen wir also im Schlaraffenland der Junkies und Heroin-Hipster (unwillkürlich fiel mir Henry Wolfe ein), womit sich die Kette vom Endverbraucher zum Erzeuger schloss. Die westlichen Regierungen, sofern sie es überhaupt ernst meinten mit ihrem Kampf gegen die Drogen, sahen im Goldenen Dreieck eher das Herz der Finsternis, dabei lagen die Fakten doch offen auf der Hand, nichts war hier finster, alles logisch verknüpft: Finster war höchstens die Politik, die in den industrialisierten Ländern das Aufkommen von Arbeitslosigkeit und Armut förderte; die wiederum begünstigte Unzufriedenheit und Depression, was bei einigen Menschen dazu führte, dass sie Linderung ihres Elends in betäubenden Drogen suchen. Die viel beklagten Märkte in den USA und Europa, die nach immer mehr Betäubungsmitteln verlangen, waren und sind der Motor des Geschäfts. Wo es Menschen gibt, denen eine bestimmte Ware viel bedeutet, und Drogen haben dem Menschen seit jeher viel bedeutet, dort sind sie auch bereit, viel dafür zu zahlen. Durch das weltweite Verbot, mit Heroin und Opium zu handeln, wurden die Preise künstlich hochgetrieben, was es schließlich für Schmuggler wie uns lukrativ machte, dieses Geschäft zu betreiben. Nichts anderes haben Engländer und Franzosen bis ins hohe 19. Jahrhundert hinein getan, indem sie ein Kolonialvolk (die Inder) zum Anbau des Mohns zwangen, um es den Chinesen dann gegen deren erklärten Willen zu Wucherpreisen aufzudrängen. Die Demütigung, die England und seine Verbündeten den Chinesen durch die Opiumkriege Mitte des 19. Jahrhunderts zufügten, wirken bis heute nach und stellen eine der Ursachen dar, weshalb China es der Welt heute zeigen will.

Die Nachfrage nach betäubenden Drogen geht von den Straßen der westlichen Großstädte aus, Produzenten, Schmuggler und Dealer erfüllen den Konsumenten ihre Wünsche. Fahnder, Zöllner, Polizisten und Gefängniswärter, Sozialarbeiter und Psychologen saugen sich wie Blutegel an den Leib des Elends und profitieren auf ihre Weise. Eine verfahrene Situation, weil bis auf die Bauern in den Anbaugebieten und die Süchtigen in den Konsumländern alle Interessengruppen an dem Geschäft profitieren. Eine Lösung dieser Konfliktlage war damals und ist auch heute nicht in Sicht, weil konservativ denkende Politiker nicht in der Lage sind, umzudenken.

Als landschaftlicher Vergleich zum Goldenen Dreieck fällt mir das Reich Rohan aus dem »Herr der Ringe«-Kosmos Tolkiens ein, mit seinen Wäldern und Auen, Flüssen und warmen Quellen, mit all den Wesen und Menschen, die sich auf ein Leben in dauernder Gefahr eingerichtet hatten. Morgens lagen Nebelschleier über dem Land, der Blick ging weit über Hügel und Täler und die Luft war klar und nahrhaft. Die Horizontlinie der Berge verlor sich blass in der Ferne, in der irgendwo China liegen musste.

Bis wir uns an die Härte der Pritschen gewöhnt hatten, auf denen wir uns im Schlafsack zur Ruhe »betteten«, benötigten wir ein paar Tage. Ein Klümpchen Opium vor dem Schlafengehen verschaffte zusätzlich Linderung. Wenn wir früh gegen fünf aufstanden, taten während der ersten Tage zwar die Knochen weh, aber ein Becher heißer Tee weckte die Geister, und war man einmal auf einem Bergpfad unterwegs, vergaß man die Mühsal bald.

Die Hamburger Trekkerinnen hielten sich tapfer, ebenso Urs und Beat aus Zürich. Wir fügten uns zu einer harmonischen Truppe, jeder nahm auf jeden Rücksicht, Konflikte traten so gut wie nicht auf, allerdings kam es auch nicht zu kontroversen Diskussionen, denn dazu waren unsere Gefährten zu bürgerlich und zu unkritisch. Selbstverständlich verteilten wir die Last in den Rucksäcken alle zwei Tage neu, denn mit jeder Konservenmahlzeit wurden sie leichter. Nach ein paar Tagen überquerten wir die Grenze nach Birma, ein Fußpfad auf einem Bergkamm führte hinüber, kein Schild, keine Grenzstation, nichts, was die Einfluss-Sphäre einer anderen Macht ankündigte. Es war der Shan-Staat, die östlichste Provinz Birmas, aber das waren für uns bloß virtuelle Größen, denn unter unseren Füßen lag der gleiche Staub wie in Thailand, in den Wäldern wuchs der gleiche Bambus und in den Bächen gluckerte das gleiche Wasser talwärts.

Die Dörfer lagen weit verstreut. Ab und zu kamen wir an Mohnfeldern vorbei. Wir vertrauten unserem Pfadfinder Rath, der überall, wo wir hinkamen, willkommen war. Offenbar verstand er einige der Sprachen der Bergstämme, sodass es kaum Missverständnisse und keinerlei Konflikte mit den Menschen gab.

Sobald wir am Nachmittag in ein Dorf kamen, bestellte Rath das Essen. Dann bildete sich ad hoc eine Kooperative von Frauen, die für unser leibliches Wohl sorgten. Zuweilen gab es neben dem obligatorischen Reis (im Goldenen Dreieck wird der aromatische, bissfeste Bergreis angebaut, der ohne zusätzliche Bewässerung auskommt) und dem Gemüse aus eigenen Gärten ein Huhn, das aber erst eingefangen und gerupft werden musste. Fanden wir die uns angebotene Speise zu fad, steuerten wir eine Dose der mitgebrachten Konserven bei: Thunfisch oder Rindergulasch zum Beispiel.

Die einzelnen Stämme unterschieden sich in Kleidung und Sprache. Ähnlichkeiten entdeckte ich in der Bauart ihrer Häuser und der Lage der Dörfer. Letztere lagen ausnahmslos auf Berggraten oder im hohen Hang. Die Hütten waren aus Holz, Lehm und Stroh gebaut. Opium rauchten nur die Alten, aber uns kam nicht zu Ohren, dass es dort ein Drogenproblem gegeben hätte. Was unsere kleine Gruppe anging, so waren Werinher und ich die Einzigen, die ab und zu den Abend mit einem Opiumpfeifchen ausklingen ließen, was jedes Mal trotz harter Bettstatt eine traumreiche Nacht garantierte.

Die Dorfbewohner, insbesondere Lahu und Lisu waren uns gegenüber zwar höflich und gastfreundlich, aber im persönlichen Umgang recht zurückhaltend. Ihre Kinder standen in den Türen und betrachteten uns schweigend. Dennoch gelang es mir, einige aussagekräftige Fotos zu machen. Als ich das Gruppenbild einer Lahu-Familie vorbereitete, weigerte sich der Vater, sein Sturmgewehr abzulegen. Ich vermute, er war stolz auf seine Waffe. Vielleicht war er aber auch der Meinung, die Bilder könnten veröffentlicht werden und dachte, auf diese Weise könne er ein Signal aussenden an jene, die beabsichtigten, die Mohnfelder im Goldenen Dreieck zu zerstören.

Völlig überraschend wurden wir in einem Dorf der Akha mit Elend und Hunger konfrontiert. Rath hatte uns vorher lediglich angekündigt, die Akha seien die »rückständigsten« der Bergstämme. Unübersehbar waren die Menschen schlecht ernährt, teils waren sie verwahrlost, das ganze Dorf machte einen Eindruck von Armut und Schicksalsergebenheit. Was im Einzelnen die Gründe dafür waren, dass die Akha wirtschaftlich den übrigen Stämmen hinterher hinkten, konnte nicht geklärt werden. Sie stammen ursprünglich aus Tibet, gehören heute in ihrer Mehrzahl zu den indigenen Gesellschaften Chinas, aber eine Minderheit wanderte bis hinab ins Goldene Dreieck, wo sie heute noch ihre Sprache, ihre animistische Religion und ihre Tradition pflegen. In dem von uns besuchten Dorf rauchten die älteren Männer Opium, während ihre Frauen versuchten, kleine Geschäfte mit uns zu machen. Ich stellte mir vor, wie demnächst ganze Bus- oder Schiffsladungen voll Neckermänner zu den Bergvölkern gekarrt würden: Der Tour-Guide gibt ein paar oberflächliche Informationen, anschließend zehn Minuten aussteigen im Dorf, Elend knipsen und Hungrige begaffen und dann hopplahopp in den Bus und hasta la vista. Das ungehemmte Ablichten der Eingeborenen durch Touristen, dieses aufdringliche Gaffen durch die Kameralinse, wird von den Betroffenen sehr oft als Belästigung empfunden, auf die sie zuweilen aggressiv reagieren.

Ich hatte es mir als Fotograf angewöhnt, die Leute um Erlaubnis zu bitten, ehe ich sie ablichtete. Teilweise glaubten sie, man nehme mit jedem Foto ein Stück ihrer Seele fort, teilweise fanden sie sich zu Objekten unserer Neugier und Dokumentationslust degradiert. Die Schnittstellen zwischen der sogenannten zivilisierten Welt und den wenigen Indigenen, die es heute noch gibt, sind Orte, an denen es oft sehr würdelos zugeht: Verführung, Prostitution und Manipulation bestimmen das Tagesgeschäft. Zweifellos hatten auch wir im Goldenen Dreieck schon damals nichts zu suchen, wenngleich unsere Wanderung über diese Bergwelt eine sanfte Belästigung darstellte. Aber letzten Endes ist der organisierte Tourismus nichts anderes als eine postkoloniale Gewaltanwendung, die diese letzten indigenen Gesellschaften fertigmacht. Und zu diesem allmählichen Erwürgen trägt jeder einzelne Tourist ein klein wenig bei.

Bereitwillig zeigten mir die Frauen ihren Schmuck: Auf schwarze Kappen genähte chinesische Münzen und silberne Armreifen. Am meisten erstaunte mich ein smaragden schillernder Käfer, den eine Frau mit einem Zwirn an den Haaren festgebunden hatte, dessen Operationsradius von den Augenbrauen bis zum Nackenflaum reichte und der zweifellos dazu da war, ihr die Läuse und sonstiges Ungeziefer aus der Frisur zu naschen. Ein persönliches Haustier, das ihr auf dem Kopf herum krabbelte und das in seiner Pracht auch noch ein lebendiges Schmuckstück war.

Ehe wir das Akha-Dorf verließen, gaben wir den Leuten alle Konserven, die wir entbehren konnten. Unser letztes Ziel war die Siedlung der ehemaligen Kuomintang-Soldaten, und dort, so unser ortskundiger Führer, gebe es einen Kaufladen. Im Gegensatz zu den hoch auf den Bergen gelegenen Eingeborenendörfern, lag die Chinesen-Siedlung in einem Tal, durch das ein breiter Bach dem Mekong zustrebte. Auf dem Weg dorthin begegneten wir einem Jäger, der einen Vorderlader geschultert hatte und einen Hund an der Hanfleine führte. Sein abgerissenes Äußeres stand in auffallendem Gegensatz zu der guten Laune, die er verbreitete. Offenbar war er glücklich, wie er mit seinem Hund die Natur durchstreifte, sich unterwegs ab und zu auf einen Stein setzte und ein Pfeifchen rauchte. Ich machte ein Porträt von den beiden: Stolz blickt der eingeborene Freak in die Kamera und setzt damit einen Kontrapunkt zu vielen anderen Menschen, die wir auf unserer Wanderung getroffen hatten, die irgendwie den Eindruck hinterlassen hatten, von den guten Geistern verlassen zu sein. Der wirtschaftliche und soziale Zustand der Bergvölker des Goldenen Dreiecks war kein Grund für die beteiligten Staaten, stolz zu sein. Zu viele Interessen störten ihre Autonomie: die politische Instabilität in Birma, der illegale Opiumanbau und die damit ins Land kommenden Devisen, der Druck, den das thailändische Militär auf die Menschen ausübte, die Flüchtlingsströme der Karen und nicht zuletzt wir selbst ernannten Abenteurer. Aber das einzige Abenteuer, das es damals im Goldenen Dreieck zu erleben gab, war das Überleben der indigenen Völker. Das heißt, ein Abenteuer war unser langer Marsch über die Berge nicht wirklich, bestenfalls eine Wanderung bei leicht erhöhtem Blutdruck. Die meiste Zeit verbrachten wir unterwegs auf dem Pfad. Wir liefen bergauf und wieder ins Tal, wir durchquerten schattige Wälder, wateten durch breite Bäche mit geringer Tiefe, badeten in Pools mit glasklarem Wasser und ließen uns auf Felsen hockend von der Sonne trocknen. Bären begegneten wir gar nicht, und die Geschichte vom letzten Tiger entpuppte sich als Fama. Als wir nach etwa zehn Tagen bei dem Ort Tachileik das Ufer des Mekong erreichten, war die Tour zu Ende. Rath heuerte ein Boot an, das uns nach Chiang Rai brachte. Von dort ging es im Bus zurück nach Chiang Mai.

Wir kehrten in unser Gästehaus zurück, badeten in warmem Wasser und trafen uns später alle zu einem Abschiedsessen in einem Straßenrestaurant. Weder zu den beiden Schweizern, noch zu den Mädels aus Hamburg hielten wir Kontakt. Sie hatten nicht unsere Kragenweite, keine Hippies, keine Lebenskünstler. Will heißen: Sie vertrauten auf den Staat, sie bereiteten sich auf eine bürgerliche Karriere vor, sie leisteten keinen Widerstand, sie waren langweilig und in unseren Augen waren sie irgendwie verloren, noch ehe ihr Leben richtig Fahrt aufgenommen hatte.

Am letzten Abend tauchte Rath noch einmal bei uns auf, um zu sehen, ob nicht noch ein kleines Geschäft zu machen wäre. Da wir kein Gras mehr hatten, fragten wir ihn, ob er uns welches besorgen könne. Konnte er. Wir fuhren hinaus zum Haus einer Familie, die ein wenig außerhalb von Chiang Mai lebte. Rath kannte die Leute offenbar gut, jedenfalls wurden wir von der Dame des Hauses herzlich empfangen. Nachdem wir für ein paar Baht ein kleines

Bündel Buddha-Sticks erstanden hatten, erweiterte die Frau ihr Angebot: Sie habe drei hübsche Töchter, die sich darauf verstünden, Männern die Nächte zu versüßen. Die Mädchen könnten mit uns gehen und die Nacht im Gästehaus verbringen. Wenn wir wollten, könnten wir uns die jungen Damen mal ansehen.

»Das klingt doch nicht schlecht«, meinte Werinher. »Eine Nacht mit einer Frau an der Seite wäre ein stimmiger Abschluss unserer Reise.«

»Hmm«, brummte ich unentschlossen. »Ein Täubchen für die Nacht findest du in der Stadt an jeder Ecke. Und wer weiß, wie hübsch die Töchter am Ende sind.«

Sobald die Frau merkte, dass wir ihr Angebot offenbar in Erwägung zogen, legte sie sich ins Zeug. Sie bot uns Coca-Cola an und behandelte uns mit gesteigerter Höflichkeit.

»Wo sind denn ihre Töchter?«, erkundigte ich mich bei Rath, der meine Frage weitergab.

Die Mädchen waren in einem Nebenhaus dabei, Gemüse zu putzen und für den Markt zu bündeln. Die Mutter ging hinüber, um sie zu rufen.

Es dauerte eine Weile, ehe sie schließlich auftauchten. Sie hatten sich zuvor gewaschen und einen frischen Sarong angelegt. Und weil sie glaubten, so einen besseren Eindruck auf uns zu machen, präsentierten sie sich mit übertrieben geschminkten Augen, was ihre natürliche Schönheit verdarb. Eine nach der anderen verneigte sich zur höflichen Begrüßung.

»Die Töchter sind ja wirklich nicht übel«, sagte Werinher anerkennend. »Für welche würdest du dich entscheiden?«

»Wenn du mich fragst, sind das Mädchen, die man vielleicht in ein paar Jahren heiraten kann. Das sind doch keine Huren!«

»Hauptsache sie wissen, wie es geht. Ich finde sie ganz reizend«, erwiderte er.

»Ich finde sie auch ganz reizend«, stimmte ich meinem Kumpel zu. »Aber sieh sie dir doch mal genauer an: Die Kleine ist doch noch ein Kind. Wenn die fünfzehn ist, dann sind wir beide Rentner.«

»Na ja, die Kleine ist wirklich noch arg jung«, gab er zu.

»Wie alt sind denn die Mädchen?«, wollte er von Rath wissen.

Die Mutter sagte sechzehn, siebzehn und neunzehn. Ich vermutete vierzehn, fünfzehn und siebzehn. Was mich aber noch mehr irritierte war die Tatsache, dass eine Mutter ihre Kinder fremden weißen Männern andiente, und das, obwohl mir die Frau nicht den Eindruck einer skrupellosen Kupplerin machte.

Es wollte mir einfach nicht gelingen, mich in ihre Lage zu versetzen. Was wir sahen, deutete nicht auf bittere Armut hin, was ihr Verhalten hätte erklären können. Eine Rotlicht-Queen war sie auch nicht, dafür war das alles zu bieder, und der kleine Schrein mit der Buddha-Statue deutete nicht auf eine moralfreie Zone hin.

Werinher und ich diskutierten die Lage im Allgemeinen und das zweifelhafte Angebot im Besonderen. Die Frau, die zwar nicht verstand, was genau unter uns besprochen wurde, die aber durchaus spürte, dass das schon sicher geglaubte Geschäft in Gefahr war, redete auf Rath ein. Aber der sprach auch kein Deutsch und konnte ihr nicht sagen, wo es klemmte.

Die Mädchen standen barfuß vor uns auf den Holzdielen, gekleidet in Sarongs und weiße Blusen, die ein wenig die Ansätze ihrer Brüste sehen ließen, eine Augenweide gewiss, aber dennoch störte ich mich daran, dass sie uns von der eigenen Mutter empfohlen wurden. Dann kniete sich die Frau, die offenbar gespürt hatte, dass der Kern des Widerstands bei mir saß, vor uns hin, ergriff je eine unserer Hände und sagte einen Satz, den ich nie mehr vergessen habe und für dessen Wortlaut ich mich verbürge: *»I can personally guarantee the quality of my daughters!«*

Das war's dann. Egal wie alt und wie hübsch die Mädels waren, wir bliesen die Sache ab. Um die Enttäuschung der Mutter ein wenig abzufedern, gaben wir ihr zehn Dollar, in etwa der Lohn, den eine der Töchter nach einer Liebesnacht mit nach Hause gebracht hätte. Auf der Fahrt zurück in die Stadt, versuchte ich Rath zu erklären, warum es für uns nicht dasselbe sei, einen Manager im Massagesalon zu bezahlen oder eine Mutter für die Dienste ihrer Töchter. Später gestand uns Rath, dass zwei der Mädchen tatsächlich noch keine sechzehn waren, aber ein Problem sah er darin nicht. Ebenso wenig wie Tausende von Arabern, Amerikanern und Europäern, die täglich in Bangkok landen und die nichts anderes im Sinn haben, als Sex mit einer oder mehreren Lolitas.

Anfang Dezember trafen wir wieder in Bangkok ein. Da wir nun zum geschäftlichen Teil der Reise kamen, blieben wir dem Morakot Hotel fern, wo wir inzwischen bekannt waren, und wo sich die Angestellten noch immer nicht im Klaren darüber waren, ob wir nun Hippies oder Snobs wären. Wir hielten hartnäckig an der Hippie-Legende fest, aber Hippies hatten im Fernen Osten das miserable Image von Verlierern. Den Widerspruch, dass wir einerseits Geld in der Tasche zu haben schienen, andererseits den Lebensstil der Love-Generation pflegten, konnten die Thais nicht auflösen. Für sie stand fest: Ein Mann mit Geld im Säckel kann auf keinen Fall ein Hippie sein. Ein Hippie war für sie ein Habenichts, ein verwirrter Geist, der nicht kapiert hatte, dass es im Leben in erster Linie um Geld und Gold geht. Was mich nicht daran hinderte, damit zu kokettieren, ein Hippie zu sein. Als äußeres Zeichen ließ ich mir beim Schneider aus Wildseide eine Weste nähen, die in allen Farben des Regenbogens leuchtete.

Im Interconti, einem der nobelsten Häuser vor Ort, traute sich keiner der Angestellten, uns mit indiskreten Fragen zu nahe zu treten. Wir checkten ein und verschwanden in den anonymen Fluchten der Hotelburg. Gegen Abend machten wir uns im Mietwagen auf nach Chonburi zu den chinesischen Geschäftspartnern, die das vorab bestellte Paket schon vorbereitet hatten: Vierhundertfünfzig Gramm Heroin in drei Rohre des Stativs gepresst. Das ersparte uns die Arbeit, das Schmuggelversteck selbst zu präparieren.

Eine Fahrlässigkeit im wahrsten Sinne des Wortes, die durchaus schlimmere Folgen hätte nach sich ziehen können, ereignete sich auf der Schnellstraße nach Bangkok. Ohne groß auf den Verkehr zu achten, bewegten wir uns auf eine Polizeikontrolle zu. Ich war ein wenig zu schnell unterwegs, und die Beamten hatten ihre Kontrollstelle zu schwach ausgeleuchtet. Als ich die Straßensperre vor mir sah, war es fast zu spät: Mit quietschenden Reifen schlitterte ich heran und kam kaum einen Meter vor der Sperre zum Halten. Der Polizist, der mit der Kelle in der Hand auf der Straße stand, hatte sich im letzten Moment durch einen beherzten Sprung in den Graben in Sicherheit gebracht. Den Kollegen musste das wie Slapstick vorgekommen sein, jedenfalls lachten sie laut und schadenfroh, als ich schließlich zum Stehen gekommen war. Es kostete den Chef einige Mühe, mir mit ernster Stimme die Leviten zu lesen. Indes, auch ich nahm die Sache mit Humor und meinte, sorry Alter, aber ihr müsst euren Kontrollposten besser beleuchten, sonst knallt hier bald wirklich einer rein. *Bref:* Sie ließen uns fahren, ohne Verwarnung, ohne Bakschisch, ohne Schikanen.

Werinher und ich verbrachten den Abend in der Hotelbar, wo wir die Reise Revue passieren ließen. Für den nächsten Morgen war der Rückflug geplant, diesmal wieder mit Egypt Air, weil wir deren Prozedere kannten und weil sie in Athen landete, wo wir bisher immer Glück bei der Einreise gehabt hatten.

»Versteh mich nicht falsch«, sagte ich zu Werinher, »aber ich denke, wir sollten wenigstens kurz darüber sprechen.«

»Sprich dich aus. Was hast du auf dem Herzen?«

»Wie verhältst du dich, sollte man dich wider Erwarten in Athen schnappen?«

»Mich schnappt schon keiner«, erwiderte Werinher, dem das Thema sichtlich keinen Spaß machte.

»Und wenn doch? Man kann schließlich nie ganz sicher sein.«

»Dann soll mich der Schlag treffen und der Herrgott mich auf der Stelle zu sich holen.«

»Spaß beiseite. Ich will dir sagen, was ich mache: Sobald ich feststelle, dass die Geschichte schief gelaufen ist und man dich mitgenommen hat, suche ich einen Anwalt auf, mit dem ich deine Verteidigung organisiere.«

»Das sollte aber ein guter Anwalt sein«, erwiderte Werinher kleinlaut.

»Der beste«, sagte ich. »Ich hab nämlich Freunde in Athen, die kennen einen der besten Verteidiger dort: Takis Irgendwas, den Namen habe ich mir aufgeschrieben.«

»Das gefällt mir nicht, ist'n schlechtes Omen. Man schreibt sich keine Namen von Anwälten auf, solange es nicht wirklich notwendig ist. Hast du zufällig auch noch die Adresse eines Beerdigungsinstitutes?«

»Red' keinen Quatsch. Ich will bloß, dass du weißt, wie wir im Falle eines Falles vorgehen: Du hältst die Schnauze, ich kümmere mich darum, dass du so schnell wie möglich frei kommst.«

»Das sollte eigentlich selbstverständlich sein«, sagte Werinher.

»Trotzdem schadet es nicht, wenn man sich noch einmal darüber verständigt. Schon 'ne Menge schief gelaufen, weil sich die Leute vorher nicht besprochen hatten. Noch mal: Sollte was schief laufen, hältst du in jedem Fall den Mund. Ohne Anwalt sagst du gar nichts! Das erweist sich immer als die bessere Strategie. Erst wenn man seine Karten kennt, fängt man an, sein Spiel zu planen.«

»Klingt logisch«, brummte mein Kumpel.

Offenbar hatte ich ihm die Laune verdorben. Wir beendeten den Abend und gingen früh ins Bett. Ein Taxi brachte uns in der Früh zum Flughafen, die Egypt Air nach Europa. Weder bei der Ausreisekontrolle in Bangkok noch bei der Zwischenlandung in Kairo gab es Besonderheiten, über die berichtet werden müsste. Die Griechen waren freundlich, wie wir es von ihnen nicht anders erwarteten. In Athen quartierten wir uns in demselben Hotel in Kolonaki ein, wo ich zuvor schon mehrmals gut untergekommen war. Am nächsten Tag leerten wir eine der gefüllten Röhren des Stativs und verpackten das wertvolle Pulver in einen Expressbrief, den ich nach Amerika zu Hunter schickte. Den Rest nahmen wir nach ein paar Tagen im Zug mit nach Deutschland. Sobald Hunter die erste Überweisung abgeschickt hatte, brachte ich das nächste Drittel auf den Weg. Werinher und ich regelten das Finanzielle, dann trennten wir uns, denn Weihnachten stand vor der Tür, und dazu hatte jeder eigene Pläne.

2.20 Adiós Ibiza

Mit dem erfolgreichen Abschluss der großen Thailandreise hatte ich meinen Kredit an Glück fürs Erste aufgebraucht. Kaum dass ich in Gräfelfing angekommen war, erfuhr ich von unserem Untermieter Klaus, dass Richie gestorben sei. Verstört rief ich Magdalena an, und wir verabredeten uns am nächsten Tag bei ihr am Hopfensee. Als sie mir an jenem regnerischen Herbstabend die Tür öffnete, war Richie schon seit ein paar Wochen tot. Nach Grassau am Chiemsee habe man ihn gebracht, dorthin wo seine Eltern wohnten. Zu denen habe er zwar nach dem Aufenthalt im Gefängnis nicht mehr viel Kontakt gehabt, aber den toten Sohn hätten die alten Leute trotzdem haben wollen.

Magdalena war froh, mit mir sprechen zu können, denn, so sagte sie mir, Lisa und ich seien die einzigen Menschen aus Richies früherem Leben gewesen, zu denen er noch Verbindung hatte. Und vor allem: Mit mir konnte sie offen über Richies letzte Stunden reden. Wir setzten uns an den Tisch, und sie fing an zu erzählen. Dabei wurde mir mit einem Mal bewusst, dass auch Magdalena ihn geliebt hatte.

An Richies letztem Lebenstag hatte sie Nachtschicht. Er kam spät von der Arbeit. Die beiden hatten gerade noch Zeit, zusammen zu Abend zu essen. Dann gab Magda ihm den letzten Kuss und ließ ihn allein. In der Klinik muss er sich tagsüber Zugang zu einem schlecht gesicherten Medizinschrank verschafft und daraus zwei Ampullen Dilaudid entwendet haben. Richie dürfte gewusst haben, was er da an sich nahm und welche Wirkung davon zu erwarten war. Schließlich ist Dilaudid ein Opiat, das nur bei starken Schmerzen verabreicht wird. Als Magdalena am nächsten Morgen nach Hause kam, fand sie ihn im Sessel sitzend, offenbar war er vor dem Fernseher eingeschlafen. Erst nach einer Weile, als sie auf ihre Fragen keine Antwort erhielt, ging sie zu ihm hin, und als sie ihn berührte, stellte sie fest, dass er nicht mehr lebte. Auf dem Teppich lag die Spritze, im Abfalleimer der Küche fand sie die beiden leeren Ampullen. Sie räumte alles beiseite und verständigte den Arzt. Dessen Obduktion ergab Herzversagen aufgrund einer wahrscheinlich angeborenen Herzschwäche, und so ist Richie auch in die Totenstatistik des Freistaates eingegangen. Für Magdalena und mich blieb die Frage, ob er an einer versehentlichen Überdosis verstorben war oder ob es ein sogenannter Goldener Schuss war. Suizid also?

Für Ersteres spricht, dass er sich zuvor schon bei uns in Gräfelfing mehrmals in der Dosis verschätzt hatte, wobei sein Glück darin bestand, dass er den Stoff geschnupft und nicht injiziert hatte. Man kennt dieses Phänomen bei Süchtigen, die rückfällig werden: Sie verschätzen sich leicht in der verträglichen Menge. Andererseits sollte man annehmen, dass ein Mann wie Richie sich auskannte bei den einschlägigen Arzneien, er hätte also wissen müssen, dass zwei Ampullen Dilaudid intravenös gespritzt das Ende bedeuten. Davon jedenfalls war Magdalena überzeugt: Sie ging davon aus, dass er bewusst aus dem Leben geschieden ist. Auch mir klang das zunächst plausibel und ich schloss mich ihrer Meinung an. Im Laufe der Jahre beschlich mich jedoch das Gefühl, dass sein Tod ein Irrtum gewesen sein könnte, und er sich wieder einmal zu viel zugetraut hatte. Denn sich so einfach davonzuschleichen, das war nicht Richies Art: Er war kein Feigling. Gewiss hätte er zumindest seiner Freundin einen Brief hinterlassen. Aber letztendlich ist es müßig, darüber zu spekulieren, ob er Morphium spritzte, um seinen Schmerz zu betäuben und dabei versehentlich starb, oder ob er Morphium spritzte, mit der Absicht, seinem schmerzhaften Leben eine Ende zu setzen. Es bleibt sich gleich: In beiden Fällen steht am Anfang der Schmerz und am Ende der Tod.

Als ich mich spät am Abend von Magdalena verabschiedete, war es ein Abschied für immer. In der Zeit danach hielt ich mich in Amerika auf, und als Lisa Monate später versuchte, bei ihr anzurufen, waren Wohnung und Anschluss aufgelöst. Ich bin überzeugt, dass sie noch lange an Richie dachte, den großen, blonden Knuddelbär mit den blauen Augen, den alle Frauen liebten, der so schöne Balladen sang, der Ungerechtigkeit in seiner Nähe nicht duldete, der alles teilte und nichts hortete, der dennoch im tiefsten Inneren so unglücklich war, und den sie wohl nie wirklich verstanden hat. Richie war der erste meiner Freunde, der den Kampf gegen das Opium verlor.

Nicht durch eine Droge, sondern mit dem Auto in Paris unterwegs verlor ein populärer Franzose zur gleichen Zeit sein Leben. Nachdem der Staat Jacques Mesrine in den Fünfzigerjahren zum Töten nach Algerien geschickt hatte, kehrte der junge Mann desillusioniert und enthemmt nach Hause zurück und wurde im Laufe der Jahre zu einem der meistgesuchten Verbrecher seines Landes. Weil die Flics ihn immer wieder suchten, weil er immer wieder aus diversen Zuchthäusern ausbrach, und weil er die Polizei wiederholt genarrt hatte, lauerten sie ihm, nachdem sie einen Hinweis erhalten hatten, am Morgen des 2. November in Paris auf und knallten ihn ab. Als ich davon aus der Zeitung erfuhr, nahm ich mir vor, Mesrines Biografie zu lesen. Bemerkenswert fand ich in diesem Zusammenhang, dass ein von Interpol gesuchter Schwerverbrecher (Mesrine wurden diverse Morde und Überfälle zur Last gelegt und erst kürzlich die Entführung eines französischen Industriellen) Zeit und Muße hatte, seine Lebensgeschichte überhaupt zu Papier zu bringen, und zweitens überraschte mich die Qualität des von ihm verfassten Textes, der durchgehend unterhaltsam war und dem eine Beobachtungsgabe zugrunde liegt, wie der hier zitierte Absatz belegt.

Ich hatte mir angewöhnt, die Leute um mich herum zu beobachten, auf der Straße, in der Metro, in meiner kleinen Stammkneipe … Und was sah ich? Müde traurige Gesichter; ich sah Menschen, die eine mies bezahlte Arbeit fertig machte; Menschen, die auf ewig zur Mittelmäßigkeit verurteilt waren; Menschen, die einander sehr ähnlich waren, weil sie die gleiche Kleidung trugen und am Monatsende die gleichen Geldprobleme hatten; Menschen, die sich nie ihre geheimsten Wünsche erfüllen konnten, die sich an den Schaufenstern der Reisebüros und Boutiquen die Nase platt drückten. Ihnen blieb nur die Stammkneipe und ihr Gläschen Rotwein. Diese Menschen kennen ihre Zukunft, denn sie haben keine. Sie sind unterworfen und besiegt; schon wenn der Wecker morgens klingelt, sind sie Sklaven.

Drei Tage vor Weihnachten machte ich mich endlich auf den Weg nach Ibiza. Ich nahm eine Maschine der Iberia nach Barcelona. Schon beim Landeanflug stellte ich fest, dass ein riesiges Tiefdruckgebiet über dem westlichen Mittelmeer eindrehte. Der Anschlussflug wurde umgeleitet, weil auf Ibiza eine Landung wegen des heftigen Windes nicht möglich war.

Wir landeten auf Mallorca, wo der Sturm kaum weniger stark blies. Ich quartierte mich in einem Hotel in der Altstadt ein. In einer Buchhandlung, die sich auf die Lesegewohnheiten der Touristen eingerichtet hatte, fand ich das Buch von Jacques Mesrine. Sollte er seine Biografie wirklich selbst geschrieben haben, so haben die Franzosen einen Literaten hingerichtet. Ich weiß nicht, ob Mesrine die Bücher seines Vorläufers Jean Genet kannte, der im Gefängnis zu schreiben begonnen hatte. Noch während des Zweiten Weltkrieges wurden Sartre und Cocteau auf ihn aufmerksam und reichten ein Gnadengesuch beim Staatspräsidenten ein, nachdem sie einiges von Genet gelesen hatten. Verglichen mit Mesrine war Genet ein kleiner Spitzbube, den zu begnadigen De Gaulle sich nicht verbiegen musste, denn die letzte Haftstrafe erhielt Genet während des Krieges unter deutscher Nazi-Besatzung ausgerechnet für den Diebstahl einiger Bücher. Ganz einfach hatte Jean Genet es seinem Staatspräsidenten allerdings nicht gemacht, denn als die Deutschen 1940 in Frankreich einmarschierten, feixte der Schriftsteller aus dem Knast heraus, dass endlich mal jemand käme, um den arroganten Franzosen in den Arsch zu treten, und er hieß die Nazis von Herzen willkommen. Das war eine Anekdote nach meinem Geschmack, hinterließ sie doch bei den meisten Franzosen nichts als Empörung!

Zwei Tage blieb ich auf Mallorca, ehe ich einen Platz in einer Maschine nach Ibiza bekam, wo ich schließlich einen Tag vor Weihnachten bei Lisa und dem Kind eintraf. Das Weihnachtsfest verbrachten wir mit Freunden, es sollte unser letztes auf der Insel sein, wobei ich allerdings sagen muss, dass mich derartige Feste längst nicht mehr begeistern konnten. An den Gott der Christen glaubte ich ohnehin nicht, Geschenke machte ich das ganze Jahr über, insbesondere wenn ich von einer Reise zurückkehrte, und mir schenkte man auch andauernd was: Zuwendung, Gastfreundschaft, Bücher, Schallplatten, Haschisch. Wozu sollte ich mich da am Weihnachtsrummel beteiligen? Zudem hatten wir den Tod unseres Freundes Richie noch nicht verwunden, es gab also Ende des Jahres 1979 keinen Grund zu wie auch immer gearteter Weihnachtsfröhlichkeit.

Und es ging weiter, das Jahr hielt noch mehr Überraschungen für uns bereit. Am 26. Dezember überfiel die Sowjetunion Afghanistan. Man ermordete den Präsidenten und installierte in Kabul eine Marionette. Es war der Auftakt zu einem zehnjährigen Widerstandskrieg durch die von den Amerikanern unterstützten Mujaheddin, den die Russen am Ende verlieren sollten.

Aus irgendeinem Grund fielen mir nach Weihnachten die Sachen ein, welche die Kripo vor zwei Jahren bei der Hausdurchsuchung beschlagnahmt hatte: Tagebuch, Briefe, Adressen und Fotos. Spontan beschloss ich, diese Geschichte endlich zu klären. Längst war ich in der Sache freigesprochen worden, es gab also für Polizei und Justizbehörden keinen Grund mehr, irgendwelche Asservate zurückzuhalten. In den beiden Jahren, die seit meiner Haftentlassung vergangen waren, hatte ich mich wiederholt um die Sachen bemüht. Insbesondere die Visitenkarten wollte ich wiederhaben, denn ich hatte auf meinen Reisen immer wieder interessante Leute kennengelernt, Einladungen erhalten und Anschriften ausgetauscht. Dazu gehörten ein Schauspieler aus Buenos Aires, eine Ethnologin aus New York, die Adresse von Henry Wolfe in Berkeley und die von Bea in Brooklyn. Seit der Hausdurchsuchung hatte ich somit den Kontakt zu vielen Bekannten verloren.

Nachdem die Feiertage vorüber waren, begab ich mich schlecht gelaunt zum Kommissariat von Ibiza. Dass an diesem Tag ausgerechnet Paquito der Folterer Dienst hatte, konnte ich nicht ahnen. Ebenso wenig konnte er wissen, dass ich mit von der Partie gewesen war, als man ihm im Vorjahr eine Abreibung verpasst hatte. Ich tat so, als hätte ich seine Misshandlungen beim Verhör vor zwei Jahren vergessen.

»Ich bin gekommen, um die Asservate abzuholen, die ihr vor zwei Jahren aus meinem Haus in Talamanca mitgenommen habt.«

»Asservate? Was denn für Asservate?«

»Fotos, Tagebücher, Adressen. Halt alles, was ihr damals beschlagnahmt habt.«

»Kann mich an nichts erinnern«, sagte der Polizist.

»Aber ich. Also: Wo sind die Sachen?«

»Hier ist nichts. Wenn da noch irgendwas sein sollte, müsste es bei der Staatsanwaltschaft liegen. Ich schlage vor, du schaust bei denen mal vorbei.«

Ich begab mich zum Büro des Staatsanwalts, bloß um dort zu erfahren, man wisse nichts von Asservaten, aber möglicherweise könne mir der Ermittlungsrichter ja weiterhelfen. So schickten sie mich von einer Dienststelle zur nächsten, wo ich aber jedes Mal unverrichteter Dinge wieder abzog. Bis es mir zu dumm wurde. Ein letztes Mal machte ich mich auf den Weg zu den Bullen, die seinerzeit den Überfall auf Cana Ventura inszeniert hatten. Paquito war allein, die Kollegen in der Mittagspause.

Als er mir frech ins Gesicht grinste, er wisse nichts von Asservaten und hinzufügte, ein bisschen Schwund gebe es immer, da verlor ich die Contenance.

»Jetzt hör mir mal gut zu, Freundchen«, begann ich. »Solltest du nicht umgehend diese Sachen herbeischaffen, werde ich meinen Anwalt reaktivieren und dich persönlich haftbar machen. Ihr habt mich damals einfach so verhaftet, mich höchst unfreundlich behandelt, und jetzt will ich die Dinge wiederhaben, die mir gehören. Schließlich wurde ich in Madrid von allen Vorwürfen freigesprochen.«

Paquito schien endlich begriffen zu haben. Er bat mich um meinen Ausweis und versprach, in der Asservatenkammer nachzusehen. Die Sache mit dem Ausweis hätte mich stutzig machen können, schließlich kannte er meinen Namen, sehr kompliziert dürfte er auch in den Ohren eines spanischen Polizisten nicht geklungen haben. Während ich wartete, hörte ich im angrenzenden Büro die Schreibmaschine, und als Paquito nach zwei Minuten zurückkehrte, hielt er einen Haftbefehl in der Hand, auf dem korrekt geschrieben mein Name und mein Geburtsdatum zu lesen waren.

»Was soll das denn sein?«, fragte ich, anfangs noch amüsiert.

»Du kannst doch lesen: *Orden de detención*«, sagte er nüchtern. »Du bist verhaftet.«

Dann kam er um den Behördentresen herum und legte mir Handschellen an.

»Darf ich bitte erfahren, weshalb ich verhaftet werde?«

»Keine Ahnung. Der Haftbefehl wurde in Madrid ausgestellt. Da muss ich erst nachfragen. An irgendeiner Sauerei wirst du schon beteiligt gewesen sein«, sagte er frech. »Denk doch mal nach. Vielleicht eine kleine Körperverletzung?«

Sollte es möglich sein, dass er irgendwie herausbekommen hatte, wem er seinerzeit die nächtliche Abreibung zu verdanken hatte? Die dreiste Art, in der er mit mir sprach, konnte darauf hindeuten. Dass Polizisten Verdächtige duzten, war damals üblich, das störte mich auch nicht wirklich. Hier handelte es sich um das Du unter Klassengenossen, dem Umstand geschuldet, dass der Säufer, der Bulle und der Ganove Angehörige derselben sozialen Schicht sind und sie sich deren Codes bedienen. Es war eher umgekehrt: Hätte der Beamte mich mit Sie angesprochen, hätte ich mich gewundert.

Als ich erkannte, dass er ernst machte, fing ich an, um meine Freiheit zu kämpfen, merkte aber bald, dass dies nicht der Augenblick der Worte oder gar der Argumente war. Paquito hatte einfach Lust, mich zu ärgern, und er genoss meine Hilflosigkeit. Er telefonierte eine Weile herum, und ich hörte heraus, dass das kleine Gefängnis von Ibiza über die Weihnachtstage unbesetzt war. Hoffnung zeigte sich am Horizont.

Um den Gefängniswärtern freie Feiertage zu gönnen, hatte man den Knast am Tag vor Heiligabend evakuiert und alle Häftlinge entweder frei gelassen oder nach Palma in das Provinzgefängnis verschifft. Ehe Paquito mich einsperren konnte, musste erst der Knast geöffnet werden, aber dabei stieß er offenbar auf Widerstand. Der verantwortliche Beamte sträubte sich vehement, seine Feiertagsruhe zu unterbrechen, bloß weil die Polizei einen Mann dingfest gemacht hatte, von dem man nicht einmal konkret wusste, was er denn ausgefressen hatte. Ich verfolgte den Fortgang der Telefonate, musste aber am Ende zur Kenntnis nehmen, dass Paquito sich durchsetzte. Kurz darauf fuhr ein Wagen vor, und zwei Uniformierte brachten mich hinauf in den versifften Knast, den ich vor mehr als zwei Jahren schon einmal kennengelernt hatte. Bloß war ich diesmal der einzige Häftling.

Als wir vor dem Gefängnis eintrafen, war dort noch alles dunkel. Wir waren gezwungen, zehn Minuten zu warten, ehe ein dicker Wärter endlich sein Mofa an die Mauer lehnte und das ehemalige Kloster aufschloss. Wir gingen hinein. Die beiden Bullen übergaben mich dem Kollegen, ließen ihn das Übergabe-Protokoll quittieren und uns dann allein zurück. Kaum dass sie fort waren, wurde der Mann ärgerlich. Die Maschine war in Gang gekommen.

»Was hast du angestellt?«, herrschte er mich an.

»Keine Ahnung. Angeblich liegt ein Haftbefehl aus Madrid gegen mich vor. Aber ehrlich, Señor, ich weiß nicht, um was es dabei gehen soll.«

»Das gibt es nicht!«, stellte er verärgert fest.

Don Fernando, der Justizbeamte, forderte mich auf, Platz zu nehmen. Dann griff er zum Hörer und versuchte herauszufinden, was der Grund meiner Inhaftierung war, was also der Grund dafür war, dass er die beschaulichen Weihnachtsfeiertage im Kreise der Familie unterbrechen und einen ihm bis dahin unbekannten Deutschen bewachen musste.

Ich saß auf dem Stuhl neben seinem Schreibtisch und hoffte, der Mann möge Erfolg haben. Er war um die sechzig, ein beleibter Patriarch, dem anzusehen war, dass er unvorhergesehene Diensteinsätze hasste. Er wählte sich die Finger wund, aber erstens war wegen der Feiertage kaum ein Büro besetzt, zweitens war ohnehin längst Feierabend und beim Polizeikommissariat erhielt er die Antwort, der Haftbefehl sei in Madrid ausgestellt, die Sache könne daher erst nach den Festtagen geklärt werden. Niemand konnte ihm sagen, weshalb ich festgehalten wurde.

Schließlich fügten Fernando und ich uns in unser Schicksal. Irgendwie schienen wir beide Gefangene zu sein. Ich bat ihn, Enrique anzurufen, der wiederum sollte Lisa informieren und sie bitten, mich noch am Abend im Knast aufzusuchen. Das funktionierte. Nach einer Stunde tauchte sie auf und, nachdem ich sie, soweit es mir möglich war, ins Bild gesetzt hatte, fuhr sie heim, um all die Dinge einzupacken, die ich benötigte, um es mir den Umständen entsprechend in der Zelle bequem zu machen.

Don Fernando gab mir den Schlüssel zum Innenhof und forderte mich auf, mir aus der Kammer eine saubere Matratze und

Decken zu holen, mir anschließend eine Zelle auszusuchen und mich einzurichten. Spät am Abend tauchte Lisa erneut mit Bettwäsche, Handtüchern und Toilettenartikeln auf. Bis tief in die Nacht hinein spielten der Wärter und sein Häftling Schach. Am nächsten Morgen stürzte sich Fernando mit frischer Energie auf meinen Fall, allein, die Sache wurde umso mysteriöser, je mehr er insistierte. Schließlich gab er auf.

»Da läuft irgend eine Sauerei«, erklärte er mir. »Langsam glaube ich, wir werden von der Polente verarscht. Aber das werden die noch bereuen! Das lasse ich mir nicht gefallen.«

Don Fernando war mies drauf, und es lag nun an mir, ihn wieder zu besänftigen. Ich ließ ihn beim Schach ein paar Mal gewinnen. Gegen Mittag kam Lisa mit Kartoffelsalat und Würstchen vorbei. Zu dritt hockten wir um den Schreibtisch und speisten. Die Flasche Rioja, die sie mitgebracht hatte, reichte für einen kleinen Schwips, der unser Los in milderem Licht erscheinen ließ. So grotesk es sich anhört, der Gefangene, seine Frau und der Wärter waren eine verschworene Gemeinschaft auf Zeit, die an einem Strang zog.

Mir blieb nichts anderes übrig, als mich in der ehemaligen Klosterzelle einzurichten und von Tag zu Tag darauf zu hoffen, dass das Recht über die Willkür triumphieren möge. Zum Glück hatte Lisa mir Lektüre mitgebracht, unter anderem das neue Buch von Martin Walser: »Ein fliehendes Pferd«. Ich las es mit Begeisterung.

So fügten sich Wärter und Gefangener in ihr Schicksal und machten das Beste daraus. Zweimal am Tag rief er mich zu einer Partie Schach ins Büro. Ab dem dritten Tag schenkte er uns ab und zu ein Gläschen Cognac ein. Wir gingen zum Du über. Zum Mittagessen fuhr Lisa opulente Speisefolgen auf, aber vom Gericht kam keine Nachricht. Die Tage verstrichen, es wurde hell, es wurde dunkel, nichts geschah. Das Jahr ging zu Ende, ein neues Jahr begann, Silvester feierten wir zu dritt auf der Wachstube des Gefängnisses. Sechs Tage lang dauerte dieser ungesetzliche Zustand. Am Morgen des 2. Januar rief Fernando in den Hof hinab, ich möge meine Sachen packen.

»Der Haftbefehl ist aufgehoben worden. Du kannst gehen.«

»Und was ist über den Grund meiner Inhaftierung zu erfahren?«

»*Nada*. Es gab keinen. Das spanische Recht gestattet es der Polizei, einen Verdächtigen drei Tage in Ermittlungshaft zu nehmen und dann kann der Richter noch drei Tage Untersuchungshaft anhängen. Diese sechs Tage sind jetzt vorbei, es gibt keine Anklage, also bist du frei.«

Ich räumte meine Zelle und während ich darauf wartete, dass Lisa mich abholen kam, spielten mein Wärter und ich eine letzte Partie, die Fernando gewann.

Die Woche im alten Karzer von Ibiza hatte mir gezeigt, dass Spanien auch vier Jahre nach Franco noch kein Land war, in dem das Recht über die Willkür gesiegt hatte. Mein Vertrauen in die spanische Rechtsordnung war nachhaltig erschüttert. Mehr noch, mir wurde klar, dass der Staat generell eine Organisation mit einer eigenen Dynamik ist, dass er dazu neigt, seine Macht immer weiter auszudehnen, und dass seine Geheimdienste, Polizisten und Beamten über mannigfache Möglichkeiten verfügen, den Bürger zu überwachen und zu manipulieren. Menschen sind schwer berechenbar, insbesondere hat Machtbesitz kaum kalkulierbare Auswirkungen auf ihr Verhalten. Solange ein kleiner Beamtenlump wie Paquito ungestraft foltern und drangsalieren konnte, lagen die Dinge in Spanien noch im Argen.

Die Aufregung, die durch meine neuerliche Inhaftierung in unserer Familie herrschte, ließ sich nicht so einfach in Luft auflösen. Lisa und ich überlegten, ob es weiterhin möglich wäre, auf Ibiza das Leben zu führen, das uns einmal vorgeschwebt hatte.

Mit gemischten Gefühlen packten wir unsere Sachen und verließen die Insel Ende Januar 1980 mit Ziel Gräfelfing. Wir wussten damals noch nicht, dass es unser endgültiger Abschied sein würde. Wir ließen das Haus in Talamanca zurück, als gäbe es eine Wiederkehr. Doch zu viele Dinge sollten sich binnen kurzer Zeit ereignen, die andere Entscheidungen nach sich zogen.

Letztendlich waren es aber nicht allein persönliche Gründe, die unserem Exodus von Ibiza zugrunde lagen, sondern ganz allgemein die Entwicklung, die die Inselgesellschaft und das ganze Land im Zuge der Kapitulation vor dem Massentourismus nahmen. Immer mehr Spanier gaben ihren beschaulichen Lebensstil auf und beteiligten sich am Kampf um Kohle und Konsum. Die Preise stiegen ins Unverschämte, die Leute wurden rücksichtslos, Geld wurde immer wichtiger. Hinzu kam, dass gegen Ende der siebziger Jahre kaum noch echte Hippies auf der Insel lebten. Die wenigen, die blieben, hatten sich korrumpieren lassen: Sie ließen sich wie Exoten von Pauschaltouristen knipsen, sie betrieben Kneipen und Restaurants zur Profitmaximierung und sie trugen ihr Geld zur Bank. Der Hippiemarkt von Es Cana war zum Touristenrummel verkommen, die Bars an der Hafenpromenade wurden von blondierten Nutten und ihren Loddels frequentiert, bestaunt von Düsseldorfer Schickis und Münchener Mickis. Und spätestens als sich Pierre Vignau, der Macher des »Pacha«, der Bar »El Mono Desnudo« und der »Bar Chocolate« mit einer Überdosis Heroin von Ibiza und der Welt verabschiedet hatte, war einer der letzten Hippies fortgegangen. Nur die ganz Dickfelligen waren gegen die Invasion der Pauschalen resistent und blieben auf den Fincas.

All das war Lisa und mir damals noch nicht in dieser Deutlichkeit bewusst, aber wir benötigten nicht sehr lange, ehe wir spürten, es würde für uns keine Rückkehr nach Ibiza mehr geben. Ende Januar brachen wir auf. Als wir in Deutschland angekommen waren, hörte ich im Radio von der Gründung einer neuen Partei, deren Wurzeln in den sechziger Jahren steckten: Die Grünen. Auch wenn ich zu Politikern im Allgemeinen wenig Vertrauen hatte, waren mir diese Chaoten sympathisch, und ich behielt sie und ihre Aktionen fortan im Auge.

Wenige Wochen nach der Abreise schrieb ich unserem Hausbesitzer Miguel den Kündigungsbrief. Wir überließen ihm den Hausrat und den Käfer. Was wir von der Insel, auf der Lisa und ich uns 1975 kennengelernt hatten, mitnahmen, waren die Erinnerungen an die schönen Jahre, die wir dort verbracht hatten: An die Ankunft mit dem Segelschiff vor Salinas; an die Tage mit Bea und Richie auf der Finca Can Pujols und an die Abende am Kaminfeuer, wenn Orange Tom von Poona und Henry Wolfe von Sikkim erzählten; an die Feten, die wir mit Martina, Geoffrey, Fatja, Paco, Mita, Angel, La Merce, Dennis, Tuulikki, Santos, Andrea und Klaus und all den anderen Freunden auf Cana Ventura gefeiert hatten und an das leckere Essen, das Lisa jedes mal zubereitete; an den herrlichen Winter, den wir, von der Niederlage gegen die spanischen Zöllner gezeichnet, auf der Insel verbracht hatten und an die anschließende Mandelblüte; an die Jamsession mit Elkin und Nelson, an die Auftritte von Los Hermanos auf dem Hippiemarkt und an die LSD-Trips mit den durchtanzten Nächten unter einem Himmel voller explodierender Sterne.

2.21 Nora II

Lisa und ich waren seit knapp zwei Wochen in Gräfelfing, als Paco aus Madrid anrief. Seine kolumbianischen Partner seien soweit; mehrere Tonnen Marihuana lägen zum Abtransport in einem Schuppen in der Nähe von Santa Marta bereit, und ein Schiff, das die Ware mit in die Bahamas nehmen würde, sei auch gefunden; es sollte in zehn Tagen nach New York auslaufen und habe ansonsten Bananen an Bord. Diesen Frachter sollten wir tunlichst nicht verpassen, denn Osiris und seine Hintermänner hatten lange gesucht, bis sie ein Schiff gefunden hatten, das groß genug war und vor allem, dessen Kapitän und Crew das Risiko eingehen wollten. Ganz abgesehen davon, dass es ja auch immer eine Frage des Preises war, für den ein Schiffskapitän oder ein Matrose ihren Job und ihre Freiheit riskierten.

Paco und Angel flogen im Februar nach Kolumbien, um dafür zu sorgen, dass die Verladung korrekt abgewickelt würde. Ich blieb noch ein paar Tage im verschneiten Bayern bei der Familie, ehe ich eine Maschine nach New York bestieg. Während meiner bisherigen Amerika-Aufenthalte hatte ich Hawaii, Kalifornien und Florida gesehen, jetzt wollte ich endlich New York kennenlernen. Telefonisch hatte ich mit Nora Kontakt aufgenommen, die ich zuletzt im Sommer 1976 anlässlich eines Salsa-Konzertes getroffen hatte, wenige Monate, bevor sie und Enrico sich trennten, und Nora zurück nach Amerika ging. Seither lebte sie in Brooklyn, Bedford-Stuyvesant. Was bei dieser Ortsangabe alles zwischen den Zeilen schlummert, das erfuhr ich erst im Laufe der Zeit: Hardcore USA.

Richie Havens wuchs im Bedford-Stuyvesant-Viertel auf. Dort besuchte ich Nora, und mein erster Eindruck war, dass ich in einem ganz anderen Amerika angekommen war, so wenig glich das Leben in Brooklyn dem Leben in San Francisco oder Miami. Überhaupt, die ersten Tage nach meiner Ankunft in der Hauptstadt der Welt tat ich das, was jeder Neuankömmling tut: Ich staunte. Auf dem Weg vom John F.-Kennedy-Flughafen in die Stadt bestaunte ich die Skyline von Manhattan, ich staunte über den in Krasnojarsk geborenen Taxifahrer und seine Ortskenntnisse, ich war erstaunt darüber, wie kalt es in New York im Winter ist, und ich staunte über Noras Viertel, wo ich, nachdem der Russe mich abgesetzt hatte, der einzige weiße Mann auf der Straße zu sein schien.

Ich hatte es mir während meiner Aufenthalte in den Vereinigten Staaten angewöhnt, den ethnischen Hintergrund der Leute auszublenden, nachdem ich herausgefunden hatte, dass es deren so viele gab: Asiaten und Italiener, Latinos und Ureinwohner, Afrikaner und Angelsachsen, Polen und Iren. Hinzu kamen die sozialen Schichten: Arm und reich, arm weiß und reich weiß, arm schwarz und reich schwarz, es gab alle Konstellationen, dazu die politischen Farben, Demokraten oder Republikaner, wobei mir der Unterschied nie so recht klar wurde. Alle pflegten Vorurteile gegen alle. Irgendwie schienen sich die Amerikaner in ein Koordinatensystem einzufügen, dessen horizontale Achse die Hautfarbe symbolisierte, während die vertikale den Gradmesser zwischen Armut und Reichtum darstellte. Vom Großen Gatsby hinunter zu den Früchten des Zornes; von Onkel Toms Hütte bis hinauf ins Fegefeuer der Eitelkeiten.

Im Umgang mit dem Standard-Ami, dem Taxifahrer, der Kellnerin, dem Hotelpersonal, richtete ich mich nach meinem intuitiven Eindruck: Stellte ich fest, dass es sich um einen Rassisten oder um eine Frau handelte, die erkannt hatten, dass das christliche Amerika von allem möglichen »Gesocks« bedroht und ausgeplündert werde, stellte ich mich naiv und verunsicherte die Leute mit meinen »dummen« Fragen. Sofern sich ihre Vorurteile nicht so sehr verfestigt hatten, dass für Zweifel kein Platz mehr blieb.

Rassisten, die schon von Kind an dieser Vergiftung von Geist und Gefühl ausgesetzt waren, bringt man in einem kurzen Gespräch nicht zur Umkehr. Das war zwar keine auf Brooklyn beschränkte Erkenntnis, aber mir wurde in diesem Land bald klar, dass es ein größeres intellektuelles Gefälle zwischen der Masse und der geistigen Elite gab als etwa in Europa. Jeder Spanier weiß, wo Griechenland liegt, und jeder Franzose lernt in der Grundschule, dass die Gleichheit aller Menschen eine der Säulen der Gesellschaft darstellt. Wissen, welches man bei einem US-Bürger nicht unbedingt voraussetzen konnte und kann. Solange daheim die Flimmerkiste funktionierte, und solange der Maxikühlschrank gefüllt war, sah der Durchschnittsamerikaner keine Veranlassung, sich mit Geografie, Kultur oder Geschichte zu befassen. Dieses in der US-Gesellschaft häufig anzutreffende Unwissen, die Arroganz der Dummheit gegenüber der Bildung, fiel mir sehr bald auf. Ich gewöhnte mir daher an, das Land nach seinen klügsten Menschen zu beurteilen, insbesondere orientierte ich mich an jenen coolen, gebildeten und kreativen Zeitgenossen, die ich im Laufe der Jahre persönlich kennenlernte.

Nora wohnte in einem heruntergekommenen Mietshaus in einem ebenso heruntergekommenen Viertel. Brooklyn war seinerzeit ethnisch in jüdische und schwarze Nachbarschaften getrennt, wo die Grenzen verliefen, habe ich nie herausgefunden, allerdings wurde mir sofort klar, dass Bedford-Stuyvesant ein prekäres Viertel war. Genau gesagt: Ich war froh, dass Nora zu Hause war, und ich mit meinem Gepäck nur kurz vor dem Haus warten musste, ehe sie herunterkam und mir die Tür öffnete. Sie sah blendend aus. Trotz der wenigen Wochen, die wir zusammen in der WG an der Prinzregentenstraße gelebt und den paar Monaten, die wir gemeinsam auf Ibiza verbracht hatten, spürte ich ihre Freude bei der Umarmung und wusste gleich, dass Zeit und Ferne unserer Freundschaft nicht geschadet hatten. Ihr Appartement lag im ersten Stock und bestand aus einem Zimmer mit Kochnische sowie einem engen Bad mit Wanne. Bescheidene Wohnverhältnisse, aber das war das Schicksal, das sich wahrscheinlich alle Schwarzen in Brooklyn teilten. Brooklyn war nicht Long Island, gewiss nicht die Hamptons. Ich quartierte mich bei ihr ein und sie breitete ihre Pläne für die nächsten drei Tage aus.

Ich genoss Noras Gastlichkeit, lud sie nach Manhattan zum Essen ein und anschließend führte sie mich in einen Soul-Club nach Harlem, wo Künstler und Gangster trotz fortgeschrittener Dunkelheit waffenscheinpflichtige Sonnenbrillen trugen, und die Töchter der schwarzen Mittelschicht auf der Tanzfläche eine Garderobe vorführten, bei der einem Spanier nur noch eines eingefallen wäre: Caramba!

Leider geriet Nora nach kurzer Zeit mit zwei schwarzen Rassisten in eine Schlägerei, was uns veranlasste, den Laden unter dem Geleitschutz des Türstehers zu verlassen.

»Worum ging es denn bei dem Streit?«, wollte ich wissen.

»Sie haben auf deine und auf meine Kosten einen dummen Witz gemacht.«

Ich sah sie fragend an.

»Der Nigger hat mich gefragt, was du abgedrückt hast, dass ich dir erlaube, den weißen Lümmel bei mir reinzustecken.«

»Und da musstest du ihm gleich aufs Maul hauen?«

»Ich kläre so was am liebsten mit der Faust.«

Was hätte ich sagen sollen? Nora war eine Veteranin des horizontalen Geschäfts, sie besaß genug Courage und handwerkliches Geschick, sich die gröbsten Arschlöcher mit ehrlicher Handarbeit vom Hals zu schaffen. Ich musste an Carmen denken, die ähnlich rabiat werden konnte, wenn Kerle das Maul zu plump aufrissen.

In Manhattan fanden wir eine Jazz-Kneipe und kamen mit einer Gruppe Jazz-Fans aus Denver ins Gespräch. Es war unterhaltsam.

Am Tag darauf zeigte Nora mir die Canalstreet mit all den Bars und Läden, und weil ich neugierig war, gingen wir zu Kaufmann, dem Second-Hand-Laden, wo Richie seinerzeit die Hawaiihemden her hatte. Als wir dann in ein Taxi stiegen, wurde der Fahrer indiskret.

»Wissen Sie, wer mein letzter Gast war?«

»Wen interessiert das?«, wiegelte Nora ab.

Aber der Fahrer wollte seine Info loswerden.

»Ich habe da vorne an der Ecke gerade John Belushi abgesetzt. Ich weiß, in welche Bar er rein ist. Soll ich Sie hinbringen?«

»Heute nicht«, sagte Nora.

»Aber den Namen der Kneipe können Sie uns trotzdem verraten«, warf ich ein. »Vielleicht schauen wir ein andermal rein.«

Der Mann chauffierte uns über die Brooklyn Bridge und ließ uns an der Flatbush Avenue aussteigen, von wo aus wir im Schneetreiben den Rest des Weges zu Fuß zurücklegten. Nicht alle Anwohner machten ein freundliches Gesicht, als sie die schwarze Lady und den weißen Mann Arm in Arm durch das Viertel gehen sahen.

Was in Paris das Normalste der Welt war, wirkte dort wie eine Provokation.

Was Nora mir in den drei Tagen von der Stadt zeigen konnte, zeigte sie mir. Aber New York ist groß. Allein der Stadtteil Brooklyn hatte mehr als zwei Millionen Einwohner, war also größer als Köln und Frankfurt zusammen. Ich versprach, bald wieder bei ihr vorbeizukommen und fuhr zum La Guardia Airport, wo ich eine Maschine nach Fort Lauderdale bestieg.

2.22 Hangman

Bei schneidender New Yorker Kälte war ich abgeflogen, bei karibischem Sonnenschein begrüßte Penny mich vor dem Terminal.

»Das große Volk der Hunnen grüßt die tapfere Kriegerin der Cherokee«, sagte ich theatralisch, während ich sie in die Arme schloss.

»Der Kriegs-Tomahawk ist begraben, sowohl bei den Hunnen als auch bei den Indianern«, lachte sie. »Welcome to Florida!«

Wir gingen zum Parkplatz hinüber, wo ihr Chevy-Van in der prallen Sonne stand. In dem Moment, als sie den Schüssel ins Schloss steckte, begann die Air-Con zu brummen und im Nu war es angenehm kühl. Dann legte sie eine Kassette von Waylon Jennings ein, klopfte den Takt auf der Querspeiche des Lenkrads und so fuhren wir gut gelaunt auf den Freeway I-95, der Florida von Süden nach Norden durchquert.

»Arnie ist seit Weihnachten aus dem Knast«, sagte sie nach einer Weile. »Ich bringe dich in ein Hotel. Irgendwelche Präferenzen?«

»Mir egal, Hauptsache nicht zu teuer. Ich muss ein wenig auf die Spesen achten«, sagte ich. »Wohnt Arnie bei dir und Hangman?«

»Er kommt ab und zu zum Pennen vorbei. Die meiste Zeit hängt er im Clubhaus der Outlaws herum. Wir beide sollten auf jeden Fall cool bleiben, wenn jemand vom Club in der Nähe ist.«

»Verstehe.«

»Ich komme dich dann ab und zu im Hotel besuchen.«

Unter dem Namen John Gauner quartierte ich mich in einem unauffälligen Haus an der US-1 ein, der Haupt-Nord-Süd-Verbindung neben dem zuvor erwähnten Freeway. In den USA gab es damals keine Pflicht, ein Ausweisdokument mit sich zu führen. Weder bei Inlandsflügen noch beim Übernachten in Hotels war man gehalten, sich auszuweisen. Das bedeutete, dass ich es den Schnüfflern des Staates von vorne herein erschweren wollte, mir auf die Spur zu kommen, indem ich inkognito reiste.

Als ich am Abend bei Hangman eintraf, saß der im Kreise einiger Outlaws, die an ihrer speckigen Kluft und den *colors* erkennbar waren. Einer von ihnen war Arnie, der aus dem Knast von Tallahassee entlassen worden war.

Arnie war ein großer Lulatsch mit langen hellen Haaren und einem Menjoubärtchen, das zusammen mit den harten Augen eine Warnung an seine Mitmenschen darstellte. Es war leicht, sich das Vorurteil anzueignen, dass Arnie ein Bursche war, der im Affekt zu allem in der Lage wäre, ganz unabhängig davon, dass ich wusste, er hatte ein paar Jahre gesessen, weil er einen Polizisten auf dem Motorrad gerammt hatte, der anschließend in den Zaun der Freeway-Begrenzung gerast war. Zusätzlich wusste ich von Penny, dass Arnie wiederholt bei Schießereien mit Hells Angels und den Cops beteiligt war und er von Glück reden konnte, dass er nicht schon deshalb eingebuchtet worden war. Arnie und Hangman waren Kumpels, das erkannte man sofort.

Der einzige Gast, der, wie ich an seiner Kleidung erkannte, kein Outlaw war, stellte sich als Randy vor. Randy war in meinem Alter und mit lockerer Zunge unterwegs. Gerade war er dabei, mit Arnie einen Deal auszuhandeln, bei dem Penny die Hauptrolle spielen sollte. Wie ich aus dem Gespräch heraushörte, wollte Randys Chef, ein gewisser Joey Palmano, Penny zu erotischen Dienstleistungen anheuern. Grundsätzlich waren sich Arnie und Randy schon einig, als ich mich in die Sache einmischte und sagte: »Penny hat keine Zeit. Ich habe ihr nämlich einen Job angeboten.«

Alle blickten auf mich.

»Hangman und ich benötigen jemand, der uns in den kommenden Wochen behilflich ist. Und da es um Geschäfte geht, brauchen wir jemanden, dem wir vertrauen können. Ich fänd's hilfreich, wenn Penny mit von der Partie wäre.«

Arnie fühlte sich übergangen, und hätte ich Hangman nicht ins Boot geholt, er hätte wohl Einwände gehabt. Penny selbst wurde erst gar nicht gefragt.

»Du hast es gehört, Randy. Penny ist in den nächsten zwei, drei Wochen beschäftigt. Sag Joey, er soll sich anderweitig umsehen. Oder fahr gleich mal bei Ella Wheeler vorbei. Bei der sind vor ein paar Tagen neue Thai-Bräute angekommen«, sagte Arnie. »Steht Joey auf Schlitze?«

»Mit Schlitzaugen kennt unser Freund aus Germany sich aus«, sagte Hangman an Randy gewandt. »Vielleicht nimmst du ihn mit.

Harry wird sicher in der Lage sein, zu beurteilen, ob die Schlampen zum Ficken taugen.«

»Warum sollten sie nichts taugen«, wandte ich überflüssigerweise ein. »Wenn sie gut behandelt werden.«

Gelächter bei den Outlaws.

»Kennst du Thailand?«, fragte mich Randy.

»Ich war letzten Herbst noch dort«, erwiderte ich. »Kennen wäre zu viel gesagt.«

In diesem Moment hörten wir draußen vor dem Schuppen eine Harley vorfahren. Dann ging die Tür auf, und ein weiterer Outlaw trat ein. Er hinkte.

»Jaimie, Penny! Ich brauche Hilfe.«

Der Rocker ließ sich in den letzten freien Sessel fallen und deutete auf sein Bein.

»Könnt ihr mal nach der Wunde sehen und sie desinfizieren?«

Erst jetzt erkannte ich, dass am Oberschenkel Blut durch die Jeans sickerte. Loony Jim, so sein Name, war in eine Polizeikontrolle geraten und auf der Flucht angeschossen worden. Jaimie half dem Mann aus der Hose und man besah sich die Schusswunde.

»Glück gehabt, Jim«, sagte Arnie, nachdem er sich das Bein angesehen hatte. »Deine Knochen sind heil geblieben.«

»Tut trotzdem verdammt weh.«

»Sieht auch nicht gut aus!«, bemerkte Penny.

Die Frauen reinigten die Wunden und entschieden, Loony Jim müsse sofort zum Doktor. Sie transportierten ihn in Pennys Bus ins nächste Indianerreservat, wo ein Arzt arbeitete, der keine investigativen Fragen stellte. Randy entschloss sich, die Biege zu machen, ehe die Cops auftauchen und dumme Fragen stellen konnten. Die Outlaws schwangen sich auf ihre Harleys und machten, dass sie fortkamen. Ebenso Arnie, der seinen Kumpels im Auto zum Clubhouse folgte.

Als alle fort waren, war ich mit Hangman allein.

»Neuigkeiten von Paco?«, fragte er nach einer Weile.

»Morgen kommt er für zwei Tage her. Dann erfahren wir, wann's losgeht«, sagte ich.

»Wird Zeit, dass wir die Sache hinter uns bringen. Wir brauchen dringend Kohle. Kannst du mir eine Anzahlung geben?«

»An wie viel denkst du?«
»Ein, zwei Tausend.«
»Kein Problem. Kannst du morgen haben.«
»Penny sagte, du seist im Flamingo abgestiegen.«
»Stimmt.«
»Wer weiß davon?«
»Keiner außer euch beiden. Und Paco natürlich.«
»Dann sieh zu, dass es so bleibt. Je weniger es wissen, umso besser. Und schau in den kommenden Tagen öfter in den Rückspiegel. Kann nicht schaden.«
»Wieso? Gibt's dafür eine Veranlassung?«
»Bei so 'nem Deal gibt's immer 'nen Grund vorsichtig zu sein«, sagte Hangman und schaute mich ernst an. »Hier heißt die Devise: Diskretion und Wachsamkeit.«

Am nächsten Tag lieh ich mir einen Wagen. Weil der Autovermieter, ein Kumpel Hangmans, gerade einen Lincoln Continental auf dem Hof stehen hatte, entschied ich mich für die für europäische Verhältnisse exotische Straßenfregatte. Mein erster Weg war der zum Flughafen von Miami, wo Paco, dessen Freundin Elsa und Luzia, eine weitere Kolumbianerin eingetroffen waren. Sie zogen zu mir ins Hotel Flamingo. Luzia hatte ich zwar im Jahr davor in Bogotá kennengelernt, aber außer ihrer erotischen Präsenz und der Tatsache, dass sie in Miami Ökonomie studierte, war mir nicht mehr viel von ihr in Erinnerung. Sie brachte den dezenten Duft eines Parfums in die sterile Muffigkeit des gekühlten Zimmers, und alles hätte gut werden können, hätte Luzia mich nicht gleich mit Fragen zur deutschen Geschichte und zur »KZ-Kultur« der Nazis gelöchert. Wieder einmal sah ich mich in der Verlegenheit, von Deutschen begangene Barbareien rechtfertigen zu sollen, wo doch die ganze Welt von Barbaren bevölkert ist und der Mensch, solange es Aufzeichnungen gibt, schon immer ein Barbar gewesen ist. So erklärt es sich, dass es zu Zärtlichkeiten zwischen Luzia und mir nicht kam, nachdem ich ihr im französischen Bett eine halbe Stunde lang Auskunft über Treblinka, Sachsenhausen und Dachau erteilt hatte.

Zum Abendessen hatte Paco sich mit Steven Lerner verabredet, einem Bostoner, der seit ein paar Jahren als Juniorpartner mit Big Fred zusammenarbeitete. Die beiden Amerikaner waren gut im Marihuana-Geschäft aufgestellt, das heißt, die hatten Lagerhallen angemietet, sie besaßen eine Flotte schneller Boote und einen ansehnlichen Fuhrpark von Transportern, mit denen sie die Ware von Florida nach Norden und in den mittleren Westen brachten. Was das geplante Geschäft anging, so hatte ein kolumbianischer Partner Pacos zehn Tonnen Gras auf einen Bananenfrachter verladen, der in Richtung Sankt-Lorenz-Strom unterwegs war, und dessen Kurs durch die Inseln der Bahamas führte (von den ursprünglich geplanten 15 Tonnen hatte Paco also bloß zehn Tonnen auftreiben können, was immer noch für eine gute Menge Joints ausreichte).

Auf einer zuvor erkundeten unbewohnten Insel sollte das große Schiff die illegale Ladung löschen. Unbewohnt ist nicht ganz korrekt, denn seit ein paar Tagen kampierten zwei Männer auf dem Eiland, Leute von Big Fred, die auf die Ankunft der Ware warteten. Lag das Gras erst einmal unter den Tarnnetzen im Gebüsch, dauerte es nicht mehr lange, bis zehn Schnellboote herbei beordert wären, um die Fracht abzuholen. Sobald sie alle mit je einer Tonne beladen waren, drehten sie ihre fetten Motoren auf und bretterten im Minutenabstand über das Meer in Richtung Floridaküste. Gelang es ihnen, ohne von der Küstenwache aufgebracht zu werden, im Intracoastal-Waterway zu verschwinden, hatten sie es geschafft.

In dem verzweigten Kanalsystem von Miami und Fort Lauderdale mit seinen tausend Bootsgaragen verloren sich die Spuren, sobald die Wellen verebbt waren. Meist schafften es alle Boote, denn der Zoll war bestochen. Ging doch einmal ein Zollboot längsseits oder hing plötzlich ein Helikopter über einer Zigarette, dann wurde der Bootsführer verhaftet, Fahrzeug und Ladung beschlagnahmt. Das Gras verkaufte nun der Zoll, das Boot löste der Eigentümer wieder aus und der Schmuggler erhielt nach ein paar Wochen Knast gegen eine Geldstrafe seine Freiheit zurück. So verdienten alle, und keiner hatte ein ernstes Interesse, dieses lukrative Geschäft zu gefährden. Zumal niemand ernsthaft glaubte, dass Marihuana gesundheitsschädlicher als Tabak, Bier oder

Zucker sei. Die Wirtschaft von Süd-Florida boomte nicht zuletzt aufgrund des florierenden Drogenhandels. In dem Geschäft war eine Menge Geld zu verdienen, in erster Linie mit Marihuana und Kokain, aber auch mit Bootleg-Tabletten, die ohne Lizenz in Südamerika hergestellt und nach Florida geschmuggelt wurden. Die vorgelagerten Inseln und die Sümpfe begünstigten den Handel. Tausende Yachten und Schiffe kreuzen in den Gewässern um Florida, Hunderte Sportflugzeuge sind im Luftraum unterwegs, Kuba und die Bahamas liegen vor der Tür, Yukatan und Jamaica sind bequem zu erreichen.

Einiges zu diesem Thema erfuhr ich an jenem Abend in Patsy's Restaurant in Miami von Steven, meinem zukünftigen Kontaktmann. Steven Lerner war der erste Drogenhändler mit abgeschlossenem Studium, den ich kennenlernte. Er sah auch äußerlich wie ein Harvard-Dozent aus: In seinen besten Jahren, gekleidet als käme er gerade vom Golfplatz, Manieren, als stammte er aus Boston. Auf mich machte er einen intelligenten und professionellen Eindruck. Steven hatte alles für die Landung vorbereitet. Er hatte eine Lagerhalle an einem Kanal gemietet. Während ein Schnellboot nach dem anderen dort andockte, um seine Ladung zu löschen, würden Hangmans Outlaws auf Motorrädern in der Gegend patrouillieren, was es jedem, der einen Überfall planen sollte, sehr schwer machen würde, seinen Plan umzusetzen.

Sobald alles im *warehouse* verstaut wäre, kämen Kunden aus dem Norden, insbesondere aus Massachusetts, der Heimat von Steven und Big Fred, um die Gras-Ballen nach und nach abzutransportieren. Was die Finanzen anging, so war der Deal zwischen Paco und Big Fred geschlossen worden, was bedeutete, dass der Amerikaner Paco die Kohle nach und nach abdrücken würde. Paco bezahlte damit die Ware, die ein Marimbero aus Santa Marta zur Verfügung gestellt hatte, sowie den Kapitän, der sie bis in die Bahamas mitgenommen hatte. Die Bootsführer, die das Gras von den Bahamas nach Florida brachten, organisierte und entlohnte Big Fred, er übernahm die Lager- und Transportkosten als auch die Schmiergelder für die Beamten beim Zoll, ohne deren Mitwirkung alles komplizierter und riskanter wäre.

»Es ist allemal besser, zwei Typen von der Coast Guard zu schmieren als sich zwei Schnellboote schnappen zu lassen und anschließend über teure Anwälte Männer und Boote wieder auszulösen«, erklärte Steven während des Essens.

Die Gage für Hangmans Sicherheitsdienst teilten sich Fred und Paco. Steven und ich waren die Kommunikatoren, wobei ich derjenige war, der die Infos vom Spanischen ins Englische übersetzen musste und umgekehrt. Mein Spanisch reichte inzwischen dazu aus. Ich erhielt zwar bloß ein bescheidenes Honorar, aber allein bei einem derartigen Abenteuer dabei zu sein, entschädigte mich. Ums Geld ging es mir dabei jedenfalls nicht, denn das verdiente ich mit geringerem Aufwand im »Chinahandel«. Diese Grasgeschichte war Pacos Baby, er wollte seinen kolumbianischen Freunden helfen, ins Amerikageschäft einzusteigen, denn das war gar nicht so einfach. Schließlich betrieb die US-Regierung schon damals einen hohen finanziellen und personellen Aufwand, um illegalen Drogen den Weg ins Land zu erschweren. Paco und Steven besprachen an diesem Abend mit meiner Übersetzungshilfe alle Details, wobei sie sich auch über Notfallszenarien austauschten, sollte wider Erwarten etwas schief gehen (für den Fall, dass jemand geschnappt würde, stand eine Anwaltskanzlei in Coconut Grove bereit). Die Kommunikation lag also in meiner Verantwortung, sollte es notwendig werden, irgendetwas von »Kolumbien« in die »USA« zu kommunizieren oder umgekehrt, so liefe das über mich. Am darauffolgenden Tag verabschiedete sich Paco nach Santa Marta. Elsa und Luzia ließ er in meiner Obhut zurück, da er vorhatte, bald wieder in Florida zu sein.

Die Sache klappte. Mitte Februar löschte das in Panama registrierte Handelsschiff »Jaime III« auf einer kleinen Insel im Bimini-Archipel nachts seine illegale Ladung. In den frühen Morgenstunden erhielt Steven von seinem Verbindungsmann beim Zoll das »Go« und eine Stunde später dockte das erste Schnellboot der Marke Chris Craft am Verladekai des Lager-Schuppens in Oakland Park an. Alles klappte wie einstudiert. Hangman und seine Outlaws hatten außer präsent zu sein nichts zu tun, die gesamte Operation verlief ohne Störung. Ich selbst nahm das Angebot eines

Bootsführers an, ihn auf eine Tour zur Insel zu begleiten. Das war zwar nicht vorgesehen, aber wer hätte mich aufhalten sollen. Ich rief Steven an, informierte ihn und versprach, in ein paar Stunden wieder vor Ort zu sein.

Das Schnellboot hatte eine Ladekapazität von etwa vierzig Ballen à zwanzig Kilo. Das heißt, um die ganze Ladung von der Insel in den Schuppen zu bringen, waren sechs Boote erforderlich, von denen jedes zweimal fahren musste. Auf seine zweite Tour nahm mich also ein alter Seebär mit, der ansonsten auf einer privaten Werft arbeitete. Sein Name war Tom Logan (wie Jack Nicholson in dem Film »Missouri Breaks«) und der seines Bootes »Turtle«. Ehe es losging, forderte Tom mich auf, mich anzuschnallen, eine, wie ich fand, überflüssige Vorsichtsmaßnahme. Als er aber auf offener See die beiden V-8-Motoren aufdrehte und knapp tausend PS die Schrauben drehten, da verstand ich, weshalb wir angeschnallt hinter dem Armaturenbrett standen. Der Schub war enorm, und die Geschwindigkeit, mit der wir übers Meer glitten, ebenfalls. Die Motoren brüllten so laut, dass wir nur durch Gesten kommunizieren konnten. Es war die eiligste Schiffsreise, seit Putzi mich einmal im Riva Boot von Saint Tropez nach Saint Raphael zum Bahnhof gebracht hatte: Geschwindigkeit, Fahrtwind und Lärm sorgten für ein erhabenes Gefühl. Tom schoss an der Zielinsel vorbei, drosselte die Maschinen und drehte bei. Wir dockten an einem Landungssteg an und begrüßten die beiden »Insulaner«. Keine Viertelstunde und wir hatten vierzig Ballen geladen, mit einer Plane abgedeckt und mit Gurten gesichert. Die Rückfahrt war der riskantere Teil, aber Tom war zuversichtlich.

»Big Fred bezahlt die Leute beim Zoll gut. Das rechnet sich. Ich bin noch nie geschnappt worden, wenn ich für Fred unterwegs war«, erklärte Logan.

»Biste überhaupt schon mal geschnappt worden?«, wollte ich wissen.

»Oh ja. Schon mehrmals. Dann kommt es auf den Anwalt an, wie lange man in Gewahrsam verbringt. Ein paar Tage lassen sie einen schmoren, dann wird eine Kaution festgesetzt, und man kann gehen.«

In unserem Fall brauchte niemand eine Kaution festzusetzen. Wir kamen durch und löschten unsere Fracht. Zurück im Hotel rief ich Paco an und gab ihm die gute Nachricht nach Rodadero durch. Mit der finanziellen Abwicklung hatte ich nichts zu tun, das regelten Big Fred und sein Banker.

Ein paar Tage danach, während sich Kunden aus dem Norden darum kümmerten, dass die Lagerhalle sich leerte, rief Paco vom Flughafen aus an. Elsa und ich fuhren ihn abholen, anschließend besuchten wir Hangman und die Outlaws in Pompano.

Das Gelingen des Schmuggels wurde gefeiert wie eine gelungene Beerdigung. Wir vertrauten auf unseren Partner und darauf, dass Steven keinen Fehler machte, damit am Ende etwas Zählbares auf dem Tisch läge. Mir persönlich ging es weniger um die Kohle, denn mein eigentlicher Lohn war die nächtliche Bootsfahrt mit Tom gewesen. Eines hatte ich im Laufe der letzten Jahre schon begriffen: Was einmal im Museum des Herzens liegt, liegt da langfristig und konjunkturresistent.

Ich kann mich nach den vielen Jahren nicht mehr daran erinnern, wie hoch der Gewinn ausfiel, den Paco seinerzeit bei diesem Schmuggel verbuchte, aber gemessen an dem, was die amerikanischen Partner verdienten, war es wenig. Ich erhielt 10.000 Dollar, Tom kriegte pro Fahrt mit der Chris-Craft 6.000 und bei Paco dürften so um die 150.000 hängen geblieben sein, was angesichts des Endverkaufswertes der zehn Tonnen Gras von mehr oder weniger fünf Millionen Dollar kein wirklich guter Deal war. Verglichen mit den zwei Kilo China White, die wir im Jahr davor nach San Francisco gebracht hatten und die jedem von uns eine Viertelmillion eingebracht hatten, war der Gras-Deal viel Rauch um wenig Kohle.

Irgendwann im Laufe der Monate Februar und März 1980, als ich mich in Florida aufhielt, fuhren Paco, Tom und ich eines schönen Vormittags mit Steven nach West Miami, dem Stadtteil, in dem es sich die Schwarzen gemütlich gemacht haben. Wir waren guter Dinge, nichts, außer unserer Hautfarbe deutete darauf hin, dass es Komplikationen geben könnte. Steven hatte sich mit einem Kubaner verabredet, der ihm einen neuen Kunden aus Chicago vorstellen wollte, und da es dabei lediglich um ein Gespräch gehen sollte, begleiteten wir unseren Komplizen im offenen Jeep bei strahlender Floridasonne. Wir steuerten den Parkplatz eines McDonalds an, wo Steven den Kubaner treffen wollte. Wir betraten den Laden, wobei ich mir gerade die Frage stelle, ob man McDonalds-Filialen als Restaurants bezeichnen sollte oder ob nicht eine neue Terminologie angezeigt wäre. Wie dem auch sei, wir gingen hinein, holten uns an der Fresstheke einen Pappbecher voll Eiskaffee und setzten uns im hinteren Teil des Lokals an einen Tisch. Aus mir zunächst unerfindlichen Gründen fiel die gute Stimmung, die unterwegs im Wagen geherrscht hatte, in sich zusammen, ganz so, als seien uns die Themen ausgegangen. Ich nutzte die Gelegenheit, um mit Penelope zu telefonieren, mit der ich mich für den Nachmittag verabredet hatte. Da man in den USA, im Gegensatz zu Europa, an öffentlichen Fernsprechern angerufen werden konnte, ging ich zu einem der an der Wand befestigten Telefone und gab ihr die Nachricht auf den Beeper, sie möge mich bitte unter der mitgeteilten Nummer anrufen. Bei einem Beeper oder Pager handelte es sich um ein damals in den USA verbreiteten Gerät zur einseitigen Nachrichtenübertragung, welches wir am Gürtel trugen und über das man Sprachnachrichten empfangen konnte. Ich wählte also Pennys Beeper an und bat sie um einen Rückruf. Kaum hatte ich mich wieder hingesetzt und wartete auf das Klingeln an der Telefonzelle, als ein Kerl aufstand und sich anschickte, von exakt dem Apparat aus zu telefonieren, auf welchem ich Pennys Anruf erwartete. Also ging ich zu ihm rüber, und bat ihn, von einem anderen Apparat aus anzurufen, schließlich hingen dort mehrere an der Wand.

»Und was ist, wenn ich ausgerechnet von diesem Telefon aus anrufen möchte?«, fragte er, indem er mich mit spöttischer Miene ansah. Dabei hielt er den Hörer in der Rechten und klopfte provozierend mit der Muschel in die Handfläche der Linken. Die Botschaft war klar: Der schwarze Mann suchte Stress. Kann er haben, dachte ich mir.

»Du kannst hier auch eins auf die Fresse kriegen!«, hörte ich mich zur eigenen und zur Verblüffung des Typen sagen, der seelenruhig dastand und weiter »mein« Telefon blockierte, unterdessen Penny höchstwahrscheinlich anrief und das Besetztzeichen bekam. Mein überhebliches Selbstvertrauen rührte zum größten Teil daher, dass ich wusste, hinter mir sitzen drei Freunde, alles stabile Jungs mit Muskeln (Steven), Mut (Paco) und Nahkampfspange (Tom). Da wäre es doch gelacht, wenn wir diesem Lümmel keine Lektion erteilten.

Indes, kaum hatte ich dem Burschen seine unmittelbare Zukunft vorhergesagt, sah ich ringsumher Männer entschlossen ihre Burger auf die Pappe legen und aufmerksam unseren Streit verfolgen. Im Nu erhoben sich zwei Dutzend nicht minder stabil aussehende Kerle, um im Falle eines Kampfes ihrem Bruder zur Hilfe zu eilen, sodass ich den Eindruck bekam, halb Afrika habe sich gegen mich verbündet. In diesem Moment riss mich Steven am Arm und noch ehe ich etwas sagen konnte, befanden wir Weißen uns auf der Flucht. Wie mir erst jetzt auffiel, hielten sich außer uns nur Schwarze in dem Laden auf. Noch nie hatte ich meinen Freund Paco so schnell laufen sehen, wie ein Wiesel flitzte er an Tischen mit böse dreinblickenden Augen vorbei. Während wir an der Materialausgabe vorbei rannten, kriegte ich einen XXL-Becher Cola mit Eis an den Kopf, dazu Kosenamen gratis und als wir es bis auf den Parkplatz geschafft hatten und Steven den Jeep startete, drängte ein Dutzend kampfbereiter Männer aus der Tür.

»Bist du völlig durchgeschrotet!«, schnauzte Paco mich an. »Mitten im Viertel der Negros einen Streit vom Zaun zu brechen! Was meinst du, was die Jungs aus uns gemacht hätten?«

Während Steven mit quietschenden Reifen den Parkplatz verließ, versuchte ich, mir mit dem Taschentuch die klebrige Limo aus dem Haar zu tupfen. Zwei Meilen die Straße hinunter hielten wir an einer Telefonzelle, wo Steven versuchte, den Kubaner zu erreichen, um einen neuen Treffpunkt zu vereinbaren.

»Wieso hat sich Steven denn ausgerechnet in Miami West mit dem Kerl verabredet«, wollte ich von Tom wissen. »Und wieso ausgerechnet in diesem Scheißladen?«

»Weil es sich um einen schwarzen Kubaner handelt, der dort in der Nähe wohnt«, klärte er mich auf. »Außerdem konnte ja niemand ahnen, dass du dort Rassenunruhen anzetteln würdest.«

Es war dies das erste und letzte Mal in meinem von Höhen und Tiefen geprägten Leben, dass ich ein McDonalds betreten habe. Man könnte fast meinen, ich sei abergläubisch, dabei handelte es sich lediglich um ernährungsphysiologische Überlegungen, aber das war zunächst eine Entscheidung aus dem Bauch heraus. Wie ich an anderer Stelle schon festgestellt habe, konnte man sich in den Vereinigten Staaten sehr gesund und sehr schmackhaft ernähren, aber die Orte, an denen das Volk mit Junkfood gemästet wurde, waren zahlreich, und sie lockten an jeder Straßenecke.

Dass mein aggressives Auftreten etwas mit meinem Heroinkonsum zu tun hatte, erklärte ich den Jungs nicht. Paco mag es geahnt haben, aber auch er sprach anschließend nicht mehr darüber. Mir fiel die Geschichte mit Richie ein, der auf unserer gemeinsamen Reise durch Frankreich drei Dutzend Fernfahrer beleidigt und herausgefordert hatte. Auch Richies Verhalten war dem Heroinkonsum zuzuschreiben, besser gesagt, der Verhaltenstrübung, die mit dem langjährigen Konsum einhergeht. Jaco Pastorius, Mitglied der Jazz-Formation »Weather Report« und einer der genialsten Bassisten überhaupt, plagte sich zur damaligen Zeit ebenfalls mit einer Heroinsucht herum. Als er im September 1987 vor der Tür eines Nachtklubs in Fort Lauderdale randalierte, schlug ihn der Türsteher so übel zusammen, dass er nach ein paar Tagen im Krankenhaus verstarb. Ich vermute, dass sich im fortgeschrittenen Stadium der Heroinabhängigkeit unterbewusst eine Todessehnsucht manifestiert, einfach deshalb, weil der Mensch keinen Ausweg mehr sieht, keine Hoffnung mehr spürt, weil ihm am Ende sogar das Überleben zu mühselig erscheint, weil er sich jenseits der Angst eingerichtet hat, weil ihm das Leben egal geworden ist. In diesem Zustand genügt dann eine mittlere Provokation, um im Affekt eine überzogene Aggression auszulösen.

An einem der Abende begleiteten Penny und ich zwei Outlaws in den renommiertesten Country-Club von Lauderdale, der unter dem originellen Namen »Cowboys« abseits der Interstate 95 lag. Im »Cowboys« traten bekannte Sängerinnen und Sänger auf, und das Publikum bestand aus Rednecks, Hillbillies und Polizisten in Zivil, die ihren Frauen beim Ritt auf dem Kneipenochsen beweisen wollten, dass sie ganze Kerle waren. War mir die dort gespielte

Musik zunächst suspekt, so ging mir aber doch bald das Licht an, dass US-Country-Mukke nicht mit der Volksmusik oder gar dem deutschen Schlager gleichzusetzen ist. Weil sie anders im Volk verwurzelt ist, weil sich Musiker wie Johnny Cash, Merle Haggard und Willie Nelson dazurechnen, und weil Phänomene wie unsere Wildecker Herzbuben dort bestenfalls als Freaks durchgehen würden. Nach einer Weile und nach ein paar Schnäpsen gefiel mir das Country-Ambiente, und ich traute mich mit Penny auf die Tanzfläche.

Als wir an die Bar zurückkehrten, hatte sich ein schwitzender Dicker auf meinen Platz gesetzt, der sich laut schreiend mit dem Barmann unterhielt. Gerade wollte ich meinen Hocker reklamieren, als ich mitbekam, dass es in dem Gespräch ums Münchener Oktoberfest ging. Neugierig geworden hörte ich ein paar Takte zu. Dann beschloss ich, den Mann anzusprechen.

»Hey, Dicker, moch amoi an Blotz«, versuchte ich es auf Bayerisch. »Mia san do net aufda Wies'n.«

Erstaunt drehte der Dicke sich um und sah mich an. Dann rutschte er vom Hocker, entschuldigte sich und ich erkannte sofort: Der Mann hat Manieren. Er lud uns auf ein Bier ein und stellte sich vor.

»Cooper, mein Name. Hagen Cooper.«

Hagen stammte vom Tegernsee. Er hielt sich in Florida auf, weil er für eine Gruppe von Edelsteinhändlern Smaragde aus Costa Rica in die Staaten schmuggelte, ebenfalls ein einträgliches Geschäft. Das gestand mir der Bayer natürlich nicht am ersten Tag unserer Bekanntschaft.

Hagen Cooper war weder groß noch eigentlich dick: Er war ganz einfach korpulent, wobei seine 120 Kilos gleichmäßig auf Leib und Seele verteilt waren. Er war ein Genießer. Was immer er anfasste, ein großes Cocktailglass voll Sekt mit Eis, die Davidoff, die er rauchte oder das Mädchen an seiner Seite, er tat es mit Stil und Überzeugung. Wir unterhielten uns auf Deutsch, und weil einer der Outlaws mir Penny zum Tanz entführt hatte, ließ ich mich auf meinen neuen Bekannten ein. Es kam zu einem interessanten Gespräch, das am Ende in einer Verabredung mündete: Hagen bat mich, einige Parzellen demnächst zu erschließenden Baulandes zu fotografieren. Er hatte vor, in Plantation, einer Urbanisation am Rande der

Everglades in Baugrundstücke zu investieren, nachdem absehbar war, dass immer mehr Leute nach Florida zogen, vor allem betuchte Flüchtlinge aus Nicaragua, die in ihrer Heimat keine Zukunft mehr sahen, seit die Sandinisten dort an der Macht waren. Ich sagte zu, und wir verabredeten uns, die Fotos in den kommenden Tagen zu schießen. Hagen hatte vor, noch zwei Wochen in Florida zu bleiben, ehe er zurück nach Europa fliegen wollte.

Nach ein paar Tagen verschwanden Paco und Elsa wieder nach Kolumbien, während die ortskundige Penny Hagen und mich durch Plantation und ähnliche Satellitensiedlungen am Rand der Sümpfe führte, wo entweder schon Land trockengelegt war oder wenigstens Pläne dafür existierten. Verlierer waren unübersehbar der Sumpf, die Fauna, die Flora. Verlierer, die erst bei näherer Betrachtung als solche erkennbar wurden: Die Erdatmosphäre, der Planet und damit die Menschheit. Beim Landeanflug auf die Flughäfen von Miami, Fort Lauderdale und Boca Raton waren die zugefügten Verletzungen an der Natur gut zu erkennen.

Als Nächstes hatten Paco und ich geplant, eine größere Ladung Kokain nach Florida zu bringen. Steven Lerner und Big Fred hatten Interesse bekundet, und ein Pilot, der eine zweimotorige Cessna besaß, hatte zugesagt die Ware über die karibische See zu fliegen. Wieder war die Kommunikation zwischen Nord-und Südamerika meine Aufgabe. Zusätzlich musste vorher jemand nach Kolumbien, um dort die geheime Landebahn in Augenschein zu nehmen, damit sie später von den beiden Piloten nicht verfehlt würde, denn die Landung sollte aus Sicherheitsgründen in der Nacht stattfinden.

Die Ware organisierte Paco, achtzig Kilo, wenn ich mich recht entsinne. Ich sah mich unterdessen nach einem geeigneten Mann um, der mit den beiden Piloten nach Santa Marta aufbrechen sollte, um ihnen den versteckten Landeplatz zu zeigen. Keine allzu schwierige Mission, wie man annehmen sollte. Den Job bot ich Heinrich an, einem Münchener Bekannten Werinhers, der beruflich in der Klemme steckte und dem sich so die Möglichkeit bot, einen steuerfreien Scheck zu verdienen. Das Risiko, das er damit einging, war überschaubar. Er kam nach Florida, und ich erklärte ihm seine Aufgabe. Zwei Tage danach machte er sich auf den Weg nach Kolumbien, wo er von Paco am Flughafen von Barranquilla empfangen wurde. Mit einer dort stationierten Cessna machten Paco und Heinrich am folgenden Abend einen Rundflug um die Sierra Nevada, wo wir im Jahr zuvor die Ureinwohner besucht hatten. Irgendwo am östlichen Rand der Berge lag eine ausgedehnte Zuckerrohr-Plantage, in deren Mitte sich die Landebahn versteckte. Per Funk stand Paco mit dem Betreiber in Kontakt. Als es dunkel wurde, zündeten die Leute am Boden an den Enden der Piste Petroleumfässer an, Leuchtfeuer, die nachts aus der Luft leicht zu erkennen waren. Paco erklärte Heinrich zur weiteren Orientierung die diversen Lichtquellen, etwa den internationalen Flughafen von Santa Marta, die Städte an der Küste und den Verlauf der Hauptstraßen. Als er den Eindruck hatte, der Deutsche habe alles verstanden und wäre in der Lage, die amerikanischen Piloten sicher zum Landeplatz zu dirigieren, drehten sie ab und flogen zurück nach Barranquilla. Zwei Tage später tauchte Heinrich wieder in Florida auf. Ohne dazu beauftragt worden zu sein, hatte er hundert Gramm Kokain mitgebracht, die er hinter Pacos Rücken von Tony, dem Chemiker, erhalten hatte. Er hatte mehr Glück als Verstand, dass er am Flughafen von Miami nicht kontrolliert wurde. Wir übergaben Penny das Zeug, die sich bereit erklärte, es zu verkaufen. Dann machte ich Heinrich mit den beiden Piloten bekannt, und sie verabredeten sich am Wochenende zum Abflug. Als die zweimotorige Piper schließlich vom Flughafen in Boca Raton abhob, saß Heinrich angeschnallt auf dem Rücksitz. Sie überflogen die Bahamas und anschließend Kuba, von wo aus sie Kurs auf die östliche Küste von Jamaika nahmen. Plötzlich setzte einer der beiden Motoren aus und die Maschine schmierte ab. Noch ehe der Pilot sie neu trimmen konnte (schließlich fliegt so eine Piper auch mit einem Triebwerk) war Heinrich in Panik geraten und hatte die Gaskartusche der Rettungsinsel aktiviert, was bewirkte, dass sich diese explosionsartig aufblies und den Innenraum der Maschine ausfüllte. Der Pilot wurde gegen das Steuer gedrückt, der Copilot gegen die Tür und die Maschine kam ins Trudeln. Zum Glück hatte der Copilot, ein ehemaliger Vietnamflieger, ein Messer am Gürtel, mit dem er die Rettungsinsel aufschlitzte. In letzter Sekunde gelang es ihnen, die Maschine abzufangen und zu stabilisieren. An einen Weiterflug war nun nicht mehr zu denken. Sie waren gezwungen, umzukehren. Nachdem sie unverrichteter Dinge wieder in Boca Raton gelandet waren, tat Heinrich gut daran, zu verschwinden. Insbesondere der Copilot wollte sich nicht beruhigen und weigerte sich, den Deutschen noch einmal mitzunehmen. Ich war gezwungen, einen neuen Mann zu suchen und die ganze Operation von vorne zu beginnen. Heinrich steckte sich den Erlös des mitgebrachten Kokains ein und flog zurück nach München.

Dieser Vorfall deutete schon an, dass die ganze Sache unter keinem guten Stern stand. Als die Crew zehn Tage später als ursprünglich geplant von Kolumbien zurückkehrte, machte der Pilot einen Fehler. Er stellte die Maschine nach der Landung in einen Hangar und beschloss, die Fracht am folgenden Morgen zu entladen. Als die Männer am Morgen mit einem Pick-Up am Flugplatz von Boca Raton auftauchten, um die Ware umzuladen, wurden sie von der Zollfahndung erwartet. Die Piloten wurden verhaftet, das Flugzeug beschlagnahmt. Als ich meinen Kontaktmann Steven gegen Abend in einer Bar traf, erfuhr ich die Details. Zu Hause angekommen hatte einer der Männer nicht nur seinen Auftraggeber Big Fred angerufen, sondern offenbar noch weitere Leute aus der Szene, wobei er irgendwen kontaktiert haben musste, dessen Telefon abgehört wurde. Was immer er am Telefon sagte, muss das Misstrauen der Drogenfahnder geweckt haben, sodass die im Hangar abgestellte Piper noch in der Nacht durchsucht wurde. Der Zoll beschlagnahmte achtzig Kilogramm Kokain und zwei Plastiksäcke voll Schlaftabletten der Marke »Qualude«, 500.000 Stück, wie ich am nächsten Tag aus der Presse erfuhr. Diese in den USA »Ludes« und in Kolumbien »Jumbitos« genannten Pillen euphorisieren, und in Verbindung mit Alkohol wirken sie enthemmend. Es handelte sich um eben jene Schlaftabletten, mit denen mich die beiden Outlaws vor einigen Monaten im Hause Hangmans schachmatt gesetzt hatten.

Das Auffliegen der Operation war für uns alle eine herbe Niederlage. Paco, der sonst immer kühlen Kopf bewahrte, verschlug es die Sprache, als ich ihm am Telefon mitteilte, was passiert war.

Wir hatten unsere ganze Kohle in das Unternehmen investiert, aber anstatt Millionäre zu werden, saßen wir plötzlich mit Kleingeld da. Mir ging nach ein paar Tagen sogar Letzteres aus, sodass ich mir bei Penny hundert Dollar leihen musste. Der Bericht in der lokalen Zeitung war knapp gehalten, derartige Drogenfunde waren in Florida alltäglich, so eine Meldung nahm man dort nur beiläufig zur Kenntnis.

Jetzt waren Fantasie und Improvisationstalent gefordert. Paco saß in Kolumbien fest, denn fast die Hälfte des Kokains hatte er auf Kommissionsbasis von einem von der Küste stammenden Koksbaron erhalten, und dem gefiel die Sache ganz und gar nicht. Er verhängte über Paco Hausarrest und schickte zwei Männer nach Florida, mit dem Auftrag, meiner habhaft zu werden und zu recherchieren, ob die Geschichte sich tatsächlich so zugetragen habe, wie ich sie telefonisch weitergegeben hatte. Der Kolumbianer wollte sich selbst ein Bild machen. Nicht dass der Verlust von ein paar Kilo Koks ihn finanziell ins Schleudern gebracht hätte, sein Stolz verbot ihm, sich von zwei bauernschlauen Europäern über den Tisch ziehen zu lassen.

Als ich ein paar Tage nach dem Zwischenfall von Boca Raton aus dem Supermarkt kam und in den Lincoln steigen wollte, ging die Schiebetür des nebenan parkenden Chevy-Vans auf und ich blickte in eine kleine Schnellfeuerpistole. Im Nu war ich überrumpelt und gefesselt. Mit klopfendem Herzen saß ich auf der Rückbank und hörte einem der Kolumbianer zu, der mich gerade über mein weiteres Schicksal aufklärte. Sie brachten mich in ein Appartement nach Fort Lauderdale, welches über einen privaten Aufzug durch die Tiefgarage zu erreichen war. Dort banden sie mich an einen massiven Stuhl, dann erhielt ich Gelegenheit, zu berichten, was genau sich zugetragen habe. Sollte sich herausstellen, dass ich sie belogen hätte, wäre mein Schicksal besiegelt; sollte ich die Wahrheit gesagt haben, wollte man sehen, wie der entstandene Verlust wieder wettgemacht werden könnte. Das hieß, Paco und ich sollten in ein Folgegeschäft gezwungen werden. Ich sagte den Männern, was ich wusste und wies sie auf den Artikel in der Zeitung hin, den ich im Handschuhfach des Lincoln verwahrt hatte. Aber darauf wollten sie sich nicht einlassen. Sie zogen es vor, einen Anwalt mit der Recherche zu beauftragen, einen Mann ihres Vertrauens, ein Kolumbianer, der in Miami seine Kanzlei betrieb.

Bref: Noch am Nachmittag bestätigte der Anwalt, nachdem er ein paar Telefonate geführt hatte, dass eine Piper voll Kokain und Qualudes am fraglichen Tag beschlagnahmt worden sei, und dass zwei Männer im Bundesgefängnis von Miami inhaftiert seien. Erleichtert rieb ich meine Handgelenke, als die Männer aus Santa Marta mich losbanden. Plötzlich ganz freundlich, redeten sie mich mit *»hermano«* an, luden mich zum Essen ein und anschließend nach Hallandale in eine Tabledance-Bar. Die missliche Stimmung vom Nachmittag war mit einem Mal verflogen, und hätten sie mir nicht ins Gesicht gesagt, dass sie mich erschossen hätten, hätte sich herausgestellt, dass Paco und ich ihren Chef betrügen wollten, wir hätten einen chilligen Abend verbracht. So aber wollte bei mir keine rechte Stimmung aufkommen, selbst die feschen Tänzerinnen und das Kokain, das meine Gastgeber spendierten, konnten daran nichts ändern. Fieberhaft überlegte ich, wie ich dieser unberechenbaren Szene entkommen könne. Fest stand, dass ich nicht vorhatte, mich auf ein weiteres Geschäft einzulassen. Ich hoffte, dass Paco in Kolumbien ebenfalls aus der Sache herauskäme, aber Paco, das wusste ich, würde einen Weg finden. Das plötzliche Auftauchen der Gewalt in meiner Nähe behagte mir gar nicht, zumal sie ohne mein Zutun auf mich zugekommen war. Ich musste zur Kenntnis nehmen, dass Drogengeschäfte mit Kolumbianern mit hohem Risiko einhergehen, wobei man leicht ums Leben kommen kann, selbst dann, wenn man sich nicht einmal etwas hat zuschulden kommen lassen. Ich beschloss, aus den Geschäften mit den Südamerikanern auszusteigen. So sehr ich die Menschen in dem Land schätzte, Männer wie Osiris und ein paar andere sogar liebte, und die Frauen verehrte, mit dem übertriebenen Ehrbegriff und der latenten Gewaltbereitschaft kam ich nicht klar. Ich nahm mir vor, bei nächster Gelegenheit mit Paco darüber zu sprechen.

2.23 Joey

Am Tag darauf fuhr gegen Abend eine Stretch-Limo vor Hangmans heruntergekommener Hütte vor. Offenbar hatte Joey Palmano mich falsch eingeschätzt, indem er annahm, mich mit dieser Protzmaßnahme beeindrucken zu können. Ich bat den Fahrer zu warten, bis ich geduscht und umgekleidet wäre. Dann verabschiedete ich mich von Penny und Hangman und kletterte in den geräumigen Fond des Chevrolets. Die Fahrt dauerte nicht lange, denn Joey lebte in Pompano Beach, wo er einen geräumigen Bungalow bewohnte.

Die erste Überraschung erlebte ich, als der Hausherr persönlich die Tür öffnete: Joey saß im Rollstuhl. Wir begrüßten uns distanziert, dann bat er mich herein. Dem Chauffeur bedeutete er, im Auto zu warten.

»Hast du Lust auf den *Playboy-Club* in Miami?«, war seine erste Frage.

»Warum nicht«, entgegnete ich. »Ich war noch in keinem *Playboy-Club*. Hört sich jedenfalls nicht schlecht an«, log ich.

Das war also Joey. Er trug feinen Zwirn, seine dunkle Mähne hing bis fast auf die Schultern, ansonsten fiel ein Leuchten in seinen dunklen Augen auf, das Neugier weckte, und dann war da der unübersehbare Seehund-Schnurrbart, der unfrisiert wie bei David Crosby nach unten wuchs und der dauernd den Eindruck erweckte, als finde sein Herrchen das Leben und seine Mitmenschen zum Grinsen.

Joey stellte mir seine Frau und seine beiden Buben vor, die mir mit freundlicher Reserviertheit die Hand reichten. Marsha, eine attraktive Blonde, brachte Champagner aus der Küche und stellte Gläser auf den Tisch. Die Jungs verschwanden in ihren Zimmern. Das erste, was mir in dem aufwendig eingerichteten Wohnzimmer auffiel, war das Schachspiel auf dem Sideboard. Dann entdeckte ich eine Akustik-Gitarre an der Wand, eine Gibson, wie sich später herausstellte. Wir stießen an und Joey klärte mich auf, weshalb er mich zu sich gebeten hatte. Viel wusste er nicht über mich, lediglich das, was Randy ihm berichtet hatte. Er hatte erfahren, dass ich geschäftlich in der Gegend war, und er hatte gehört, dass ich mich angeblich in Thailand auskannte. Aber das Gespräch blieb nicht lange im Small Talk stecken. Weder hatte ich vor, ihn in meine Geschäfte einzuweihen, noch würde ich ihm dabei behilflich sein, Frauen aus Thailand zur Prostitution in die USA zu holen. Überraschenderweise sprach er dieses Thema gar nicht an, sondern er erkundigte sich nach meiner weltanschaulichen Einstellung. Ob ich an Gott glaube? Befremdlich genug, weil mir dazu spontan nichts einfiel, sagte ich: »Spielst du Schach?«

»*Yes, Sir*. Lust auf 'ne Partie?«

»Warum nicht. Habe schon lange nicht mehr gespielt.«

Ich stand auf und holte das Brett und die Figuren. Während wir sie aufstellten, erkundigte sich mein Gastgeber nach meiner Spielstärke.

»Ich habe Schach als Kind gelernt«, sagte ich.

»Und ich verliere nicht oft«, entgegnete er.

»Dann kann das ja eine spannende Sache werden.«

Von unserer ersten Partie weiß ich lediglich noch, dass er sie nach mehr als einer Stunde gewann. Kann sein, dass ich die Revanche für mich entschied. Jedenfalls hatte ich den Eindruck, dass wir gleich stark spielten und uns über das Schachspiel schnell näher gekommen waren.

Ehe wir zum *Playboy-Club* aufbrachen, sprach ich Joey noch auf die Gitarre an. Er bat mich, sie von der Wand zu nehmen und spielte mir ein paar Lieder vor: Stücke von den Eagles, Doobie Brothers, Neil Young, wenn ich mich recht entsinne. Inzwischen war die Zeit vorangeschritten, es war nach Mitternacht, als wir endlich nach Miami aufbrachen, Marsha, Joey und ich. Der Chauffeur half Joey beim Einsteigen und kümmerte sich um den Rollstuhl, den er im Kofferraum verstaute. Marsha hatte auf meine Bitte hin die Gitarre mitgenommen, denn mir gefiel die Art, wie Joey spielte und sang. Wenig später rollte die Karosse mit den abgedunkelten Scheiben über den Federal Highway gen Süden. Der Wagen verfügte über viel Platz im Fond, es gab eine gut gefüllte Minibar, einen Fernseher, eine Stereoanlage und kleine ausklappbare Tische. Wir machten es uns bequem, blieben beim Champagner und ließen uns durch die warme Nacht chauffieren. Joey hatte das Gitarrenspiel wieder aufgenommen, und Marsha drehte einen Joint. Er war dabei, für Stimmung zu sorgen, sie beeindruckte mit Charme und dem leisen Duft eines wunderbaren Parfums. Das Jamaika-Gras tat seine Wirkung.

Als der Chauffeur nach einer halben Stunde das Schiebefenster öffnete und das Erreichen des Ziels meldete, steckte ich gerade in einem albernen Flirt mit Marsha, während Joey weiter seine Lieder zur Gitarre sang. Wir hielten schon etwa zehn Minuten vor dem Club, als der Fahrer erneut meldete, dass wir am Ziel seien.

»Hast du überhaupt Bock auf den *Playboy-Club*?«, fragte Marsha.

»Wenn du mich so direkt fragst: Ich muss da nicht unbedingt rein.«

»Ich auch nicht«, lachte sie. »Joey, wie sieht es mit dir aus? Liegt dir viel daran? Harry jedenfalls ist nicht scharf auf Bunnys.«

Ohne das Thema weiter zu vertiefen, gab Joey dem Fahrer den Auftrag, weiter den Highway hinunter in Richtung der Keys zu fahren.

Dann sah er mich grinsend an, und wir prosteten uns zu. Wir waren uns einig, dass ein Abend im *Playboy-Club* uns nicht voranbringen würde. Ich spürte, Joey und ich waren drauf und dran, Freunde zu werden. Ich dachte: Was für ein cooler Typ!

Wir amüsierten uns wie lange nicht. Wir kifften, wir unterhielten uns angeregt, wir tranken die Flasche Moët et Chandon und wir ließen die karibische Luft herein, während wir auf die Florida-Keys* zusteuerten. Wir waren ziemlich beschwipst, als Joey den Fahrer irgendwann bat, umzukehren, und während die Limousine durch die Nacht glitt, kam es mir so vor, als segelte ein Schiff über den Highway, zumal das Meer zum Teil beiderseits der Straße lag, und der Motor im Inneren des Wagens kaum zu hören war. Als der Wagen schließlich gegen drei Uhr früh in die Auffahrt vor Joeys Haus einbog, fing die Nacht erst richtig an. Während Marsha nach den Buben sah und in der Küche Drinks vorbereitete, stellte Joey die Figuren wieder auf. Einer Partie Schach konnte er schlecht widerstehen. Mir fiel der Sinnspruch ein, den Paco einmal zitiert hatte: *Después de la partida, el peón y el rey, ambos, vuelven a la misma caja.* (Nach der Partie kommen sowohl der Bauer als auch der König in dieselbe Kiste.) Mit einem solchen Satz im Hinterkopf kann man Schach spielen. Und dass Joey sofort verstand, was uns der

* Inselkette im Süden der Halbinsel Florida

Spanier damit sagen wollte, gefiel mir. Von da an hatte es für uns beide keine Bedeutung mehr, wer gewann, das Spiel war das Ziel.

»Hast du schon mal Base geraucht?«, erkundigte sich Joey unvermittelt während einer Denkpause.

»Nicht dass ich wüsste«, entgegnete ich. »Hab ich da etwa was verpasst?«

»Vielleicht. Vielleicht auch nicht. Ziemlich heftiger Stoff.«

»Klingt spannend. Um was genau handelt es sich, und wo kann man das Zeug probieren?«

»Vereinfacht gesagt handelt es sich um eine rauchbare Form von Kokain. Das hast du doch sicher schon mal genommen?«

»Hab ich. Erst gestern. Mit Penny.«

»Wenn du Lust hast, können wir nach dem Spiel eine Pfeife rauchen«, schlug Joey vor.

»Das wird noch eine Weile dauern, so defensiv wie wir beide gerade spielen.«

Meine Neugier war geweckt. Als die Partie zu Ende war, rollte Marsha einen Servierwagen herbei und stellte ihn neben Joeys Rollstuhl ab. Ich staunte nicht schlecht, was da alles auf dem Wagen stand: Zwei gläserne Wasserpfeifen, ein Kübel mit Eis, ein Lötbrenner, eine Glasplatte, diverse Flaschen mit Inhalt und weitere Paraphernalien wie Feuerzeuge, Rasierklingen, Pinzetten und natürlich ein Beutelchen voll Kokain. Der Stoff war seinerzeit wohlfeil in Florida, jeder Zweite auf der Straße konnte einem welches besorgen und geschätzt jeder Zehnte hatte selbst Koks in der Tasche. Ein Taxifahrer spekulierte mir gegenüber einmal, dass ein Drittel der Bevölkerung von Süd-Florida vom Drogenhandel lebte oder zumindest davon profitierte. Die kleinste Menge, mit der gedealt wurde, war eine Viertelunze, also etwa sieben Gramm. Die kostete damals je nach Connection zwischen 200 und 250 Dollar. Joey bekam das Zeug besonders günstig, unter anderem von einem Zöllner, der sich aus der Dade-County Asservatenkammer bediente. Der Beamte hatte nichts dafür bezahlt und konnte es sich leisten, die Viertelunze für 150 herzugeben. Und das Koks war von hervorragender Qualität, direkt aus Kolumbien, und noch ehe ein Dealer es hatten strecken können, war es schon beschlagnahmt worden. Ich war gespannt, diese Kokainbase zu rauchen. Wenn ich irgendwo mit neuen Drogen Bekanntschaft machte, stand es außer Frage, dass ich sie ausprobierte. Der Genuss von Rauschmitteln war für meine Generation ein Menschenrecht. Soviel zur Frage der Legalität. Im Übrigen hatte ich schon so viele positive Erfahrungen mit Drogen gemacht, mit LSD etwa oder mit dem milden Opium, sodass ich völlig unkritisch an diesen neuen Stoff heranging. Von Kapitän Cook ist überliefert, dass die Welt keine Entschuldigung gelten lässt, wenn ein Mann, der eine Küste entdeckt hat, diese unerforscht lässt. Als Joey Marsha bat, vom Schreibtisch Papier und Stifte zu holen, wunderte ich mich zunächst.

»Ehe ich die Pfeifen vorbereite, stelle ich eine Bedingung: Eine halbe Stunde nach dem Rauchen schreibt jeder von uns auf, was er empfunden hat und wie hoch er das Suchtpotenzial von dem Stoff einschätzt«, erklärte Joey, indem er mich ernst angrinste.

»Was hast du vor?«, fragte ich amüsiert, nicht ganz sicher, ob ich verstanden hätte.

»Ein kleines Experiment. Wir reden anschließend drüber. Was ich dir vorher noch sagen sollte: Ich habe schon einige Leute abstürzen sehen, nachdem sie Base geraucht hatten. Manche reagieren ziemlich heftig auf den Stoff, kommen gleich drauf und stopfen innerhalb weniger Monate ihr komplettes Vermögen in die Pfeife. Du bist alt genug, um zu entscheiden, ob du das Risiko eingehen willst.«

Das stimmt so nicht ganz. Niemand weiß vorher, wie die Wirkung eines Suchtstoffs auf seine Psyche einzuschätzen ist. Wer Alkohol gegenüber resistent ist, kann nicht davon ausgehen, dass dies auch bei anderen Drogen der Fall ist. Aber Joey kannte das hohe Suchtpotenzial der Kokainbase und fühlte sich verpflichtet, mich zu warnen.

Aus heutiger Sicht würde ich sagen, man sollte sich generell sehr gut überlegen, wem man welche Droge zum ersten Mal anbietet. Ob man es überhaupt verantworten kann. Drogen können bei labilen Menschen fatale Folgen haben. Insbesondere die Wachmacher unter den psychotropen Substanzen, also Kokain, Freebase, Crack, Speed und Crystal lauern auf ihre Chance. Viele Hirne haben gegen diese Drogen keine Abwehrmechanismen, was sie für die Betroffenen dann tatsächlich zu fatalen Giften macht. Ich hingegen traute meinem Gehirn einiges zu.

»Risiken sind mein Sauerstoff. Ich liebe es, kalkulierte Risiken einzugehen und dabei Glück zu haben. Das macht doch den Kick aus, findest du nicht?«

»Ich verstehe dich nur zu gut«, erwiderte mein neuer Bekannter. »Dennoch: Ich habe dich darauf aufmerksam gemacht.«

Dann fing Joey an, Koks in Freebase umzuwandeln. Es gibt mehrere Methoden, Kokainhydrochlorid, also das, was uns als Kokain geläufig ist, in die basische Form zurückzuverwandeln. Man kann es mit Natron in destilliertem Wasser aufkochen, man kann dem in Wasser aufgelösten Kokain Ammoniak zugeben, aber die sauberste Variante ist die, der Lösung Äther beizumischen. Nur dieser letztere Prozess ergibt das, was Kenner der Materie unter Freebase verstehen, der reine Wirkstoff des Kokainstrauches, ein von allen Beimischungen gereinigtes Derivat.

Offenbar kannte mein Gastgeber sich mit der Herstellung der Base aus. Wie genau sich das chemisch verhält, habe ich vergessen. Vereinfacht erklärt: Joe kippte zwei Teelöffel voll Koks in ein halbgefülltes Wasserglas und rührte solange, bis sich alles aufgelöst hatte. Dann goss er die Flüssigkeit in eine kleine verschraubbare Flasche. Anschließend kippte er Äther hinzu, verschloss das Gefäß und schüttelte die Mischung wie einen Cocktail, lange genug für den Äther, sich den Wirkstoff der Droge aus dem Wasser zu holen. Es versteht sich von selbst, dass niemand rauchte, während Joey mit dem explosiven Stoff hantierte. Während sich die Flüssigkeit in dem Fläschchen beruhigte, setzte sich der kokaingesättigte Äther oben ab, ähnlich wie Öl auf Wasser. Joey schraubte den Verschluss ab und entnahm den Äther mit einer Pipette. Den Inhalt drückte er auf die Glasplatte, wo sich der Äther in Sekundenschnelle verflüchtigte und die Kokainbase auskristallisierte. Mit einer Rasierklinge löste er die Kristalle und es entstand ein kleiner Berg sehr feinen weißen Pulvers. Die Masse war, verglichen mit dem Ausgangsprodukt, deutlich geringer.

Unterdessen hatte Marsha, die einen guten Base-Kick offenbar zu schätzen wusste, die beiden Glaspfeifen zur Hälfte mit Eisbrocken gefüllt, ehe sie kaltes Wasser dazugab. Joey setzte den Kolben ein, legte einige Screens (eigens zu dem Zweck gestanzte engmaschige Metallsiebchen) in den Pfeifenkopf und kippte dann eine

Löffelspitze von der frischen Base darauf. Dann drehte er das Gas auf und entzündete die Flamme.

Die gesamte Prozedur hatte ein paar Minuten gedauert, irgendwie kam sie mir wie ein Ritual vor, den Vorbereitungen für das Abendmahl vergleichbar. Wir näherten uns nun der Umwandlung von Materie in Geist und Gefühl, mit dem Unterschied, dass die durch die Droge freigesetzte Energie ungleich stärker auf die Psyche wirkt als die durch das Sakrament induzierte. Bei mir jedenfalls war das so.

Joey reichte mir die Pfeife und machte mich darauf aufmerksam, dass ich Länge und Intensität des ersten Zuges selbst bestimmen müsse: Wenn ich den Eindruck hätte, meinen Nervenzellen genug zugemutet zu haben, solle ich absetzen. Was er genau damit meinte, verstand ich erst später, nachdem ich geraucht und den überfallartigen Kick der Freebase kennengelernt hatte.

Ich setzte das Mundstück an, Joey hielt die heiße Flamme über den Pfeifenkopf, und als ich inhalierte, blubberte das Eiswasser. Weißer Rauch füllte erst den Kolben und dann meine Lunge. Es dauerte nur wenige Sekunden, und ich war hellwach. Ein bis dahin ungekannter Gefühlszustand flutete meinen Kopf, eine fantastische Mischung aus Hellsicht, Kraft und Zuversicht. Dass ich sechs Jahre, nachdem ich die ersten Experimente mit Drogen gewagt hatte, eine Substanz kennenlernte, die das Gehirn dermaßen dopte, die eine so starke Euphorie erzeugte, machte mich sprachlos. Ich schloss die Augen und genoss das chemisch hervorgerufene Glück.

Die Wirkung hielt leider nicht länger als eine Minute an, was blieb, war der Zustand mentaler Wachheit und Konzentrationsfähigkeit , wie ich es in abgemilderter Form schon vom Kokain kannte. Als ich die Augen öffnete und Blickkontakt zu Marsha und Joey aufnahm, fiel es mir zunächst schwer, das Erlebte in Worte zu fassen. Joey bedeutete mir, zu schweigen und weiter zu genießen. Dann füllte er seiner Freundin die Pfeife und anschließend sich selbst. Als die Reihe wieder an mir war, hielt ich den Rauch ein wenig länger in der Lunge, bis ich eine Art Klingeln in den Ohren wahrnahm, das ich als äußerst angenehm empfand.

Leider ließ sich der Gefühlszustand, der sich nach den beiden ersten Zügen eingestellt hatte, nicht mehr halten, mit jeder weiteren Pfeife ließ die Wirkung ein wenig nach. Deshalb beendete Joey die Session nach einer Viertelstunde.

»Was sagst du dazu? Offenbar hat es dir gefallen«, wandte er sich an mich.

»Das Zeug ist der Hammer«, erwiderte ich. »So ein geiles Feeling habe ich noch nie erlebt.«

»Dann nimmt jetzt jeder ein Blatt Papier und schreibt auf, was ihm dazu einfällt. Anschließend vergleichen wir und interpretieren das Ergebnis«, schlug er vor.

Marsha verteilte Papier und Stifte, und ohne zu zögern legten wir los. Leider weiß ich nicht, was aus diesen ungewöhnlichen Dokumenten wurde, allzu gerne würde ich an dieser Stelle daraus zitieren. Was mir allerdings im Gedächtnis geblieben ist: Während ich nach wie vor unter der Euphorie des Rausches eine uneingeschränkt positive Beurteilung der Freebase-Erfahrung abgab, tendierten Marshas und Joeys Einschätzungen ins Negative. Was sich so erklärt, dass sie beide schon seit einiger Zeit mit dem Stoff experimentierten und die Erfahrung gemacht hatten, dass alle Lust zwar Ewigkeit will, diese dem Menschen aber verwehrt bleibt. Dass Joey diesen Gedanken Nietzsches kannte, verblüffte mich einmal mehr. Er gab zu, dass er dem Kick der Base seit Monaten hinterherrenne, er aber schon lange nicht mehr das Glücksgefühl erlebe, das einen bei den ersten Malen erfüllt. Eigentlich hätte er aufhören sollen, aber sein Rauchen war zur Sucht geworden, und mit einer Gewohnheit, die zur Sucht geworden ist, hört man nicht so einfach auf wie mit dem Besuch einer Kneipe. Er benötigte anschließend noch ein paar Monate, bis er sein Equipment in den Müll warf und das Kapitel Freebasen ad acta legte.

Jedes Mal, wenn ich in der Zeit danach in Florida bei ihm vorbeischaute, rauchten wir zusammen, zuweilen die ganze Nacht und den folgenden Tag hindurch. Dass ich der Base nicht verfiel, verdankte ich dem Umstand, dass ich dauernd unterwegs war, und dass ich mehr oder weniger regelmäßig Heroin rauchte. Darin lag meine Schwäche und meine akuteste Bedrohung. Ohne Zweifel zog ich den Downbeat des Mohns dem Uprise der Koka vor. Das Freebasen hatte für mich nur episodenhaften Charakter.

Dennoch gefiel mir der Kick und ich habe diese Nacht im Hause meines Freundes Joey Palmano nie vergessen. Ich sage »Freund«, weil uns beiden, ohne dass es eigens gesagt werden musste, am Morgen, als ich mich verabschiedete und aus dem Haus in die aufgehende Sonne trat, klar war, dass wir das Fundament einer Freundschaft gelegt hatten. Wir verabredeten uns für den Abend, und ich machte mich zu Fuß auf den Weg zu Hangmans Haus, ein einstündiger Spaziergang die Cypress-Creek-Road entlang nach Westen.

Nachdem unser aufwendig vorbereiteter Kokainschmuggel auf banale Weise gescheitert war, mussten Paco und ich überlegen, wie es weitergehen sollte. Wir hatten leider keine Möglichkeit, uns zu treffen: Ihn ließen die kolumbianischen Partner nicht aus dem Land, ich hielt das Risiko für unkalkulierbar, selbst nach Santa Marta zu fliegen, zumal ich ja nicht vorhatte, die Geschäfte dort weiter zu betreiben. Die Tatsache, dass ich vor ein paar Tagen von zwei Mafiosi entführt worden war, deren Auftraggeber ich nicht einmal kannte, gab mir zu denken. Wenn ich mein Leben schon riskierte, dann wollte ich wenigstens den Gegner kennen. Die Sache mit den kolumbianischen Geschäften behagte mir auf einmal nicht mehr, und am Telefon versuchte ich, auch Paco davon zu überzeugen. Er hatte sich unter dem Druck seiner Partner allerdings zu weiteren Geschäften verpflichtet und konnte aus der Nummer nicht so einfach aussteigen. Osiris, den ich anrief, erklärte mir die Gepflogenheiten noch einmal, konnte meine Bedenken aber ebenso wenig zerstreuen. Das Ergebnis der Telefonkonferenz war unbefriedigend, jeder blieb bei seiner Einschätzung der Lage. Paco wollte einen weiteren Schmuggel mit den Kolumbianern organisieren, ich hingegen favorisierte eine Reise nach Thailand. Mein Ausstieg aus dem Koks-Geschäft bedeutete für Paco, dass er sich einen neuen Mann suchen musste, der meinen Part übernähme, was nicht gerade einfach war. Die Person musste sein Vertrauen haben und über spanische und englische Sprachkenntnisse verfügen. Wie sollte er so jemanden von Santa Marta aus finden? Ich versprach Paco, mich nach jemandem umzusehen, der geeignet und bereit wäre, meine Rolle zu übernehmen. In ein paar Tagen wollten wir noch einmal telefonieren.

Ich sprach das Problem gegenüber Hangman und Penny an, aber beiden fiel niemand ein, dem sie die Sache zutrauten. Schließlich entschloss ich mich, Joey ins Vertrauen zu ziehen. Er kannte viele Leute, möglicherweise wäre ein geeigneter Kandidat dabei. Am Abend waren wir zum Essen im »Ma Pomme« verabredet, einem französischen Restaurant in Fort Lauderdale.

Als ich Joey bei sich zu Hause abholte (den Lincoln fuhr ich nach wie vor – Hangman hatte für mich gebürgt), präsentierte er sich ausgeschlafen und guter Dinge. Mir war, als sähe ich einen alten Freund wieder. Ich ließ den Wagen in der Auffahrt stehen und wir stiegen in Joeys weißen Cadillac El Dorado, den er für die Bedürfnisse eines Rollstuhlfahrers hatte umrüsten lassen. Mein Angebot, ihm beim Einsteigen zu helfen, lehnte er ab. Joey war in der Lage, sich aus eigener Kraft aus dem Rollstuhl in den Sitz zu hieven. Dann faltete er den Stuhl zusammen und schob ihn hinter den Fahrersitz, wobei er demonstrierte, wie viel Kraft in seinen Armen steckte. Was er an Muskeln nicht mehr in den Beinen hatte, steckte jetzt in seinen Oberarmen. Den Caddy hatte er so umbauen lassen, dass er Gas und Bremse über Hebel betätigen konnte, die am Lenkrad angebracht waren.

»Seit wann sitzt du eigentlich in diesem Rollstuhl?«, erkundigte ich mich, nachdem wir im »Ma Pomme« Platz genommen und die Karte studiert hatten. »Und wie kam es dazu? Warst du in Vietnam?«

»Ich wollte, es wäre Vietnam gewesen«, sagte er. »Es war schlimmer: Ein Kubaner hat mich niedergeschossen. Hier in Florida. Wegen 400 Dollar, die er meinem Bruder schuldete.«

Ich sah ihn fragend an. Dann berichtete er, was sich vor vier Jahren zugetragen hatte, als eine Kugel ihm die Wirbelsäule durchschlagen und ihn vom Tennisspieler zum Gelähmten gemacht hatte. Sein zwei Jahre jüngerer Bruder Chris hatte aus einem Gras-Deal noch eine Rechnung mit einem Kubaner offen. Als der nach mehrfacher Aufforderung nicht zahlte, bat Chris seinen großen Bruder um Hilfe. Joey war damals ein hervorragender Sportler, Mitte Zwanzig und durchtrainiert. Eigentlich hatte er keine Lust, wegen der vergleichsweise kleinen Summe bis hinunter nach Hialeah zu fahren, wo sich mehrheitlich Exilkubaner angesiedelt hatten. Aber Chris war sein Bruder, und er brauchte das Geld. Also machten sich die beiden auf den Weg zu dem säumigen Schuldner, der offenbar noch nicht begriffen hatte, was es bedeuten kann, wenn man im Drogenhandel seinen Verbindlichkeiten nicht nachkommt. Unterwegs ließ sich Joey die Geschichte noch einmal erzählen. Er glaubte, den kleinen Kubaner allein durch seine stattliche Erscheinung (er maß 1,90 Meter) beeindrucken und zum Zahlen bewegen zu können. Als sie den Wagen vor dem Haus in Hialeah abstellten und am Gartentor klingelten, trat der Kubaner heraus und fragte nach ihrem Begehr.

»Ich will die Kohle abholen, die du mir noch schuldest«, erklärte Chris dem Mann.

»Und dazu hast du diesen Artisten als Verstärkung mitgebracht?«

»Das ist mein Bruder.«

Joey fand, dass er das Gespräch übernehmen sollte. Ihm ging es darum, die Sache so schnell wie möglich zum Abschluss zu bringen.

»Mein Bruder sagte mir, dass du ihm noch 400 Dollar aus einem Geschäft vom vergangenen Jahr schuldest. Ist das so?«

»Ich schulde ihm gar nichts mehr. Dein Bruder hat meinen Kumpel Oskar um eine Unze Coca gelinkt, damit sind meine Schulden mehr als abgegolten. Ich habe Oskar die 400 gegeben, aber das weiß dein feiner Bruder längst.«

Joey schaute Chris fragend an, aber der schüttelte den Kopf.

»Das eine hat mit dem anderen nichts zu tun. Die Sache mit Oskar liegt erstens lange zurück und zweitens hatte der mir zuvor gestreckten Stoff angedreht. Da habe ich mich eben revanchiert«, erklärte Chris.

Joey gefielen die Komplikationen nicht, die plötzlich auftraten. Aus Loyalität entschied er sich jedoch, seinem Bruder beizustehen.

»Was immer es an Problemen zwischen meinem Bruder und diesem Oskar gegeben hat, du hast damit nichts zu tun. Also gib Chris sein Geld, und wir ziehen einen Strich unter die Sache. Zwing mich nicht, deutlicher zu werden.«

Dabei öffnete er das Gartentor und ging auf den Kubaner zu, der vor der Haustür auf der Terrasse stand.

»Ihr beiden verschwindet sofort von meinem Grundstück!«, rief der Kubaner aufgebracht.

»Rück die Kohle raus, dann sind wir gleich verschwunden«, sagte Joey, indem er weiter auf den Mann zu ging. Inzwischen war auch dessen Frau herausgekommen, um zu sehen, was sich vor dem Haus abspielte. Sie hatte einen Revolver mitgebracht, den ihr Gatte ihr aus der Hand nahm. Aber Joey ließ sich nicht davon beeindrucken. Er konnte sich einfach nicht vorstellen, dass der Mann wegen lächerlicher 400 Dollar auf ihn schießen würde.

»Zum letzten Mal: Macht, dass ihr aus meinem Garten verschwindet, sonst knallt's«, drohte der Kubaner, und seine Frau, eine hysterische Dicke, setzte ihrem Mann weiter zu: »Schieß ihm ins Knie, Leon, wenn er nicht sofort abhaut!«

Joey wäre gut beraten gewesen, der Aufforderung Folge zu leisten. Wie an anderer Stelle schon angesprochen, sind die Gesetze in Amerika eindeutig auf der Seite des Hausbesitzers. Wer ohne Erlaubnis ein fremdes Grundstück betritt und es auf Aufforderung des Eigentümers nicht verlässt, macht sich strafbar und geht das Risiko ein, erschossen zu werden, zumal dann, wenn er den anderen auch noch bedroht. Ganz abgesehen davon, dass es um das Eintreiben von Geld ging, welches aus einem Drogendeal resultierte.

Joey wusste das, aber er bewegte sich weiter auf das Ehepaar zu und drohte ihnen Ohrfeigen an, sollten sie seinem Bruder das Geld nicht geben. Als er nur noch ein paar Schritte von dem Kubaner entfernt war, hob dieser plötzlich die Waffe und drückte ohne weitere Warnung ab. Joey wurde von der Wucht der Kugel zu Boden gerissen und fand sich mit dem Rücken auf der Wiese liegend wieder.

»Alles, was ich sah, war der blaue Himmel und die Fratzen der Kubaner. Alles, was ich dachte, war: Dafür werde ich sie töten. Aber ich konnte meine Beine nicht mehr bewegen. Die Kugel war in meinen Bauch eingedrungen und hatte die Wirbelsäule zerschmettert. Dann verlor ich das Bewusstsein und wachte erst ein paar Tage später im Krankenhaus wieder auf«, erinnerte sich Joey, während der Kellner die Getränke auf den Tisch stellte.

»Wahnsinn«, sagte ich, weil mir nichts Vernünftiges dazu einfiel. »All das wegen 400 Dollar.«

»Und wegen meiner Dummheit. Wie oft habe ich seither die Szene im Kopf ablaufen lassen, immer mit dem Ergebnis, dass es eine Mischung aus Stolz und Dummheit war, die mich um ein Haar das Leben gekostet hätte. Ich wollte vor meinem Bruder nicht als Feigling dastehen. Deshalb habe ich die Warnung des Kubaners ignoriert.«

»Die Sache hatte doch sicher ein gerichtliches Nachspiel?«, wollte ich wissen.

»Hatte sie. Mit dem Ergebnis, dass der Kubaner freigesprochen wurde. Notwehr. Was ihn allerdings moralisch noch lange nicht freispricht. Hätte ich nicht so lange im Krankenhaus gelegen und Zeit gehabt, über alles nachzudenken, ich hätte den Kerl umgelegt. Inzwischen sind vier Jahre verstrichen und ich habe mein Schicksal angenommen. Heute sehe ich es tatsächlich als Unfall, ganz so, als sei ich von einem Blitz getroffen worden, und einem Blitz gegenüber empfindet man ja auch keine Rachegefühle.«

»Und Chris, dein Bruder ...«

»Chris hat es noch schlimmer erwischt. Er machte sich Vorwürfe, die Geschichte warf ihn völlig aus der Bahn. Er fing an, Heroin zu spritzen und ein Jahr danach setzte er sich einen goldenen Schuss. Somit habe ich auch noch meinen Bruder verloren.«

»Und eure Eltern? Wie haben die die Sache verkraftet?«

»Meine Mutter lebte da schon nicht mehr. Mein Vater zeigt nach außen keine Gefühle, aber sicher schmerzt es ihn nach wie vor. Meine Schwester trauert noch immer.«

Den Bericht von Joey habe ich zu rekonstruieren versucht. Es dauerte damals mehr als eine halbe Stunde, ehe er zum Ende kam. Eigentlich war es der Kellner mit dem Essen, der die Zäsur brachte. Schweigend aßen wir unseren Fisch, und es dauerte eine ganze Weile, ehe wir auf meine Probleme zu sprechen kamen, die im Vergleich zu denen meines neuen Freundes geradezu banal waren. Dennoch wollten sie gelöst sein, und ich hoffte, Joey könnte mir dabei behilflich sein. Und das konnte er, wenngleich sich auch hier Schwierigkeiten auftaten, die unsere beginnende Freundschaft auf eine heikle Probe stellten.

»Was die Sache mit den Thailänderinnen angeht, werde ich dir kaum helfen können«, begann ich, nachdem wir Kaffee und Cognac bestellt hatten. »Nicht mein Geschäft.«

»Das war ohnehin nicht ernst gemeint. Ist auch mein Geschäft nicht«, grinste Joey. »Es gibt sicher elegantere Möglichkeiten, Geld zu verdienen.«

»Woran denkst du?«

»Zum Beispiel an die Operationen, die du mit den Outlaws am Laufen hast. Randy hat was angedeutet.«

»Es geht dabei um Gras und um Koks. Leider ist uns vor ein paar Tagen ein Transport hochgegangen. Aber nach dem Deal ist vor dem Deal. Es wird sicher zwischen uns Möglichkeiten geben, ins Geschäft zu kommen. Du hast doch bestimmt gute Kontakte hier in den Staaten?«

»Kontakte habe ich allerdings«, lachte Joey. »Zum Prediger, zum Tankwart und zu meinem Italiener. An was für Kontakte denkst du?«

»Wir suchen jemanden, der meinen Posten übernehmen könnte. Spanisch und Englisch sollte er sprechen und zuverlässig sollte er natürlich auch sein. Den Job kann auch eine Frau machen. Wenn Penny Spanisch könnte, wäre sie eine Option«, sagte ich.

»Diese Penny gefällt dir, stimmt's?«

»Sie hat Charakter. Außerdem taugt sie was in der Kiste.«

»Das habe ich schon gehört. Während ihr Typ im Knast war, hat sie ab und zu als Escort-Girl gearbeitet. Eine Bekannte von mir, Elly Wheeler, hat sie vermittelt. Elly war ganz zufrieden mit ihr. Ich hatte kurz mal dran gedacht, sie für mich arbeiten zu lassen, ist mir aber ehrlich gesagt zu viel Stress. Das ganze Milieu ist mir zu anstrengend. Zumal ich derzeit eine gute Koks-Connection habe. Ein Kumpel von mir hat nämlich vor ein paar Tagen eine Ladung bekommen. Da gibt es in den nächsten Wochen einiges zu verkaufen. Die Sache mit den Thai-Bräuten war nur so eine fixe Idee. Davon bin ich wieder abgekommen.«

»Dabei hätte ich dir auch nicht helfen können«, erklärte ich. »Wie sieht es denn nun aus, kennst du eine zuverlässige Person, die Spanisch spricht?«

»Und die bereit ist, ein unkalkulierbares Risiko einzugehen? Aus dem Stegreif fällt mir niemand ein. Aber wie sieht es mit deinen Kontakten hier in den Staaten aus?«, erkundigte sich Joey. »Kannst du Koks verkaufen?«

Ich hatte bislang noch kein Kokain in Amerika verkauft, wusste aber, dass Hunter in der San Francisco Bay Area eine Menge Leute kannte.

Darüber dachte ich kurz nach und sagte: »Schon möglich. Ich habe einen Kunden in Kalifornien. Bislang habe ich dem zwar bloß Heroin verkauft, aber ich kann ihn ja mal anrufen und mich erkundigen, ob er auch für gutes Koks Abnehmer hat.«

»In Kalifornien wird deutlich mehr bezahlt als hier in Florida«, stellte Joey fest. »Ich kann dir das Kilo für 30.000 geben. Sieh zu, dass du es für 33 bis 35 verkaufen kannst, dann bist du erst mal wieder flüssig. Ein Key kann ich dir für ein paar Tage auf Kommission überlassen.«

Das Angebot klang nicht schlecht. Wir riefen den Kellner und Joey beglich die Rechnung. Unterwegs hielten wir an einer Telefonzelle und ich rief Hunter an, der schon eine ganze Weile nichts mehr von mir gehört hatte.

»Wo steckst du denn?«, wollte er wissen. »Ich habe vor zwei Tagen bei deiner Frau in München angerufen. Die wusste auch nicht, wo du dich gerade herumtreibst. Sie macht sich Sorgen, ruf sie mal an.«

»Mach ich. Ich bin zurzeit in Fort Lauderdale. Ich müsste mal was mit dir besprechen, bei dem Uncle Sam nicht mithört. Kannst du mich in einer Viertelstunde mal von einer Zelle aus zurückrufen?«

Ich gab Hunter die Nummer meiner Telefonzelle und setzte mich zu Joey in den Wagen. Nach zehn Minuten klingelte es und ich hob ab.

»Klappt doch. Also, hör zu: Ich habe hier in Miami die Möglichkeit, günstig an ein Kilo gutes Koks zu kommen. Hättest du daran Interesse?«

»Kommt auf den Preis an. Gute Qualität lässt sich immer verkaufen. Ich kenne jedenfalls Leute, die ich mal darauf ansprechen kann. Kannst du mir per Post eine Probe zukommen lassen?«

»An wie viel denkst du?«

»Naja, wenn da was über die Bühne gehen soll, dann lassen die Leute hier das Material vorher chemisch testen. Ein zwei Gramm reichen. Gerade bei Koks ist eine Menge verschnittenes Zeug auf dem Markt.«

»Ich biete dir doch keinen Dreck an!«, protestierte ich. »Das Zeug kommt direkt vom Importeur.«

»Umso besser. Hier in Marin County leben 'ne Menge reicher Leute, die zahlen gut, aber die kaufen nur sauberen Stoff. Was soll's denn kosten?«

»Gegenfrage, was würdest du als guten Preis bezeichnen?«

»Kommt auf die Qualität an. Wenn es so gut ist, wie du sagst, dann kann ich dir fürs Kilo 35 geben, mir blieben dann noch zweitausend. Kämest du damit klar?«

»Komme ich. Ich schlage vor, wir machen fifty-fifty. Ich zahle 30. Plus Spesen macht das 30,5. Den Differenzbetrag zwischen meinem Einkauf und deinem Verkauf teilen wir. Was hältst du davon?«

»Klingt gut«, antwortete Hunter. »Wann kann ich mit der Probe rechnen?«

»Sobald wie möglich. Ich bringe sie dir persönlich vorbei.«

»Wann denkst du, kannst du hier sein?«

»Vielleicht übermorgen. Kommt drauf an, wann ich einen Flug bekomme. Sobald ich alles geklärt habe, rufe ich dich an.«

Ich legte auf und stieg wieder zu Joey in den Wagen.

»Das scheint zu klappen«, erklärte ich. »Wenn das Zeug gut ist, dürfte es in ein paar Tagen verkauft sein. Wann kannst du es denn besorgen? Und wie komme ich nach San Francisco?«

»Ich zahle dir den Flug und gebe dir 500 Dollar Spesengeld. In drei Tagen fliegst du los und wenn du ankommst, wird das Key bei dir abgeliefert. Ich werde Randy beauftragen, sich morgen auf den Weg zu machen, um es dir zu bringen. Passt das so?«

»Ich weiß gar nicht, was ich sagen soll! Natürlich passt das. Du hilfst mir damit aus einer ziemlich beschissenen Lage.«

Wir gaben uns die Hand, und damit war der Deal vereinbart. Zuhause angekommen, führte Joey ein paar Telefonate. Zunächst bestellte er das Kokain, dann bat er Randy, sobald wie möglich vorbeizukommen. Als er alles erledigt hatte, rief ich am Flughafen an und reservierte bei American Airlines einen Platz nach San

Francisco. Anschließend kontaktierte ich Hunter, um ihn zu bitten, mich in drei Tagen am Flughafen abzuholen. Dann sah ich Joey, wie er das Schachbrett auf den Tisch stellte und die Figuren einzeln aus der Kiste holte.

Als ich am frühen Abend bei Hangman ankam, erfuhr ich, dass Hagen Cooper angerufen hatte. Ich rief zurück und wir vereinbarten, am nächsten Tag die versprochenen Luftaufnahmen des Baulands zu machen. Am Fort Lauderdale Executive Airport hatte Hagen schon einen Helikopter reserviert. Dort trafen wir uns am nächsten Morgen, Hagen noch ein wenig verkatert, aber ansonsten guter Dinge. Der Flug über die Sümpfe und Entwässerungskanäle war beeindruckend. Unter uns flüchtete eine Rotte Wildsäue aus dem Schlamm, nachdem der Rotorlärm sie gestört hatte. Ich fotografierte alles, was Hagen dokumentiert haben wollte, und als wir nach einer knappen Stunde landeten, spulte ich den Film aus der Kamera und übergab ihn meinem Auftraggeber.

»Was bin ich dir schuldig?«

»Ein Mittagessen«, erklärte ich.

»Gute Idee. Ich kenne da ein Restaurant in Sunrise. Gar nicht weit von hier.«

Ich folgte Hagen, der einen geliehenen Chrysler fuhr, nach Sunrise, einer weiteren den Everglades abgerungenen Stadt am Westrand von Fort Lauderdale. Das Lokal lag mitten in einer Schotterfläche, von der prallen Sonne ins Visier genommen. Statt Fenster hatte man rundum eine Batterie von Klimaanlagen installiert, lediglich der Eingang ließ ein wenig Tageslicht in den Laden. Innen herrschte Kunstlicht, die Luft wurde aufbereitet und die Temperatur erinnerte mich an einen Novembertag auf der Insel Föhr. Immerhin hatte Hagen recht behalten, was das Essen anging: Der Fisch war frisch und schmackhaft zubereitet, die Frozen Margaritas angesichts der Raumtemperatur leider zu kalt. Dafür unterhielt mich Hagen mit einer Geschichte, wie ich sie selten gehört hatte. Sie hier wiederzugeben, wäre dramaturgisch unklug, denn die Ereignisse vor Ort sollten sich zuspitzen und Hagen Coopers Abenteuer verdient ein eigenes Kapitel.

Wir saßen mehrere Stunden in dem kalten Laden, ich fror, aber meinem neuen Bekannten aus Bayern schien die Kälte nichts anhaben zu können: Er war rundum durch Fettpolster geschützt. Als wir endlich das Lokal verließen und in die warme Florida-Sonne traten, wurde ich klimatisch entschädigt. Da ich in zwei Tagen nach Kalifornien aufbrechen wollte, tauschten wir unsere Adressen in Deutschland aus und umarmten uns zum Abschied.

Ich stattete Joey einen Besuch ab, rauchte ein paar Pfeifen Freebase mit ihm und erkundigte mich nach dem Stand der Dinge. Alles schien so zu laufen, wie er es geplant hatte: Randy war am Morgen mit dem Zug in Richtung Westküste aufgebrochen, das Kilo Kokain hatte er im Gepäck. Den restlichen Nachmittag spielten wir Schach, und da zu Joeys Haus ein Pool gehörte, sprang ich hinein und tollte eine halbe Stunde mit den Buben im Wasser. Nach dem Sonnenuntergang fuhr ich zu Jamie, Penny und Hangman nach Pompano. Unterwegs hielt ich bei einem Italiener und kaufte zwei Pizzen, die wir anschließend zu viert verspeisten. Hangman hatte allerdings wenig Appetit, stattdessen nahm er zwei Percodan, die Schmerztabletten, die er täglich benötigte. Penny und ich zogen uns bald zurück, nachdem Jamie den alten Outlaw ins Bett gebracht hatte. Da ich wusste, dass er krank war, fiel mir seine körperliche Schwäche deutlich auf. Dass es dann aber so schnell mit ihm zu Ende gehen sollte, hätte ich nicht gedacht.

Am Morgen kam Jamie uns wecken. Wir sollten ihr helfen, Hangman, der in der Küche auf dem Boden lag, ins Bett zu tragen. Er war gestürzt und zu schwach, um aufzustehen. Im Nu waren Penny und ich auf den Beinen und liefen hinüber zu unserem Freund, der offenbar seinen letzten Kampf bestritt. Zu dritt versuchten wir, Hangman aufzuheben, allerdings ohne Erfolg. Er wog trotz der auszehrenden Krankheit zu schwer für uns. Nachdem wir eine Weile ratlos um den todkranken Mann herumgestanden hatten, ergriff ich die Initiative.

»Wir müssen die Ambulanz rufen. Du musst ins Krankenhaus, Hangman«, sagte ich.

»Kommt nicht infrage«, wehrte er sich. »Mich bringt keiner ins Krankenhaus. Los, packt alle noch einmal an und tragt mich in mein Bett!«

Wir versuchten es noch einmal, es erwies sich allerdings als unmöglich. Und nachdem Penny erfolglos versucht hatte, im Clubhaus der Outlaws anzurufen, um Hilfe herbeizuholen, rief ich den Notarzt. Es dauerte nur wenige Minuten, ehe der Ambulanzwagen vorfuhr. Ein Arzt und zwei Sanitäter mit einer Trage betraten das Haus. Der Doc kniete sich neben den Kranken und untersuchte ihn. Die Sanis bereiteten gerade die Trage zum Transport vor, als plötzlich zwei Polizisten in der Tür auftauchten. Keine Ahnung, wer sie informiert hatte, jedenfalls standen sie auf einmal da, um zu sehen, was sich im Haus des alten Outlaws zutrug. Sobald Hangman sie erblickte, belebte der Zorn seine Schläfen.

Noch immer auf dem Boden liegend forderte er die Cops auf, unverzüglich sein Haus zu verlassen. Mir rief er zu, ihm seinen Revolver aus dem Schlafzimmer zu holen. Offenbar hatte er vor, die Eindringlinge gewaltsam zu vertreiben. Zum Glück war der Arzt ein besonnener Mann, der die Situation klärte.

»Verlassen Sie bitte das Haus!«, forderte er die Beamten auf. »Der Mann muss ins Krankenhaus. Und Sie bleiben, wo Sie sind. Niemand benötigt einen Revolver«, stellte er an mich gerichtet klar.

Die Cops traten den Rückzug an, und die Sanis schnallten Hangman auf die Trage.

»In drei Tagen bin ich wieder daheim«, versicherte er uns, während man ihn hinaus trug. Kurz darauf war ich mit den beiden Frauen allein.

»Er wird bald sterben, meint der Arzt«, sagte Penny. »Und er weiß es auch.«

»Wo bringen sie ihn denn hin?«, erkundigte ich mich. »Ich möchte ihn noch einmal besuchen, ehe ich nach Kalifornien fliege.«

»Ins Broward General Hospital.«

Danach saßen wir noch eine Weile beisammen. Penny kümmerte sich um das Frühstück, während Jamie den Tisch deckte. Wir sprachen von Hangman, den ich leider erst gegen Ende seines Lebens kennengelernt hatte. Und, den Erzählungen der Frauen zufolge, war es ein abenteuerliches gewesen. Zehn Jahre lang führte er die

Outlaws in Süd-Florida an, ehe er Mitte der siebziger Jahre einem jüngeren Platz machte. Seine Autorität behielt er weiterhin, wie ich an den vielen Besuchen seiner Klubkameraden sah, die seinen Rat schätzten. Sein Haus war von Gastfreundschaft geprägt, sein Wort hatte Gewicht, und seine beiden Mädels behandelte er gut. Die wenigen Geschäfte, die wir zusammen gemacht hatten, waren alle korrekt abgewickelt worden. Auch wenn ich Hangman nicht lange gekannt hatte, bereitete mir die Vorstellung Unbehagen, ihn demnächst nicht mehr als Kumpel und Anlaufstelle in Florida zu haben. Über meine freundschaftlichen Gefühle zu dem kauzigen Outlaw wurde ich mir erst bewusst, nachdem man ihn aus seinem Haus getragen hatte. Es kam mir wie die vorgezogene Beerdigung vor.

Am darauffolgenden Tag besuchte ich ihn im Krankenhaus. Es war das letzte Mal, dass wir uns sahen. Von hoch dosierten Schmerzmitteln gehindert, Emotionen zu zeigen und zu sprechen, nahm er meine Hand und hielt sie schweigend eine Weile fest.

»Gibt es noch etwas, was ich für dich tun kann?«, fragte er mit schwimmenden Augen und schwacher Stimme.

»Kannst du«, erwiderte ich. »Sag mir, ob dir der Abschied schwerfällt!«

»Ich glaube nicht an die Hölle und den ganzen Bibelkram. Mir macht schon lange nichts mehr Angst. Nicht mal dieses traurige Ende. Lieber wäre ich im Kampf auf Okinawa gestorben, allerdings nicht, ohne ein Dutzend Japsen mitzunehmen. Hätte ich gestern eine Knarre griffbereit gehabt, die Cops hätten dran geglaubt.«

»Und? Was hätte das gebracht?«

»Zwei Arschlöcher weniger auf der Welt. Nicht viel, aber immerhin ...«

Als ich Hangman nach einer Stunde verließ und Jamie den Platz am Sterbebett überließ, wusste ich, dass es ein Abschied für immer war. Kurz danach musste ich Florida verlassen. Louis Allmendinger starb drei Tage, nachdem man ihn daheim abgeholt hatte. Noch heute halte ich seine Visitenkarte in Ehren, auf der neben seinem Namen ein Galgen abgebildet ist. Wie er dazu kam, ausgerechnet einen Galgen als Markenzeichen zu wählen, das habe ich ihn leider nie gefragt. Penny wusste bloß, dass er den Namen »Hangman«

aus dem Zweiten Weltkrieg mitgebracht hatte. Ob er jemals einen Mann aufgehängt hat, der ihm in die Quere kam – sie konnte es nicht sagen. Er hatte im Pazifik gegen die Japaner gekämpft, und dabei ging es, wie man heute weiß, recht grausam zu. Jedenfalls redete Hangman nie über die Zeit bei den Marines. Nachdem er gestorben war, kümmerten sich die Outlaws um sein Begräbnis. Ich kann mir vorstellen, dass man seine Urne auf dem Gelände des Klubhauses eingegraben hat.

Der Flug von Miami an die Westküste dauerte etwa fünf Stunden, wobei wir drei Zeitzonen überflogen: Die Boeing 747 startete um zehn Uhr morgens Eastern Time und landete gegen zwei am Nachmittag Pacific Time in San Francisco.

Hunter erwartete mich am Gate. Unterwegs in seinem alten Volvo erzählte ich ihm, was sich in den vergangenen Tagen ereignet hatte, und wie ich Joey kennengelernt hatte, der mir nun den geplanten Deal ermöglichte.

Wir fuhren nach Lagunitas, wo ich Hunter ein wenig von dem Koks gab und ihn aufforderte, es zu testen.

»Das Zeug selbst zu schnupfen ist immer noch der verlässlichste Test«, sagte seine Frau und legte für uns alle eine Line auf den Spiegel.

Am darauffolgenden Tag überraschte mich Hunter mit der Nachricht, dass Henry Wolff, ein alter Freund aus Ibiza-Tagen, angerufen und uns eingeladen hatte, ihn und seine Frau in Berkeley zu besuchen. Ich hatte Henry vier Jahre zuvor bei Richie und Bea auf der Finca kennengelernt, als er die spannende Geschichte einer Reise erzählte, die er in den fünfziger Jahren nach Nepal und Sikkim unternommen hatte. Dabei hatte er sich alle halbe Stunde einen Schuss Heroin gesetzt. Ich erinnerte mich, dass ich damals fest davon überzeugt gewesen war, Henry würde demnächst an dieser Droge zugrunde gehen. Umso erstaunter war ich, als Hunter mir lachend erzählte, dass eben jener Henry sich bester Gesundheit erfreue, dass er einen Lehrstuhl für Tibetologie an der Universität Berkeley innehabe und dass er zusammen mit seiner Lebensgefährtin Nancy gerade an einem illustrierten Kinderbuch arbeite.

Tatsächlich trafen wir die beiden am Abend bei guter Laune und geistiger Fitness in ihrem Haus in der Nähe des Campus an. An mich erinnerte der Professor sich nicht, was mich allerdings nicht wunderte, saß ich doch damals in Richies Haus in der zweiten Reihe der Zuhörer. In Berkeley unterhielten wir uns angeregt über seine Arbeit und über seine Pläne. Als er erfuhr, dass ich schon des Öfteren in Thailand gewesen war, rückte er mit der Information heraus, dass er ein Angebot von der Universität Bangkok erhalten habe, dort für zwei Jahre zu lehren.

»Was hältst du davon? Ist Bangkok zwei Jahre Lebenszeit wert?«, fragte er mich grinsend.

»Bangkok ist eine geile Stadt«, sagte ich. »Aber für einen Mann wie dich, der eine Schwäche für den Schlafmohn hat, dürfte es auch eine gefährliche Stadt sein. Ich würde dir abraten. Nirgendwo ist der Stoff in besserer Qualität und billiger zu bekommen als in Bangkok.«

»Du scheinst mir nicht viel zuzutrauen«, protestierte Henry, aber seine Freundin pflichtete mir bei.

»Harry hat vollkommen recht. Für dich wäre Bangkok eine Katastrophe. Dieses Angebot sagst du lieber ab. Ich werde jedenfalls nicht mitgehen. Das habe ich dir ja schon gesagt.«

Damit wurde dieses Thema kleinlaut beerdigt. Wir rauchten einen Joint, tranken ein paar Gläser Wein aus dem Nappa-Valley, unterhielten uns angeregt, und als wir uns verabschiedeten, hatte ich einiges über Tibet, seine Klöster und deren Glocken und Gongs erfahren.

Am Tag darauf erfuhr ich von Joey, dass Randy vor Ort sei. Er hatte sich in Sausalito in dem kleinen Hotel an der Hafenpromenade einquartiert, das Hunter empfohlen hatte. Es lag in der Nähe des Restaurants, in dem Paco und ich Jorge Santana getroffen hatten. Ich machte mich unverzüglich auf den Weg zu ihm. Randy bewohnte ein Zimmer im ersten Stock. Ich ließ mir die Ware zeigen und füllte ein Beutelchen voll für weitere Testzwecke ab. Hunter hatte mich darauf hingewiesen, dass er seinem Klienten exakt das Kokain zum Testen bringen müsse, welches anschließend verkauft werden sollte. Das Zeug was ich mitgebracht hatte, hätte ja von besserer Qualität sein können als das, was Randy jetzt dabei hatte. Das war so üblich, wenn man zum ersten Mal miteinander dealte.

Ich fuhr wieder nach Lagunitas zu Hunter, der die Warenprobe nach Oakland zu seinem Kunden brachte. Zwei Stunden später war er zurück. Das Kokain hatte den Test bestanden. Der Dealer hatte eigens einen Experten zu sich bestellt, der den Stoff in Hunters Beisein mehreren chemischen Prüfungen unterzog, bei denen er ihn schmolz und anhand des Schmelzpunktes sehen konnte, ob Fremdstoffe beigemengt waren (Fremdstoffe schmelzen früher oder später als Kokainhydrochlorid). Das Kokain schmolz bei 208 Grad Fahrenheit, lag somit im Sollwert.

Die Übergabe des Kilos war für den Abend in Oakland geplant. Hunter hatte einen Preis von 36.500 Dollar vereinbart. Das hieß, sowohl er als auch ich würden je 3.000 verdienen. Das würde mich aus der momentanen finanziellen Misere befreien. Die Stimmung war entsprechend optimistisch.

Am späten Nachmittag trafen wir in Sausalito ein. Hunter blieb im Wagen, während ich zum Hotel ging. Die Rezeption war nicht besetzt, was bei kleinen Häusern zuweilen vorkommt. Ich ging hinauf in den ersten Stock und klopfte an Randys Zimmertür. Es dauerte eine Weile, ehe ich seine Stimme hinter der Tür vernahm. Nachdem ich mich zu erkennen gegeben hatte, öffnete er. Auf dem Bett saß die junge Dame von der Rezeption, nur mit einem Büstenhalter und einem Slip bekleidet. Auf dem Nachttisch eine Glaspfeife und eine Ausrüstung zur Herstellung von Base, ähnlich der, die ich ein paar Tage zuvor bei Joey gesehen hatte. Randy und die Empfangsdame waren offenbar dabei, sich ein paar Pfeifen zu gönnen.

»Ihr habt doch hoffentlich von dem Key nichts genommen?«, stellte ich Randy zur Rede.

»Natürlich nicht«, gab der zur Antwort. »Ich habe mein eigenes Zeug mitgebracht. Ich fasse doch Joeys Stoff nicht an!«

Ich war beruhigt und bat Randy, mir die Tasche mit dem Kokain zu geben. Er holte sie aus dem Schrank und drückte sie mir in die Hand. Die Gegenwart der Hotelangestellten irritierte nur mich, er selbst schien damit kein Problem zu haben. Nun denn, dachte ich, er wird wissen, was er tut. Und da es keinen Grund für mich gab, länger zu bleiben, schulterte ich die Umhängetasche mit dem illegalen Inhalt und verabschiedete mich. Kurz darauf stieg ich zu Hunter in den Volvo.

Wir fuhren über die Bay-Bridge hinüber nach Oakland und hielten schließlich in der Auffahrt eines oberhalb der Stadt am Hang gelegenen Bungalows. Irgendwo hier in der Nähe musste das Haus von Jack London gestanden haben, das ein unbekannter Brandstifter ein paar Tage vor Jacks geplantem Einzug angezündet hatte.

Wir stiegen aus, Hunter nahm die Tasche, dann klingelten wir. Der Hausherr begrüßte uns reserviert und bat uns herein. Dass ich mitgekommen war, war unüblich, aber Hunter gelang es, den offenbar ein wenig paranoiden Mann zu beruhigen. Wir wurden in einen Wintergarten geführt, wo zwei weitere Typen saßen und im Fernsehen ein Baseballspiel verfolgten. Sie schienen auf uns gewartet zu haben, denn sie drehten den Ton leise und stellten sich vor. Wir kamen ohne Umschweife zur Sache. Hunter legte den Beutel mit dem Koks auf den Tisch und einer der Männer machte sich augenblicklich daran, die Ware zu untersuchen. Nun konnte ich zum ersten Mal dabei zusehen, wie man Kokain auf seine Reinheit testet.

Zu meinem Erstaunen erwies sich schon beim ersten Test, bei dem eine Prise in ein Glas Chlorox gegeben wurde, dass unser Stoff nicht sauber war: Während das Koks langsam in Schlieren absank, blieben einige weiße Körnchen auf der Oberfläche zurück und lösten sich nicht auf. Beim anschließenden Hitzetest schmolz eine Substanz, ehe das Kokain seinen Schmelzpunkt erreicht hatte. Das genügte dem Kunden. Seine Miene verdüsterte sich, die Stimmung im Wintergarten kippte.

»Habt ihr Scheißkerle tatsächlich geglaubt, ihr könntet mich über den Tisch ziehen?«, wandte sich der Dealer an Hunter. »Ich sollte euch den Kram wegnehmen und ihn an die Nigger im Ghetto verschenken. Packt eure gepanschte Scheiße ein und macht, dass ihr fortkommt.«

Mir fehlten die Worte. Hatte Hunter nicht vor ein paar Stunden bestätigt, dass unser Stoff von erstklassiger Qualität sei? Mir fehlte eine plausible Erklärung. Aber ich hatte selbst gesehen, dass mit dem Koks etwas nicht stimmte.

»Hätte ich nicht von dir gedacht, Hunter, dass du mir so ein linkes Arschloch ins Haus schleppst«, redete sich der Typ in Rage. »Jetzt macht, dass ihr verschwindet, ehe ich gänzlich die Laune verliere!«

Wie zwei auf frischer Tat ertappte Diebe machten wir uns aus dem Staub. Ich war froh, ohne Ohrfeigen davongekommen zu sein. Im Auto auf dem Weg hinunter in die Stadt machte Hunter mir Vorwürfe.

»Wie konntest du mich in so eine Situation bringen!«, schimpfte er. »Ich hatte dir ausdrücklich gesagt, dass die Probe und das Kilo von absolut gleicher Qualität sein müssen.«

Mir fiel nichts weiter dazu ein, als anzukündigen, dass ich später von zu Hause aus einen Anruf bei Joey machen würde. Außerdem hatte ich vor, Randy zu fragen, ob er sich den Qualitätsunterschied erklären könne.

Solange wir nicht wussten, was mit dem Koks passiert war, kam im Auto keine Stimmung auf. Das Geschäft war geplatzt und Hunter bedauerte, dass er in dieser Sache wohl nichts mehr für mich tun könne. Mir kam das Ganze wie ein Albtraum vor. Er brachte mich nach Sausalito, wo er wieder im Auto auf mich wartete.

Im Hotel saßen Randy und seine Koksbraut noch immer auf dem Bett und rauchten Base. Das einzige, was sich verändert hatte, seit ich die beiden vor gut einer Stunde verlassen hatte, war die Garderobe: Die junge Frau war inzwischen gänzlich nackt. Was sie allerdings nicht zu stören schien, als ich das Zimmer betrat.

»Alles Paletti?«, erkundigte sich Randy, indem er mich mit leeren Augen ansah. »Hat das Gewicht gestimmt?«

Da fiel es mir endlich wie Schuppen von den Augen: Randy hatte sich von dem Kilo bedient und die abgezweigte Menge mit einem Streckmittel wieder aufgefüllt. Daher rührten die beim zweiten Test entdeckten Fremdstoffe. Wahrscheinlich hatte er das saubere Kokain »gestreckt«.

»Du bist ein Vollidiot!«, herrschte ich ihn an. »Wegen dir und deiner Gier ist der Deal geplatzt. Erst hast du Joey beklaut, dann hast du den Stoff versaut. Jedenfalls konnte mein Kumpel diesen Dreck nicht verkaufen.«

Ich stellte die Tasche mit dem verpanschten Koks auf den Boden. Die Rezeptionistin bekam es mit der Angst und verschwand im Bad.

»Spinnst du!«, schrie Randy hysterisch. »Versuche bloß nicht, mir die Schuld dafür in die Schuhe zu schieben, dass dein Deal nicht geklappt hat. Ich hätte Joey vor dir warnen sollen.«

Er nahm den Hörer des Telefons und wählte die Nummer seines Auftraggebers in Florida. Was dann folgte, war eine dermaßen dreiste Verleumdung, dass es mir fürs Erste die Sprache verschlug. Er erklärte Joey, dass ich ein Betrüger sei, der ihn um das Kilo habe linken wollen. Er, Randy, habe das gerade noch gecheckt und die Ware sichergestellt. Um das Koks brauche Joey sich keine Sorgen zu machen. Er habe alles unter Kontrolle. Dann bat er um Anweisungen, wie er nun weiter verfahren solle. Noch ehe er aufgelegt hatte, riss ich ihm den Hörer aus der Hand, um Joey die Wahrheit zu sagen. Doch der beschimpfte mich, wünschte mich zum Teufel und ließ mich gar nicht zu Wort kommen. Das Letzte was er sagte, war, dass ich mich bloß nicht mehr bei ihm blicken lassen solle, anderenfalls werde er mir eine Kugel verpassen. Dann legte er auf.

»Die Sache hast du noch nicht ausgestanden«, drohte ich Randy, während die Frau gerade angekleidet aus dem Bad trat und ohne weiteren Kommentar das Zimmer verließ. Die ganze Szene war irre und nicht zuletzt wegen der Hotelangestellten brandgefährlich. Was konnte ich denn wissen, was sie als Nächstes tun würde? Die Bullen anrufen? Oder ein paar Ganoven verständigen, wo sie sich ein Kilo Koks umsonst abholen könnten? Ich machte, dass ich fortkam.

Die Sache war vertrackt. Joey Palmano, dem gegenüber ich gerade ein starkes Gefühl der Freundschaft empfand, wollte mich nicht mehr sehen. Hunter, der mir zwar Glauben schenkte, dass ich nicht im Bilde gewesen war, dass Randy das Zeug versaut hatte, war nicht begeistert, wie die Sache abgelaufen war. Diesen Kunden aus Oakland, der ihm auch das Heroin abkaufte, das ich aus Asien einschmuggelte, brauchte er so bald nicht mehr anzurufen. Der Schaden, den Randy verursacht hatte, war zu groß, als dass man hätte zur Tagesordnung übergehen können. Für derartige Machenschaften im Drogenmilieu wurden in Amerika nicht selten Leute umgelegt. Dessen war ich mir bewusst, und ich hatte nicht vor, Joeys Drohung auf die leichte Schulter zu nehmen. Ich beschloss, mit dem nächsten Flug zurück nach Miami zu fliegen und ihm persönlich zu berichten, wie sich die Geschichte wirklich zugetragen hatte.

Am nächsten Morgen brachte mich Hunter zum Flughafen. Trotz des Ärgers, den auch er sich durch den geplatzten Deal eingehandelt hatte, machte er mir keine Vorwürfe. Ich versprach, mich sobald wie möglich auf den Weg nach Thailand zu begeben und die Geschäfte mit den Chinesen wieder in Gang zu bringen. Spätestens in vier Wochen wollte ich zurück in Kalifornien sein.

Als ich am späten Nachmittag in Fort Lauderdale bei Joey an der Haustür klingelte, glaubte der seinen Augen nicht zu trauen.

»Du wagst es, noch einmal hier aufzutauchen?«, fuhr er mich an.

Doch ich hatte nicht vor, mich vertreiben zu lassen, weder durch Worte noch durch eine Waffe. Ich war fest entschlossen, Joey darüber aufzuklären, was sich in Sausalito wirklich abgespielt hatte. So drängte ich mich an seinem Rollstuhl vorbei ins Haus und setzte mich auf die Couch. Joey, von meinem Vorgehen überrumpelt, rollte fluchend hinter mir her.

»Du hast zwei Möglichkeiten«, begann ich. »Entweder du erschießt mich jetzt, oder du hörst dir an, was ich zu sagen habe.«

Ohne seine Antwort abzuwarten, fing ich an zu berichten. Je länger ich sprach, umso entspannter wurde Joeys Gesicht, und als ich nach zehn Minuten geendet hatte, reichte er mir die Hand.

»Deine Version der Geschichte entspricht zweifellos der Wahrheit. Typisch Randy. Warte ab, bis der kleine Scheißkerl zurückkommt. Derzeit ist er in L. A., wo er das Zeug bei einem Kumpel von mir abliefern soll. Hoffentlich greift er nicht noch tiefer in den Beutel. Man kann ihm einfach keine verantwortungsvolle Aufgabe übertragen, ich hätte es wissen müssen. Aus Sicherheitsgründen wollte ich nicht, dass du das Paket selbst nach Kalifornien bringst, drum habe ich ihn losgeschickt. Das war aber definitiv der letzte Job, den er für mich erledigt hat. Sobald er zurück ist, jage ich ihn zum Teufel.«

Dann bot Joey mir an, die Nacht bei ihm im Haus zu verbringen.

»Hast du Hunger?«, fragte er.

»Würde ich verneinen, wäre ich ein Lügner«, entgegnete ich.

Er rief Marsha, die mit den Kindern im Pool spielte und bat sie, bei einem Fast-Food-Chinesen gebratenen Reis mit Krabben zu holen.

Nachdem wir gegessen hatten, forderte er mich auf, das Schachspiel aufzubauen. Wir spielten nur ein Spiel, dann fragte Joey, wie es denn nun mit mir weitergehen würde. Ich hatte aus Mangel an Geld keine umsetzbare Idee, berichtete ihm aber, dass ich vorhätte, sobald wie möglich nach Thailand zu fliegen.

»Also gut«, schlug er vor. »Ich könnte dir dabei helfen. Wie viel Kohle brauchst du?«

Ich kalkulierte die Kosten und sagte: »Kommt auf die Menge an, die ich holen will. Mit 5000 Dollar wäre die Sache finanziert.«

»Wann kannst du mir das Geld zurückgeben?«

»Spätestens in vier Wochen«, veranschlagte ich optimistisch.

»Dann machen wir es so. Unter der Bedingung, dass du mir die 5000 persönlich nach Fort Lauderdale bringst. Und sollte dir zeitlich was dazwischen kommen, rufst du mich an.«

»Einverstanden.«

Dann holte er unter seinem Rollstuhl-Sitzkissen ein fettes Bündel Hundert-Dollar-Noten hervor und begann, mir die Summe auf das Schachbrett zu blättern. Ich quittierte den Kredit mit einem Handschlag. Was sollte ich dazu sonst sagen?

Die Ereignisse der vergangenen Tage, die nächtliche Fahrt zu den Florida-Keys, Joeys Bereitschaft, mir aus der Klemme zu helfen, unsere Schachpartien, der Kick der Base und die unter dem Einfluss der Droge stehenden Gespräche, der überstandene Konflikt, das alles trug dazu bei, dass wir uns gegenseitig vertrauten. Unsere Freundschaft hielt und hält bis heute.

Wir spielten noch eine Partie, dann rollte Marsha den Servierwagen herbei, und wir gönnten uns noch ein paar Pfeifen von der guten Freebase.

Die Nacht wurde kurz. Als ich gegen Mittag von Marsha geweckt wurde, saß mein Freund schon am Frühstückstisch.

»Dort steht das Telefon. Du wolltest deinen Kumpel in Kolumbien doch noch anrufen.«

Ich setzte Paco darüber in Kenntnis, dass ich noch niemanden gefunden hätte, der ihm bei weiteren Kolumbien-Deals als Dolmetscher zur Verfügung stehen könne. Und dass ich Amerika verlassen würde, um zu versuchen, ein weiteres Geschäft mit den Chinesen zu arrangieren. Er selbst zog es vor, in Kolumbien zu bleiben, wo sich neue Möglichkeiten ergeben hätten. Auch habe er einen Franzosen kennengelernt, der perfekt Englisch spreche. Ich versprach, ihn anzurufen, sobald ich zurück in den Staaten wäre.

Am Abend saß ich in einer Maschine der Pan Am nach Frankfurt, und mir fiel die Geschichte ein, die Hagen Cooper mir vor ein paar Tagen erzählt hatte. Und weil der ein echter Abenteurer war, wir ebenfalls Freunde geworden waren und dies bis zu seinem Tod blieben, muss ich diese Geschichte erzählen, auch wenn Wacki und die übrigen Nomaden, über die jetzt der Chronologie folgend zu berichten wäre, sich eine Weile in Geduld üben müssen.

Nachbemerkung

Der Romanzyklus »Globale Nomaden« besteht aus vier Bänden. Der Folgeband »Osten« erscheint im Frühjahr 2021, der letzte »Norden« im Herbst 2021. Die Namen der Protagonisten wurden zum großen Teil geändert, andere waren mit ihren Klarnamen einverstanden, bei Personen, die aus verschiedenen Gründen »öffentliche Personen« sind, wurden deren tatsächliche Namen vielfach beibehalten.

Nach der Veröffentlichung des Bandes »Süden« gab es Reklamationen seitens einiger Leser, die bei der Vielzahl der auftretenden Personen den Überblick verloren. Aus diesem Grund habe ich einen Personen-Index erstellt, der sich zusammen mit einem Kapitelverzeichnis im Anhang befindet. Da ich keinem der noch lebenden Gefährten von damals einen Schaden zufügen will, habe ich, sofern ich die Namen nicht ohnehin geändert habe, Kontakt aufgenommen und mir ihr Einverständnis geben lassen.

Ein junger Leser kontaktierte mich und bot sich an, eine Bande mit mir zu gründen, er wolle Drogenschmuggler werden …

Der im Anschluss folgende Band »Osten« beginnt also mit der Geschichte Hagen Coopers, der ein Glücksritter war, und der mir in dieser unterkühlten Bar in Sunrise ein echtes Abenteuer geschildert hat. Im vorliegenden Fall dürfen wir diesen viel geschundenen Begriff zu recht verwenden, was Leserinnen und Leser nach der Lektüre hoffentlich bestätigen werden. Abschließend möchte ich noch ein Wort von Albert Camus zitieren, der den Wert des Abenteuers im Leben der Menschen erahnt hat:

Zum ersten Mal erkannte er in sich keine andere Wirklichkeit als die einer Leidenschaft für das Abenteuer, eines Verlangens nach glutvollem Dasein, eines klugen warmen Instinktes der Verwandtschaft mit der Welt.

Überblick über die Hauptpersonen

Name	Beziehung, Funktion, Beruf	zum ersten Mal erwähnt auf Seite		eigenes Kapitel
		Süden	Westen	
Achmed Kojo	Hanfbauer in Ketama	183		
Angel Canto	Taucher, Schmuggler, Philosoph	238	12	2.14
Basil Mitchell	Clanchef, Großdealer auf den Bahamas		214	
Carmen Jäger	Freundin des Autors, Reisebegleiterin	174	21	1.11
Christel	Hausbesitzerin, Vertraute des Autors	72		
Dennis Moore	Seemann, Schmuggler	306	19	
Elsa Carrillo	Pacos Ehefrau		76	
Enrique Domingo	Versicherungsvertreter auf Ibiza, Schmuggler	238	38	
Francisco »Paco« Carrillo	Berufstaucher, Schmuggler, Partner des Autors	237	12	1.16
Geoffrey Ramos	Puerto Ricaner, Musiker, Schmuggler	280	12	1.17
Hans Hass	Musiker, Lebenskünstler, Bohemien	195	260	
Hansi Heinz	Dealer in München, Reisebegleiter	281	91	
Hagen Cooper	Barbesitzer, Smaragd-Schmuggler, Abenteurer		371	
Hunter James	Filmemacher, Schmuggler, Bohemien	368	11	
Joseph Awad	Libanese, Bürgerkriegsflüchtling	303		
Joey Palmano	Kokainhändler in Florida, Freund des Autors		360	2.23
Justin	Engländer, Schmuggler, Sinnsucher	113	263	1.9
Klaus Sturm	Freund auf Ibiza, Lebenskünstler, Barbetreiber	318	172	1.20
Lila Sexton	Hippie auf Maui, Reisegefährtin in Kolumbien		109	

Lisa	Frau des Autors, Mutter zweier Kinder	237	7	1.14
Lisa Stone	Freundin des Autors auf Maui		109	3.14
Lothar Regler	Kleindealer in München, Reisegefährte	6		
Hangman	Outlaw in Florida, Geschäftspartner		213	2.22
Margie	Tänzerin in Torremolinos, Freundin des Autors	81		
Mauricio Lieberman	Freund des Autors und seiner Frau Lisa in München		35	
Martina	Freundin von Geoffrey, Ehefrau von Dennis	275	74	
Mohamed Schifan	Hanfbauer in Ketama	25		
Nora	Freundin aus New York	195	75	1.12
Norbert Held	Kunstmaler, Drogendealer, Familienvater	211	74	
Osiris Castro	Freund aus Kolumbien, Lebenskünstler		76	2.7
Pit	Jugendfreund, Schmuggler	91	74	
Rashid	Opiumhöhlenbesitzer in Bombay		19	
Richie Alex	Freund auf Ibiza, WG-Mitbewohner d. Autors	120	37	1.7
Roman Elder	Österreicher, Dealer, Schmuggler	40	37	3.8
Santos Gonzalo (Santi)	Hippie, Reisender, Schmuggler	393	12	2.1
Tommy Parker	Dealer, Partner von Wacki, Skipper	41		
TomTom	Dealer in München	199	74	
Tito Robredo	Santis Freund auf Ibiza	15	50	
Walter Fleischer	Dealer, Schmuggler, Partner des Autors		43	1.2
Wacki Stein	Dealer, Schmuggler, Freund des Autors	41	37	1.3
Werinher Völler	WG-Chef, Photograph, Schmuggler	145	50	2.17

Inhalt

Hubertus Becker, Jahrgang 1951, am Niederrhein geboren, auf dem Hunsrück groß geworden, verbrachte als Erwachsener viele Jahre in Spanien, Amerika, Indonesien, China und im deutschen Gefängnis, wo er mit dem Schreiben begann. Zwei seiner Erzählungen wurden mit dem Ingeborg-Drewitz-Literaturpreis ausgezeichnet. Heute lebt und schreibt Becker in Görlitz.

www.globalenomaden.de

Hubertus Becker: Globale Nomaden

Hubertus Becker hat als Mitglied einer internationalen Bande von Schmugglern aufgeschrieben, wie es ihm und seinen Komplizen während der siebziger Jahre gelang die Märkte in den Metropolen Europas und Amerikas mit Haschisch, Kokain und Opiaten zu versorgen. Die weitgehend dokumentarische Roman-Reihe führt die Leser in Weltgegenden, in denen die Menschen andere Probleme zu bewältigen haben als im saturierten Europa.

Fast nebenbei scheint dabei das Porträt einer Zeit durch, wo Phänomene wie die Hippiekultur auf Ibiza, Goa, Bali und Hawaii, das Leben mit dem Outlaws Motorrad-Club in Florida sowie das Ambiente einer Opiumhöhle im indischen Bombay beschrieben werden.

Globale Nomaden **Süden:** Drogenschmuggel übers Mittelmeer
978-3-89801-429-8

Globale Nomaden **Westen:** Aufbruch zu neuen Ufern
978-3-89801-430-4

Globale Nomaden **Osten:** Heikle Geschäfte in Asien
978-3-89801-431-1

Globale Nomaden **Norden:** Am Ende steht Verrat
978-3-89801-432-8

Weitere Bücher von und mit Hubertus Becker

True-Crime-Geschichten

Im Laufe der mehr als 20 Jahre, die der Autor hinter Gittern verbracht hat, haben ihm hunderte Ganoven, Spitzbuben und Verrückte die Geschichten ihrer krummen Dinger und Verbrechen erzählt. Die besten davon hat er zu Papier gebracht: 27 teils amüsante, teils makabre, teils schauderhafte Erzählungen. Literarische Feinkost für Liebhaberinnen spannender und authentischer True-Crime-Geschichten.

ISBN 978-3-89801-460-1 • 272 Seiten • Broschur • 13,50 EUR

Hier erzählt der Autor seine ersten zwanzig Lebensjahre, beginnend mit seiner Kindheit auf dem Hunsrück, seiner Schulzeit am Rhein und seinem Dienst bei der Bundeswehr in Bayern. Er beschreibt das Leben in einem Hunsrückdorf in den 1950er und 60er Jahren und lässt den Leser teilhaben, wie er sich nach und nach von der Familie, dem Dorf und der Heimat emanzipiert. Sein ungekünstelter Schreibstil, oft selbstironisch und immer facettenreich, garantiert eine unterhaltsame Lektüre.
Wer die beschriebenen Ereignisse überdenkt, findet die Ursachen, die dazu führten, dass der Autor mit dem Gesetz in Konflikt geriet und mehrfach zu Gefängnisstrafen verurteilt wurde.

ISBN 978-3-89801-075-7 • 342 Seiten • Broschur • 12,00 EUR